閩海人物年譜叢書

徐興公年譜長編

肆

陳慶元 著

廣陵書社
江蘇 揚州

崇禎十四年辛巳（一六四一） 七十二歲

曹學佺六十八歲，林古度六十二歲，徐鍾震三十二歲，徐延壽二十八歲

正月，有書致建陽知縣黄國琦，言校讎《册府元龜》事。在建州，序《許天開詩》。

作《復黄石公》：『承示梓行《册府元龜》，此書歷數百年，未經鎸板……鄧孝廉一部，乃其祖督學公所抄，紙墨精善，初謂先人手澤，未忍遠借，然孝廉久欽名德，强之首肯。今先送上四十二册……正月五日。』（《文集》册四，《上圖稿本》第四三册，第六七—六八頁）

按：鄧孝廉，即鄧爾纘。

又按：督學公，即鄧原岳。

作《許天開詩序》：『許君天開，結廬高隱，有碩人薖軸之致。居常喜吟咏，與葛震甫先生交最歡。去歲挾以一蒯緱爲閩遊，泝建溪，渡延津，故人鮮綈袍之贈，旅邸乏常何之薦，以故落落不稱其所懷。來雖歌鋏無魚，而耽詩不廢。昔人云「詩以窮而後工」，似爲天開發也。震甫與予交垂四十年，服膺歆慕，非尋常泛友之比。天開相見亦必言震甫不置，自是臭味，予即不知其人。然視其友，寔足慰平生矣。崇禎辛巳初春書。』（《文集》册二，《上圖稿本》第四二册，第二一六頁）

按：許天開，吴人。

又按：震甫，即葛一龍。詳隆慶四年（一五七〇）。

二月，在建州，致書衷仲孺，言蒐輯名賢詩文已有十册之多，所編《武夷志》與舊志不同。二十七日，致書鄒詮，並贈題扇詩。楊巨源爲小童茯苓寫蘭，與陳衎、陳鴻、林寵、曾昭口占絶句。

作《寄衷穉生》：『自神光大社之後，弟多奔馳南北，文駕莅省，都不相聞，會晤雖稀，停雲殊切。弟乙亥之冬陪張直指至武夷，信宿而返。丁丑應直指復相訂必遍遊三十六峰爲快，詎意抵建州，淫雨匝月，溪漲不能行，遂歸矣。至今夢魂猶在丹崖碧嶂間也。武夷《舊志》，弟收得數種，山水形勝，前人載筆頗詳；至于名賢詩文，甚缺略。數年前妄意蒐輯，計有十册，蓋《舊志》相承，皆宫中勒石之作，而名家文集，多未博採，弟之所輯，多從文集中來，故人尠經見也。業抄成一稿，今爲建陽黄帥先持去。帥先家在火燒橋，去洞天僅三十里，雖有志纂修，力未逮耳。近藍、王二兄到建相訪，云新令公首詢《山志》，欲重梓之前，當徵帥先之稿而踵成之。弟晨下將往建陽，或可助一臂力也。老社兄生於仙都，不可當吾世而失此機緣。弟踪跡遍四海，莫不首向武夷之勝，若成斯舉，吾閩大增氣色矣。弟此行，欲謀一壑以終餘年，與老兄把臂，不至河漢耳。』（《文集》册五，《上圖稿本》第四三册，第二四三—二四四頁）

按：衷仲孺，字穉生，崇安人。有《武夷山志》。

又按：此書當作于《寄錢郡伯》之前，尚未到建陽。

作《題扇贈鄒平子》（詩佚，題筆者所擬）。

按：鄒平子，即鄒詮。詳崇禎八年（一六三五）。

作《寄鄒平子》：『憶丁丑之夏，建州送雙舄之莅四明也，期以文章緣餙吏治。越歲弟至鄮城晤許玉史海憲，乃聞台翁鳴琴未久，即讀禮南歸矣。弟渡海謁普陀，因之越、之吴、之齊、之魯。己卯春殘，浪遊返舍……迎客西甌，逢朱馮仲社兄，細詢動履，始知猶卧東山……弟與馮仲同寓兩月，樂莫樂於新相知也。今於其歸，聊附八行，用申契闊。小詩奉懷，題之扇頭，并附小刻求正。飛鴻不乏，莫靳德音，臨楮蘊結。二月廿七。』（《文集》册四，《上圖稿本》第四三册，第六九—七〇頁）

陳衎有《楊巨源爲小童茯苓寫蘭，與磐生、叔度、巽卿、彦回各口占絶句》（詩佚，題筆者所擬）。

作《楊巨源爲小童茯苓寫蘭，興公、叔度、巽卿、彦回各口占絶句，余亦繼之》：『一片幽蘭趁晚風，飄颻楚畹淡烟蒙。曾經屈子摽題後，每入詞人翰墨中。』（《大江草堂二集》卷八）

按：據陳衎詩，知楊巨源與興公遊，材料僅有此條。《像贊》當作於此時。

作《楊臣源像贊》：『唐有巨源，詩法重乎貞元；今有巨源，畫法推乎專門。巖居楚楚，霞舉軒軒，遡自弘農，世閥不忝關西夫子之雲孫。』（《文集》册十二，《上圖稿本》第四五册，第三二一—三二二頁）

三月，在建陽搜秘笈，初三日，陳衎有詩懷之。初一日，擬往武夷，致建寧知府錢震瀧，希冀其薦刻《武夷山志》。二十七日，致朱馮仲，言薄遊建州之由。同日，又致吴仕訓，言去歲往漳州吊顔繼祖，本擬往潮州，小力途中行李被劫，遂罷；附延壽、鍾震《二徐集》和延壽《潮音》《武夷》二集。又致寄毛惺存，叙吴仕訓掛冠家居事。

陳衎《三月三日，聞徐興公尚在建陽》：『建陽古書坊，梨棗多淆亂。每欲搜秘帙，帝虎代塗竄。身倦不能前，亦苦俗務絆。如君真好學，千里列行館。汲古井中泉，寒碧亦漶漫。井底有石匣，丹書僅數段。何代誰所藏，異時孰得看。君若是仙緣，必能生羽翰。豈必事祓除，毋歌白石矸。』（《大

江草堂二集》卷二）

作《寄錢郡伯》：『浪跡劍津，荷老祖臺盛情有加，兩躋公堂，兕觥滿酌，至今有餘芬焉。歲暮抵建州，承甌寧孫令公款留，且緣積雨，未能即趨建陽。辰下始晴，便當就道。近崇安友生聞某在邑，邀爲武夷之遊，且云張令公欲重修《武夷山志》，知某向曾纂修一部，蒐羅古賢詩文甚夥，較之舊志爲詳，尚需討論潤色。蓋令公初任，似未悉鯫生姓名。逆旅馬周，必藉常何之薦，倘得如願，不惟仙都得賴令公闡揚，而不肖某且以筆札效勞，當侯門彈鋏也……三月朔日。』（《文集》册五，《上圖稿本》第四三册，第二二九—二三〇頁）

按：錢郡伯，即錢震瀧。震瀧，字文青，仁和人（今屬浙江）。崇禎四年（一六三一）進士。建寧知府。

又按：孫令公，即孫以敬。詳去歲。

又按：張令公，即張堯政。堯政，杭州人。舉人。崇安知縣。

又按：又有《寄錢文青郡伯》，作於二月，内容同，文字稍異，如『且因』作『且緣』、『始晴』作『稍晴』之類（《文集》册五，《上圖稿本》第四三册，第二四五頁）。疑二月所作爲初稿，未寄。

作《寄朱馮仲》：『客符山三閱月，沐雅教良多……至潭陽愈益寥寂，迴思芝城之樂，了不可得，人生聚首，不綦難哉……弟寓此浹兩旬，雖荷臨邛見重，然值參謁旁午，昨始返邑。今枯坐僧寮，父子相對，懷抱鬱然，稍充遊山之資，便買九曲之櫂，且兒曹久荒下帷之功，欲遣之先歸耳。明歲公車即在轉盼……外附一函，寄候鄒平子先生，并爲致聲。餘情筆未能罄。三月廿七。』（《文集》册五，《上圖稿本》

第四三册，第二四六—二四七頁）

作《寄吴光卿》：『戊寅之春，老祖臺七袠華誕，曹能始爲文稱觴，爾時𤇆方出門爲齊魯遊，業具報章奉復。不意吴越淹留數月，至臘前方抵歷下，值虜氛熖熾，顔中丞無暇留客。𤇆睹景色不佳，遂不入城，急索資斧而歸。至吴門，便聞歷城失陷，中丞竟以法死。若稍淹留，必犯虜鋒，無生理矣。庚辰之冬，至漳州哭吊中丞，去潮陽不遠數舍，因念與老祖臺爲别十稔，欲效山陰訪戴故事，先遣一力通問於别駕黄元常，賴爲地主，便與祖臺作平原十日歡，詎漳浦寇起，小力行至閩粤交界，遭强寇截路，盡劫衣服行李，匍匐至潮，而所寄祖臺之書刻、詩扇盡歸緑林之手。且别駕方有裁減之旨，而𤇆即以次歲春仲還家矣……兒孫長大，家累掣肘，不得不餬口于他方。近又薄遊建州，邂逅淮陰毛君惺存……三月廿七。』注：『《二徐》《潮音》《武夷》附。』又注：『此書毛君帶去淮安，又抄一稿。十月寄潘巡司去。』（《文集》册五，《上圖稿本》第四三册，第二四七—二四九頁）

作《寄毛惺存》：『弟寓建陽二旬，父子枯坐，寂寥不可言……昨有人自郡至，云文旌旦夕即往揭陽，豚子意欲附行，至汀趨贛，寔爲同路且得同伴。弟一時資斧莫措，未免錯過此番機緣耳。兹所托者，揭陽去潮陽甚邇，弟有通家至交吴公，名仕訓，字光卿，號六負，粤東耆宿，海内名家，曾官敝府二守，掛冠已歸十年。書筒往還，歲歲不乏。幸逢台兄行李之便，乞納橐中……計台兄粤返至閩，當在夏杪荔子熟時，愚父子爾時亦在家中［拱］候。』（《文集》册四，《上圖稿本》第四三册，第七〇—七二頁）

按：興公預計夏杪返會城，後延至八月始返。

春夏間，在建州、延平，修《延平府志》。有書致江西會昌陳知縣，又致江西龍南知縣，言延壽往江西訪南贛巡道章自炳，冀有所遇。三致書胡維霖，討論陶淵明若干遺蹟；胡氏請興公爲其文集作序，並叙及欲謀之建陽令君行之，而令君未暇談及；胡氏贈《華林宗派》；言及延壽、鍾震於古文、詞賦，特遊戲三昧而已，其志仍在舉業。又致裴汝申，叙遊道甚艱。致書章自炳，言生平所撰著積有六十餘卷，力微求爲其剞劂；又言修《延平府志》約需半年時間。

作《寄陳會昌》：『雙鳧之莅虔南也，弟適有漳郡之行。邂逅陳平人使君，僭述雅望。不擬使君即擢蜀中督學，而章（怙）［岵］梅公祖代之……回憶瓊河名園，登臺劈荔，忽復數載……兹豚兒遠訪章（怙）［岵］翁，途經貴治，幸叨瓜葛之末……』（《文集》册四，《上圖稿本》第四三册，第八三頁）

按：會昌縣，屬贛州，在江西南部。漳郡之行，在前歲冬去歲春。

又按：徐延壽爲會昌知縣陳氏之甥婿。

作《寄卓龍南》：『閱除目，知翁臺戴星入治有日……章（怙）［岵］梅公祖宦閩日，與弟交最驩，而豚兒爲其門下士。弟衰朽莫能遠涉，兹命兒曹晋謁。然章貢去貴治伊邇，因便通候起居。』（《文集》册四，《上圖稿本》第四三册，第八四頁）

按：龍南縣，屬贛州，在江西省最南部。章貢，贛州治所，今贛州市章貢區。

作《復胡檗山》：『《靖節先生年譜》，曾見于《南村輟耕録》中，亦甚簡略。承教［始］生，及父封邑，則《晋書》《昭明》所未載者也。墨池、書臺在貴里，則《廣輿記》載之，而不能詳。恭閲大序，不惟闡陶公舊蹟，且知華林貴族，孝義世德，流芳至今，愧後生末學，筆鈍如椎，烏能彰厥懿美，容徐圖之，并語能始先生也。』（《文集》册四，《上圖稿本》第四三册，第八四—八五頁）

按：胡維霖，字夢説，號檗山，新昌（今江西宜豐）人。萬曆四十一年（一六一三）進士，官福建右布政使，分巡建南道。有《黄檗山人稿》。

作《又［復胡檗山］》：『日來恭誦《墨池》大篇，悦目快心，驚魂動魄……某以草澤凡民，自少至老，妄意柔翰，自娱生平，所同學同志者，謝在杭、曹能始二氏，詘於時命，淹抑終身，自知虞翻骨相本合迍邅，趙壹輕狂，允宜擯棄。雖潛見殊途，而心情合一。數十年中，所作拙詩，向荷南中丞公授之剞劂，而雜著《筆精》，敝友邵中丞梓之。兹有雜文十四册，蕪蔓未芟，淆亂可厭，偶携至此，欲謀之建陽令君嚴删行之，然令君簿書鞅掌，未暇談及。卒卒相逢，不敢以告。今桑榆已迫，他日必與草木同腐。不自揆度，僭呈記曹，不堪重污法眼，倘有一言幾乎道，不無望于玄晏先生片言，榮逾華衮矣。更《續筆精》五册，隨意即書，尚未編次，并呈台覽。某一兒一孫，俱籍庠序，雖習舉業，亦頗知詩，能始不棄菅蒯，收之選中，並雜刻五種附呈。聞祖臺著有《舉業程式》，乞惠教以訓兒孫。』（《文集》册四，《上圖稿本》第四三册，第八六—八七頁）

作《又（三復胡檗山）》：『拙序草草，不足揄揚盛美萬一，承示《華林宗派》，稔知世德作永矣。小稿冗雜，未遑料理……小孫生於庚戌，十五入泮，五踏槐黄；小兒生於甲寅，十七遊庠，三經棘戰，下帷攻苦，亦有歲年。至於古文、詞賦，特遊戲三昧而已，非其志也。亦曾刻有《制藝》問世……章（怙）［岵］梅公祖莅閩之日，與某交最歡，而豚子亦以文章受知有日，今補南贛巡道。近貽書見招，某耄年憚於遠遊，欲遣豚兒趨章貢候（怙）［岵］翁起居，道經汀州。辰下汀郡缺守，乃貴鄉宋司理攝篆。聞宋公博雅名流，某素所欣慕，欲以拙刻請教，不揣僭求台函吹嘘，稍爲入贛舟車之費。』（《文集》册四，

《上圖稿本》第四三册，第八七—八九頁）

按：宋司理，即宋應星，字長庚，江西奉新縣人。經胡維霖介紹，徐延壽過汀州，應星贈三十金。

作《寄裴翰卿》：『戊寅，小婿奉訪，承兄篤念通家，情禮周至，且完舊券，足見季諾……弟以是歲走齊東，遇虜警，奔回。己卯冬，又至漳南。庚辰浪遊建州，蓋緣食貧，不得不馳驅道路，然此時遊道甚艱。羈留半載，竟乏資斧，真無可奈何耳。計無復之，乃命小兒爲贛州之行，冀有所遇。路經貴邑，叩謁門下一叙子姪之誼，且詢往贛路程。』（《文集》册四，《上圖稿本》第四三册，第八九—九〇頁）

按：去歲冬至建州，至今已有半載。

按：據以上數書，徐延壽往南贛，取道清流、汀州。

作《寄章（怗）［岵］梅》：『歲在戊寅之夏，㶊爲吴越遊，路經㶇水，深念老祖臺舊日隆情……偶值台駕有武林之行，維舟兩日夜，耑待旋軫，苦於長年催迫，竟不得摳侍函丈，但留一刺及曹能始一函於掌記，擬歸日再圖晤言……乃聞開府虔南，與閩邦接壤，河潤之及，尤切瞻依。當今四方騷動，獨江右、閩中差足高枕，緬維老祖臺威望素著，籌畫萬全，江閩賴爲長城，朝宁倚爲保障。行當晋閩南藩屏，節鉞之寄，田野老農尚能扶杖郊坰，逐竹馬群兒以迎也。㶊株守，老而寡營，而生平所撰著積有六十餘卷，力微弗能殺青，懼與草木同腐，擬不遠千里，恭詣祖臺，徼求大□助我剞劂。行至延津，謁胡檗山公祖，遂留修《延平郡志》，編纂之役，須半載始得竣事。不揣復商之能始先生，遣豚兒延壽叩首臺端，㶊素聞章貢善地，亦令兒曹覽鬱孤、金精之勝，且執贄門墻稱弟子。伏望居之幸舍，俾鋏食有魚，㶊之受賜弘且多矣。且也雩都鄭令、會昌陳令、龍南卓令，皆㶊桑梓至交，敢藉寵靈貽札吹噓。』（《文

集》册五，《上圖稿本》第四三册，第二三一—二三四頁）

四月，至建陽，致書建陽知縣黄國琦，言欲了《武夷山志》編纂之事；有意卜居武夷，希冀爲贈草堂之資。望前，再致之，言紅巾到處竊發，柘浦（浦城）有此烏合；贊其餘暇校讎《册府元龜》，文事武備兼全。二十六日，致書建南道胡維霖，附古刻犀杯一隻、宋集二部。

作《與黄石公》：『𤊹以去冬別家，客劍浦、富沙者數月，今至潭城，不覺又歷三旬。羈旅禪林，杜門掃軌，既寡同調過從，況值桂玉蕭瑟。昨聞文宗刻期涖建……𤊹曾纂修武夷志乘，蒐輯藝文頗多，惟山水未遍經歷。日下將趨山中蒐訪遺事，了此一段因緣，更欲買一丘而栖遁，苦乏録事贈草堂之資。惟是父臺行簡臨民，客復踵至，干請之事，誰有過而問者，必仰藉寵靈，或于兩造中度可爲故人地者，勑其相托，庶幾不爲漢署積薪，早拜嘉惠而行也。』（《文集》册五，《上圖稿本》第四三册，第二二七—二二八頁）

按：黄石公，即黄國琦，字石公，新昌人。崇禎十年（一六三七）進士，建陽知縣，署浦城縣。

又按：《寄朱溤仲》言至建陽浹旬，作於三月廿七日。作此書已歷三旬，知作於四月。

作《復黄石公》：『年來到處紅巾竊發，獨閩地差爲偷安。不意柘浦有此烏合，非藉父臺機謀素定，遂不可收拾，且有餘暇較讎《册府》，可謂文事武備兼全矣。計父臺歷俸已深，旦暮當膺内召，剞劂之役，亦須喫緊，廣布宇内。數百年缺典，國家兩雍所不能鐫，今以一邑而數月峻工，不亦千秋之盛舉乎哉！鄧孝廉欣然以後半部賫上……孟夏望前。』（《文集》册四，《上圖稿本》第四三册，第六〇—六一頁）

按：柘浦，即浦城縣。

又按：鄧爾纘借予建陽知縣黃國崎《册府元龜》後半部。

作《寄胡道尊》：『客冬薄遊劍津，草澤編氓，過承寵禮，知己之感，永矢弗諼。又蒙吹噓于建陽，迨及暮春，始克趨謁，令君不替舊好，見留幸舍，杯酒爲歡。偶值客至如雲，送迎旁午，□肝雖餉，馮鋏空彈，仍返建州，依然貧旅。辰下文宗考較，刻期按臨，兹有童生四名，僭徼洪造，轉送段太郡公收之正案……外附古刻犀杯一隻、宋集二部，統祈海納，造次冒干，曷勝戰悚。四月廿六。』注：『有回札。』（《文集》册五，《上圖稿本》第四三册，第二三〇—二三一頁）

按：胡維霖分巡建南道，故稱胡道尊。

五月，仍在建陽，廿六日，下延平。致書汪汝謙並詩，請其少作淹留，預計夏至還家。

作《題扇寄汪然明》（詩佚，題筆者所擬）。

按：詳下條。

作《寄汪然明》：『前歲過西湖晤仲脩、玄龍、卿子，詢高賢動止……近於林天素處見佳集十種，㶿嘆曰：「斯與吾通家兄弟素向往而不得見者也。」天素遂出尊牘見示，始知已在三山與子長、能始諸君倡酬，恨弟羈栖異郡，無翼奮飛侍教于大君子。方今荔子正丹，可以餉客，願少淹留。弟夏至還家，猶可作平原十日歡也。漫成小詩題扇頭……五月。』（《文集》册四，《上圖稿本》第四三册，第九七—九八頁）

按：汪汝謙（一五七七—一六五五），字然明，歙縣（今屬安徽）人。入家武林（今杭州），治舟西湖，題曰『不繫園』。與文徵明、董其昌、陳繼儒爲湖山詩酒之會。有《不繫園集》《湖山韻事》等。

又按：曹學佺爲作《汪然明遊閩稿叙》（《西峰六九集文》）。

又按：下延平，詳下月《寄能始》。

六月，在延平（劍津），初十日，致書朱亦世，憶念昔年遊樵（邵武）及樵友。十二日，致丘衍箕，言胡維霖道臺薦延壽謁宋司理。同日，又致王龍居，言愈老愈貧，兒孫空守一經，不能振拔。延壽往遊虔州。致書曹學佺，言胡維霖讀《明詩》，自明初至萬曆六集，著爲《詩評》；又言前帶《明文十家》，托建陽令代刻，全無意助一臂之力。又致鄭四有，言數年之間奔馳吴越、齊魯，近來復走漳州、延、建，苦無寧晷。又致鄭心一，言林叔寶、陳蔚生携書畫、雜玩入樵，敢爲介紹。

作《寄朱亦世》：『憶己巳浪遊樵中，與仁兄把臂歡甚，次年訪我山中，倥偬爲别，不覺十有餘秋，弟頭顱漸老，意興蕭然，夢魂常在丹臺、西塔間也。樵友知交，近在建陽逢李君諱日芳者，細詢皆無恙。獨方爾受已不禄，令人傷悼；金陽先生後事不可聞，尤所扼腕耳……偶在劍津，暑中草草奉候……六月十日。』（《文集》册五，《上圖稿本》第四三册，第二二八—二二九頁）

作《[寄丘克九]》[一]：『去歲之夏，承兄求曹公《三祠記》，弟草草報命，不知馮道臺又邀兄入漳署也。近閲察報，知馮公挂議離任矣。愧弟緣薄，未能摳侍名公色笑……弟去冬客建、客劍，遷延半載，兹

[一] 按：此書拼接于《寄顧[朗]生方伯》之後，疑缺一行，無受書人姓字。《復丘克九》：『霞城邸中，良晤爲快，近得手教云，求《祠記》于曹尊老……尊老雅重漳郡公《祠記》，必慨然泚筆。』（《文集》册五，《上圖稿本》第四三册，第一六八頁）《祠記》，即《三祠記》，據此，此書受書人亦爲丘克九。

又在建中，落莫不可言。今遣豚子薄遊虔州，謁章（怗）[岵]梅舊公祖，道經汀水，今延平守道胡檗山道臺削牘薦小兒，謁宋司理公，公與胡公桑梓契厚，或不至歌無魚耳。計仁兄斯時正在郡中候試，相時恰值也。司理正署郡符，日下考較儒童，乞指引小兒得數名，亦足爲贑行資斧……六月十二日。』（《文集》册五，《上圖稿本》第四三册，第二六九—二七〇頁）

按：『去歲之夏，承兄求曹公《三祠記》』，見去歲五月《復丘克九》。

又按：客建、客劍始於去歲，至今半載有餘。

作《寄王龍居》：『奉違色笑多年，知芳踪久在家中，不作遠遊想，篋有帛，倉有粟，豈向天涯走碌碌也。弟愈老愈貧，兒孫空守一經，不能少自振拔，弟不能不奔馳四方，以謀衣食。去冬歷延、建二郡，至今莫圖歸計。不得已，遣小兒爲章貢之行，道經[九]□，停舟嵩叩，兹路弟未曾經，不知從汀郡繇瑞金，程途幾許也？延守道胡公削牘薦小兒於貴郡司理公處，辰下考較儒童，允宜薦士，惟兄爲廣覓之，以實行橐……六月十二。』（《文集》册五，《上圖稿本》第四三册，第二七〇—二七一頁）

按：延守道胡公，即胡維霖。

作《寄能始》：『弟以前月廿六日下延平，承胡檗山方伯晋接甚殷。時方試士，托其轉達郡伯童生四名，每名只六金，但足供旅食之費。今又薦小兒於汀司理宋公處。司理南昌人，博學有名。今日已往汀。弟但獨坐旅舍，候宗師行后方得拜謁郡伯，不得不少待之。總之，此時遊道甚難耳。胡公云，曾寄托兄印《江西詩選》，久不印至，且手札言鄭文恪詩未入選，不知兄曾覩其集否？此公讀書好書之極，將兄所選《明詩六集》，自國初至萬曆，著爲《詩評》，蓋留心閲誦者，非草草翻過也。城中米貴，小民嗷嗷，計兄必有長策，爲鄉邦賑衈。延平米價與三山一般也。文宗較士嚴甚，近胡公薦一名入泮，於案末另起一行，署□胡守道薦取，不附正取之末，曉人可如是耶！大都鄉紳須三緘也。聞漳守曹元宰以溜川相特起，便欲掛冠，似有先幾引退之高。倘過三山，弟不在家，無能爲主者，兄須邀之小集。此公嚮慕名德甚虔，未可冷淡視之也。《六七稿》下半年者未之見，幸寄一部。前帶《明文十家》，托建陽令代刻，此公收去，全無意助一臂之力，兄當作一書領回可也。建令言多虛誕，不能靠耳。草草不盡。六月十五。』（《文集》册五，《上圖稿本》第四三册，第二七一—二七三頁）

按：宋司理，即宋應星。已見前。

又按：建令，即黄國琦。已見前。

作《寄鄭四有》：『憶己巳之冬，謁阮郡伯之樵川，荷仁翁假館授粲……及聞道駕遠涖滇南，遂疎音耗。弟數年之間奔馳吴越、齊魯之境，近來復走漳□，辰下又客延、建，苦無寧晷。兒孫空守一經，生計日拙，不得不糊口他方也。奉違色笑，已踰十載……兹有敝友林叔寶同陳蔚生有樵水之行，聊通八行。』（《文集》册五，《上圖稿本》第四三册，第二七三—二七四頁）

按：鄭四有，邵武人。貢元。崇禎二年己巳（一六二九）至今已有十三載。

作《寄鄭心一》：『爲别忽踰一紀……弟衰老日甚，兒孫株守一經，不能振拔，不得不寄食他邦。偶逢敝友林叔寶、陳蔚生二君，携書畫、雜玩入樵，附此奉候。知仁兄雅尚，敢爲介紹，二君歸日，惠我好音……令弟不另啓，并此申意。憶六七年前，令表弟名鴻祚者，乃玄水令舅之子，至江干被盜，席捲行李，特來見弟，薄助歸舟之資，今無恙否？并一問之。』（《文集》册五，《上圖稿本》第四三册，第二

七四—二七六頁）

按：鄭心一，邵武人。貢元。

六月，覺浪禪師去冬駐錫福州鼓山，十六日，有書致之，並有詩題扇頭贈之；言萌生隱居武夷之念。又致楊亦劉，言邇來米價涌貴，向其索回《荔枝通譜》。又致崇安知縣張思哲，言下月上旬至崇安。

作《題扇贈覺浪禪師》（詩佚，題筆者所擬）。

按：詳下條。

作《寄覺浪禪師》：『鼓山道場盛於唐季，至今八百餘禩，末法不振，劫火爲灾。二十年前曹居士倡率重興，㶶忝護法，頗復昔時輪奂之舊。向者敦請博山無異、瀛山雪關、古潭永覺，雖大闡宗風，皆不能久住山中，遂致三門寥寂。去冬㶶偶遊建郡，聞大師法駕賁止，寔山靈之有幸，得借佛日重輝，歡喜無量。惟是道場初復，緇衲無所領袖，而宰官善信，皈依三寶者有幾何人？全賴開堂説法，振起晏祖師宗教，寔私心所竊喜者也。憶天啓甲子之歲，［尊］大人訪我於鼇峰之麓，對酒談諧，遂成莫逆。回憶舊事，不無存没之感。㶶與大師有通家契誼，不獨今日始通姓名也。偶檢舊稿，録出前詩，乃知㶶非謬言耳。小作題扇頭，聊申嚮往。日下尚欲於武夷置一區以終老，相晤未可卜，先此奉候結想。涌泉不勝神往。六月十六。』（《文集》册五，《上圖稿本》第四三册，第二七六—二七七頁）

按：『舊稿』，指天啓四年（一六二四）贈覺浪父之詩。今佚。

按：《覺浪禪師傳》：『第六十四代覺浪禪師，諱道盛，別稱杖人，柘浦張氏子。年二十，依瑞巖識源師出家，從博山無異和尚受具，得法於東苑鏡和尚。崇禎辛巳，曹觀察能始請住當山，季秋

回廬山。之圓通前後，坐道場五十餘處。順治庚子九月七日，遷化於金陵之天界，世壽六十有八。』（黄任《鼓山志》卷四《沙門》）

又按：董天工《武夷山志》卷十八《方外》『道盛』條：『字覺浪，别號夢筆杖人……初，道盛師從住武夷數年，拜經於二曲虎嘯洞。』

作《扇頭録舊作呈楊亦劉》（詩佚，題筆者所擬）。

按：詳下條。

作《寄楊亦劉》：『仁兄久客三山，弟乃奔馳兩郡，不能還家……敝城邇來米價涌貴，仁兄得無炊玉之嘆乎？弟羈栖旅舍，進退維谷。今將謀爲武夷之隱，不知可遂斯願否……去歲先復尊翁一函，附應仲鵠去，時仁兄方遊玉田未返也，賦小詩，未及呈正，兹書扇頭附往，幸惟教之。餘容再布。《荔枝通譜》弟僅存此部，乞發附小孫，收下尤荷。』（《文集》册五，《上圖稿本》第四三册，第二七七—二七八頁）

作《復張崇安》：『建州蕭寺屢荷寵光，盛情隆篤，感佩良深。值文宗蒞延，𤊹暫下延津，謁道臺郡伯，正待入幕之友至同趍武夷，適此友偶然抱恙，□能即赴台召，今已平復，旦夕便出門。𤊹在延津待之，計新月上弦可抵崇城，雖稍愆期，知海涵不督過也。』（《文集》册五，《上圖稿本》第四三册，第二七八—二七九頁）

按：張思哲，北直隸人，崇安縣知縣。

又按：『新月上弦』，則入七月，知此書仍作於六月。

夏、秋間，徐延壽經清流至永安，遊桃源洞、栟櫚寺；經汀州，宋司理贈三十金，至南贛，王玄升、宗彝兄弟邀飲席上。八月，徐延壽在南贛，晤李岳，十三夜，同李岳集袖月樓。延壽是歲至次歲夏、秋間客南贛。

徐延壽有《清流訪裴翰卿、白仲喬梓留宿》（《尺木堂集·七言絶句》）。

徐延壽有《遊永安桃源洞》《栟櫚寺》《溪行》（《尺木堂集·五言律詩》一）。

按：興公曾遊桃源洞、栟櫚寺，詳萬曆四十六年（一六一八）。

徐延壽有《客虔南，王玄升、宗彝兄弟邀飲席上，送碧姬之興國》（《尺木堂集·七言古詩》）。

徐延壽有《章貢晤李子山》、《虔州茉莉詞》十首（《尺木堂集·七言絶句》）。

徐延壽有《中秋十三夜，同李子山將軍集玉姬袖月樓，姬亦閩人，時同客虔州》（《尺木堂集·七言古詩》）。

七月，上旬，至崇安，寓護國禪寺，主僧真惠出《梵宫吟》一卷相示。有書致李赤存，言米粟一時涌貴；又言薄遊延、建二州，以筆札糊其口，已歷半載；附扇頭詩。又致一丘道人，言此前三山米貴如珠，幾釀大變，又言下月初到九曲晤面，敘闊懷。二十一日，致書李石叟，邀同往武夷山中訪蚩蚩、一丘道人。

按：《續筆精》卷二『《空門快活歌》』條：『予于崇禎辛巳初秋至崇安，僑寓護國寺，主僧名真惠，號雲庵，年已九十又三，耳目聰明，精神矯健，尤喜作詩，出《梵宫吟》一卷相示，有《空門快活歌》一首云。』

又按：〔康熙〕《建寧府志》卷十六《寺觀·崇安縣》『護國寺』條：『在興賢坊西察院之右，唐大順間建於石雄里。』

作《題扇頭寄李赤存》(詩佚，題筆者所擬)。

按：詳下條。

又按：李赤存，楚人。去歲被貶閩地。

作《寄李赤存》：『台駕去夏漳南之行，念及衰朽，遠貽翰教……閩楚各天，時艱孔亟，無緣一候興居，徒懷耿耿。閩地雖曰偷安，而米粟一時涌貴，賴當事者苦心調畫，庶幾不至脱巾噪呼。𤊹家食弗給，薄遊延、建二州，以筆札糊其口，淹留半載，偶逢令親熊淑獻先生於劍浦之次，首詢翁臺動定……熊君歸里，附此修候，小詩題扇頭。時政平沙有雁，惟毋金玉爾音，臨函瞻企。』(《文集》册五，《上圖稿本》第四三册，第二八〇—二八一頁)

按：『平沙有雁』，已入秋季。

作《答一丘道人》：『弟至崇邑已浹旬矣，殘暑未退，山遊不便，擬仲秋之初始得到九曲奉晤，叙闊懷也，何鴞遠來，足仞厚情無已。三山米貴如珠，百姓嗷嗷，幾釀大變，今方收成，庶幾不至呼庚癸耳。橐中如水，一芹引意，幸乞炤存。』(《文集》册五，《上圖稿本》第四三册，第二八一頁)

作《次韻贈李石叟》(詩佚，題筆者所擬)。

按：詳下條。

作《答李石叟》：『承惠贈章，奬詡過情，愧莫敢任。敬次嚴韻奉贈，真不足以報瓊瑶。更委序言，妄意課呈，弗堪爲華篇之辱。愧矣，愧矣！蒙賜香茗，敬拜明德。弟不日將到武夷訪蚩蚩、一丘道人，仁兄能同躡屐乎否？餘容嗣布。七月二十一日。』(《文集》册五，《上圖稿本》第四三册，第二八一—二八

二頁）

八月，遊武夷，於沖佑觀橘隱堂撰《武夷山志序》。中秋，於武夷山萬年宫梁以成道士房偶拾得朱潤祖《寓軒詩集》，題之。因秋七月颶風之灾，福州南北城大樓柱一時斷折，家亦受損，不得不歸。歸後，偶沾小恙，以藥餌代饔飧，杜門頤養。致書章自炳，言延壽往南贛事。

按：颶風之灾，參見以下各月。

作《武夷山志序》：『蓋聞天玄設象，運日月以璇衡；地道綱維，布山川而列政。混沌既已開闢，融結更擅瑰奇。震旦洞天，三十有六，而吾閩則占其二。崇安之武夷山，古以籛、鏗二子得名，號曰「昇真玄化第十六洞天」，真人劉少公治之。巖巒峭聳，突起地中，溪澗瀠洄，蟠旋坤軸，泉甘土肥，風物秀美，地靈人傑，神仙所居。秦時設宴，曾孫駕長虹而成橋路；漢代奉祠，遣使薦乾魚而築壇壝。唐宋屢降敕書，熙朝曾頒大藏。洞裏投金龍玉簡，殿中列寶軸琅函。珠闕玲瓏，琪樹璀璨，九芝含秀，百卉競芬。園香粟粒之芽，源落桃花之片。水合流而奏韻，山移步以换形。玄鶴守洞府之門，金鷄報仙都之曉。真身委蜕，布滿雲根；機杼舟航，亂架巖隙。氣引廣漠，風和不周。寶劍昔試于石棱，鐵篴遥聞於天表。寔四維之靈區，八紘之聖境也。然皇太姥、魏子騫，與夫十三真君，聚集于一毛之孔；而三千儒術，荒蕪於獨角之端。乃出紫陽夫子，結廬高隱，道重河汾，鼓棹清歌，聲侔金石。又有海瓊仙人，庵名「止止」，妙契玄玄，皆能黼藻儒林，發揮仙窟，海嶽爲之增輝，烟霞繇其動色。惟是遊人達士，登陟岡，憚其勞，墨客詞豪，題咏難枚而舉。宋初里人劉樞密夔，曾著《山志》，首闡休風，後雖繼述，未臻厥美。兹衷君稺生，毓産是邦，慨然泚筆，咨詢耆宿，搜采舊聞。會千古之精華，牧纍朝之月露。青山蘊玉，發群岫以耀光；緑水懷珠，起萬川之晶影。歷經寒暑，爰輯斯篇。既就簡以删繁，復增新而證古。𤊹寤寐茲山，誅茅思隱，往來勝處，築竹攀躋。逸典快觀，蕪言僭弁。愧涉藻江而素淺，渡文海而弗深。仲舒五色之蛟，稀來筆底；子雲三清之鶡，不到豪端。本乏黄絹幼婦之才，徒增彩幔仙翁之辱。崇禎歲在辛巳中秋之望，三山徐𤊹書于冲佑宫之橘隱堂。』（衷仲孺《武夷山志》卷首，崇禎十六年刊本）

按：董天工《武夷山志》卷五《一曲上・溪北》『橘隱堂』條：『在冲佑觀。堂扁三字，白玉蟾書，今堂額猶懸。』

又按：興公叙搜集武夷山題刻及詩文十册，纂輯成《武夷山志》，連年奔波建安、建陽間，尋求當道、友人爲其刻書，未果。是歲二月間，有《寄衷稺生》，又向崇安人衷仲孺提及此事，言已撰之《志》與《舊志》不同，詩文多摘録自別集。聞建陽新任知縣詢問新志之事，請衷氏助一臂之力。後亦無結果，或衷氏有意合作，條件是署其名，從興公爲之序看，已得其首肯。此書刻於興公卒後次歲。

題《寓軒詩集》：『崇禎辛巳中秋，偶遊武夷，小憩萬年宫梁以成道士房，於亂帙中拾［出］一册，乃洪武初溧水朱潤祖《寓軒集》。祇律詩絶句，其上册則亡矣。潤祖官嚴州淳安教諭。集中有《季潭領僧會》一律，季潭，釋宗泐□興公識。』（馬泰來整理《新輯紅雨樓題記　徐氏家藏書目》第一四五頁）

按：《寓軒詩集》，明朱潤祖撰。明刊本。

又按：朱潤祖，溧水（今屬江蘇）人。洪武初官淳安教諭。

又按：馬泰來曰：『此題記極重要。崇禎十四年（一六四一）中秋，徐㶿方得《寓軒詩集》，越年十一月徐卒，而《書目》已著録《寓軒詩集》，可知徐㶿生前一直補訂《書目》。』［馬泰來整理《新輯紅雨樓題記　徐氏家藏書目》『寓軒詩集』條（箋校），第一四六頁］

作《又［寄章岵梅］》：『豚兒久客，㶿繫念殊深，旦夕倚閭而望。聞會昌令不能意表行事，有辜老祖臺盛心。茲上□周令，曹能始曾削牘奉托，知必加意。周令與㶿四十年文字交，懇求鼎言，囑爲豚兒與李岳地，庶幾不至空彈短鋏如會昌也，寧都乃歸途之便，或儌一矢，稍助舟車，何如？』（《文集》册七，《上圖稿本》第四四册，第一五五頁）

按：原題僅有『又』字。此書疑致章自炳。

九月，重九，由建州抵家。漳州知府曹荃過曹學佺西峰里三石亭，邀同與丘衍箕小坐。又於宛羽樓同曹學佺對菊遲曹荃。十三日，有書致陳冲虛，言浪遊延、建，淹留十許月，垂橐而歸，得不償失；歸家後修葺墻屋。同日，又致徐子雲，言擬遣孫鍾震往漳州訪曹荃求試儒童。同曹學佺、陳鴻、林寵、吴棨、胡蓮等集西湖；曹學佺同胡蓮來宿齋頭。

作《漳州太守曹元宰以考滿赴省，過曹能始三石亭，同丘克九少坐》（詩佚，題筆者所擬）。

曹學佺有《漳州太守曹元宰以考滿赴省，枉顧三石亭，留同丘克九、徐興公少坐》：『定交時已久，覿面詎云遲。課職猶循例，尋盟重在茲。空亭惟石供，修竹任風吹。下士虛懷見，尊前盡受知。』（《西峰六八集詩》）

作《與能始宛羽樓對菊遲元宰》(詩佚，題筆者所擬)。

曹學佺有《興公宛羽樓對菊遲元宰》：『閣道何曾峻，江光已數重。忽看黃鵠下，如有白雲封。減從林間得，披襟物外逢。登高時乍過，猶對九仙峰。』(《西峰六八集詩》)

作《寄陳沖虛》：『去歲初冬，浪遊延、建，不覺淹留十許月，竟垂橐而歸，客邸炊玉燃桂，得不償失。前月望後抵家，颶風壞我墻屋，又費修葺一番，亦良苦也。三得手教，念我最殷，吳尊生昨到三山，甚□注念。此君温然可親……曹公祖同克九，僅住五日，奉邀山樓小集，不替舊誼，意氣可薄雲天，當于古人中求之。日下考較儒童，弟欲趨漳城與兄重晤，惟是七十二衰翁，間關道路，不知休歇，亦足羞也。次月或遣小孫一行，惟兄臺仍假更省軒居停，如有儒童奉托者，預爲攬數名，不至臨期尋覓……清漳別後，聞天下寇盜飢饉疾疫，令人寒心。幸吾閩差爲偷安，尚可高枕也。吳雪崖公祖，弟在延津相拜，意甚浹洽，第料遷轉在即……九月十三。』(《文集》册五，《上圖稿本》第四三册，第二八二—二八四頁)

按：曹公祖即曹荃。與丘衍箕集宛羽樓，參見上引曹學佺詩。

作《寄徐子雲》：『去歲冬初，浪遊延、建，不覺留滯十許月，垂橐而歸……不得已，遣豚子走章貢，謁章岵梅使君，此乃無聊之極思也，今尚未歸，日倚閭而望之。曹公祖枉集小樓，舊好彌篤。此時正當試期，可藉薦剡作□資，然七十衰翁，憚於八日之程，意欲遣小孫一[行]，或郡公不我遐棄，多准儒童數名，惟長兄爲預定之。弟已面請於郡公矣。初歸，值惡風壞我墻屋，筆硯莫親，風雅堂扁，俟小孫携至也……九月十三。』(《文集》册五，《上圖稿本》第四三册，第二八四—二八五頁)

按：遣兒延壽走章貢（江西），參見六月《寄王龍居》。

作《同能始、叔度、汝大、異卿、賓王、遵生、如懷、茂生社集西湖》（詩佚，題筆者所擬）。

按：即胡蓮，字茂生，台州人。晚歲與曹學佺、興公往來甚密。陳衎《嘉客記》：『女史胡蓮，字茂生，台州人，工詩，善琴。畫蘭菊奇石，居然大家。』（《大江草堂二集》卷十三）胡蓮在囦溪與陳鴻、林寵、李岳、林匯、孫昭、徐延壽結社，作擬古詩，結爲《社集擬古詩帖》。興公選其詩，並爲之序。

曹學佺有《同興公、叔度、汝大、異卿、賓王、遵生、如懷、茂生社集西湖》：『與君期郭外，携友到湖邊。尚及殘秋景，如吟舊雨篇。蘭舟移遠霽，菊椀覆輕烟。社集寥寥甚，因兹一起然。』（《西峰六八集詩》）

作《能始、茂生過宿齋頭》（詩佚，題筆者所擬）。

曹學佺有《同茂生宿興公齋頭時茂生歸自都下》：『湖海俱爲客，韶華較淺深。不緣清夜話，誰表半生心。别寢甘同夢，尋盟更入林。長安消息未，朔雁有遺音。』（《西峰六八集詩》）

九、十月間，有書致章自炳，言延壽臨考不到，已被除名，望求一補考。

作《寄章岵梅弔》：『豚兒遠叩臺端，極荷寵禮，款留署中，飲食教誨，即元禮登北海之床，仲宣倒中郎之屣，莫啻過也……敬賦輓詞一幀，聊申唁意，并侑香儀……豚兒才疎學淺，乃辱收之門墻，坐以皋比，何以克堪。今歲郭文宗科試，有另案之嚴。豚兒臨考不到，遂致除名。仰藉寵靈，歸來求一補考，庶幾能還故物。𤊹桑榆末炤，不無殷望，其中曲折，豚兒能自道之也。龍南卓令長於古文詞，與𤊹爲

石交，近聞鼎吕多方培植，仍綰墨綬，二天之戴，頂踵弗諼矣。』（《文集》册七，《上圖稿本》第四四册，第一五一——一五二頁）

十月，初二日及稍後，孫鍾震入漳求試儒童，致書諸友人薦之。興公致書張紹科，言三載都不在家中度歲，景況不足道；求駱賓王等四集；聞魏倩石訃。又致張瑞鍾，言黄道周遣戍牽連七君子事，並向其索所梓道周之書。又致鄭兆（肇）中，向其索回舊歲所借《萬物數知》。又致徐子雲並爲之書風雅堂匾。又致徐晋斌，言爲兒孫考試，胸懷鬱結，胡蓮校書差足解其愁。又致高元濬，言孫鍾震漳州之行事。又致陳正學，言鍾震下帷苦讀，衹在明年一着，越三年，則不及見也。又致陳冲虚，言吴榮述新安米貴如珠，有移家寓福州之想。又致楊参和，以爲詩自鍾、譚一變，海内争效法，遂至莫解其義，從風而靡，不能挽回。又致馮康先，附以畫作，以爲繪畫非所長。又致丘衍箕，言胡蓮館於山樓數日，曹學佺復挾至困溪。又致吴雪崖並詩扇。又致王志道，言海内饑饉洊臻，寇盜日盛，近事可驚。又致胡蓮並詩，冀其再過小樓。又致吴仕訓，叙孫鍾震應舉經歷之艱難。此期間，徐鍾震擬往漳州，往困溪訪曹學佺，學佺贈詩；陳鴻有贈詩；陳衎以詩題畫贈鍾震；時延壽未歸。

作《寄吴光卿》：『𤊹夏間客建州，逢淮陽毛生有揭陽之行，附一函修候，意其必達左右也。詎毛生行至泉州，聞江北饑饉洊臻，即驅歸騎，其所寄書箑、小刻俱携去……詢及同社無恙，足仞存念，兹一一具聞。然十年轉眄，凋謝將半矣。𤊹年七十有二，孤孫名鍾震，以天啓乙丑歲，年十五，周日臺宗師考進閩庠，歷丁卯至己卯五科，俱叨入棘，攻苦下帷，期望得捷，雖時命未逢，而壯心不已。今秋郭文宗科考置在三等，寔文字未工，當自刻責……更有次兒名延壽，以崇禎辛未年何半莪宗師續案收入府庠，已五歷文衡，兩次科舉，近日文宗嚴牌，將續案改學批呈提等緣事辦復遼生、官生八款，令本學另册送考。小兒適應前漳南道、今補贛州兵憲章（恬）［岾］梅公招入章貢伴讀，臨考不到，已行學除名矣。小兒未知，尚在章公署中也。奈之何哉！蓋寒門衰薄，老懷益增索莫，然兒孫制藝頗閑熟，若在場屋，可冀脱穎，今一阻抑，則大事去矣，能無仰天長嘆耶？倘祖臺有魚鴻之便，求一言曲達文宗，置三等者冀收之桑榆，求遺才録取；除名者求准補考。如果文理荒謬，任從褫革，不敢置辯矣。……十月初二。』（《文集》册四，《上圖稿本》第四三册，第一〇三—一〇六頁）

按：據此書，徐鍾震自天啓七年丁卯（一六二七）至崇禎二年己卯（一六二九）五科而未捷；徐延壽自崇禎四年辛未（一六三一），已五歷文衡、兩次科考未捷，是歲臨考不到，已被除名。勦有求吴仕訓從中斡旋，讓鍾震、延壽有機會與試。老人拳拳之心，令人心酸！

作《寄張熤叔》：『弟苦食貧，三載都不在家中度歲，景况不足道。近曹郡伯枉集蓬廬，眷舊如新。目今試較儒童，擬親至霞中求薦數士，衰年憚於遠役，但遣小孫一行，知郡公不我遐棄，庶幾助腐儒粗糲之餐也。聞「四傑」已竣工，弟尚欠《駱集》，如《北海》《東皋》《延清》《茂挻》四家，讀郡公大序，似俱行世，今命小孫購褚，多印數部，分之同好，想板藏尊宅，惟一指示之。更《王子充集》，近蘭溪章無逸先生知而見索，並代購之。魏倩老忽然凋謝，令人抱山陽之痛，想靈輀未到家，尚容嗣致束芻也……十月十日。』（《文集》册五，《上圖稿本》第四三册，第二八五—二八六頁）

按：魏倩老，即魏倩石。

作《寄張勖之》：『去年此［際］，弟又走建州，迨至中秋始歸。憶蔚園梅花下狂□，兩易星霜，踪跡如許，頭顱可知矣。曹郡伯近至三山，見存蓬蓽，尚有約弟遊漳雅意，然奔走風塵，疲于津梁，乃遣小孫代行言念。高情曷其有極。近知石齋先生部議遺戍，而株連七君子，皆擬城旦，則生還有日矣。知念所篤，敢以相聞。仁兄爲石齋所梓書想已竣工，幸乞見教。』（《文集》册五，《上圖稿本》第四三册，第二八六—二八七頁）

作《寄鄭兆［肇］中》：『弟浪遊建州將一載，歸復垂橐，蕭瑟不可言。曹郡公約爲漳遊，然弟耄年，懶于遠涉，無已，遣小孫代行。小孫近試不利，下帷無味，且爲糊口之計……舊歲借去《萬物數知》已抄竟，幸付還爲懇。』（《文集》册五，《上圖稿本》第四三册，第二八七頁）

作《寄徐子雲》：『曹郡公回漳，業附一函奉候，當不浮沉。小孫試不利……陳長源已作古［人］矣！磐生鷄肋一青衿，入泮三十餘年，文宗查履歷，置之五等，咸謂文字在一二等間。冤哉，冤哉！但其次郎居第八，季郎第三，差足慰耳。風雅堂扁，書上，愧不能佳。奈何，奈何！小孫頗知讀書，於世事不甚了了，惟長兄開導之。』（《文集》册五，《上圖稿本》第四三册，第二八八—二八九頁）

按：即九月十三日所作《寄徐子雲》。

作《寄徐晋斌》：『弟老而貧，連年出遊，爲糊口計，竟無長物，正所謂美遊不如惡歸者也。近從建州返舍，爨突無烟，欲就曹郡公求食，苦於遠涉，意興大減，不得已，命小孫代行，不知郡公能破格相視否？弟爲兒孫考試不利，胸懷鬱結。近遇天台胡較書茂生能詩、能畫，非出床頭捉刀人手，真女流之豪傑也，差足解我愁。況老人尚有童心，仁兄聞之得無一噱乎！』（《文集》册五，《上圖稿本》第四三册，第二八九—二九〇頁）

作《寄高君鼎》：『弟去冬爲建州遊，至中秋始抵舍，仍苦垂橐，不若在家更爲安逸耳……曹郡公枉[顧]山樓，杯酒爲歡，夜分始罷……孫此行不無跂望薦剡。儒童數名，惟高名指引之。曹能始亦有書薦士，委小孫代覓，多多益善也。』（《文集》册五，《上圖稿本》第四三册，第二九〇—二九一頁）

作《寄陳貞鉉》：『此時遊道難於登天。弟去歲此際走延、建二州，淹留將一年所，竟垂橐而返。不得已，遣小兒往南贛，謁章（怗）[岵]梅公祖令，尚未歸。文宗試士，謂其臨考不到，行學除名。小孫十五入泮，五試棘闈，文宗重少年而惡老大，卷面貼浮票，驗其進學歲月，疑小孫爲老頭巾，置之三等。明歲搜遺，又有新生預試，必棄舊憐新，且名士遺落甚多，弟甚慮之。茲以心腹事求曹郡伯，試貴郡後，先力薦之，庶幾因郡伯齒牙，另刮一目，不然，科舉必不能得矣！仁兄晤郡伯時幸從臾之，寒門衰薄，小孫下帷攻苦，祇望明歲一着。何也？弟齒已近耄，再越三載，弟不及見矣！能無阻礙耶……尊著十種，郡公云久已梓完，幸惠教一部。弟拙文五十餘卷，中亦有可觀者，若郡公多准儒童數名，弟亦將爲梨棗之費，選而行之，不欲後世相知定吾文也！』（《文集》册五，《上圖稿本》第四三册，第二九一—二九二頁）

按：是歲㶿七十二，次歲卒。一語成讖，次歲『再越三載』，入清，延壽、鍾震之事，興公已不可知矣！

又按：兒孫科舉屢屢不利，一則興公精神上壓力很大，再則經濟上也有所拖累。如兒孫科聲場順利，興公或將有能力刻其五六十卷的文集，畢竟已經年邁，懼其有生之年，文集埋沒於世。興公雖『不欲後世相知定吾文』，然卒後近三百年，『相知』其文者不在少數，定其文集而梓之者至今未遇，不亦悲乎！

作《寄陳冲虛》：『曹太公見過山樓，譚及夜分始散，次日復會於能始先生處，遂別矣。尚有招弟遊漳之意，然弟年來食貧，多糊口他郡，皆不稱意。今漳郡方試儒童，特命小孫謁見郡公，求薦童生，全仗台兄從臾之力，知不我棄，無容深囑也。吴司理公與弟相聞有年，昨冬始於延津一晤……吴尊生極感盛情，見問必述新安米貴如珠，尚欲移家寓三山耳。令親何承使並未下顧，尚缺晤言。更省軒仍假小孫居停，何如？餘況小孫口能道之也。小兒往南贛未返，臨考不到，竟行學除名。』（《文集》册五，《上圖稿本》第四三册，第二九三—二九四頁）

作《寄楊參和》：『𤊹老而寡營，連年爲客，去冬浪跡建州，迨今歲中秋始還故里……曹郡伯賁臨山齋，談及台翁，極服博雅，想著作日富，潘江左陸，不足云喻，《和陶詩》曾殺青否？願早示教。當今詩文一道，大非古人遺軌，詩自鍾、譚一變，海内争效法之，遂至莫解其義，從風而靡，不能挽回。台翁向梓佳集，可稱正脉，續稿定當充滿奚囊矣。小孫走霞中，摳謁郡伯，令其修候左右，幸進而教之。』（《文集》册五，《上圖稿本》第四三册，第二九四—二九五頁）

作《寄馮康先》：『霞北草堂，得侍教益……别後，弟復客建州一載，近始抵舍，適曹老公祖抵三山，眷舊維新，情意殷篤……克九以「墨莊」扁索能始先生書，今附上。小畫原非所長，勉爾應命，不足當枚生《七發》也。小孫今歲試不利，兹走霞城，求爲明秋入棘地。弟業有書托曹公祖，仰仗台翁齒牙間一及之。』（《文集》册五，《上圖稿本》第四三册，第二九五—二九六頁）

作《寄丘克九》：『小孫近試三等，欲借曹公先容遺才入棘，弟書中已托重鼎噓，更煩兄一從臾之。

小孫下帷攻苦，期望取捷，弟老矣，再越三載，恐有阻礙。知曹公言重泰山，必得當也。小兒被黜，尤出意外，今姑緩之。小孫能道其詳也。馮潛老「墨莊」二字，已書，更二小畫并上。弟年來寡營，遊道甚窘，不可告人……沖虛元戎屢裁書約弟遊漳，不無發棠之愧，未敢就道，不得不在家株守，倘小孫此行不落莫，則弟可以無飢矣。恃念餘年知交，敢私布之。近茂生仙史至三山，弟館之山樓數日，能始先生復挾至困溪。此君真有詩才，不出床頭捉刀手，即席酬答，泠然有韻，即薛濤、易安不啻過也。然所乏者容耳。』（《文集》册五，《上圖稿本》第四三册，第二九六—二九八頁）

作《題扇頭寄吴雪厓公祖》（詩佚，題筆者所擬）。

按：詳下條。

作《寄吴雪崖公祖》：『㶿向讀《瀫水文獻》諸刻，而雄篇麗藻多冠簡端，心竊嚮往，匪一朝夕。延津邂逅，獲侍龍門，披雲見天，情誼款篤……曹太公枉過山居，知倡和同聲，丹霞爲之寡色。㶿恨山川遼邈，不能翻飛追隨左右，望想之勞，曷云其已。兹小孫有霞城之行，命其叩謁門墻，執弟子禮。小孫於制藝、詩詞，稍窺一斑，幸進而教之……拙詩題扇頭求正。』（《文集》册五，《上圖稿本》第四三册，第二九八—二九九頁）

作《寄王東里》：『憶前歲此時，正浪跡霞城，荷長者勤渠無已。韶華荏苒，已兩周星矣。㶿去冬薄遊延、建二郡，快遊武夷，至中秋始抵故里。適曹郡公枉臨蓬蓽，與曹能始强留兩晨夕，杯酒爲驩……即今海内飢饉洊臻，寇盜日盛，邸報久曠，近事可驚……曹郡公約㶿再爲丹霞遊，弟衰朽之年，憚于遠涉。辰下考較儒童，特遣小孫抵霞叩謁郡公，求薦數士，爲貧家卒歲之計。因候司理吴公，統祈鼎

噓秋毫。』（《文集》册五，《上圖稿本》第四三册，第二九九—三〇〇頁）

按：以上諸書，均言及曹荃過訪及孫鍾震往漳州，均托請友人關照鍾震，皆一時之作，故繫於十日或稍後。

作《小詩寄茂生》（詩佚，題筆者所擬）。

按：詳下條。

作《寄茂生》：『風雨江干爲別，不勝黯慘，歸臥樓中，覺餘香猶在。枕簟間細咏佳詩，情緒宛篤。當世有此閨秀，即徐淑、洪度不啻過也。異卿手書，重梓之，傳之同聲。近作乞并發來續於後，跂望，跂望！何日再至三山，小樓閒静，足置筆硯，日候魚軒過臨，唯勿寒盟爲重。小詩求正，不堪嫣然一笑耳。一扇求寫殘菊半枝，當晤對也。』（《文集》册五，《上圖稿本》第四三册，第三〇〇—三〇一頁）

按：胡蓮隨曹學佺往囦溪，故有書、詩寄之。

曹學佺有《囦溪文公祠送器之往漳州謁曹太守》：『送子清漳去，吾家有使君。風流真太守，藻鑒別人群。萬石名難數，雙川水自文。紫陽遺教地，遠近挹芳芬。』（徐鍾震《囦溪別曹能始先生次韻》附，《徐器之集·丹霞續遊》）

按：此詩曹學佺《西峰六八集詩》不載。

徐鍾震有《囦溪別曹能始先生次韻》：『臨行資斧乏，損贈獨夫君。羸馬驅長路，征鴻惜斷群。詩成難步武，燭剪隔論文。處處梅花發，風吹滿袖芬。』（《徐器之集·丹霞續遊》）

徐鍾震有《漳行答陳叔度先生次韻》：『遠涉漳江事舊遊，木奴霜後熟千頭。蒯緱自愧干人拙，衣

褐偏懷卒歲憂。客子奚囊如紙薄，王公飛蓋擬雲稠。單車後夜相思處，月照前峰峽水流。』（《徐器之集·丹霞續遊》）

陳鴻詩：『薄裝重束出門遊，直到漳南水盡頭。當路應知存厚誼，殘年安得免離憂。霞光照驛晴如染，樹色遮城暖尚稠。彩筆翩翩誰不重，魏家賓客總名流。』（《漳行答陳叔度先生次韻》附，《徐器之集·丹霞續遊》）

徐鍾震有《予南行，陳磐生先生以詩題畫竹，有阿叔未歸君又去之句，賦答》：『歲暮驅車非得已，敢將問寢輟晨昏。故人倘復憐岑寂，時載梅花月下樽。』（《徐器之集·丹霞續遊》）

十月，下旬，二十日，致書蕭爾達，叙延平晤言，别後有武夷之遊。二十四日，致書何模，言張燮萬石山房歸模所有，山靈因人而重。又致吴民憲，言去冬寄食建、劍二郡，中秋始返故廬。同日，又分别致呂而德、李義民，言孫鍾震漳行，令其拜謁。又致書顔紘祖，叙邵捷春八月間遭變故，與顔繼祖同年同門，而罹禍亦同。二十八日，致永覺禪師，鼓山徒衆咸言師已言旋，歡喜無量。致漳州知府曹荃，言構小樓藏書，又買鄰人破屋數間，欲擴充之；又言特命孫鍾震叩首，仰祈破格收録。

作《寄蕭爾達》：『延水晤言，神情符契，旌盟白水，大快平生。别後，弟爲武夷之遊，住仙都者匝月，獨恨玉華勝境未受杖屨，壁籬間物竟乏良緣，然此志未衰，必不放過耳。太夫人壽詩，業求大君子載筆，惟曹先生疎散，乃逸去原箋，以他幅易之。總之，詩以人重，不必拘拘一色也……十月廿日。』（《文集》册四，《上圖稿本》第四三册，第九六—九七頁）

作《寄何平子》：『浪跡丹霞，荷隆情無已。别復隔歲，實切天際真人想。知萬石山房，屬高人嘯咏。

唐摩詰輞川，舊爲宋之問别業，萬石一區，紹和先生創其始，仁兄拓其終。山靈因人而重，豈虛言哉！年來所收舊書，想多秘典，願一相聞。弟雖衰殘，而蠹魚之癖尚在耳。小孫入漳，附此修候。弟老懷貧況，不足爲故人述也，臨械悵結。十月廿四。』（《文集》册四，《上圖稿本》第四三册，第九一—九二頁）

按：遊漳在去歲，『别復隔歲』，則爲今歲。徐鍾震入漳，詳十一月。

作《寄吴民憲》：『客霞中朝夕晤對，一别便歷兩秋，懷想高風，夢寐不能忘也。弟碌碌苦貧，去冬寄食建、劍二郡，今年中秋始返故廬，日惟對青山微吟，不知老之已至……小孫有臨漳之行，命其謁候長者起居……十月廿四。』（《文集》册四，《上圖稿本》第四三册，第九二—九三頁）

作《寄吕而德》：『元夕燈宴，授簡分題。足稱良會。歸來把讀扇頭佳咏，日切天際真人之想。弟苦家食弗給，浪跡延、建二州，孟浪歲月，羈栖一載，憶故人渺如河漢。魚素莫通，良用疏節。小孫有霞中之行，令其謁候台履……十月廿四。』（《文集》册四，《上圖稿本》第四三册，第九三—九四頁）

按：『元夕燈宴』，參見去歲。徐鍾震有《十五夜，吕而德招同晋斌及家大父宴集宅上，觀迎神》詩（《徐器之集·丹霞紀遊》）。

作《寄李羲民》：『弟客霞城數月，值仁兄什九病中……邇來畫法，想更入神。唐伯虎有詩云：「閒來寫得青山賣，不使人間造業錢。」是仁兄今日之謂耳。弟去歲遊建、劍二郡，淹留一載，孟浪而返。無衣褐，莫能卒歲。兹遣小孫謁曹、吴□公祖，冀一垂眄……十月廿四。』（《文集》册四，《上圖稿本》第四三册，第九四—九五頁）

作《寄顔旦紅》：『客歲駕莅三山，卒卒爲别……弟爲建州之遊，至今年中秋始抵舍。未知台兄被惡誣奏事作何結局？積善餘慶，想無大慮也。當今時事寔可驚駭。邵劍津八月復遭變故，與令兄先生同年同門，而罹禍亦同。天乎！何辜一至此極……小孫叩謁曹郡伯、吴司理二公，敬勒八行耑候起居。』（《文集》册四，《上圖稿本》第四三册，第九五—九六頁）

按：顔紘祖，字旦紅。已見前。

按：邵劍津，即邵捷春。

作《寄永覺禪師》：『建州一别，忽爾五年，知師振錫古杭，興創寶刹，如此功德，不可思議。㶿戊寅道經虎林，來往匆匆，未獲瞻禮，至今有遐思焉。今年春夏，又寓芝城，而法筏未返。重九抵家，則鼓山徒衆咸言師已言旋，合郡宰官居士歡喜無量。蓋鼓山重興，方及二十餘載，宗風大振，共守清規，非藉大德住持道場，終無統攝……十月廿八。』（《文集》册四，《上圖稿本》第四三册，第九八—九九頁）

作《寄曹履垣》：『五馬莅三山，僭徼舊盟，枉駕蓬蓽……㶿齒已近耄，生平碌碌無營。自少至老，衹以筆墨爲耒耜，晚歲硯田就荒，貧日益甚，敝廬僅蔽風雨。近構小樓藏書，更買鄰人破屋數間，欲擴而充之，惟是土木之費，尚乏經營。兹逢老祖臺試較儒童，本擬親抵漳城求薦數士，竊效録事贈杜陵草堂之資，然衰朽之年，憚於遠涉，特命小孫鍾震叩首臺端，或有所請，仰祈破格收録，庶幾把茅蓋頂，增置一椽，且可娱賓客也。願之，望之。小孫十五入庠，五叨入棘，今歲郭宗師考置三等，文宗不日莅漳，敢藉鼎嘘，明年遺才收取觀場。』（《文集》册四，《上圖稿本》第四三册，第九九—一

〇一頁）

按：崇禎七年（一六三四），曹學佺助興公建宛羽樓，至此七年，或宛羽書滿，故又構小樓以充之。

又按：此書未署日期，《寄何平子》《寄吕而德》等，均叙鍾震入漳，故置於此。

十一月，初一，有書致池顯方，盛讚《晃岩集》，如入波斯肆中，無非異寶，令人駭目。代人作《雪峰重建法堂疏》。長至之前，致書翁壽如，言已有兩曾孫。徐鍾震至漳州，陳文煬招宴。十九日，徐子雲兄弟邀鍾震、丘衍箕、張紹科集巖園。

作《寄池直夫》：『文旆過三山，咫尺間未得晤語，良用懊惱。知蔡光禄公仙遊，情關至戚……讀《晃岩集》，如入波斯肆中，無非異寶，令人駭目。當今作者，登壇執耳，舍台兄其誰與歸？曹郡伯約弟爲丹霞遊，衰年不能遠涉。然家食苦貧，又難支吾，乃遣小孫代行……兄倘入霞中會郡伯，幸毋惜齒牙餘論否？則借重一函爲小孫曹丘，何如……十一月朔。』（《文集》册四，《上圖稿本》第四三册，第一〇一—一〇二頁）

按：蔡光禄，即蔡獻臣。詳隆慶四年（一五七〇）。

作《和翁壽如閏元日》《和翁壽如閏元夕》（詩佚，題筆者所擬）。

按：詳下。

作《寄翁壽如》：『林異卿自白下歸，談佳況甚悉，足慰十年離索之懷。弟連歲往來建州，而令弟馨遠無日不聚首……弟愈老愈困，已得兩曾孫，差慰榆景。獨所痛者，蜀中丞畢命，弟咫尺無侣，真無可奈何也。近覩庚辰閏元日、元宵諸作，竊效顰二首寄呈郢正。倘有續刻，爲附其末[何如]？君馨丈刻《陶集》甚精，而《心史》尤吾鄉一種奇編，寔爲盛舉。弟家尚存鄭義士《祭煉》三卷，有好事者并梓以傳，勿使泯没，試與商之……長至前。』（《文集》册三，《上圖稿本》第四三册，第一〇二—一〇三頁）

按：十一月十九日，長至。

又按：曾孫二：汝寧，生於崇禎十一年（一六三八）；汝宏，生於去歲。《别曾孫》云：『曾小者兩歲，大者五星。』（徐鍾震《先大父行略》引，《雪樵文集》）

又按：『大者』，即汝寧；『小者』，即汝宏。

又按：『蜀中丞』，即邵捷春。

又按：葉益蓀，字君馨，號雁湖，葉向高孫，福清人。以蔭補秘書舍人，歷署雲南司郎中、廣東廉州守。有詩集十卷。

又按：《祭煉》，即《太極祭煉》。

作《雪峰重建法堂疏代》：『雪峰禪林，甲於吾郡。山川形勝，殿堂創建，祖師燈輝，具見《山志》，予不復贅。傾予於此寺有緣，屢宿僧寮，見其法堂日壞，徒衆日貧，初爲之修葺，再爲之完糧，種種繫念，然更有大壞極敝，而不可收拾者，其故難言矣……今值世比丘毅然發願，了此一段未完功德，志誠可嘉。予雖在世綱中，遇此善事，安敢不爲贊助護法，成此盛舉。崇禎辛巳長至日題。』（《文集》册十，《上圖稿本》第四五册，第一二六—一二七頁）

徐鍾震有《辛巳仲冬，再至霞城，陳子潛元戎招宴留寓宅上，賦呈》：『三載寒霜兩度來，延賓東閣喜重開。陳遵井底投新轄，杜甫堂前醉舊醅。殘蠹堆床披寶典，名駒繞膝産珠胎。從今永締通家誼，日佩將軍武庫才。』（《徐器之集·丹霞續遊》）

陳文煬《器之遠訪解裝賦贈》：『故人千里爲誰來，鬱結愁眉一頓開。好放高懷勞遠道，到堪寒夜擁新醅。棲遲緑野争半耳，取次青雲叶鶴胎。萬斛明珠分炤乘，洪都原倍馬卿才。』（《辛巳仲冬，再至霞城，陳子潛元戎招宴留寓宅上，賦呈》附，《徐器之集·丹霞續遊》）

徐鍾震有《至日，家子雲昆仲招同丘克九、張烴叔集巖園看蚤梅》：『前歲書雲捧玉觴，今來仍爾集茆堂。入庭怪石森森碧，破樹寒梅冉冉香。盤裹白魚鮮作鱠，甕頭緑蟻醉爲鄉。華燈履喚移紅燭，始識宵添一線長。』（《徐器之集·丹霞續遊》）

十二月，曹學佺、胡蓮等來宛羽樓看紅、白梅花。初八日，與陳衎往自性上人房看梅。有書致南贛卓伯良。致謝章自炳，時延壽在章貢，日望兒還，倚閭目斷。其間，徐鍾震在漳州拜謁曹荃，往遊海澄月港，陳紫蓮孝兼招宴別業，陪漳南道周昌儒遊海澄，有《月港雜興》詩。有書致周嬰，令延壽修子侄禮，稍捐斗水，以甦涸鮒；延壽仍客章貢。除夕，延壽在章貢與友人李岳等集醉雲禪師室。

作《與曹能始宛羽樓看紅、白梅花，時茂生將別》（詩佚，題筆者所擬）。

曹學佺有《興公宛羽樓看紅、白梅花，時茂生將别》：『臘鼓催年至，梅開已十分。雨中穿徑濕，香際拂衣聞。有淚沾紅粉，無心卧白雲。春明新水發，依舊集鷗群。』（《西峰六八集詩》）

作《臘八日，與陳磐生自性上人房看梅，同用存字》（詩佚，題筆者所擬）。

陳衎有《臘八日，自性上人房看梅，興公先在，同用存字》：『中懷寥落向誰言，風日佳時亦出門。爲訪梅花尋廢寺，得逢詞客共清尊。數椽小屋寒林静，一片荒基古井存。坐久頓忘香氣入，上弦新月照黄昏。』（《大江草堂二集》卷六）

作《寄卓伯良》：『秋初豚兒有章貢之遊，曾附一函奉候……弟一函謝章守臺，愧齒牙短淺，安足爲曹丘？倘豚兒尚在郡中，令其投入，不然，即台丈自投之亦可耳。』（《文集》册五，《上圖稿本》第四三册，第三〇一——三〇二頁）

按：『一函謝章守臺』，即下條《寄章（怗）［岵］梅》。

又按：此書《文集》列於《寄茂生》（詳十月）之後，抄録字體與《寄茂生》不同。延壽往贛，詳六月《寄王龍居》，知此仍作於是歲冬。

作《寄章（怗）［岵］梅》：『豚兒遠叩臺端，深荷寵禮，即北海登元禮之床，仲宣倒中郎之屣，莫啻重也。鼇戴之私，難諼没齒。豚兒尚未抵舍……兹所懇者，龍南卓令向工舉子業，兼長古文詞，與某爲石交。近聞其在官稍有詿誤，幾掛白簡，重沐恩隆，多方曲□，荷二天之戴，苟其有極，仰惟鴻造，始終扶植，敢忘□自哉！某初爲延平修《志》淹留，初秋颶風爲灾，不得不歸修墻屋。日望兒還，倚閭目斷。知老祖臺念及故人，必加垂盼。若言旋之日，恐途次艱危，并祈遣役護入閩境，是所禱也。陳會昌乃某至戚，豚兒是其甥婿……龍南役便，附此申候。』（《文集》册五，《上圖稿本》第四三册，第三〇

二頁，第九一頁）[一]

按：《寄趙孟遷》：『舊年初秋，怪風爲灾，拔木頽屋，城櫓文場，蕩折無遺，數百年來，所未見之慘也。』（《文集》册五，《上圖稿本》第四三册，第二五五頁）此書作於崇禎十五年（一六四二）。

又按：陳衎《登南北城新樓並序》：『崇禎辛巳十四年七月朔夜，異風忽起，自南而北，籲激摧蕩，唅呀崩裂，墨雲滃鬱，時露火光，或曰龍鬭，南北城大樓各九間七十二柱一時折斷掀落，有若截稿。』（《大江草堂二集》卷一）

又按：望後抵家，詳下月《寄陳冲虚》。

又按：作《寄□□□》：『中秋某自武夷歸，偶沾小恙，未遑停棹謁謝，到家以藥餌代饔飧，杜門頤養。』（《文集》册五，《上圖稿本》第四三册，第一九三頁）此書作於次歲。

按：『龍南卓令』，即上條『卓伯良』。此書與《寄卓伯良》同時作。

作《贈周方叔》（詩佚，題筆者所擬）。

按：詳下條。

作《寄周方叔》：『四十年文字知交，精神意氣，服膺彌久彌篤。弟連年糊口他方，苦無寧處。今秋客建州，見邸報，知聖恩特賜黄甲，而台兄裒然在列，綰墨綬于聶都。及弟還家，值星軺已發數日。勞

[一] 此書『仰惟鴻造』以下缺文。而《文集》册四，《上圖稿本》第四三册，第九一頁『始終扶植』至篇末，原題缺。經反覆排比、分析斟酌，『始終扶植』至篇末，正是『仰惟鴻造』以下之缺文。收藏者裝訂錯亂，誤將一書分裝兩册，現將兩處缺文合而爲一，則完璧矣。

燕東西，杳不相及，何恨如之。豚兒向在章道臺門墻，極荷卵翼。今秋至虔南，款留署中半載。臘初道臺提兵入廣，暫出蕭寺，候道臺歸……曹能始先生特爲曹丘，令豚兒修子侄之誼，晋謁長者。昔人不以猪肝累安邑，倘台兄念我舊誼，稍捐斗水，以甦涸鮒，寔弟之所殷望也。小詩題扇頭求正。』（《文集》册七，《上圖稿本》第四四册，第一五五—一五六頁）

徐鍾震有《謁曹履垣老師》二首，其一：『霞天四望慶雲生，爲政風流似砥平。心協雕龍弘掞藻，才過繡虎久馳名。一封曾疏高墉隼，千舶能驅巨海鯨。揮麈渾忘朱芾貴，獨餘肝膽向人傾。』其二：『巡行頻駕畫熊車，橘柚垂陰日讀書。堂上昔曾棲異鵲，梁間今復見懸魚。咨詢政奏虞臣績，吐握風高隱者廬。帳下生徒歸藻鑑，汝南評重更誰如。』（《徐器之集·丹霞續遊》）

徐鍾震有《泊舟月港，陳紫蓮孝兼招宴別業，安美人侑酒觴，同子潛元戎賦》：『高世才名手射鵰，山陰一櫂訪非遥。樓觀蜃氣頻噓海，盤錯魚鮮盡趁潮。夢草句聯金管麗，繞梁聲斷彩雲飄。擎杯不減元龍興，一任呼盧賽六么。』（《徐器之集·丹霞續遊》）

按：（崇禎）《海澄縣志》卷一《輿地志》『月港』條：『在八九都。外通海潮，内接淡水，其形如月，故名。』

徐鍾震有《賠周劍華閫帥再蒞圭海》：『戰功未許脱征袍，圭海重看建節旄。帳下三千閒豹略，胸中十萬富龍韜。營屯細柳丹霞燦，弓掛扶桑旭日高。掃盡妖氛傳露布，還看倚馬醉揮毫。』（《徐器之集·丹霞續遊》）

按：周劍華，即周昌儒。時分守漳南道。詳崇禎十二年（一六三九）。

又按：海澄縣有圭嶼，故別稱圭海。〔崇禎〕《海澄縣志》卷一《輿地志》『圭嶼』條：『屹立海中央，爲漳之鎮。俗名「鷄嶼」。或云狀如龜浮波面，故亦名「龜嶼」。』

徐鍾震有《月港雜興》：『港繞千村似月圓，潮來兩度浸籬邊。霜寒撒盡漁人網，風迅吹還估客船。兩鎮旌旗屯遠近，三城鼓角響毗連。客心畏聽關山弄，處處吹笳欲暮天。』（《徐器之集·丹霞續遊》）

徐延壽有《虔州集吴正持旅寓看雪，同定遠孫天目、木仲兄弟》（《尺木堂集·七言律詩》一）。

徐延壽有《辛巳除夕客章貢，同雒陽郭松埜、武陵張脱夫、金陵吴正持，京口何淑明、左宜之，侯官李子山集河南醉雲禪師丈室》（《尺木堂集·七言律詩》一）。

徐延壽有《虔南歲暮柬李子山》：『十年與君別，一旦對君面。逆旅喜同居，連床宿僧院。』（《尺木堂集·五言古詩》）

按：『宿僧院』，當即前詩所云『醉雲禪師丈室』之類。

是歲，有書致夏允彝，言夏氏纂《長樂縣志》，又言夏氏修補《八閩圖經》。

作《復夏瑗公》：『老朽山癯，自甘草木同腐，杜門掃軌，無所事事，但與蠹魚爲伍，然癖性喜蒐奇秘之書，苦於閩地偏僻，無從購求。秉燭之光，隨讀隨忘，捲卷則茫然如隔世……承老父臺不鄙，下車之後數枉敝廬，愧不能效拔薤置水故事，有負知己……吴航一邑如斗，向時志乘簡略蕪漏，藉名公鴻筆，一爲更新，真千古不刊之重典。倘已較完，幸乞見教，至切，至切！至于〔修〕補《圖經》，又爲八閩增一勝事。四十年前，泰和郭公任左轄時，已梓《八閩圖説》，寒家向有之，近年爲解伊人先生持去。此書三山故家尚有存者，容細覓之，另復台命，亦省一番纂述費神也。幸稍俟之。如覓不得，則取各郡首册，恐亦不能全也。蒙賜扇頭長篇，穆如清風，并此申謝。前林生逢經，代借《錢唐》《會稽》二志，久塵公案，幸乞簡還，蓋《錢唐》者，係某向所載筆，家無副本故耳。役旋，先此附復。不盡縷縷，小孫近刻，附呈。』（《文集》册四，《上圖稿本》第四三册，第六六—六七頁）

按：夏綏公，即夏允彝。時爲長樂知縣，詳去歲。

又按：曹學佺《長樂縣志序》：『崇禎辛巳歲季秋之吉，通家治生曹學佺拜手撰。』（〔崇禎〕《長樂縣志》卷首）

是歲，命徐鍾震代爲紹興祁承勳《梅源集》撰序。

鍾震代作《〈梅源集〉序》：『山陰祁公祖蒙，驚才絶代，倒峽詞源，纍承纍世之簪纓，獨慳一弟，足跡遍于京雒佳麗之墟，相與吊古興懷，揮毫掞藻。壯歲，有聲太學，對策大廷，以貧乞一官，蓮幕弘開，復歷覽劍南山水之勝，句滿奚囊，隨而尊罏興動，退而棲隱梅源。考梅源，爲漢子真先賢掛冠修煉故處，其風高清節，公蓋慕其爲人，故取以名集云……公於異書，無所不讀，於名宿無所不交，處昆季則極其友愛，御子姓則極其義方，宜乎長次二君聯翩鵲而德星萃于一門也。歲庚辰，文載先生以名進家宰延邑，清静兹祥，一一皆本于過庭之訓。始知先生之淵源有自也，竭力編摩，炫目五色。强分若干卷，視全集纔十之三四耳。』（《雪樵文集》）

按：山陰祁公，即祁承勳。承勳，紹興（今屬浙江）人。選貢，陜西布政司都事。有《梅源集》。

又按：『長次二君』，祁承勳二子，長豸佳，字止祥。天啓七年（一六二七）舉人，授吏部司務。工詩文。明亡，削髮爲僧。次熊佳，字文載。崇禎十三年（一六四〇）進士，授南平知縣。福王朝，官至左中允、侍讀。福京亡，却聘杜門。

按：是歲九月之前，興公來往於建州、延平之間，修《延平府志》。此篇爲興公命鍾震代作。

是歲，追叙與謝兆申情誼及爲其集作序事，而謝全集竟無一處興公姓字。

按：《續筆精》卷二『王百穀詩集』條云：『吴門王百穀先生與閩人交最廣，又與孫子長督學交最善，自束髮爲諸生至百穀殁，所往還詩詞最多。全集未能授梓，子長屢貽其書於其子，請行之……詩已竣工，予索而觀之，自始至終，絶無孫子長姓字，始憬然悟曰：「子長不刻爲此故也，何咎之有？」噫！王郎不簡點至此，誠憒憒，可笑也。其父生平極周至，定不如是逗漏耳。予友邵武謝耳伯與予爲少年之交甚密，所往還詩文亦多，去年全集已梓，厥嗣特至三山乞予爲序，集中亦無予姓字，予竊笑曰：「此亦百穀故事。」欣然爲之序而畀之。』參見崇禎八年（一六三五）、十三年（一六四〇）譜。

是歲，徐鍾震代人爲福寧州知州揭重熙詩集撰序。

徐鍾震作《鶴玉齋集序揭萬年》：『秦川東南，襟帶大海，西北控扼諸山，巨寇出没島嶼間，又與東甌接壤，寔閩省一大重鎮也。朝廷非慎簡異才，匪克稱任。臨川揭公，博綜墳典，條貫子史，以五經名進士起家……某蹇落無似，署教兹土，獲從諸士後，快覩我公教化之成也。一日，公手一編示某，曰：「此近作也，爲我定之。」某謝不敏，然獲而卒業焉。覺韻流逸響，窮五際而軼三唐，自鑄偉詞，穿天心而出月脇，所謂清新俊逸，兼庾、鮑之長者，捨公誰屬？』（《雪樵文集》）

按：『署教兹土』，鍾震所代者當爲福寧州訓導。一種可能是，此人請興公代筆，興公讓鍾震操刀。

又按：揭萬年，即揭重熙（？—一六五一），字祝萬，又字萬年，號蒿庵，江西臨川人。崇禎十年（一六三七）進士，授寧德知州。南明桂王朝，官至兵部尚書，被虜，不屈而死。有《揭蒿庵先生詩文集》。

又按：接替揭氏爲福寧州知州者爲徐丙晋，丙晋崇禎十六年（一六四三）進士，此文必作於丙晋蒞任之前，故推斷作於是歲前後。

是歲或次歲，至羅源，知縣章簡出國初邑人陳滄浪《退軒集》，拔其尤，得二百四十四首；命徐鍾震代撰《小引》；又命鍾震代撰《羅署選言》跋語。

徐鍾震代作《陳滄浪先生〈退軒集〉小引》：『章次弓令永貞，纂修邑乘，蒐羅文獻，其家始以是編出，蠅頭細書，紙墨剥蝕還□。滄浪先生當年底稿中，關繫于羅邑甚多，惜未採入。予至羅川，章公首以示予，曰：「此羅江之杜少陵也。子其選之！」予獲卒業，富麗雄卓，中矩旋規，大都古風優于近體，拔其尤，得二百四十四首，較之全集纔十三四耳。憶先孝廉選《晋安風雅》時，謂羅源風氣未開，著作寥寥，殊未知所謂滄浪先生也者即羅之人，一聽其湮没，亦不自鳴其鄉有滄浪先生其人也，惜哉！兹得次弓表章，當與陳子兼《捫蝨集》並垂不朽，真九原可作矣！』（《雪樵文集》）

按：陳滄浪，號發軒，明初羅源人。建德丞。有《退庵集》。

又按：永貞，羅源縣舊名。

又按：『憶先孝廉選《晋安風雅》時，謂羅源風氣未開』云云，興公口吻。據此，此篇定爲鍾震代作無疑。

又按：章簡，字次弓，松江（今上海）人。崇禎十四年（一六四一）授羅源知縣，建縣堂、修廟學，纂《羅源縣志》。李自成陷京師，赴難死。

又按：興公卒於明年，此文及下文定作於今明兩年間。

徐鍾震代作《〈羅署選言〉跋》：『章次弓夫子一門尤盛，衆望所歸，輝生棣萼，三世咸以詩鳴。迨綰符永貞，百廢具舉……人第知爲古之循良，父子相師也，而不知其閨閫雍睦，咸工文藝，爲海内領袖。即章夫子亦秘不令人知者，兹膺内召行矣，乃曰：「羅地不可忘也，戔戔之言，不可棄也。」選而刻之，沆瀣琳球，擲地有聲，又何羡文考之賦靈光、道韞之咏柳絮也哉！」秀博器識朗拔，超群絶倫，當舞象之年，具雕龍之手，真謝朏得父膏腴者，而女兄弟之掞藻□華，又一一本于師母夫人之教。夫人夙嫻内則，不欲以文事自炫，故蘊藻韞光，潛心督課，人亦無從知之。《易》所稱家人嚴君，其斯之謂歟！』（《雪樵文集》）

按：章有源，字秀博，章簡子，松江（今上海）人。能詩。

是歲，蔡獻臣卒，年七十九。

佚名《清白堂稿序》：『辛巳崇禎九月卒。』（蔡獻臣《清白堂稿》，咸豐鈔本，『金門縣政府』影印，一九九九年）獻臣生於嘉靖四十二年（一五六三），詳《徐熥年譜》，是歲卒，年七十九。

是歲，邵捷春卒。

陳鴻有《邵肇復中丞挽詞》：『拆檻誰能叩九霄，含冤偏值聖明朝。閣臣賜劍權安在，門士收棺痛

未消。哀詔終當丹闕下，生還無復玉關遥。曾聞緹騎來西蜀，通國遮留萬里橋。』（《秋室編》卷六）

按：去歲蜀兵敗，邵肇復下獄。今歲八月自殺。

又按：參見十月《寄顔旦紅》書。

是歲，許豸卒。

按：曾異撰《追挽許玉史學憲》：『浙江歸櫬已逾期，草宿吾方作挽詩。』（《紡授堂二集》卷六）

曾異撰詩作於次歲春。

是歲，徐弘祖卒，年五十六。

按：據褚紹唐、吴應壽整理《徐霞客遊記·前言》。

崇禎十五年壬午（一六四二）　七十三歲

曹學佺六十九歲，林古度六十三歲，徐鍾震三十三歲，徐延壽二十九歲

正月，元日，有書致汪汝謙，談及歌姬胡蓮返汈溪（即曹學佺處），題詩於其畫之上。胡蓮至三山，寓居小樓。初五日，安國賢招同曹學佺、陳鴻、陳肇曾、陳衎東城樓迎春。有書致建陽知縣黄國琦，讚賞其刻《册府元龜》，又借鄧原岳孫爾纘孝廉所藏鄧原岳手鈔本（先送四十二册），以供黄氏校讎；又言去歲携曹學佺《明文》十册，在建陽刻印未果；又言書坊新梓《劉後村文集》。十三日夜，宛羽樓與陳鴻同望塔燈。致書曹荃，望破格録取孫鍾震爲儒童；陳肇曾擬往漳州，爲之介紹。又致陳冲虚。期間，徐鍾震則在漳州，初二日，張紹科招集麟角堂，同懷張燮。初三日，高元濬招同應佛大、楊澹如等集芝山風雅堂。初七日，再集張紹科齋頭。十二日夜，集法濟寺。十三日夜，集向日堂。二十四日，陳肇曾自會城至，與鍾震同寓，林翀玄携酌過訪。

作《答汪然明》：『文旌出關，次辰茂生即至，巧於相左，深以爲恨。歲行盡矣，暫停十日，仍返汈溪，約燈宵重來久住也。此姬雅慕鴻名，遂賦一詩題之畫上，寄情仁兄，得無神往乎……能始歲内冗甚，《詩序》尚未落草，當徐促之以報……小兒客贛，小孫客漳，俱落落不能歸……元日。』（《文集》册四，《上圖稿本》第四三册，第一〇六——一〇七頁）

按：《詩序》，即《汪然明〈遊閩稿〉叙》，曹學佺撰，收入《西峰六九集文》。

又按：《寄汪然明》：『胡姬孟陬之月抵三山，寓弟樓居。』（《文集》册五，《上圖稿本》第四三册，第二六一頁）

作《安都護招同曹能始、陳叔度、陳昌箕、陳磐生集東城樓看迎春，共用一東韻》（詩佚，題筆者所擬）。

按：立春，正月初五日。

曹學佺有《安蓋卿直社東城樓看迎春》：『列仗笙歌沸曉風，風光歲歲豈能同。樓臺祇見誇新上，杼軸其誰念舊東。最是佳辰欣霽好，別無奇策望年豐。土牛鞭入春城裏，待課農畊杏子紅。』（《西峰六九集詩》）

陳衎有《安都護招同徐興公、曹能始、陳叔度、陳昌箕集東城看迎春，共用一東韻》：『春風先到子城東，海色微茫雉堞雄。雲裏綺羅裝小妓，花間旌節擁群公。龍蛇運去人方泰，是年壬午。霜雪寒多歲欲豐。寶馬香車紛載道，豈知今日爲農功。』（《大江草堂二集》卷六）知興公本年有是作。

作《復黄石公》：『客歲漫遊，荷盛情過篤，銘佩鏤心，筆不能罄。承示梓行《册府元龜》，此書歷數百年，未經鐫板，傳寫既難，舛訛尤甚。兹得父臺倡率，不日告成，甚盛舉也。況書林刻手孔繁，皆屬宇下，自不敢苟。鄧孝廉一部，乃其祖督學公所抄，紙墨精善，初謂先人手澤，未忍遠借，然孝廉久欽名德，强之首肯。今先送上四十二册，倘有異同可較讎，不妨更换，如祇依樣葫蘆，則擲還之。統惟台裁。去歲曹能始命某携《明文》十册，煩付書林代梓，知書户輩無刻資，不肯捉刀，已情告能始先生矣。其原稿，倘有役便，祈封付下，聽其自梓爲便耳。書坊新梓《劉後村文集》，懇求一部，以當百朋，不勝願望。役旋附復，尚容嗣布。正月五日。』（《文集》册四，《上圖稿本》第四三册，第六七—六九頁）

按：黄石公，即黄國琦。已見前。

又按：鄧爾纘，字緒卿，原岳孫，閩縣人。崇禎三年（一六三〇）舉人，瓊州府同知。

作《十三夜，宛羽樓與叔度同望塔燈》（詩佚，題筆者所擬）。

陳鴻有《十三夜，興公宛羽樓同望塔燈》：『浮屠五夜變繁華，七級光分十萬家。夾堵火珠圓勝月，當空綵筆暖生霞。珊瑚盡借金標色，菡萏如開玉井花。來往遊人看徹曙，不知星斗已横斜。』（《秋室編》卷六）

作《寄曹履垣》：『歲底命小孫叩謁臺端，叠荷教誨，飲食之，通家雅愛，寔百恒情，此誼至高，難諼没齒。老祖臺薪蘇作人桃李，盡在公門，倘小孫不自量度，僭干儒童，伏望破格收録，俾㶿拜杜陵草堂之資，寔二天之所覆被也。更小孫遺才事已蒙鼎諾，統乞留意，山林老朽，謹引領而望之。敝社友陳孝廉昌箕纍世金紫，久困公車，不免食貧，周仲馭、夏彝仲二公削牘爲之介紹，知念所薦，必爲屋上之烏。』（《文集》册五，《上圖稿本》第四三册，第二五〇—二五一頁）

作《寄陳冲虚》：『歲内屢荷記存，見寄佳貺，足仞分甘雅意。小孫下榻於向日堂，尤佩明德，且同往海澄聿觀滄溟萬頃，第淺才，不能奉和佳吟爲恧耳。聞儒童僅薦三名，諒必收取，不知續案尚可求否？弟年來瘡痍未滿，故遺之遠行，全藉仁兄從中斡旋。近日許孝廉歸，述郡公每飯頗念及鄙人，諒不至河漢相視也。敝社友陳昌箕，三山才子也，向客霞城，以未識仁兄爲恨。此行欲定管鮑交，弟爲之介。孝廉與小孫最善，必日相過從。』（《文集》册五，《上圖稿本》第四三册，第二五一—二五二頁）

徐鍾震《初春二日，張熞叔招同丘克九、吴子冶、高君鼎宴集麟角堂，有懷張汰沃先生》：『駒隙年華似易催，幸隨藝苑拍深杯。宏詞每載牛腰重，博學時從蠹粉開。十畝桑閑甘淡泊，四鄰簽響任低佪。筆花此日應璀粲，豈比江郎易盡才。』（《徐器之集·丹霞續遊》）

按：張汰沃，即張燮。燮卒於崇禎十三年（一六四〇），參見該歲。崇禎十二年，鍾震隨大父興公抵漳訪張燮。麟角堂，張燮舊有堂名。

徐鍾震《三日，高君鼎招同應佛大、楊澹如、張熞叔小集芝山風雅堂，共用溪字》：『階下蓂開緑半齋，層層烟樹望中迷。鯨音亂吼諸天外，雉堞斜園曲檻西。風雅昔賢傳大業，霜毫今日借新題。酒酣散步高樓上，雲滿前峰水滿溪。』（《徐器之集·丹霞續遊》）

按：張燮與林茂桂等十三人曾于芝山風雅堂結霞中社。

徐鍾震《人日立春，再集熞叔齋頭，同克九、君鼎、晋斌、子素分賦》：『入春花柳漫相期，兩過玄亭日問奇。蓂葉緑隨階下長，藜光紅任閣中吹。金樽醉客傾千斛，璧月依人露半規。駘蕩春光何處好，綺窗相對畫修眉。熞叔時納新姬。』（《徐器之集·丹霞續遊》）

按：正月初五日立春。鍾震誤記。

徐鍾震《上元十二夜，高道季招集法濟寺館中觀燈，同高君鼎、吕而德賦》：『銀燭光兹夕，傳柑事事嘉。月團千户影，燈艷百枝花。玉斝斟金液，雕窗映碧紗。遊從初地寂，不覺六街譁。』（《徐器之集·丹霞續遊》）

按：〔萬曆癸丑〕《漳州府志》卷三十三《方外志》『法濟寺』條：『在開元寺之右。南唐保大十一年，刺史林佚建普利隆壽院在净安峰之麓……（宋）祥符八年，守王冕奏改今名……嘉靖四十一年改參將府，別築寺于開元寺之右。』
徐鍾震《十三夜集向日堂》：『六街棚架彩，賽社踏歌遥。無數銀花燦，頻看玉勒驕。暖風吹鳳蠟，微雨濕鸞簫。遠近喧聲沸，燈光滿此宵。』（《徐器之集·丹霞續遊》）

按：向日堂，陳文煬堂名。已見前。

徐鍾震《陳昌箕初至霞中，與予同寓，林翀玄携酌過訪，純姬侑觴，次昌箕韻》：『驚鴻爲態燕爲身，隔座分鬮迴出塵。逆旅休云重作客，同鄉還有未歸人。十千麯米添深夜，廿四花風待浹旬。淫雨滿堦簾幕濕，啼鶯辜負海城春。』（《徐器之集·丹霞續遊》）

二月，初五日，致書吴仕訓，言東南饑饉，寇盜間發，米價騰涌；又托請斡旋當道允延壽補試。又致書謝國將軍，寄延壽雜著。趙孟遷寄詩集，答之，附贈延壽所著書。又致一丘道人，言三山米價漸高，蘇、杭一帶，每石四金。又致楊參和，稱其《和陶》，儼然義熙、斜川風景。孫鍾震在漳州，初八日，何九雲自泉州來，招宴寓中。花朝後一日，同陳肇曾訪陳正學郊園。別漳州友朋，張瑞鍾、楊天宰有詩相送；天宰贈新刻《雲巖》。

作《寄吴光卿》：『去歲冬初，潘巡司家人往潮，業附小牘，耑候起居……㘵貧老相仍，奔馳風塵，不足餬口。江北毋論，即江南蘇、松數郡，浙省一帶，饑饉洊臻，疾疫大作；敝地雨暘不時，寇盜間發，米價騰涌，庚癸頻呼。光景若斯，恐不能老死太平也。一丘一壑，聊存喘息，不得不遣小豚之章貢依章（怙）[岵]梅兵憲，深荷不鄙，留館署中。臨試不到，遂致除名，向曾以衷曲奉托言之亹亹，不知可爲求一補試否？小豚學業已成，不至末等，文宗六月方返福州，尚可收之桑榆也。茲有敝社友陳茂才元綸，與揭陽張令君有同盟之誼，特往訪之。陳生有名於海内，即趕回入棘，倘賜瑤函，乞付陳生行李……二月五日。』（《文集》册五，《上圖稿本》第四三册，第二五二—二五三頁）

按：『潘巡司家人往潮』，見去歲三月廿七日《寄吴光卿》注。

作《寄謝寤雲》：『客歲荷瑤函遠頒，兼贈壽言，犬馬頹齡，過承獎借……舍親黄鼎舜與貴省分守鄭鴻逵向同硯席，交踰鮑管，兹相約過越，爲雲門、天姥、蘭亭、禹穴之遊，嚮慕台光，匪一朝夕，勑敬爲介紹……豚兒雜刻附呈。』（《文集》册五，《上圖稿本》第四三册，第二五三—二五四頁）

作《寄趙孟遷》：『昨歲拜瑤函、壽言之惠，犬馬頹齡，極荷寵光，感刻骨矣。辱教佳集備悉。《遊踪》《梅社》諸吟，宛然同遊暗香疏影中也。方今江南一路，荒歉不免炊玉，敝省差爲偷安。舊年初秋怪風爲灾，拔木頹屋，城櫓文場，蕩折無遺，數百年來所未見之慘也……舍親黄楚白與今貴郡守道鄭鴻逵少同筆硯，交侔金石，約爲蘭亭、禹穴遊，弟藉黄君，一通候起居，倘有可爲之地者，惟高明教之。謝寤雲公祖何久卧東山乎？弟有一函修候，倘未入郡，煩代致之。豚子小刻附郢正。』（《文集》册五，《上圖稿本》第四三册，第二五四—二五六頁）

按：此書云『舊年初秋怪風爲灾』，參見崇禎十四年（一六四一）。

又按：致謝寤雲函，即上條。

作《寄一丘道人》：『近孫生彦回，云曾同帥先候起居於碌金岩，歸來爲弟言甚悉，且愧我蹉跎歲月，有入山之志，而不能遂也。小兒往贛半載，尚未還家，遊道寥寥。此時三山米價漸高，蘇、杭一帶，每石四金，天下事誠可慮也……蚩蚩自是異人，勸其且在天遊度日，斯時道路亦不易行也。若移鐵板障兜鍪峰，亦恐有無良之人窺伺耳。弟歸來苦貧，衹是抱二曾孫，差足解頤，他無足述也。清明屆候，知山中新茶、新筍不乏，此樂何如哉！』（《文集》册五，《上圖稿本》第四三册，第二五七—二五八頁）

按：一丘道人居武夷碌金岩，蚩蚩道人居天遊峰。

又按：此時已有二曾孫。長曾孫汝寧生於崇禎十一年（一六三八），次者疑生於是歲。

又按：此書作于清明前，當在二月。

作《答楊參和》：『小孫久客霞中，荷曹郡公晋接，并承前輩名碩寵禮，寔爲厚幸，然彈鋏未歸，不免依閭之望。昨得台函，宛如晤對，《和陶》大作，儼然義熙、斜川風景，讀之醒心悦目，第冠以鄙言於首，寧逃着穢之譏乎……弟老而寡營，碌碌風塵，苦無寧日，今則杜門掃軌以終餘年而已。近得邸報，聞石齋先生已蒙聖恩寬典，足爲世道之慶……尊刻即致能始矣。』（《文集》册五，《上圖稿本》第四三册，第二五八—二五九頁）

按：去歲十月，曾去書詢問《和陶》是否殺青。參見去歲。

又按：莊起儔《漳浦黄先生年譜》卷上：崇禎十四年（一六四一）十二月謫戍辰陽。

徐鍾震有《仲春八日，何舅悌先生招宴寓中，賦謝》：『第五才名夙擅長，門前桃李艷春陽。文壇酬倡聯三世，函丈睽違忽十霜。夜静剪餘殘燭影，雨寒傾盡濁醪香。司空勳業生堪繼，楊氏鱣應墜講堂。』（《徐器之集·丹霞續遊》）

徐鍾震有《花朝後一日，同昌箕出訪陳貞鉉先生郊園，留酌，用昌箕韻》二首，其一：『初晴結伴出郊東，花信頻催少女風。隻鶴庭前隨舞立，群蛙池上任私公。草玄刊布千秋業，鬢白敲殘五字工。

永日紅塵飛不到，樽罍惟許故人同。』其二：『人中威鳳飲中仙，名播寰區幾十年。裁答友朋嵇性賴，收藏書畫米家顛。松筠曲徑身堪隱，花木疎籬手自編。爲戀北堂遲暮境，江干休覓孝廉船。』（《徐器之集·丹霞續遊》）

按：陳肇曾，字昌箕。已見前

徐鍾震有《予馬首將發，張勖之以詩見送，次韻答之》：『春日遲遲曉霧開，雲邊匹馬踏莓苔。關山遠道芙蓉劍，風月高懷琥珀杯。人比梁鴻居漢廡，骨將神駿市燕臺。霞城久戀榕壇侶，豈比山陰訪戴回。』（《徐器之集·丹霞續遊》）

張瑞鍾有《花朝，賦送器之》：『春樹嵐光隙隙開，送君南浦對蒼苔。馬蹄飛到詩千首，柳眼舒時酒一杯。世業壯遊歐冶劍，前林舊事石湖臺。秋期携手三山道，爲爾張顛醉幾回。』（《予馬首將發，張勖之以詩見送，次韻答之》附，《徐器之集·丹霞續遊》）

徐鍾震有《答楊辰玉，次來韻時以〈雲巖〉新刻見貽》：『兩入丹霞路不迷，山川隨地任攀躋。詞傳白雪千秋業，步踏青雲咫尺梯。奇字玄經藏硯北，世家名閥接關西。投來佳刻南金價，珍重縹囊處處携。』（《徐器之集·丹霞續遊》）

楊天宰有《送器之還三山，用昌箕韻》：『蕙蘭香佩發幽迷，緤馬高丘幾度躋。孺子千年留古榻，奇文一字愧玄梯。黨碑未許分南北，騷恨何堪賦大西。寄語春風情不世，幸將雨雪慰同携。』（《答楊辰玉，次來韻時以〈雲巖〉新刻見貽》附，《徐器之集·丹霞續遊》）

二、三月間，徐延壽先在贛州龍南，後往豫章，清明至萬安，經吉州，謁文天祥祠；經新淦，拜周瑜墓；

經豫章，訪喻應夔。

徐延壽有《龍南令卓伯良枉顧嵯峨寺寓》《石城熊休甫見訪》《送張脱夫還武陵》（《尺木堂集·七言律詩》一）。

徐延壽有《清明過萬安》（《尺木堂集·七言律詩》一）。

按：清明，三月初六日。

徐延壽有《吉州城外夜泊》《文丞相祠》《新淦縣拜周公瑾墓》《豫章訪喻[宣]仲》（《尺木堂集·七言律詩》一）。

三月，於鼇峰之麓見來訪者建武萬印角。二日，致書陳正學，謝其關照孫鍾震。又致陳文煬，謝其關照鍾震及陳肇曾；肇曾遊漳，寓文煬西園。初八日，孫鍾震自漳州歸。初九日，致書汪汝謙，爲作一歌；叙爲胡蓮書選詩，爲之序，並重梓之。

按：《萬印角〈遊閩草〉序》：『暮春之初，麻姑萬印角先生投刺訪予於鼇峰之麓。予聞印角名且久，一見快若平生。』（《文集》册二，《上圖稿本》第四二册，第二一〇頁）

又按：《紅雨樓序跋》此文作《萬印角〈遊閩草〉》，觀文意，以《文集》所載爲是。詳下。

作《寄陳貞鉉》：『小孫薄遊霞中，荷盛情勤篤，深感深謝。曹郡伯念我且及我孫……建武萬君印角同錫山徹凡禪師至漳，曾旅庵都（都）[閫]帥先有書奉達，不揣又申重之。』（《文集》册五，《上圖稿本》第四三册，第二五九頁）

按：此書當與下書同時作。

作《寄陳子〔濳〕》：『小孫荷下榻……昌箕抵霞中，復推屋烏，假寓西園，雖兄台好客如孟嘗，然弟屢屢爲介紹，不自知其顔之甲耳。兹建武萬君印角偕錫山徹凡上人有漳浦之行，曾旅庵都閫先俱一函達左右，不揣又申重之……三月二日。』（《文集》册五，《上圖稿本》第四三册，第二五九—二六〇頁）

按：詳下條。

作《建州相思鳥歌》（詩佚，題筆者所擬）。

作《寄汪然明》：『初八日蘧使來，復得尊札，知建中景况……（胡姬）每恨未及識汪先生風度，已將前奉答絶句書之扇頭，命弟寄上，今先附去。胡君又偕曹能老往水口數日矣。所將禮物并帳額、扇子領下，俱候蘧使漳返携至虎林。茂君當另有啓奉酬也。建州相思鳥，去冬有友索弟拙言，漫成一歌，兹録呈正。不堪答瓊瑶之響耳。茂君詩集，龐雜無次，弟爲選其佳者，重梓之。今將竣事，先以序文四首附上，餘俟尊使回日，多奉數册，以廣同好也。茂君雖産天台，幼居閩地，今爲閩人作閩語矣。仁兄秋冬再過三山，自然傾倒，不至河漢相望耳。小孫昨從漳回，槖中寥寥。橘餅貳拾枚，引意而已。諸容嗣布。三月初九。』（《文集》册五，《上圖稿本》第四三册，第二六一—二六二頁）

按：曹學佺上巳往困關，作有《上巳日，發舟之困關，呈楊蔡旭貳運》（《西峰六九集詩》）。

又按：序文四首，當含興公之序在内。

四月，三日，致書胡維霖，言延壽經汀州，宋應星司理贈三十金；至南贛，章自炳留之署中，課其孫子。延壽由贛返，尚未到家。希冀薦孫鍾震爲延、建儒童。附贈水晶數鈕、印章二方、定製牙筯拾雙，英扇十把，《唐初八家文集》一部、《詩經彙考》一部。又致顧元鏡方伯，憶在建州事，贈扇頭詩。

作《寄［胡檗山］》［一］：『去歲之夏再過延津，深荷寵禮，稽古論文，解衣推食，周旋曲至，寔百恒情。中秋某自武夷歸，偶沾小恙，未遑停棹謁謝，到家以藥餌代饔飧，杜門頤養，今已食新……豚兒延壽，蒙吹噓於汀司理宋公，贈以三十□金，即抵章貢，承章（怙）［岵］翁公祖留館署中，課其孫子。歲内章公督兵會勦傜變，遠趨粵東，豚兒尚未得返，某不無倚閭之望，自愧老而且貧，曝鰓無狀。辰下文宗科試延、建二［郡］，不自揣量，僭命小孫鍾震叩謁臺端，俾藉九鼎轉薦二郡儒童數名，寔拜隆惠優渥也。小孫苦志力學，敬呈近藝數篇，伏望收之門墻，傳授心法，是某之三世皆沐洪恩無量，頂踵所不能忘，非筆舌可罄耳。宋人文集，諒已抄竣，乞付挈回。外附水晶獸鈕印章二方、定製牙筯拾雙、英扇十把、《唐初八家文集》一部、《詩經彙考》一部侑函……四月初三。』（《文集》册五，《上圖稿本》第四三册，第一九三—一九四頁）

作《小律一首寄顧朗生方伯》（詩佚，題筆者所擬）。

按：詳下條。

作《寄顧［朗］生方伯》：『憶在建州，碌碌鯫生，［叠］荷寵禮，蕭寺枉軺，華筵設醴……漫賦小律，題之扇頭，聊寫鄙衷，瓦缶之音，仰溷台聽，愧甚，愧甚！某馬齒七十有三，幸五官無恙，鬚鬢未皤，忝絳老之年，猶能登臨山水……令舅向理三山時，某□□□，愚兄弟皆蒙折節下交，至今有遐思焉，故於拙作中及之……兒孫荒刻附呈……孟夏望前。』（《文集》册五，《上圖稿本》第四三册，第二六七—

［一］按：此書受書人名字漫漶。受書人疑爲胡維霖，字檗山。胡氏分巡建南道，可籍『藉九鼎轉薦』延、建『二郡儒童數名』。故酌補『胡檗山』三字。

二六九頁）

按：顧元鏡，字韻弢，一字朗生，歸安人。萬曆四十七年（一六一九）進士，時爲福建左布政使。有《九華志》等。

五月，初二日，與孫昌裔、曹學佺、陳克雨、周祥侯、陳肇曾、曾異撰等集鄭邦泰雙橋草閣觀競渡。陳冲虚索求曹學佺《大明一統名勝志》。初五日，致書林雲鳳，附徐延壽遠遊所作《將車草》及鍾震近刻。致書毛晋，論《十三經註疏》鏤板精善，讎校無訛，並附兒孫近刻。是歲秋試，寄希望於兒孫。同日，又致書朱輅並詩扇。同日，又致黄宇珍，向其索還《文肅公集》。初六日，汪汝謙寄《咏物》新篇，答之，言及胡蓮自困溪還，乃住小樓；又叙曹學佺擬爲校書天素詩作序。又有書答徐國珩，並有詩文爲其母祝壽。徐鍾震漳州之行，結集爲《丹霞遊草》，陳翰爲爲之序，稱徐氏鍾震以上三世皆以詩鳴於海内，里社後進追隨鍾震；陳肇曾爲之序，亦論及鍾震詩之家學淵源。

作《五月二日，雨中同孫子長、曹能始陳昌箕、曾弗人集鄭汝交雙橋草閣，觀競渡》（詩佚，題筆者所擬）。

按：雙橋，即雙拋橋。王應山《閩都記》卷九《郡城西北隅》『雙拋橋』條：『與發苗橋縱横。石刻「合潮流，水河步」。初，郡城鑿渠，通潮二派……二潮吐吞，繚繞若帶，會城一奇也。今民居殽雜，河渠多淤，潮亦罕接。』

曹學佺有《雙橋觀競渡和曾弗人遲胡茂生不至》：『河干門巷柳垂條，渡滿非關子午潮。龍戰幾番成一夢，鷺飛頻折爲雙橋。湘樓乍解神仙佩，秦苑空遲帝女簫。倘借人民歡樂意，天公爲爾積陰消。』

（《西峰六九集詩》）

按：曾異撰，字弗人，晋江籍，侯官人。崇禎十二年（一六三九）舉人。與寧化李世熊友善，酬唱尤多，詩有奇氣。晚歲居會城，構紡授堂。有《紡授堂詩集》《紡授堂二集》《綏紡堂文集》。曾異撰有《五月二日，雨中同孫子長、曹能始先生、徐興公、陳克雨、周祥侯、陳昌箕集鄭汝交雙橋草閣觀競渡，遲胡茂生女史不至，次能始先生韻》：『河干蕭鼓破蕭條，客座籃輿亦趁潮。深雨一樓將五日，美人無信寄雙橋。衣輕杯緩還思褐，鬪倦舟回不羨標。懷古漫追澤畔怨，揭竿兵起已全消。』（《紡授堂二集》卷六）

作《答林若撫》：『別姑蘇者四年，夢寐常在半塘烟雨間……豚子向侍弟遠遊，漫刻《將車草》一册，并附小孫近刻呈正。更一副寄上白叔先生。老人才盡，不知後生小子可繼家學否？貴鄉余興伯丈還，據案草草……端午日。』（《文集》册四，《上圖稿本》第四三册，第六一頁）

作《寄毛子晋》：『別虞山者四載，弟［舊］歲客建州、客漳南，因乏魚鴻之便，以故久缺脩候，此中鬱結，寔不能解，即於若撫處亦猶是也。見《十三經註疏》鏤板精善，讎校無訛，傳布寰區，加惠來學，厥功懋矣。豚兒向歲《吴遊小稿》、小孫近刻求正。老人當還錦取筆之時，不復作功課，兒孫稍知嚮往，未知可附壇坫之末否耳？槐秋在即，勉旃青雲大業，弟倚杖桑榆，引領而望之矣。茲貴鄉余興伯旋，附候興居……端午日。』（《文集》册四，《上圖稿本》第四三册，第六一—六二頁）

按：徐𤊹訪姑蘇、虞山在崇禎十二年（一六三九），至本年爲四年。

又按：《吴遊小稿》，當即上條《將車草》。

作《題扇頭寄朱殷如》（詩佚，題筆者所擬）。

按：詳下條。

作《寄朱殷如》：『劍浦昔歲浪遊，荷老父臺聲氣宛至，雖客不足重，而臨卭愛客，情誼無已，迄今肺腑深□□焉。迨星軺別蒞天台，適某東奔西走，未遑扳轅道左，一唱驪駒……漫賦小詩題之扇頭，用申嚮往，不足當高明一笑耳。表弟高右公，年來食貧，移居委巷，屢承厚愛，抱感無窮。茲懷刺摳謁……端午日。』注：『中秋有回書送禮及《天台志》。』（《文集》册四，《上圖稿本》第四三册，第六二—六三頁）

按：朱輅，字殷如，華亭（今屬上海）人。舉人，南平縣知縣，遷台州同知。

作《朱殷如像贊》：『任俠也，如魯朱家；博物也，如晉張華；爲令也，地種名花；掞藻也，筆燦天葩。帝曰爾嘉，驅朱輪而駕白鼻之騧；異日相思，遥望赤城建標之霞。時擢台州二守。』（《文集》册十二，《上圖稿本》第四五册，第三二四頁）

按：上條言『星軺別蒞天台』，知《像贊》與《答朱殷如》同時作。

陳衎有《雲間朱殷如像贊作題扇圖》：『雲間碩彥，前有陸績，後有田疇。注《易》釋《玄》，綖魯珮鄒。引翼王道，化成用休。若如今日，公其與儔。乃出餘緒，遊戲銀鈎。彼紈扇者，豈川西內史歟，抑湖上之莫愁！』（《大江草堂二集》卷十四）

按：衎《像贊》作時或略早。

作《寄黄宇珍》：『爲別忽復半載，言念高情，與日俱積。新安汪然明客建有日，想把臂入林久矣。

豚子尚客章貢未歸……《文肅公集》前已領回四册，更四册幸即寄還，借至五年，可以歸矣，一笑。二位令弟，并致聲。端午日。』(《文集》册五，《上圖稿本》第四三册，第二六七頁)

作《答汪然明》：『叠承手教，並《咏物》新篇，雨色空濛，讀之覺天容開朗也。建州弟所熟遊，舊交多慕雅道。聞近日跫音不絶，想不甚寂寥耳。茂生近抵三山，仍舍小樓，所委帳扇俱已完納，獨恨不曾與汪先生一晤，知道駕尚有三山之遊，握手論心，不至河漢也。天素客處芝城，以箋札給饔餐良苦，得仁兄助以一臂，此誼至高。然天素亦是女俠，不久當隨手盡矣。曹君詩序，然諾已久，緣事冗，少在家，故爾遲遲，原無靳意……四月中，小孫從漳回，弟有一札耑復，并謝綿綢之賜，附寄桔餅廿枚，交付往□，[管]家似尚未達。玆小孫漳遊詩梓成，附呈博笑。更一册爲致天素，不另啓也。餘不盡言。端午後一日。』(《文集》册五，《上圖稿本》第四三册，第二六五—二六七頁)

按：此書云『四月中，小孫從漳回』，『四月』當爲『三月』之誤。『橘餅』事見三月初九《寄汪然明》。又，四月初三所作書(失題)，已請友人薦之于建、劍。

又按：徐鍾震此行遊漳詩，結集爲《丹霞續遊》。

作《答徐鳴玉》：『舊冬武昌楊子儀莅任三山，荷手教殷篤。楊將軍舌本談佳况甚悉，足慰遠懷。邇者蘧使至閩，復辱翰示，知尊堂老夫人壽臻七袠，晚福康勝，槐秋伊邇，仁兄鵬翮高騫，即在轉眄，萊服捧觴與柱香互相映發，此樂何可云喻！弟忝通家世誼，敢靳一言爲祝乎？愧不足揄揚懿嬂，聊效封人小言而已。糧道夏使君福曜炤臨，萬姓歡忭，衰朽山農，安敢以草衣伏謁……嘉禾司理爲前貴省文衡公之同祖□□也。温恭謙抑，舉甲子禮魁，所爲文正大光明……端午望後。』(《文集》册四，《上圖

稿本》第四三冊，第六三—六五頁）

按：此書有數處殘損漫漶。

陳翰《〈丹霞遊草〉序》：『詩之爲道，主於歷聘贈問、劉覽寄懷而止。至唐而用以取士，一時知名率皆剽竊行卷，投謁藩鎮。方之今日，與蹈襲帖括，仰干有司，希其闈中遇合者約略相似。故取唐人省試之詩以言詩，猶之取今日帖括之文以言文也。予居恒嘗思國朝崇尚經術，士非其途不進，則風雅一途，無關得失，其置位若宜甚高，而邇來殊覺有不然者，良繇才士鏤心吮毫，畢世作伊吾脈望，一切應酬皆若潢池冠帶，雖有《鶺鴒》《憫農》諸作，反借白香山姓字，資碧紗籠中人談柄，又何怪乎與速朽之帖括同類而竝譏之也。友人徐器之，年方入雒，集副藏山。舉業則力追成、弘，聲詩則遠祧大曆，嘗散見什一於《遜業》諸刻、《石倉選》中，而茲《丹霞遊草》又其一也。器之匝歲兩遊丹霞，所遇薦紳先生，皆作夷門執轡，而郡守毗陵曹公禮之，猶如南州孺子，故所爲詩如瞻泰岱，如遡黃河，如從桃源中歸來，娓娓稱述鷄秫相邀不休，其置身在百尺樓上，而聲格又安得不遒上、無前光芒四熖也哉！徐氏三世而上，皆以詩鳴於海內。予以里社後進，得追隨器之大父興公先生杖席，偶爾同遊劍州，出是集相視而索弁端。予思丹霞片地，遊趾相屬，山川重客，客亦重山川。雖飄飄凌雲之氣，結光於臨邛幸舍，然皆爲聘問、贈答、劉覽、寄懷而作，與唐人之挾行卷爲先資者迥自不同。讀其詩，論其世，可以知其人矣。是爲序。崇禎壬午初夏，同里社弟陳翰克張書於延津化劍閣。』（《徐器之集·丹霞紀遊》卷首）

按：徐鍾震《陳克張像贊》：『一區寂寂，十畝閒閒。讀書每忘寢食，兀坐必肅衣冠。詩云：「考

槃在澗，碩人之寬。獨寐寤言，永矢弗諼。」予于克張先生，應作如是觀。』（《雪樵文集》）

陳肇曾《〈丹霞二遊〉序》：『予與器之皆兩遊丹霞，予尚隔數載，而器之越歲即再至焉。何其踪跡飄泊之相似也。予重遊，乃與器之同時，命稿曰《清漳續紀》，而器之之詩曰《丹霞續遊》，又何其吟咏寄託之相似也。曾弗人云：「客遊有詩文，乃奢于遊。」予何敢居斯語，請以贈器之。器之經歲下帷，足不窺園。先年從厥祖興公先生遊，所至多有逢迎，風雅固其世業。且先世大令與孝廉幔亭，及阿叔存永諸集，久已膾炙人口。而予刻《江田詩系》，先奉常與焉，予寔有愧於淵源。若徐氏箕裘纍葉，方諸審言之於少陵，仲容之於嗣宗，誠爲駢美。予居同梓里，交親數世，是以晨夕過從，先後旅食之無不相似也。寧辭載筆以弁其端。崇禎壬午歲初夏，社弟陳肇曾書於秀冶園。』（《徐器之集·丹霞續遊》卷首）

五、六月間，與曾異撰、吴門陸視俯、周祥侯、吴興錢雲卿、天台胡蓮等集鄭邦泰補山；視俯度曲，祥侯吹簫。

作《夏日同曾弗人、陸視俯、周祥侯、錢雲卿、胡茂生女史集鄭汝交補山，視俯度曲，祥侯吹簫和之，時視俯已買舟歸》（詩佚，題筆者所擬）。

曾異撰有《夏日同徐興公、吴門陸視俯、周祥侯、吴興錢雲卿、天台胡茂生女史集鄭汝交補山，視俯度曲，祥侯吹簫和之，時視俯已買舟歸，予偶赴汝交之招，非宿訂也，即席爲視俯送行》：『雨餘衆木氣清勻，入座重陰勝飲醇。雅集也須不速客，新知便是欲行人。吴門相國吹簫慣，江左英雄顧曲頻。縱使大夫無淚灑，可堪惜別怨娥顰。』（《紡授堂二集》卷六）

七月，初二，誕辰，曹學佺爲作《壽徐興公》。與曹學佺、陳鴻等集緑玉齋。曹學佺集三石亭開社，與顧夢游、劉浣松、黄逢祺、陳肇曾、林祖直與社；作《花燭詩》（今佚）嘲學佺納姬。致書周文郁，盛贊其詩雄壯，吊古興懷，紀事感時，可稱詩史，並爲之序。十二日，致書陳冲虚，言及曹履翁六月廿六日莅任，並言《大明一統名勝志》不難求，卷帙大，難帶；附周郁文《邊事小紀》四册。十五日，致書楊德周，言鍾震試落三等，入棘無門。同日，又致李埈，感嘆人生易老，附延壽《潮音草》、《將車草》、鍾震《丹霞遊草》。同日，又致趙世禄，履稱老衰，又言趙枝斯畫法極工，陳衎未得科試，心緒鬱結。爲萬印角《閩遊草》撰序。徐延壽自豫章歸後，與陳衎雅集。

曹學佺有《壽徐興公》：『豈必神仙十二樓，藏書萬卷足千秋。逢年亦到山中樂，閲報空懷世上憂。何處曝衣誇比阮，幾人懸榻俟南州。少時便作歸休計，垂老方知不易酬。』（《西峰六九集詩》）

曹學佺有《緑玉齋早秋，同陳叔度》：『竹裹安茶竈，山中傍冶池。魚腸千古色，雁信早秋期。潑墨分蒼黛，題裙出素絲。貧交爲携具，潦倒倍平時。』（《西峰六九集詩》）

作《緑玉齋早秋》（詩佚，題筆者所擬）。

作《曹能始三石亭開社，同劉浣松、顧與治、黄貞吉、陳昌箕、林祖直》（詩佚，題筆者所擬）。

按：劉浣松，四川人，署篆長樂，遷祁陽縣知縣。

又按：顧夢游（一五九九—一六六〇），字與治，副使顧英玉曾孫，江寧（今南京）人。崇禎十五年（一六四二）歲貢生，入清不仕。曹學佺有《顧與治詩序》（《西峰六九集文》）。陳衎有《白下顧與治詩選序》。

曹學佺有《三石亭開社，喜劉浣松、顧與治初至，徐興公、黄貞吉、陳昌箕、林祖直陪》：『亭前古石供捫弄，坐上新交任切磋……不知花燭催何事，久矣雙星不渡河。時社中諸子咸以余納姬作《花燭詩》相賀，末句因爲解嘲。』(《西峰六九集詩》)知興公亦作有《花燭詩》。

作《劉浣松像贊》：『鍾錦江玉壘之英，富長卿、子淵之學，每能求友於嚶鳴，何其爲官之落拓已！知鴻鵠之志，上摩於青天，暫作燕雀卑棲於巢幕。』(《文集》册十二，《上圖稿本》第四五册，第三二一頁)

作《贈周止庵》(詩佚，題筆者所擬)。

按：周文郁，字蔚宗，字止庵，宜興人。天啓中遼東副總兵。有《止庵詩》四卷、《邊事小紀》。曹學佺有《贈周止庵》：『紫髯空説故將軍，遼事于今不可聞。松漠星芒纔告隕，榆關天險已全分。樞臣議款無虚日，虜騎傳聲近密雲。聖主拊髀情甚亟，誰容格外立功勳。』(《西峰六九集詩》)作《復周止庵》：『雨中承枉顧，聞所未聞。細咏佳篇，篇篇雄壯，不獨吊古興懷，而紀事感時，可稱一部詩史，安敢妄意删選。然授劂既定，無庸更竄。吟諷之間，僭綴小序，聊寫翁臺出師忠勤至意。想入閩更有著作，或弁之首簡。至于《邊紀》，已多名公載筆，不可以魚目相混也，幸祈裁削。不盡。』(《文集》册四，《上圖稿本》第四三册，第六五頁)曹學佺《〈邊事小紀〉序》：『愚讀之而悲君之志焉。君之志，以報國爲重，而酬知己次之。夫酋不滅則大耻未雪，非所以報也。而見聞不的，則功罪因之以不明，此又君之所大憾也。』(《西峰六九集文》)

按：肯定周文郁之詩，故爲之序；於其似有微詞，故以『不可以魚目相混』推脱。文郁又請曹學佺爲之序，學佺批評其功罪不明，爲此書大憾。參見《曹譜》。興公序今佚。

作《寄陳沖[虚]》：『小孫歸後，四拜華札，殷殷情誼，溢于尺楮。小孫客漳，多荷盛情，即至親骨肉，莫啻過焉……曹履翁廿六涖任，今已閱旬。弟惟投帖，未曾相晤，遵兄明訓，稍引嫌也……致霞冲虚二扁，如命書上，能始拜惠，每對弟言，欲答謝啓，徐當致上。此時八郡友人充斥，無暇及耳。韻牌蓋卿許印送，諒不食言。條幅大筆，俟筆客至購奉，日下尚未有也。今春陳道掌索小孫書，奉謁至莆，不果行，今原書並附覽，以見稱謝在先，無奈浮沉至今也。《名勝志》不難求，祇難帶，容再圖之，弗敢吝耳。萬印角甚感隆情，惟徹凡上人不曉世故，君鼎亦甚怪之，可笑，可笑。小孫歸，蒙惠二紗，弟爲衣着，尚容申報，不一。《邊事小紀》四册附覽，此周將軍在三山所刻，與弟最善也。七月十二日。』（《文集》册五，《上圖稿本》第四三册，第二六三—二六四頁）

按：《邊事小紀》，周文郁著。

作《寄楊南仲》：『亦劉世兄客閩三載，落落不稱其所懷……㶿□年走延、建十閱月，竟空囊而返，當今世途殊非昔比。古云：「美遊不如惡歸。」良然，良然……豚兒客江右，臨考不到，業已褫革，今尚留滯豫章未返。小孫試落三等，入棘之事無門可扣，惟付之天命而已。老懷若此，何足道哉……兒孫近詩二册呈正。七月望日。』（《文集》册五，《上圖稿本》第四三册，第一九五—一九六頁）

按：徐㶿前歲冬走建州，去年八月返，故稱『十閱月』。

作《寄李公起》：『憶同阿育隨喜舍利，忽忽五年。人生易老，齒髮增衰，覽鏡驚神，扶笻却步，日惟掩關靜坐，以度餘生，不復問門外事。去年偶乘興至武夷，居山中者纍月，神仙可學，苦乏道糧，興盡而歸矣。小豚薄遊江右一載，尚未返舍，弟倚閭殷望，日切於懷。近刻《潮音》《將車》二草，並小孫《丹霞遊草》附求郢正……庚辰春楊國望至，荷尊札已領矣。國望歸，揮汗草草，不盡所懷。七月十五。』(《文集》册五，《上圖稿本》第四三册，第一九六—一九七頁)

按：造訪寧波在崇禎十一年(一六三八)。參見該年。李賢《大明一統志》卷四十六《浙江·寧波府》『阿育王寺』條：『在阿育王山中。晉義熙初建，一名「廣利寺」。梁武帝賜今名。寺有阿育王所造真身舍利塔，又有宸奎閣，貯宋神宗御書。』

作《答趙西星》：『客鄞多荷晋接，頃刻弗忘。應仲鵠至，又拜手札……小詩已題粗扇奉教，諒不浮沉。弟去歲欲卜隱武夷，居山中者纍月，因乏道糧，仍返故里。桑榆末照，惟掩關習静，吟咏都廢矣。《芋疏》并《石倉詩選》俱領悉。趙枝斯，敝社友也，畫法極工，緣多病，懶於搦管，容嗣致上。陳磐生未得科試，心緒鬱結，已爲仁兄致聲久矣。楊亦劉歸，草草附候……七月十五。』注：『《□□》《丹霞》二册。』(《文集》册五，《上圖稿本》第四三册，第一九七頁)

按：注二字漫漶，疑爲延壽所作《潮音》或《將車》。

作《萬印角〈閩遊草〉序》：『(萬印角)匆匆別往漳南，留連數閲月，復返三山，投予《閩遊詩草》，皆與漳中諸同社倡和之什，予讀而羡之。夫建武與閩接壤，百餘里即達樵川，州有八而遊其六。閩故在海濱，山川風景，大類建武，不足誇詡，惟是丹荔黄柑，江瑶蠣房，可供口腹；海色山光，茉莉蕙蘭，可娱眼目。印角行裝，雖遜於陸大夫遊南粤時，而所賦詩歌，滿囊珠玉，何必有黄金始稱壯遊哉！印角方馳名於黌校，槐黄期迫，不得不歸赴名場，得時則駕，走馬長安，一展《遊草》，得無並州之思也乎！

崇禎壬午初秋，三山社弟徐𤊹撰。』（《文集》册十，《上圖稿本》第四二册，第二二〇—二二一頁）

陳衎有《較書胡茂生偶來，與嘉善郁爾揆、宜興周蔚宗飯齋頭，時徐無量歸自江右》：『秋色天涯路，論心説劍人。蛾眉應自妬，兔角可能真。閔叔丰華峻，虞翻骨相迍。菉葹紛載道，松柏不依春。縞帶盟心久，霞箋得句新。吾寧遊北里，豈敢托平津。聽説匡廬瀑，冷然洗宿塵。』（《大江草堂二集》卷五）

按：徐無量，即徐延壽。

夏、秋間，徐延壽由豫章，出遊彭蠡、廬山，遊東林寺、天池寺、大林寺、五老峰、九叠屏、黄巖寺。過柴桑，拜陶淵明墓，江州琵琶亭夜泊，過粟里、相辭澗。泊盱江。

徐延壽有《題寫韻軒仙人吴彩鸞故居》《渡彭蠡》《宿東林寺》《天池寺》《大林寺》《五老峰覓宿處不得》《九叠屏宿觀一上人房》《宿黄巖寺呈木陳禪師》《簡寂觀》《拜陶靖節先生墓》《淵明醉石》（《尺木堂集·七言律詩》一）。

徐延壽有《出江州南門望廬山》《虎溪橋晚步》《五老峰後萬松坪》（《尺木堂集·五言律詩》一）。

徐延壽有《江州琵琶亭夜泊》《過粟里》《相辭澗》《太白書室》（《尺木堂集·七言絶句》）。

徐延壽有《秋夜泊盱江》（《尺木堂集·七言律詩》一）。

按：盱江，流經江西撫州。詳萬曆四十七年（一六一九）。

又按：七月十五日，興公《寄楊南仲》言延壽尚滯留豫章未返。詳下。

八月，會城闈試題出，興公縱筆爲《論》《孟》二藝。致書劉浣松，並作二律贈之。六日，致書裴汝申，言抱疴兼以跌傷，足臁潰爛；又言徐延壽去歲往南贛經過清流之事。徐延壽中秋旅夜，有詩懷鍾震；過杉關，歸閩。過陳鴻秋室；又有詩寄武夷山黃瀓之。徐延壽有詩送劉浣松之任祈陽。

徐鍾震《先大父行略》：『先是壬午闈試，題出，大父猶捉筆爲《論》《孟》二藝，大存先正典型，能始先生極推服之。舉以示不孝曰：「近日文字，謂之新巧則可，謂之簡古則未也。吾之此作，亦存其意而已。」』（《雪樵文集》）

徐延壽有《中秋旅夜懷器之姪》：『別家愁過兩秋中，舟宿蘆花傍釣翁。知爾讀書當此夜，小樓此夜塔燈紅。』（《尺木堂集·七言絕句》）

徐延壽有《雨過杉關》：『度嶺輕車去若飛，關前杉色雨霏霏。好將遊子征衣浣，莫帶紅塵一點歸。』（《尺木堂集·七言絕句》）

徐延壽有《夜過叔度秋室》：『門掩西峰日影沉，數竿幽竹未成林。依然苦讀如年少，不厭長譚到夜深。杯酒爲歡休問世，干戈漸定莫驚心。生來祇有躭詩癖，四壁寒蛩亦似吟。』（《尺木堂集·七言律詩》一）

徐延壽有《寄武夷黃帥先》：『滿地烽烟灑淚看，客來猶說爾平安。文人守困誰能免，亂世謀身自覺難。竹屋消閒惟蠹簡，桃源生計在魚竿。十年不問虹橋路，夢隔高峰鐵笛寒。』（《尺木堂集·七言律詩》一）

按：黃瀓之曾邀興公隱武夷小桃源。

作《枕上漫成二律寄劉浣松》（詩佚，題筆者所擬）。

按：詳下條。

作《復劉浣松》：『犬馬頽齡，不時抱病。承枉高軒，有□倒屣……惟是昔人謫籍，多半文章……不腆海濱，得借高賢過化，寔爲厚幸……枕上漫成二律求正。木桃先投，瓊瑤跂望。』（《文集》册五，《上圖稿本》第四三册，第一九八——一九九頁）

按：劉浣松署長樂篆。

作《復裴翰卿》：『豚兒客秋道由清溪，荷盛情隆篤，及至汀郡，又與白仲郎君同卧起者數朝，通家契誼，尤倍加殷。豚兒之感，即弟之感也。兩承華札，念及衰朽，恍如晤言。賢郎不得預試，空行空返，小孫亦擯場外，彼此皆非眼前快事，總付之前定而已。文如丈枉顧，温然珪璋。值弟抱疴，兼以跌傷，足臁潰爛，痛楚□□呻吟，文如不我遐棄，時時過從，稍袪病魔。賢郎失意言旋，先此奉復。餘文如行時再布也，不盡。八月六日。』（《文集》册五，《上圖稿本》第四三册，第一九九頁）

八、九月間，有詩贈郁士俊，並爲作像贊。

作《贈爾揆郁中翰》（詩佚，題筆者所擬）。

曹學佺有《贈爾揆郁中翰》：『客中行樂任蹉跎，語忽傷時感慨多。雁塞何緣清朔漠，鳳池猶自憶滄波。九重玉簡辭恩命，萬里金鷄出網羅。此日相逢詞藻地，名香美酒傍仙娥。』（《西峰六九集詩》）

作《郁爾揆像贊》：『守道葆光，懷文抱質。樂事類乎四休，飲興超於六逸。遨遊志在八方，掃除安事一室。是曾出入鳳皇之池，侍清班而珥筆者也。』（《文集》册十二，《上圖稿本》第四五册，第三二一頁）

按：郁士俊，字爾揆，嘉善（今屬浙江）人。有《爨餘草》。

又按：《像贊》當與詩先後作。

九月至十一月，致書李嗣玄，論當今『新體』，文不合《史》《漢》，詩不晋、不唐；並作長歌寫積愫（歌今佚），附贈稿一册、《筆精》四册，兒、孫稿四册。又致徐錫餘，謝其惠腆貺，並回贈以《白虎通》。又致黄韜象，言延壽還自江右。又致李埈，爲其撰七十壽文（今佚），言收元人集頗多；並云爲天台校書胡蓮選詩並梓之，附贈一册。

作《聊賦長歌一首》（詩佚，題筆者所擬）。

按：詳下條。

作《與李又玄》：『向往鴻名，匪一朝夕，日者晤談，大快平生……當今詩文一道，月異而歲不同。文不《史》《漢》，詩不晋、唐，自創新體，反嗤合調、合法者爲平鈍。弟老矣，烏能與少年輩争雄，惟緘口結舌，不敢有所品騭也。仁兄學既淵博，才識復高，諸體皆入古人之室。至于歌行一體，尤今人所不能窺藩籬者，曚然操觚，令人匿笑不已。仁兄句句合調，可被管弦，當此末造，得聞正始之音，安得不擊節嘆賞耶！誠斯世鮮兩矣！漫成長歌，聊寫積愫。小巫之恧，所不辭也。稍遲一二日，約昌箕兄同叩，爲竟日談，未免擾無榮斗酒爲歡耳！拙稿一册、《筆精》四册，兒、孫稿四册附正。』（《文集》册五，《上圖稿本》第四三册，第二〇〇—二〇一頁）

按：李嗣玄，字又玄，邵武人。有學實，工文。

作《復徐錫餘》：『海澨鯫生，老而無述，自甘草木同腐，乃辱名公折節下交，廊廟山林，情聯縞帶，披雲見日，何足云喻。明公禾天撰著，金匱生光，如不肖[illegible]蠅吹蛙鳴，安敢奏於黃鐘大呂之側，愧矣，愧矣！承惠腆貺，揣分奚堪，惟是長者之賜，百拜恭受，謝非言盡。《白虎通》舊本二□□□□家更有副册，不必擲還也。途次附。』（《文集》册五，《上圖稿本》第四三册，第二〇一頁）

作《寄黃韜象》：『去歲浪遊芝城，若南飛烏鵲，無□可栖……小兒去夏薄遊江右，近始還家……雲步兄尚讀書符山乎？茲陳孝廉昌箕計偕之京，順謁段郡伯、柯司理。弟述高情，恨相知之晚，倘税駕寺寮，與把臂入林，亦氣類相孚也。』（《文集》册五，《上圖稿本》第四三册，第二〇二頁）

按：段郡伯，即段冠，金壇人。建寧府知府。

又按：柯司理，即柯元芳，字楚衡，嘉善人。崇禎十年（一六三七）進士。所刻《校士録》海内稱賞。建寧府司理。

又按：七月《寄李公起》、八月《復裴翰卿》兩書均未言延壽還自江右，此書必作於其後。

作《作李公起七十壽文》（原無題，題筆者所擬）。

按：詳下條。

作《寄李公起》：『足下今年政七十，弟撰一文奉祝，脱稿□□，因楊亦劉未行，姑待之。近楊君初至，又拜手札，欲命敝同社賦詩，而文屬筆於磐生。磐生欣然命子墨，拙作則别書小册以見，此情先定矣，惟一笑置之，不足爲壽翁重也。畫幅乃趙十五潑墨，磐生部署之。承惠雲履，舉足不忘。更《少石集》《老子圖》，增我齋中二寶，謝謝！曹能始踪跡多在囦溪，去會城二百里。書板蕪雜，承委□印尊公諸刻，一時莫能取出，□□□□，先兄詩選□□不得耳。弟收元人集頗多（以下六十餘字，或缺或語意不明）。有女史胡茂生，本貫天台人，能詩畫鼓琴，曹能始［邀］之寓三山，弟爲選其詩而梓之，今往一册，非出床頭捉刀者，其才具在敝鄉天素之上也。諸容嗣布。十一月。』（《文集》册五，《上圖稿本》第四三册，第二〇三—二〇四頁）

按：此書疑爲興公尺牘絶筆。

又按：曹學佺是歲秋、冬均在困溪。

又按：陳衎《寧波李公起七十序》：『公起今年政七十，衎越在數千里，偕同儕賦詩繪畫，遥爲之祝。』（《大江草堂二集》卷十二）

十一月，在西湖相度開化寺基址，歸而病，未兩晨夕，即預知死期，命鍾震執筆，口授《四歌》。二十五日，卒。易簀之夕，口授《四歌》予孫鍾震。興公卒時，曹學佺在困關聞興公卒，有挽詩慟悼之。[一]顧

［一］興公卒，曹學佺痛失莫逆。曹學佺與興公交結五十餘年，曹學佺小徐熥十三歲，小興公四歲，曹學佺尚在少年，從徐氏二兄弟游。學佺生於萬曆二年（一五七四）閏十二月十五，公曆已入一五七五年，萬曆十九年（一五九一）成舉人，如果按照當今足齡的計算法，衹有十六歲；成進士在萬曆二十三年（一五九五），足齡也衹有二十歲。學佺縣府道試均第一，人稱『小三元』。學佺入庠時與二徐詩筒往來，酬倡密切，結下深厚友情。《荆山徐氏譜》『徐𤊹』條云：『與同郡曹君能始爲莫逆交。凡詩詞歌賦皆曹君能始手選，故荆山寶勝寺左邊扛樑曹君名字，右邊則公之名字也。』『莫逆交』，所言極是，而莫逆的例子則不止這兩條。曹學佺成進士之後，與興公（還有林古度），於萬曆三十一年（一六〇三），經福清、莆田、泉州、同安至漳州，同遊閩南。萬曆三十四年（一六〇六），曹學佺在南京任職，邀興公入其幕，結客酬倡，刻印《歐陽詹集》《黄滔集》。萬曆三十六年（一六〇八），再邀，興公行至浦城，得知曹學佺已陞任蜀藩，遂中途返。曹學佺任蜀、任粤西，多次邀興公，由於諸多原因，興公未成行。萬曆後期，曹學

與治、陳鴻有詩哭之，陳衍作祭文。建陽黄澂之千里來吊。徐延壽有讀禮詩。作《四歌》，其《辭世》云：『四大假合，七十三年。文章夙業，詞翰因緣。一旦歸真，返於西天。極樂世界，清池白蓮。』《辭奠》云：『儒家苦貧，中人之産。綾軸奠儀，則吾豈敢！千辭勿舉，胙帛省簡。或賦挽詩，孫曾抱感。』《别友》云：『大運不留，四序云週。生平益友，蘭藉克修。兒孫不癡，互忝交遊。願言永好，勿替應求。』《别曾孫》云：『曾孫眼前，見我遐齡。小者兩歲，大者五星。時序易邁，

佺降職回閩，建石倉園、結石倉社，興公爲石倉常客，詩社中堅。天啓七年（一六二七），曹學佺自粤西被讒歸，從此不再出山，專心著書，完成《大明一統名勝志》《石倉十二代詩選》《五經困學》等巨著，陸續選輯《明文》，興公都是曹學佺最得力的幫手。興公主要的貢獻是：一、提供圖書。興公藏書甚富，多秘本善本，曹學佺家藏不足，都從興公處得到補充。無論興公在不在家，學佺都可以自行借取。二、興公提供精校精選本，《石倉十二代詩選》部分詩集，就是利用這些校本。三、協助學佺處理許多日常雜務。錢謙益説，文人入閩，曹學佺是不能不訪的人物。求文、求字、求助者絡繹於道，曹學佺苦於分身無術，興公爲其承攬諸多雜務。四、曹學佺著述既多，刊刻之事亦繁，興公一趟又一趟跑建州，經濟上與書商也時或發生糾葛，也藉由興公處理。曹學佺對興公的協助也是多方面的，徐㶿好不容易積攢的一點家業，被徐熥揮霍殆盡，子孫除了讀經，沒有任何生活能力。微薄田租，根本無法維持興公一家人的生活，不得已，遊幕四方，寄人籬下，協助修修方志之類，得些饋贈，不順的時候，甚至無以卒歲，學佺往往借貸之。徐、曹之誼，最值得一提的是曹學佺爲興公建宛羽樓以貯書這件事。這一事例，古今罕聞。再次，興公處理人際關繫和世事，經驗不如曹學佺，學佺常常爲他出主意、想辦法。崇禎十一年（一六三八），興公受到『讒言』的困擾，加上生活困頓，曹學佺對他説，如果非得遠遊，不妨投靠山東巡撫顔繼祖。除了這些關係之外，萬曆後期至崇禎末年，曹學佺與興公主閩中詩壇三十年，志同道合，更是莫逆交的重要因素。故興公卒，學佺老淚縱横，嗚咽不止。

日月不停。骨肉歸土，松楸早營。』（《先大父行略》，《雪樵文集》）

按：徐鍾震《先大父行略》：『先大父生於隆慶庚午年七月初二日巳時，卒於崇禎壬午年十一月廿五日午時，享年七十有三。』（《雪樵文集》）

曹學佺有《挽徐興公時予在困關》：『詞場領袖失三山，所恨存亡一水間。獨抱玄真歸洞府，空餘大翮落人寰。平安兩日無書至，慟哭千秋有夢還。老泪可如冬節澗，衹將嗚咽當潺湲。』（《西峰六九集詩》）

按：《列朝詩集》丁集下作《挽徐興公壬午冬》。

又按：曹學佺此詩前四首《題胡茂生畫菊》有『歲閏值重九』句，前一首《寄覃子春大令》有『我在三山頻徙倚，歲寒應待款荆扉』之句，後二首爲《至日，集鄭哲脩、李汝大、吴遵生、黄貞吉、劉熙伯、胡茂生諸子》，是歲閏十一月。 又按：興公卒於本年，徐鍾震《先大父行略》和曹學佺此詩即是有力的證據。本年之後，已無任何關於興公活動的載述。《荆山徐氏譜》：『𤊹生嘉靖四十二年癸卯七月二十一日辰時，卒崇禎十二年（慶元按：原文脱月份）十三日卯時，壽七十七，葬祖墳右畔。』此譜生卒年均誤。生年詳隆慶四年。興公亦不可能卒於崇禎十二年（一六三九），詳崇禎十二、十三、十四年及本年譜。 興公享年七十三而非七十七。

按：徐鍾震作《先大父行略》：『未病前一日，相度開化寺基址，歸而病，病未兩晨夕，即預知死期，客來訊候者，談笑謂之曰：「行年七十三，不爲夭矣；積書數十萬卷，不爲貧矣；子孫頗通章句，不爲癡矣。」毫不及他事，復命震執筆，口授《四歌》……復令闔家念彌陀數百聲，氣徐徐

而絶。斯何時也，而暇整若此，似於生死之際脱然者。』（《雪樵文集》）

按：郭柏蒼《柳湄詩傳》：『興公生於隆慶四年，崇禎十年間結社，卒年無考。其題跋有至崇禎十三年者。』（《全閩明詩傳》卷四十引）

又按：興公卒年，《全閩明詩傳》失考。

陳鴻有《哭徐興公》：『萬卷坐深夜，堆床塞户庭。猶餘太乙火，已失少微星。烟冷茶空緑，霜淒竹自青。貽謀是何物，世守但遺經。』（《秋室編》卷四）

陳衎有《哭徐興公》：『一代徵文獻，千秋狎主盟。德崇天意重，學富世情輕。垂老猶勤讀，甘貧不耦耕。芸香泥作壁，牙軸列爲城。秘册搜前輩，幽居薄後名。八分留鳥跡，五字擲金聲。池上墨紋縐，林間玉唾清。畫評推顧愷，詩品擅鍾嶸。風雪灞橋衛，烟花茂苑鶯。登山僧接杖，掃榻妓傳觥。素質娱松桂，馨聞雜杜蘅。群公趨執酭，聖主欲調羹。海内諸昆胤，閩中兩弟兄。定交經累葉，款語必班荆。手較書頻借，心期句並呈。拈題多口授，忘分許肩行。元嘆才非類，中郎眼獨明。典型嗟已失，肝膽向誰傾。永訣柔腸斷，安禪至道成。南州徐孺子，天竺古先生。』（《大江草堂二集》卷五）

徐延壽作《潭陽黄帥先千里臨吊先人，賦謝》二首，其一：『哭到無聲痛撫棺，范張交誼古稱難。生前何物曾心許，雲鎖松楸一劍寒。』其二：『遠道携將鏡具來，酒餘殘絮酹泉臺。勞君頻問藏書處，月冷雲寒鎖不開。』（《尺木堂集·七言絶句》）

顧夢游有《哭興公》六首，其一：『一見歡然有贈篇，交深惟恐上歸船。誰言少別千里恨，却在春波南浦先。』其二：『身入清源久不回，懷人矯首思悠哉。到來何事遲相見，隔日來過隔夜臺。予至自温陵，在先生去世前一日，竟未再面面。』其三：『南山山半迴居樓，不是仙人不共遊。此日愁雲空鎖却，重來有路是西州。』其四：『絶筆似詩還似偈，胸中原不宿纖塵。最奇了了知前數，預署年齊絳縣人。末五字先生元日春帖也。』其五：『萬卷每容佳客借，一生長爲買書貧。遺篇莫笑遺經者，玉樹詞壇幟又新。』其六：『城裏三山畫裏詩，鼇峰人去色淒其。古人嘗恨我不見，猶喜相逢未死時。』（《顧與治詩》卷八）

按：顧夢游遊閩，自泉州到達會城前一日興公卒。

陳衎《祭徐興公》：『海邦一隅，先民在昔。素稱問學，六經史策。即曰藏書，亦維舊習。傳記之外，不過丘索。風氣肇啓，文運維新。鍾靈挺秀，天産哲人。石倉鄴架，億萬雜陳。稗官衆説，博攬廣詢。漢魏晋唐，六朝五季。迨及國初，梯航所至。凡有遺言，無不心醉。騷賦詩詞，天文地志。事物原始，蟲鳥情形。金石之字，户牖之銘。日夕讎較，羽翼聖經。自少壯老，口無暫停。或出名山，或録秘府。宋板唐摹，國乘家譜。嘗耳未聞，嘗目未覩。窮力搜羅，悉歸宛羽。寧自好尚，念誦推敲。凡我同人，必借與鈔。遡其源委，釋其贅聱。舛訛既定，反切不淆。故其文辭，暢茂高敞。異彩外宣，玄心内朗。體要旨歸，毫髮無爽。左陸綏符，曹劉振響。如四六箋，如五七言。巖横波立，霞起電奔。金固玉潤，龍捲鸞騫。聲調用協，品質彌尊。《鼇峰》大集，獨擅風軌。先達群趨，後生仰止。鐘吕千秋，筮龜多士。《筆精》雜言，爰補國史。有學如海，有譽如香。内行克備，德範寖昌。永寧之祚，得君始長。幔亭之名，得君益章。以友輔仁，以文作孝。諸侯景從，願安承教。

樂我嘉賓，是則是效。君乃恬然，縱情漁釣。眼杜青白，腹廢春秋。人無愚智，皆喜與遊。愚飽其德，智徽其猷。登臨晋接，幾半九州。驢背平橋，鶴船曲岸。潮音乍起，岳雲初散。杖屨翱翔，杯樽宴衎。托契幡幢，留芳詞翰。智樂仁壽，於君俱全。懿美後昆，才藻翩翩。八行漆簡，萬選青錢。介以遐福，德無有愆。去來彭殤，生死旦暮。君見及此，遂絶恐怖。易簀雍容，口占佳句。永訣朋儕，藹藹情愫。嗟予社末，廿載追隨。玄亭問字，疏竹徵奇。旻天降割，喪我導師。寒梅皎月，摧咽淒其。』（《大江草堂二集》卷十八）

按：陳衎《徐興公像贊》：『履順飲醇，宙合同塵。虚兮若谷，曠兮無垠。無智愚莞枯，皆使之可親。海内徒知其沉酣載籍，學貫天人，而不知其懿德之純。體化握衡，激濁揚清。緯者維縱，經者維横，集剛柔燥濕，皆爲之持平。海内徒知其符采風雅，騷壇主盟，而不知其幹局之精。故貌徐于而樂易，神玄穆而靚深。王公式廬而問道，髦士輟軛而歸心。蓋麏遊於野，鶴鳴在陰。材如東箭，品重南金者也。』（《大江草堂二集》卷十四）

又按：此《贊》作年不詳。

按：徐熥有《仲氏像贊》：『人似朝霞之舉，才如白雪之清。懶有同于叔夜，達或類乎莊生。垂髫而操觚作賦，弱冠而藝苑蜚聲。八叉可就，四座皆驚。雖不能竈跨于父，而已能火攻其兄。真不忝爲吾弟，而無愧乎第五之名也。』（《幔亭集》卷十九）又按：熥卒于萬曆二十七年（一五九九），《贊》作於此前，附於此。

又按：或以爲興公卒于順治二年（一六四五），誤。《大江草堂二集》卷首曹學佺序作于『甲申歲蒲月之望』，陳衎自序作于『甲申臘日』；陳衎自序後有其子涓附記云：『甲申終歲，天運一更。故與諸弟濬、綸、潤等謀壽之梓，用廣其傳云。弘光元年人日，男涓頓首百拜謹識。』均足以證明《大江草堂二集》編定於崇禎十七年。而集中《哭徐興公》《祭徐興公》等詩文不可能作于弘治時或弘治後甚明。

徐延壽作《讀禮雜詩》二首，其一：『三十悲失怙，衷腸煎百憂。淚向眼中落，血從衣上流。烏聲啼不歇，催我成白頭。何時卜佳地，負土營高丘。』其二：『獺髓可補痕，鸞膠能續斷。五内忽崩摧，何物能澆灌。聞哭本堪哀，聽歌亦悲嘆。始知藥石功，難醫方寸亂。』（《尺木堂集·五言古詩》）

按：延壽年二十九，『三十』，舉其成數。

閏十一月、十二月間，曹學佺仍在囦關；歲暮歸。福清令費道用還貴州，徐延壽有詩送之。

曹學佺有《文公座前聽遵生、茂生彈琴》《青山書院雜咏十二韻》（《西峰六九集詩》）。

按：青山書院在囦關。書院内有文公祠。

曹學佺有《三峽亭送林子野孔碩北上》二首（《西峰六九集詩》）。

陳衎有《送林孔碩北上》（《大江草堂二集》卷又四）。

按：三峽亭在囦關。

徐延壽作《送福清令費冲玄還貴竹》：『勞人草草復何言，但得生還亦主恩。逐客青衫原有淚，不因歸路聽啼猿。』（《尺木堂集·七言絶句》）

曹學佺有《送費冲玄》：『塞馬寧須失得求，等閒人世一虚舟。居心净處風波息，閲歷深時幹濟優。

板蕩中原須戮力，間關入告有佳猷。祇如十載相依意，鵷鷺班中即海鷗。』(《西峰六九集詩》)

是歲或次歲初，徐鍾震致書陳冲虛，言興公著作頗多，力微未能殺青，即葬事亦未易克；又言興公生前欣賞何楷之《詩解》。鄰里發火，舉移興公靈柩于宛羽樓；所幸者數廬獲免。陳冲虛賜厚奠，謝之。

徐鍾震作《答陳冲虛參戎》：『前月小价回，荷厚奠，見頒情誼，藹於尺素，知老先生不以存亡易心，即先祖九京亦知抱感，不特某愚叔侄二人已也。先祖年來著作頗多，力微未能殺青，即葬事亦未易克舉，是不肖貧不減旻卿，而所遭遇不辰猶過之，奈何，奈何！近因鄰里發火，先祖靈柩移進宛羽樓，雖出權宜，亦遵治命也。想魂魄有知，亦應登此，人盡非之，不知老先生以爲是否？所幸者敝廬獲免耳。前承許何玄子先生《詩解》，爲先祖所心賞者，便乞寄惠，以爲延陵之劍。何如何如！張使行便，耑此附候，外粗帛一端，附致謝忱，統惟筦存。至禱。』(《雪樵文集》)

按：張使，即張紹科書郵者；何玄子，即何楷。

是歲或次歲初，張紹科賜奠，又致哀詞；徐鍾震有書致之，言及興公遺文數十萬言未刻。

徐鍾震作《答張煙叔》：『使者至，荷長者賜奠，又得鴻篇哀挽，情見乎詞，展讀之頃，涕泗交頤。生死交情，於斯已見，奚讓古人也！又鳩同社詩文並錫，即先祖九原，亦藉以不朽矣，哀感曷已！先祖未刻遺文，尚有數十萬言，恨無力殺青，且無可就正者。先生又隔數百里之遥，無從朝夕請益，奈何！先祖平生躭情翰素，脱謝儒巾，易簀之夕，猶口授不肖四詩，於生死之際，脱然無累。但愚叔侄罪逆之重，益無所逃耳。蘧使行迫苫塊中，草率奉復，語無倫次，統惟照原。王東翁都憲，乞轉致謝私。臨楮何任，懇禱之至。』(《雪樵文集》)

按：王東翁，即王志道。志道當亦有奠儀。

是歲，張民表（林宗）没於汴。

按：詳周亮工《張林宗先生傳》《書徐氏所藏張林宗先生舊稿》（《賴古堂集》卷十八、卷二十一）。

是歲，陳宏己卒。

曹學佺有《挽陳振狂社長》：『相國招携入帝京，老來贏得秘書名。江山一枕渾無恙，泉石千秋亦目榮。飲酒每傳方外秘，吟詩解使律和聲。社中耆舊俱銷散，風雅於今孰主盟。』（《西峰六九集詩》）

按：宏己卒於八月。

崇禎十六年癸未（一六四三） 歿後一年

曹學佺七十歲，林古度六十四歲，徐鍾震三十四歲，徐延壽三十歲

正月，二日，南昌朱敬叔等過集徐氏山樓，延壽有詩紀之。徐延壽有詩哭趙因夫；興公卒時，因夫曾往臨哭。曹學佺作詩懷徐𤊹。興公新築偃曝軒於宛羽樓右偏，未落成而卒，延壽葺舊茅，續其志。十五日，徐延壽參與曹孟濟所開詩畫社；是夕，又集米友堂，聽許友擊鼓，放歌。

徐延壽作《新春二日，南昌朱敬叔、華亭朱宗遠、清源池直夫過集山樓》：『盤供生菜酒初篘，偶約高陽舊侶遊。梅已卸粧羞依檻，柳將開眼竊窺樓。曆占天象多妖祲，客醉風光是帝州。繞樹迎春啼百鳥，獨愁多旱不聞鳩。』（《尺木堂集·七言律詩》一）

徐延壽作《哭趙因夫》：『我父亡時楮帛焚，君含雙淚哭紛紛。詎知隔歲無多日，雙淚含來便哭君。』（《尺木堂集·七言絶句》）

曹學佺有《春首社集感懷》：『社家寥落不成歡，雖是芳春似歲殘。舊雨已將消息斷，新詩那得遞相看。篋中疏冷梅花韻，筯裏酸辛菜甲盤。誰是伐檀有遺咏，空令惆悵在河干。』（《西峰古稀集詩》上）

按：『舊雨』，陳宏已、徐𤊹均卒於去歲。

曹學佺有《寄茂生兼感興公逝世》：『嵩口聞多難，君何不解維？况逢新水漲，早過落花時。雅道

因年喪，交情有古思。莫愁來往數，人世本無期。』（《西峰古稀集詩》上）

按：嵩口，即囦溪；聞訃，時曹學佺在囦溪。

徐延壽作《宛羽樓右偏，先人新築小堂，命名偃曝，未落成見背，壽葺舊茅，用續先志，適曹能始先生枉過貽詩，依韻答之》：『翠色初開徑，車音忽叩關。縱營新白屋，不離舊青山。交誼聯生死，詩篇數往還。庭前有修竹，長染淚痕斑。』（《尺木堂集·五言律詩》一）

曹學佺有《過興公偃曝軒與陳次韋作》：『雖是落成久，徑中芳草閑。四鄰多樹木，一幅小溪山。室在人徒嘆，詩亡孰更删？惟君能管領，時見白雲還。』（《西峰古稀集詩》上）

徐延壽作《曹子康開詩畫社于西峰池館》：『平地藏孤峰，乃在城西畔。春色媚芳辰，池光映閑幔。良朋既畢集，好鳥亦相喚。締此筆硯緣，怡情弄柔翰。欲取身後名，非爲目前玩。願言圖始終，毋令谷風嘆。』（《尺木堂集·五言古詩》）

按：曹孟濟（一六二二—？），字子康，晚號深蘆，學佺子，侯官人。能詩，善畫，入清隱於石倉園。

曹學佺有《濟兒直社西峰池館即事》：『曲巷何能有一峰，平階布席甚從容。池頭幾日添新水，堤上微風戰古松。鳴鶴在陰吾子和，遷鶯出谷爾朋從。燈宵未撤桃花謝，漫信春光次第逢。』（《西峰古稀集詩》上）

陳衎有《元夕，曹子康作書畫會，能始先生爲主盟，得十四寒》：『處堂聊且共追歡，月影燈光子夜闌。先輩却能容朽拙，唐人呼妙年爲先輩。名公長自念凋殘。詩裁好我周行在，圖寄流民聖主看。三十年中今兩世，尋盟重疊不曾寒。』（《大江草堂二集》卷六）

陳鴻有《集曹子康西峰池上》：『城中有孤峰，原屬西湖勝。愛君于此居，相過數開徑。春還草色芳，風細池光定。良朋既畢集，好鳥亦清聽。弄筆成雲山，使我勞接應。高談滿四座，不覺日已暝。秉燭復爲歡，尊罍詎愁罄。』（《秋室編》卷二）

陳衎有《曹子康再直書畫會于張園》：『嘉會乘春不厭重，城西勝地此園中。臨池潦水寒烟碧，移榻深松落日紅。繡虎長才推鄴下，飛蠅名筆擅江東。野夫自顧無他技，亦得連宵笑語同。』（《大江草堂二集》卷六）

徐延壽作《癸未元夕，集米友堂聽有介擊鼓，醉後放歌》：『許郎年少冰玉姿，雄文下筆驚纚纚。耳熱狂呼金屈卮，練裙潑墨題新詩。羯奴抱出靈鼉皮，奪來奮臂拈雙搥。律應黄鐘和四時，將將坎坎聲相隨。高下疾徐惟所施，五音湊合無參差。一通一疊調屢移，三撾三變尤稱奇。鼓聲小兮細且遲，欲斷不斷輕如絲。半空微籟金飆吹，一群蜂鬧争花枝。鼓聲大兮壯且悲，怒濤洶湃驅馮夷。撞開天闕裂地維，三千鐵騎宵奔馳。四筵俠少喜聞之，共言方叔今在兹。宫商妙理乃如斯，詩亡樂廢誰能知。擊罷爲君重致詞，丈夫意氣横鬚眉。書生戎馬志可期，願君請出百萬師。一致再鼓氣莫衰，三鼓斬盡樓蘭兒。』（《尺木堂集·七言古詩》）

按：許友，初名宰，字有介，一字甌香，豸子，遇父，侯官人。崇禎中貢生。詩、書、畫三絶；又善擊鼓。與徐延壽、陳濬並稱『閩中三才子』。入清絶意仕途。詩不屑蹈襲前人。有《米友堂集》。

陳衎有《許友介擊鼓行》：『黑圈平正鼉皮顫，雙棒交連捷如箭。腕鬆指緊臂力均，高下疾舒隱復見。磬筦分明琴瑟調，鼓音起處群音遍。依永和聲百樂君，心手相通成一片。許郎年少多奇才，酒酣奮擊日幾回？五丁失魄裂頑石，六龍盛怒驅奔雷。珠絲亂落春鶯巧，玉盤忽碎秋猿哀。中邊節奏皆有序，傍觀但覺心魂開。籲嗟許郎詩畫妙，音樂亦能得其要。野夫祇解點頭看，世間萬事歸年少！』（《大江草堂二集》卷三）

正、二月間，興公卒後，家寒，徐鍾震無力下葬，經曹學佺介紹，擬往遊光澤縣，投徐知縣幕下。鍾震致書署長樂縣劉浣松，請其削牘徐令爲己鼓吹。

徐鍾震作《與劉浣松郡幕書》：『某門寒祚薄，先祖倏爾棄世，罪逆深重，百身莫贖。承老祖臺不替交情，頒賜厚奠……竊念先祖生平鋭意著述，垂老不倦，所遺者僅殘編數萬卷，惜某冥頑鈍質，未能如古人飽讀父書，徒手澤存焉已。近因喪事百廢，目下苦貧，且欲爲先祖謀寒葬事，力微莫舉。本擬到吴航冀沾河潤，又知老祖臺飲冰卧治，案無留牘，未敢以猪肝累安邑。適辰下有光澤之行，曹能始先生垂念西華，許削牘薦某于徐令君處，令君爲祖臺同籍、同官，知必親厚，僭求鼎吕力爲吹噓，俾鯫生彈鋏而不至歌食無魚，則絲毫皆拜明賜也。夙聞老祖臺好獎人才，不減謝朓，定不惜齒牙餘論，故不揣唐突，忌其駑鈍，伏惟俞允，寵賜片言。某即刻就道矣，佇候佇候！臨楮曷任哀感之至。』（《雪樵文集》）

二、三月間，徐鍾震同陳衎後塢高宅看李花。

陳衎有《同徐器之後塢高宅看李花》：『色奪江梅集水涯，不隨桃杏鬬繁華。朝陽照出銀光射，春霰飛來玉片斜。久旱耐行泥濘路，衰年愛看素芬花。深叢繚繞籬門静，還醉蹊頭隱者家。』（《大江草堂二集》卷六）

按：崇禎十四年（一六四一）興公同劉浣松酬倡於曹學佺石倉社，曹學佺有《三石亭開社，喜劉浣松、顧與治初至，徐興公、黄貞吉、陳昌箕、林祖直陪》（《西峰六九集詩》）。興公與劉有書牘往返。

三月，曹學佺有詩感嘆興公之逝。徐鍾震出遊，此行目的地爲光澤縣依知縣徐蒙羽。便道與陸國熼往遊將樂玉華洞，出臺江買舟，經閩清梅溪鋪，遊龍岡庵。陸國熼先往玉華；經囦溪，有詩懷其大父興公。

徐去違參軍招飲青山書院。

徐鍾震《遊玉華洞記》：『無榮久與予約。癸未暮春，先後出臺江買舟。無榮抵延津，以詩趣予，有「君如更爲塵緣繫，寂寂空山笑赤松」之句。』（《徐器之集·三華遊草》）

按：〔弘治〕《將樂縣志》卷一《山川》『玉華洞』條：『洞開二石門，相去二里許。中分二路，會於後門。初窺之黑暗，秉炬而入，中有雷公、溪源、楊梅、果子、藏禾、黄泥六洞；又有靈泉、龍井、石泉匯合而出。怪石奇偉萬狀，内産石英、寒水、禹餘糧、井泉砂、鐘乳石、石燕、龍骨、狗牙，此其最者。藥石晶類頗多。其邃處有一小竅，上通天光。洞之外蒼藤、古木、鳥韻、蟬聲，清人心目，遊者忘歸。』

又按：陸國熼，字無榮，羅源人。諸生。

徐鍾震作《暮春同無榮舟行》二首，其一：『纔踐經年約，同齎半月糧。』其二：『世變如棋局，安居少稻粱。拚將花月夕，同上水雲鄉。』（《徐器之集·三華遊草》）

徐鍾震作《泊梅溪》：『離家纔兩夕，亦覺水程遥。』（《徐器之集·三華遊草》）

按：王應山《閩都記》卷二十九《郡西閩清勝跡》『梅溪鋪』條：『在縣治南。東達眠石，北通甕口。梅溪在北和豐坊，源出永福，由縣西五里入江。』

又按：徐熥有《梅溪雜詩》，興公有《梅溪》，《幔亭集》《鼇峰集》不載。

徐鍾震作《憩龍岡庵》：『近郭人烟聚，環山花霧蒸。』（《徐器之集·三華遊草》）

按：龍岡庵，或即龍門庵。王應山《閩都記》卷二十九《郡西閩清勝跡》『龍門庵』條：『在鼎峰在縣西，梅溪環繞其下。之陽。宋邑人林正卿誅茅構庵，爲游眺之地。』

徐鍾震作《坐雨》《望夜同無榮晚酌》《行色》《野色》《無榮濯足寒溪，釣魚自適，賦嘲》《無榮先往玉華，賦此堅約》（《徐器之集·三華遊草》）。

徐鍾震作《經囦溪夢先祖》：『忽感精靈入夢思，幾番如慕復如疑。孫携黄口含飴處，妓試紅妝按曲時。夜静猶吹藜杖火，月明細咏竹窗詩。醒來一枕凄惶意，不覺孤身泊水湄。』（《徐器之集·三華遊草》）

按：興公一生往囦溪次數甚多。萬曆四十三年（一六一五），有《訪胡紹進運經督鹾囦關，賦答》，延壽亦多次往返。

徐鍾震作《徐去違參軍招飲青山書院》、《和無題詩》四首（《徐器之集·三華遊草》）。

按：萬曆四十三年（一六一五），興公有《鄭季卿携觴招集青山書院，同林子實》。

四月，徐鍾震過延津，登城樓。由延津至順昌。陸國熄以詩促其速遊玉華。

徐鍾震作《延津晤胡獻卿，以詩題畫見別，次答》《登延平城樓》《爲篙師作家報》《七里灘》《即事》《孟夏延津酒家見菊，順昌復見之》《月出歌》《無榮以詩趣遊玉華，步韻答之》《愍節廟》《順昌復得無榮促遊玉華詩，次韻》（《徐器之集・三華遊草》）。

五月，徐鍾震從順昌至將樂，與陸國熠遊玉華洞。憩明臺庵，謁睢陽廟。歸後撰《玉華洞記》。爲將樂人徐際亨《自愛集》撰《序》。富屯張光斗招飲。

徐鍾震作《自順昌抵將樂百里而遥，苦熱稍憩》（《徐器之集・三華遊草》）。

徐鍾震作《遊玉華洞》四首、《出洞憩明臺庵，楊茂聚携酌賦謝》（《徐器之集・三華遊草》）。

徐鍾震作《贈蕭爾達孝廉》（《徐器之集・三華遊草》）。

徐鍾震作《睢陽廟》（《徐器之集・三華遊草》）。

按：睢陽廟，即張巡行祠。（弘治）《將樂縣志》卷六《宫室》『張巡行祠』條：『在縣治西門外。創於宋乾祐二年，廟號「英烈」。』

徐鍾震《遊玉華洞記》：『無榮久與予約，癸未暮春，先後出臺江買舟。無榮抵延津，以詩趣予……予仲夏始至鏞州。翌日，肩輿同楊懋聚、馬季昌出郭，度三華橋，歷數村落，始抵山下會仙亭。稍憩，數武至洞口……又從山後行里許，抵明臺庵，旁新構一亭爲遊人燕飲地，懋聚主人提壺挈榼至，相與盡歡而歸，歸而援筆記之。』（《雪樵文集》）

按：鏞州，將樂縣古名。

徐鍾震作《别玉華》（《徐器之集・三華遊草》）。

徐鍾震作《〈自愛集〉序》：『吾閩之詩，自林膳部子羽開疆草昧，次則鄭吏部繼之，大闡宗風。二百餘年以來，詩凡數變，至今日家絃户頌，騷人以搦管爲奇，吐腎嘔肝，韻士以苦吟爲工，尤彬彬焉盛矣。其間超越唐響者固多，即有一二喜新立異者，亦可以追踪公安、竟陵，又安在非詩也？然最忌者陳腐之氣與夫掇拾之詞。今讀君詩，二者交詘，而獨創一種清新之調，恍如玉華洞天，巖岫奇絶；又如駿騎追風，一騁千里，何其才之美也！』（《雪樵文集》）

按：此《序》云作者爲閩人，其祖名師孔，父名漢符，據興公《寄徐際亨》：『憶萬曆庚子歲，不佞客寓延津時，令祖師孔公同敝友劉占白枉顧天寧蘭若，定交莫逆。』（《文集》册四，《上圖稿本》第四三册，第一四八頁）知《自愛集》作者爲徐際亨，故興公論詩取玉華洞天譬清新之調。［一］

徐鍾震作《富屯張薇垣孝廉招同無榮夜飲，二歌姬侑觴，賦謝時令孫在坐》（《徐器之集·三華遊草》）。

按：張微垣，即張光斗，將樂人。舉人。

張光斗有《招徐器之、陸無榮夜飲》（原無題，筆者所擬）：『因故得交新，相逢氣便親。摩開雲外眼，混作坐中春。我愧蓬非蔚，君誇榻解陳。一宵千古足，無計可留晨。』（徐鍾震《富屯張薇垣孝

［一］徐鍾震論閩詩，既繼承其祖興公之説，又有所不同。繼承部分，如重視閩中林鴻、鄭善夫傳統，以苦吟爲工。不同之處有二：一是注意到二百年來詩風數變，即同爲閩中詩，天啓、崇禎與洪武、永樂已有變化；即弘治、正德，到鍾震的時代，也有變化。其次，對公安、竟陵，鍾震與興公的態度也不一樣。『一篇之中，則之乎也者，字眼已居其半；牛鬼蛇神，令人見之縮項咋舌，詩道如此，世風可知。今吴人從風而靡，皆效新體，反嗤歷下、琅琊爲陳腐』（《復彭次嘉》，《文集》册八，《上圖稿本》第四四册，第二九一—二九二頁）。興公完全否定竟陵，以至將文風與世風繫聯一起，世風之衰，文風難推其咎，此説似爲後世論竟陵爲亡國之音者所本。鍾震也不完全贊成竟陵，但是他認爲竟陵去陳腐之氣，不掇拾前人之詞，標新立異，也没有什麼不好。鍾震這一觀念，反映了明清之際閩詩詩風轉變的一個事實，對洪、永閩中詩派的詩風不一定完全步趨，追求新變、追求新調，或許是一條好出路。

廉招同無棨夜飲，二歌姬侑觴，賦謝時令孫在坐》附，《徐器之集·三華遊草》）

徐鍾震作《紀事》（《徐器之集·三華遊草》）。

五月，徐鍾震在邵武。由邵武往光澤縣，儲昌有贈詩，答之。光澤知縣徐州彦過訪。遊龍興寺。夏夜集鄭孔定樓居。

徐鍾震作《端陽舟次昭武》：『熙春山下七臺邊，流水寒溪閱歲年。競渡兒郎争伐鼓，榷徵官吏急需錢。匣中有劍當蒲插，篷底無窗罷艾懸。莫道谷蓷嗟暵濕，近時人事更堪憐。』（《徐器之集·三華遊草》）

徐鍾震作《十樣錦》（《徐器之集·三華遊草》）。

徐鍾震作《溪舟晤儲石虹，至杭川以詩見貽，次答》（《徐器之集·三華遊草》）。

儲昌有《贈徐器之》（原無題，筆者所擬）：『纔從江上挹清風，却喜天涯意氣同。君以詞名誇麗藻，我爲踪跡嘆飄篷。因懸一榻高人過，快覩千章幼婦工。徐氏騷壇三世業，風流寧羡阮家雄。』（徐鍾震《溪舟晤儲石虹，至杭川以詩見貽，次答》附，《徐器之集·三華遊草》）

徐鍾震作《送陳德光還家》（《徐器之集·三華遊草》）。

徐鍾震作《徐蒙羽令君枉顧寓中，賦贈》（《徐器之集·三華遊草》）。

按：徐蒙羽，即徐州彦。州彦，字蒙羽，巴縣（今屬重慶）人。光澤知縣。

徐鍾震作《集友人寓中看鄰姬紡繡，次韻》《蠹魚》《感事詩次韻》《石虹携酌過溪樓》《龍興寺》（《徐器之集·三華遊草》）。

按：〔光緒〕《邵武府志》卷二十八《古蹟》『龍興寺』條：『在城西。宋崇寧間建。』

徐鍾震作《夏夜集鄭孔定樓居，時風雨驟至，喜作》、《感懷》二首、《子奮示客况詩，用韻答之》（《徐器之集·三華遊草》）。

五、六月間，徐鍾震刻《龍眼譜》將成。

徐鍾震作《龍眼刻譜將成補作》：『樹樹經霜美接針，種聯百粵喜秋臨。蘇公賦實羅玄圃，漢帝移根植上林。盤裏剖開膚似玉，枝頭垂重色如金。左思題句非知味，龍目從兹費苦吟。』（《徐器之集·三華遊草》）

按：龍眼，號木奴。龍眼自來無譜；有譜，自徐鍾震始。此詩爲一證據。

六月，徐鍾震在光澤，寓中同子奮、東之、孔定、孔綱、儲昌醵飲，聽子奮吹籧。有詩分别寄婦、寄母、寄叔延壽，言離家殘春，滯留至今秋天將至。别友人，擬歸。

徐鍾震作《西園新話詩》四首、《溪居即事》、《客夜》、《食瓜》、《睡起》、《寓中同子奮、東之、孔定、孔綱、石虹醵飲，聽子奮吹篴》、《贈文姬次韻》、《舟中醵飲》（《徐器之集·三華遊草》）。

徐鍾震作《寄内》：『來是春深暑復徂，一千里外客身孤。』（《徐器之集·三華遊草》）

徐鍾震作《寄母》：『從今蚤把歸鞭策，先逐秋光到故園。』（《徐器之集·三華遊草》）

徐鍾震作《寄存永叔》：『幾度裁書覓便鴻，離懷無限水西東。麻衣似雪過三伏，蘭槳如雲掛一風。先世澤存須簡蠹，壯夫技在薄雕蟲。人情耳食渾相類，應藉燈光五夜紅。』（《徐器之集·三華遊草》）

按：輿公卒於去歲，至今仍在居喪時期，故曰『麻衣似雪』。

徐鍾震作《嘲友人次韻》《餞別子奮》《林錦如招同陳、雷二先生出飲東郭》（《徐器之集·三華遊草》）。

六、七月間，徐鍾震在光澤作《議定鹽價》等文。代知縣徐州彥作《光澤縣改學記》。

徐鍾震作《光澤縣議定鹽價公呈》（《雪樵文集》）。

徐鍾震作《保留徐光澤免署郡篆呈》：『杭川一邑，雙峰峭立，據閩海之上游；一水分流，接西江之畛域。鹽鋏客商雜沓，保無異言、異服者流；衣食黎庶攸關，益切同憂、同樂之念。所賴朝夕卵翼者，惟有慈惠嘉師；所藉德行訓晦者，祇恃清明水鏡。縣主徐侯，銅梁毓秀，負經天緯地弘才；巴郡鍾奇，沐日浴月。巨手甫下車，問民疾苦，吾儕小人，自不敢欺……』（《雪樵文集》）

按：當局有光澤知縣徐州彥署邵武府篆之議，鍾震代民擬此呈，希翼保留免予署篆。

徐鍾震代作《光澤縣改學序》：『予筮仕得杭川，深喜文治之可成也。甫下車，自釋奠先師外，即郡學中子弟月課而殿最之一時，詞藻蔚起……』（《雪樵文集》）。

按：『予筮仕得杭川』，代知縣徐州彥口吻無疑。

七月，徐鍾震在光澤，陳德初、林爾衮、陳濬過飲寓樓，送子奮往上猶訪知縣周嬰；歸，經困溪訪曹學佺，學佺有詩問訊。

徐鍾震作《立秋後，陳德初、林爾衮、陳開仲過飲寓樓，文姬侑觴》《送子奮之上猶訪周方叔》（《徐器之集·三華遊草》）。

徐鍾震作《再別》：『杭川橋下水奔流，作客方諳送客愁。雁叫遥天紅樹早，蟬鳴近驛碧山秋。琴書有趣隨吟弄，花月無題罷倡酬。從此易添離別感，前途騁目莫登樓。』（《徐器之集·三華遊草》）

按：杭川，光澤縣別名。

徐鍾震作《寄出友人署教鉛山》《七夕感懷》《遺興》《美人惠物》《爲孔從寄琳英較書》（《徐器之集·三華遊草》）。

徐鍾震作《答能始先生》：『滿地雲霞可作糧，紆迴九折似羊腸。從來洞裏無天曙，豈識人間有日長。雪片不隨寒氣散，藥苗惟共露華香。莫教一線尋途出，倘遇神仙便乞方。』（《徐器之集·三華遊草》）

按：鍾震四、五月間往遊將樂玉華洞，北上遊邵武、光澤，再順流而下至困溪。

曹學佺有《徐器之遊玉華歸》：『有客尋真不裹糧，烟霞已自飽清腸。天光隱隱何時旦，石乳森森幾許長。筆裏名花開乍秀，杖頭殘雪漬猶香。欲將身世調安妥，曾乞刀圭最上方。』（《西峰古稀集詩》上）

按：此詩附於《徐器之集·三華遊草》，作《器之遊玉華歸，賦此訊之》。

七月，徐延壽與陳鴻、黃逢祺往困關訪曹學佺，有贈答。徐延壽有詩送郭天親之梧州。

徐延壽作《同叔度、貞吉泛舟至困溪》：『沙明潮乍落，雙槳架長年。雨色三人共，秋聲兩夜眠。鳥投將暝岸，樹怯欲霜天。不畏風波險，夷猶淺水邊。』（《尺木堂集·五言律詩》一）

徐延壽作《困關訪曹能始先生》（題筆者所擬）：『半空樓閣護秋雲，簾外溪聲不斷聞。愛客每留朝爨共，較書應許夜燈分。攜來篋蠹多連屋，換得籠鵝有幾群。此是晦翁文化地，淵源千載獨推君。』（《朱祠喜陳叔度、黃貞吉、徐存永見訪》附，《西峰古稀集詩》上）

曹學佺有《朱祠喜陳叔度、黃貞吉、徐存永見訪》：『幾行汀雁幾行雲，候火行來踏葉聞。受用溪

山今已飽，故將朋友與平分。秋風入樹成蕭瑟，夜月開尊慰離群。昔日文公時宴坐，也憂兵革也憂君。』（《西峰古稀集詩》上）

陳鴻《和》：『祠宇層層磴在雲，市聲都隔此中聞。晚山薄藹青相接，秋月平沙白不分。盡恐處堂隨燕子，那堪臨水羨魚群。紫陽當日曾居地，注易開軒又屬君。』（《西峰古稀集詩》上附）

黄逢祺《和》：『溪流聲瀉萬重雲，院枕青山上下聞。纔脱紅塵心便得，欲鬮明月手難分。尋盟好與沙鷗友，招隱偏尋野鹿群。所畏惟談烽火事，誰人籌策謁明君。』（《西峰古稀集詩》上附）

徐延壽作《送郭聖胎之梧州郡幕》：『家貧戀微禄，垂老向蒼梧。年少爲郎者，風流似爾無。蕉陰開露幕，椰酒醉冰厨。古井遺香在，題詩吊緑珠。』（《尺木堂集·五言律詩》）

按：郭天親兄天中，生於隆慶三年（一五六九），設使天親小天中十歲左右，此時也已年過六十，故言『垂老』。

曹學佺有《贈郭聖胎》：『三山佳氣鬱巃嵸，遥借蒲陽第一峰。指樹生爲周柱史，墊巾群效郭林宗。誦詩□是青緗業，飲酒時於白社從。我昔宦遊君久客，相思還聽秣陵鐘。』（《西峰古稀集詩》上）

徐延壽作《困溪送茂生登舟》：『霜燈孤館夜，歌罷送將歸。夢短聞鷄破，心忙逐鳥飛。清溪看蕩槳，斜月照牽衣。何處難回首，垂楊白板扉。』（《尺木堂集·五言律詩》一）

曹學佺有《送胡茂生之鐔州》：『午間秋尚熱，早晚得餘凉。夢歷舟中候，心知客裏傷。滄波成淡畫，紅樹變初妝。聞有雙峰在，愁涵雁信長。』（《西峰古稀集詩》上）

八月，徐延壽、徐鍾震、黄逢祺同曹學佺月夜由困關返回會城塔江社，曹學佺留飲。姜廷枚、黄逢祺、徐延壽集塔江。

徐鍾震作《嵩溪訪曹能始先生，隨同夜發，次韻》：『乍解今宵纜，前溪月上時。喜乘金鏡去，畏與石尤知。驛路詢將近，星辰坐漸移。客歸無長物，空橐本支離。』（《徐器之集·三華遊草》）

曹學佺有《月夜發嵩溪，同徐存永、器之、黃貞吉》：『維舟當石罅，乘月放流時。不意朋歡遇，相連語笑知。蟻浮秋露濕，鷄唱曙村移。久暫還家夢，無非慰別離。』（《西峰古稀集詩》下，又徐鍾震《徐器之集·三華遊草》）

徐鍾震作《到塔江社，能始先生留飲，次韻》：『結構新成日，雲齊一塔平。軒窗堆蠹簡，車笠重鷄盟。如帶澄江色，環山落木聲。高人無所事，丘壑日怡情。』（《徐器之集·三華遊草》）

曹學佺有《到塔江社》：『閑雲隨磴繞，落葉與階平。客去方逾朔，鷗來續舊盟。荻根摇塔影，松籟答江聲。一宿那能久，因分去住情。』（《西峰古稀集詩》下）

九月，薛瑞光爲徐鍾震《玉華遊草》撰序，憶及與興公早年交情並叙及徐氏家學；叙及徐鍾震有《遜業》《丹霞紀游》《荔奴軒》諸集。

薛瑞光有《〈玉華遊草〉序》：『往余與興公伯仲遊也，蓋在弱冠之年，於時氣志遒上，妄意爲詩，見興公有作，輒慕效之。興公謬謂余有騷致，招入林中。顧爲帖括本業所係，乏兼材，遂謝去。數十年間，乍拈乍放，荏苒至今，直無片語足存。回視興公詩篇充箱，炤軫高名滿海内，真所謂奔逸絶塵，瞠乎後矣。興公孫器之，少小即以聲律稱。興公愛之，不啻太丘之於長文，朗陵之於文若也。逮壯爲古文詞詩賦、經義兩擅其工，《遜業》《丹霞》有刻，《荔奴軒》有集，編珠貫玉，不一而足，與阿叔存永競爽齊名，文章之家，信有總萃，非偶然也。今春遊玉華洞，復著有詩若記，余受而讀之，大都懷曠而調遒，覽奇而語麗，一似得于山靈之助。然夫震旦山川，神區異蹟，非高人韻士有清緣者，不能遇真詰，稱華陽句曲洞爲金陵地胏；左元放清齋三月洞始爲開。武陵源僅一漁人偶入，南陽劉子驥復往訪之，即迷不得其處，蓋清緣于人若斯之難也。第負勝具者乏逸韻，標遠神者尠麗藻。遊趣爲之不揚，山靈因以減色。器之既有清緣，復擅妙藻，所至名章大篇，洋洋灑灑，余雖頽廢之餘，猶竊艷慕之。蓋器之生平，日追隨其祖大人之側，於山水佳處，無不涉勝人韻。侶無不交，奇書秘册無不讀。畢弋既廣，奇情異采，故發而爲詩及文若此。善夫劉勰氏之言曰：「山林皋壤，實文思之奥府。峰沓泉匝，樹雜雲合，目既往還，心亦吐納。」則器之所得于玉華多矣。器之與豚子稱莫逆交，豚子懶拙似予，亦謂其可與言詩，時時惠之好音，一似愚父子與君家有夙緣者。玆以《遊草》屬余序，余愧不能文，第略道其交遊之情，與夫家學之美，匪敢曰爲玄晏也。崇禎癸未菊月既望，薛瑞光晦叔題。』（《徐器之集·三華遊草》卷首）

十月，晦前二日，徐鍾震爲于山寥陽殿作募緣疏。

徐鍾震作《寥陽殿重修募緣疏》：『省會以三山著名，于山其一也……忘機周道人，西蜀産也……隨損資斧數十金，益以西秦樊氏之助，遂令紺殿重新，珠樹繞砌，誠盛事也。然丹堊灰粉之費，尚無所出，置之則工虧于垂成，終之則力艱于絲忽。敢祈四方善信共成勝緣，助以半鏹數緡，完玆瑶臺靈境，則赤鯉時現于雲中，金丹再熟于鼇頂矣。籍有所註，福不唐捐。謹疏。崇禎癸未十月晦前二日。』（《雪樵文集》）

十一月，徐鍾震謀重刻徐熥《幔集集》，言詩是吾家事。

徐鍾震作《重刻〈幔亭集〉跋》：『先伯祖幔亭孝廉詩文共廿餘卷，清流王相如先生心懷掛劍，念切典型，損資授梓，廣傳海内已廿有餘秋矣。咏五字之長城，鷄林增價；竭半生之辛苦，騷話名垂光矣。上繼前賢，下開作者，睹今日風雅之盛，寔當年倡始之功。其板舊置蔣氏家塾。丙子火災，灰燼之餘，半爲群不逞搶掠，被時出贖帖，重價收回，蓋以林用始所收者見贈，尚不及十之三四。悵先業之失傳，恨綿力之寡助，棗梨雙費，不敢以月計，而以歲計。癸未仲冬，始克竣工，而先祖又復先爾捐棄，何不朽大業摧喪一至是哉！憶杜子美云：「詩是吾家事。」某纍世躭詩，未敢失墜，敬重刻是篇，與先祖《鼇峰集》並行於世。世有知音，九原可作，其以視華亭之競爽、陳郡之金昆，果何如也哉！謹識歲月以垂後云。崇禎癸未冬十一月望前二日。』（《雪樵文集》）

按：次年，國變，重刊本《幔亭集》似未刻成，或雖刻成而流傳不廣。

是歲，徐延壽又有詩寄廉州郡丞陳衎。

徐延壽作《寄陳磐生廉州郡丞》：『世危無樂土，辛苦拜官時。歷遍五羊路，祇携孤鶴隨。瘴雲生鐵樹，冷月墜珠池。絶徼知文化，溪蠻解乞詩。』（《尺木堂集·五言律詩》一）

是歲，劉浣松遷祁陽知縣，徐延壽、曹學佺、陳衎分別有詩送之。

徐延壽有《送劉浣松令祈陽》：『高灘西上棹行遲，僮背書囊隻鶴隨。瀟水入湘流合處，楚江通蜀雪消時。草香元結窊樽酒，苔剔顔公楷字碑。聞説孤城烽火息，春陵風景賦新詩。』（《尺木堂集·七言律詩》一）

曹學佺有《送劉浣松任祈陽令》二首，其一：『署篆無多日，民皆願即真。不妨功令促，轉見海邦淳。楚地聞多難，祈陽亦震鄰。撫綏知政善，巖洞别成春。』其二：『河東柳子厚，被謫此閒居。宴坐西巖室，關情北闕書。齊韓名不謬，易播義初如。一掬瀟湘水，君其取飲餘。』（《西峰古稀集詩》下）

陳衎有《送川中劉浣松明府之任祈陽》：『湖南寇盜漸芟夷，天護龍飛舊帝基。每見仁慈回國步，向來清節畏人知。千山共繞藏真筆，一水孤行魯直詩。地近西川家信便，秖餘閩士久相思。』（《大江草堂二集》卷六）

是歲，羅源知縣章芷考績，赴召，徐鍾震作《徵詩啓》。

徐鍾震作《章羅源考績赴召徵詩啓》：『羅源邑侯章公政裒三異，節凛四知。合昆季而聯鑣，艷詞源于倒峽……』（《雪樵文集》）

按：崇禎十四年（一六四一）章芷任羅源知縣。

是歲，曹學佺弟能證卒，年六十五。

曹學佺有《哭弟能證三首》其二：『六旬五傍七旬兄，婚嫁先完百累輕。秖謂安閒成子健，蹇予勞苦耐餘齡。隨緣布施無虚諾，緩急周旋爲友生。一十三山關繫處，路傍悲嘆有同情。』（《西峰古稀集詩》上）

按：曹學佺聞卜時在囷溪。

明崇禎十七年、南明福王朱由崧弘光元年、清世祖福臨順治元年甲申（一六四四） 歿後二年

曹學佺七十一歲，林古度六十五歲，徐鍾震三十五歲，徐延壽三十一歲

三月，李自成攻入北京，崇禎帝死，明亡。是月，劍州謝介庵挾刺來訪，徐鍾震因簡所藏《靈棋經》爲解説，復以棋子見貽；徐鍾震爲大父興公所題《靈棋經》作跋，脱落者補之，未備者添之。

按：《明史》卷二十四《莊烈帝本紀》：『（十七年三月）癸卯，唐通、杜之秩降於自成，賊遂入關。甲辰，陷昌平。乙巳，賊犯京師，京營兵潰。丙午，日晡，外城陷。是夕，皇后周氏崩。丁未，昧爽，内城陷。帝崩於萬歲山。』

徐鍾震作《〈靈棋經〉跋》：『《靈棋經》二卷，漢東方朔撰，又云張良、劉安，未知孰是。晋、宋顔、何有注，唐李遠有序，我朝劉誠意有解，則是書見重於昔賢，爲趨吉避凶也大矣。予家舊藏此本，苦未得其傳，且知製棋法之慎重也，仍循置之。甲申暮春，讀禮山居，延津謝子介庵挾刺見訪，予亟迎之。爲設一榻，詩文探討之暇，詢及此書，輒爲解説，且言其靈應。予簡舊本察對，脱落者補之，未備者添之，誠一快事。復以棋子見貽，自兹以往，東西南北，不至迷途者，介庵之力也。又教予以河雒理數，誠以予家世學《易》，喜於得其傳也歟！』（《雪樵文集》）

按：《靈棋經》，漢東方朔撰。

又按：興公題《靈棋經》，參見萬曆二十九年辛丑（一六〇一）。

四月，徐鍾震爲劍州謝介子《金剛經貫解》作跋；謝介子並索鍾震書全文以便學人持誦。又爲大父興公所題《龍筋鳳髓判》作跋。

徐鍾震作《〈金剛經貫解〉跋》：『慨自欲界沉迷塵網牽掛，所恃以醒昏蒙、除業障者，惟我佛到大慈憫人，説法度人而已。顧拈花微笑，未可責之中才。而貝葉靈文，又非末學易解，况《金剛經》之不可思議者乎！劍州謝介子，豪傑士也。當此末法凌夷之中，發菩提心，具真實義，首注是經，三易稿而刻成，又經永大師删定，誠足破四見而决疑，空四大而忘相者矣。今歲以浴佛日，參永師於石鼓，隨訪予山居。讀禮之暇，析疑探討，令人生歡喜心。予爲介子特設一榻，所謂正信希有，一體同觀，浄心行善，無斷無滅者，殆其人歟！細閲斯注，簡而明，奥而顯，不特發上智之慧光，即下乘人亦藉以了其鈍器，豈非開世之津梁，救時之寶筏者歟！介子于詞賦文藝無所不精，耑于稗官野史，無所不漁獵，于《易》數、玄學、醫藥、占卜之屬無所不貫串。近年閉關習静，尤得力於此，進乎道矣。且竭其婆心，欲世人咸登覺路，予亦因介子而發深省者，其功德又不可思議也已。兹解一刻再刻，天龍守護其願力，與斷臂鏤板之道尼等，又索予書全文以便學人持誦，誠盛心也。予不敢辭，漫識相得始末因緣于左。』（《雪樵文集》）

按：《金剛經貫解》，謝介庵解。徐鍾震手書本。

又按：謝介子，疑即上條謝子介庵。

又按：徐鍾震《〈金剛經貫解〉跋》，馬泰來整理《新輯紅雨樓題記　徐氏家藏書目》失載。

徐鍾震作《龍筋鳳髓判跋》：『唐以書判拔萃科選士，調露中，張文成八舉甲科，四參選判，策爲銓曹最，故用事典核，摛辭藻麗，真以文章瑞朝廷者。計自省、寺，及縣令，凡一百令。天啓丁卯，予年十七，試棘闈，家大父簡此部俾予熟讀，以資博洽。中間解釋明備，出於武定劉小隱之手，比他本爲善，便于初學，斯文成之藎臣也。予履試履刖，有愧「青錢學士」多矣。久置笥中，今歲讀禮之暇，聊一披展，俯仰二十年間，依然故吾，而先大父又先一年謝世。撫茲手澤，涕泣潸然。重加裝潢，以垂永久。崇禎甲申季夏三十有三日。』(《雪樵文集》)

按：興公題《龍筋鳳髓判》，參見萬曆三十四年(一六〇六)。

四、五月，清兵破山海關，入京師。

按：《明史》卷二十四《莊烈帝本紀》：『夏四月，我大清兵破賊於山海關。五月，入京師。』

五月，朱由崧在南京即帝位，改年號弘光。是爲福王朝。

按：《明史》卷一百二十《諸王·神宗諸子傳》四：『(五月)壬寅(福王朱由崧)自立於南京，僞號弘光。』

本年，徐鍾震撰興公《行略》。

徐鍾震作《先大父行略》：『先大父捐館舍之明年，海内同人，寄詩哀挽。四明楊南仲刺史貽書云：「有道碑銘，定屬能始觀察。或傳或誄，吾輩分任之，俟公郎哀狀成也。」……因循至今，服將闋矣，恐久而遺忘，且叔延壽生晚，鍾震幼孤，先大父壯歲姱節懿行，尚有未及知者，謹臚列所記一二，忌其

蕪陋，勒之篇端，冀徼名公長者錫以片言，死且不朽。』（《雪樵文集》）

按：興公卒於崇禎十五年（一六四二）冬十一月，『服將闋』，當在本年秋、冬間。

又按：此文署『延壽、鍾震曷勝哀籲，感懇之至』，叔侄合署，延壽輩分高，名字在前，理所當然。然而，題和文稱興公爲大父、熥爲爲先伯祖，可斷定此文爲鍾震作。

本年或稍晚，曹學佺爲徐𤊹撰《墓誌銘》。

按：徐𤊹徐卒於崇禎十五年（一六四二），鍾震《行略》作於十六年（一六四三），曹學佺《墓誌銘》（今佚）如作於是去歲，當編入《古稀集》；《古稀集》不載此文，故推斷作于本年或稍晚。

本年，徐鍾震致書林古度，言北京城破，會城社中諸公賦哀挽之詞；又向古度乞哀挽大父興公之辭；又寄近刻三種、《大行皇帝挽詞》五紙。

徐鍾震作《寄林茂之》：『自乙亥歲奉別色笑，不覺十易星霜，老叔祖尚憶故園側生否？所鳩雜事作譜，以配絳囊生，曾成否？令郎前歲闈中幾售而刖，殊爲可惜。轉盼便當易於拾芥，但恐驥尾之難附耳。近日都門時事變遷，大爲駭愕。敝社諸公咸賦哀挽之詞，亦義憤所激。不知金陵曾盛爲此乎？今逢聖天子中興，諸祥畢集，則漢鄗、南唐靈武之業，諒不難致，差爲愉快。計此時都下衣冠人文輻湊，以老叔祖宏才碩學，出而登壇樹幟，鼓吹休明，聲名當不脛而走矣。文宗消息，傳聞失真，場期逼迫，令郎當早來，尋僻地下帷，此番定當首薦耳。某門祚衰薄，不幸家祖以壬午仲冬棄世，然屬纊之夕，猶賦四歌，神氣安定，似脱然於死生之際者。計生平相知，莫過於老叔祖，敢求片言哀挽，以闡幽光，子孫世世之感也。兹安藎卿入賀之便，敬修尺一附候，南鴻不乏，勿靳好音。外附拙刻三種、《大

行皇帝挽詞》五紙呈正。倘以孺子可教，勿惜齒牙余論培植之，何如？臨楮曷任，懇禱之至。』（《雪樵文集》）

又按：崇禎八年乙亥（一六三五），林古度由金陵歸閩。參見該年。安藎卿，即安國賢。

本年，徐鍾震有書致鄭鴻逵，言父徐陸尚在淺土未葬，並寄已刻書三册、《大行帝挽詞》二紙。徐鍾震致書宋光烈，乞哀挽大父興公之辭，擬將交譜挽章匯梓金陵，又寄近刻三種、《大行皇帝挽詞》五紙。

徐鍾震作《寄鄭鴻逵大廷尉》：『辛未冬，老叔榮歸過里門時，小子某獲預台宴……寒門哀祚，家祖又以壬午冬棄世，不肖罪逆，固無所逃。而先君子在淺土，又届廿載。食貧無以窀穸奠營，某自顧真有不可爲子者，且學業庸劣，時命不尤，不知後來究竟何地？西華葛衣，老叔能念之否？存錫叔亦以是秋捐館舍，而舍弟輩貧尤甚。所寄惠三金，即爲埋葬之用。死者有知，應當啣結也。前讀《昨非庵日纂》一書，知老叔存心忠孝，纂輯成書，誠足以訓薄俗而型季世……舍親入賀之便，附候興居，外賦拙詩二章，題之扇頭，并拙刻三册、《大行帝挽詞》二紙呈正。』（《雪樵文集》）

按：安國賢入南京，托附之。詳下條。

本年，徐鍾震致書宋光烈，言興公易簀之時，精神不亂，尚賦《四歌》；乞挽章，不日，亦當彙集成册梓之於金陵。

徐鍾震作《寄宋季玉參軍》：『憶自戊寅歲杪西關餞别，奉違色笑，不覺七易裘葛，而吴航時有去後思，豈真何武所在無恭恭名耶？蓋無霜雪之後，不見陽春也。西川劉浣松先生入閩，承祖臺開同社姓名，而不忘愚叔侄，中情感激，劉公真讀書人，詩酒之餘，無所染指，曾署篆長樂，亦未免仁慈□厚耳。

近遷祁陽令去，行李蕭然，但祁陽殘破之後，未知卧治何似也？近來世局變遷，大足浩嘆，今幸聖主中興，又屬高皇定鼎之地，則漢鄗、南唐靈武之業可兼而有。祖臺爲帝室姻戚，當出而贊勷盛治，且聞新主之極善風雅，以祖臺弘才碩議，拜手揚言，則柏梁之咏可續，能無意乎？某寒門祚薄，先祖以壬午冬棄世。某罪逆固無所逃，所幸者，易簀之時，精神不亂，尚賦四歌，則西天白蓮之説，或可冀其有耳。懇乞仁人長者錫以片言，子孫世世之感。凡在交譜，咸有挽章，不日亦當彙梓金陵，騷壇能爲廣求之，尤感也。兹安藎卿閫帥賫捧之便，附候興居，並拙刻三種、《大行皇帝挽》五紙，亦以見近况只此。而存永叔亦食貧無似，想有札耑候也。臨楮神往。』（《雪樵文集》）

按：宋光烈，字季玉，號山君，定遠（今屬安徽）人。西寧侯之子。崇禎十年（一六三七）官福建都司斷事。有《遠遊篇》。

又按：崇禎十一年戊寅（一六三八），『七易裘葛』，則爲本年。此書與《寄林茂之》同時作，安國賢入南京，托附之。

本年，徐鍾震爲徐道招《征軺雜咏》撰序。

徐鍾震作《〈征軺雜咏〉序》：『新天子慎簡使臣，而嘉禾道招徐先生以名進士首膺是命，不腆閩邦，獲以從事，覺輶軒所至，凡事有關于廢興，地有涉于險阻，其間名碩高人，相與經畫而談、聯袂而遊者，一一寫之篇章，奚囊將滿，乃不鄙山中之野人而問序焉……今燕薊烽烟未寧，聖天子鋭意恢復，大江以南，一民寸土，皆吾皇仁之所。暨先生歸，執是篇致闕下，曰：「閩南鎖鑰依然，民生安堵。」聖天子必怡然色喜，曰：「是真不愧皇華之臣者矣！」』

按：此文言『新天子』，言『鋭意恢復』，言『閫南鎖鑰』，必作於福王在南京建立新政權之初，故繫此文於是年。

本年，徐延壽有詩四首紀明朝覆亡。

徐延壽作《甲申紀事》四首，其一：『驚傳龍去鼎湖初，兵弄潢池犯帝居。血濺手中三尺劍，詔留衣上數行書。遂甘慷慨酬宗社，不肯從容走屬車。主后賓天同一日，更憐無處覓東儲。』其二：『將士如雲盡倒戈，宫門荆棘怨銅駝。九重冠蓋攀髯少，百萬金錢贖命多。故府無人收玉帛，新亭有淚灑山河。從今不上燕臺路，腸斷蕭蕭易水歌。』其三：『中涓誤國滿朝端，寢廟堪悲刼火殘。名士不知羞北面，纍臣相對泣南冠。滹沱鐵騎終興漢，博浪金錘孰報韓。一掬書生幽憤淚，西風吹上劍光寒。』其四：『白晝陰霾恫鬼神，南天草莽泣孤臣。薪當卧處還嘗膽，炭已吞時更漆身。傳檄頻催飛赤羽，請纓争欲破黄巾。過江從此衣冠盛，誰是中流擊楫人。』（《尺木堂集·七言律詩》二）

南明唐王朱聿鍵隆武元年、清順治二年乙酉（一六四五）　殁後三年

曹學佺七十二歲，林古度六十六歲，徐鍾震三十六歲，徐延壽三十二歲

五月，福京破，朱由崧被執。福王朝覆亡。

按：《明史》卷一百二十《諸王·神宗諸子傳》四：『（清兵）五月己丑渡江。辛卯夜，由崧走太平……癸巳，由崧至蕪湖。丙申，大兵至南京城北，文武官出降。丙午，執由崧至南京。』

閏六月，朱聿鍵在福州即帝位，改年號隆武。是爲唐王朝。

按：《明史》卷一百十八《諸王·神宗諸子傳》三：『閏六月丁未，（朱聿健）遂立於福州，號隆武，改福州爲天興府。進芝龍、鴻逵爲侯，封鄭芝豹、鄭彩爲伯，觀生、道周俱大學士，肯堂爲兵部尚書。』

徐鍾震校訂《文昌化書》，並作跋。

徐鍾震作《〈化書〉跋》：『今行在聖主中興，留心黎庶，特簡木天侍從名臣，首及吾師。從容坐論，廣行補救，超苦海而轉輪回，固疆圉而回天意者，其在斯乎？刻成，恭志顛末于左。隆武改元中秋既望，三山徐鍾震沐浴並書。』（《雪樵文集》）

按：『隆武改元』以下十七字稿本無，據馬泰來整理《新輯紅雨樓題記　徐氏家藏書目》補。

又按：《化書》，即《文昌化書》，五卷，明閩中劉以修撰、閩中徐鍾震訂正，隆武二年徐鍾震等刊。

又按：劉以修，字懋卿，號九一，閬中（今屬四川）人。崇禎十三年（一六四〇）進士。南明唐王時任編修。

又按：《思文大紀》卷八：『（隆武二年六月）編修劉以修進《文昌化書》。上曰：「《化書》勸人忠孝，朕甚嘉之。以修生長其鄉，即與門人校定，更當廣布成書，懋厥休嘉，以襄上治。」敕文俟旨行。』同書按語：『以修，字懋卿，號九一，閬中人，庚辰進士。初令福清，調繁閩邑。下車即以《化書》示余，意欲謀所以梓之。余借故家善本，爲之校訂訛謬；並捐微資，合各家助刻者，始克充梨棗之費。若劉公則一意愛民，案牘無事而已。校訂初只立余名，繼則補刻閩中所取士，余亦居其一焉。其詳載余《跋》中。』

又按：《思文大紀》『余《跋》』，即徐鍾震《〈化書〉跋》』。馬泰來先生曰：『（徐鍾震按語）叙此書刊佈經過，確證《思文大紀》作者爲徐鍾震，而非時彦考訂之陳燕翼。』（馬泰來整理《新輯紅雨樓題記　徐氏家藏書目》，第一七八頁）

又按：馬説可從。

本年，南京福王朝破後，徐延壽得錢謙益書，以詩報之，言及徐氏兩世與謙益生死之交。

徐延壽作《亂後得宗伯錢牧齋先生書》：『拂水巖頭别後思，秋風嘗恨雁來遲。交情兩世聯生死，遠道千言説亂離。鼓瑟舊傳錢起咏，和鉛新注杜陵詩。東山賭墅應無恙，總付興亡一局棋。』（《尺木堂集·七言律詩》二）

本年，姻親陳翔卒，徐鍾震爲作祭文。

徐鍾震作《祭陳克理中翰文》：『閩推世閥，司馬名門。惟君挺出，實繁弟昆。棣萼競才，霹靂妙手。量谷若虚，器弘大受。藝林名宿，司空介孫。兩公劍履，萬石淵源。抱素撝謙，視而弗有。秉質樸直，韞性孝友。棘闈得雋，壎箎並鳴。伯也豪爽，冏寺名卿。癸未掄魁，讀書中秘。温飽不求，科名無愧。時值末造，乾坤沸傾。狂奴醜寇，煽處神京。辱及士紳，君節不屈。虎口脱身，歸來憤鬱。金陵繼陷，義氣莫伸。中興有日，病體因循。天不憖遺，二竪侵迫。佳木傾梁，華皖易簀。嗚呼隱痛，君婿予兄。姻親世誼，金石邀盟。交若飲醇，堅如投漆。氣運乘除，乃不可必。邦家瘆瘁，喆人云亡。傷心池草，白髮高堂。壽不配名，位不配德。言念交歡，衷腸淒惻。佳兒膝下，文藻聯翩。作求世德，亶不其然。英雄無年，自古所慨。作賦玉樓，實因才大。荔觴菲薄，杜醑清泠。君靈不昧，鳳駕雲騈。』（《雪樵文集》）

按：陳翔，原名兆相，字克理，長樂人。天啓七年（一六二七）順天中式，崇禎十六年（一六四三）進士，授中書舍人。（民國）《長樂縣志》卷二十六《列傳》六：『時國家多難，大學士黄景昉假歸，翔奉命催起，景昉堅不赴召。得旨，以陳翔奉差不力，該部嚴處。旋闖賊陷京都，翔抗節不屈。備受夾拷。後慟哭南旋，負重傷卒。』其婿爲鍾震族兄。

本年，曾熙丙卒，徐鍾震爲作祭文。

徐鍾震作《祭曾儆玄侍御》：『我公篤生，維嶽降靈。朝稱柱石，鄉切典型。早歲賓王，香生丹桂。楊閣董帷，日析疑義。青氈舊物，喜禄養親。功深多士，師表人倫。才擅烹鮮，名高製錦。東粤馳驅，民碞謹凜。循良奏最，帝曰俞哉！股肱王室，正色蘭臺。眷念舊京，代天巡狩。當道埋輪，豺狼俯首。

澄清激濁，賞善刑淫。委蛇退食，蔽芾棠陰。倏念二人，温清不輟。一疏乞休，保身明哲。帝鑒真實，予告歸來。潘輿日御，萊彩時開。不匱孝思，五十而慕。棋墅優游，千言作賦。伊予朝夕，得締交歡。蘭譜桂籍，邀盟不寒。禄禄親終，宜持繡斧。乃則鴻儀，齋心學古。兒孫玉立，文采聯翩。公勤督課，希邁前賢。兹值中興，冠彈貢禹。耆舊咸徵，公應指數。云胡厭世，倏忽騎箕。山河晝晦，梁木誰支。聞訃涕洟，老成凋謝。逍遥玉京，物齊大化。候當餘月，薄奠椒觴。靈如不昧，享格洋洋。』（《雪樵文集》）

按：儆玄，即儆炫。

又按：曾熙丙爲徐鍾震祖徐燉友。

又按：『兹值中興』，即此歲。熙丙未待徵召，卒。

本年或次年，鄭邦泰（一五七六—？）卒，徐鍾震代人作祭文。

徐鍾震作《祭鄭康玄計部文》：『維公挺生，質性敏異。一目十行，博聞强記。家藏二酉，學富三冬。持身正直，接物謙恭。戊午棘闈，裒然首薦。説詩解頤，申匡再見。予忝同籍，已拜下風。奇文疑義，嘗折融通。偕計南宮，卞璞屢刖。一官屈志，拜命西粵。鬱林載石，清廉與同。疏弊興利，退食從容。變起奴酋，京畿震動。省直勤王，公獨心恫。請纓建議，就道單車。先聲奪氣，虜患遂除。朝的積薪，不膺上賞。循例遷陞，司馬職掌。公志高尚，即賦遂初。優游十畝，南山結廬。賓客過從，蓮社日啓。宗門禪關，各達肯綮。叢林興復，多布金錢。汗牛著述，梨棗雕鐫。聖主龍飛，閩都正位。連茹彈冠，酬公素志。郎曹特簡，奉詔鄰疆。貪廉舉劾，贊翊廟廊。主眷特深，催餉延建。不憚賢勞，馳驅困頓。

方期大用，調佐中興。胡然厭世，失此典型。某等誼切同袍，情同師友。聞訃涕洟，怨將誰咎。公郎嶷岐，青紫繩家。永昌世德，食報無涯。帝念勞臣，恩綸馳贈。德大名高，九原論定。』（《雪樵文集》）

按：鄭康玄，即鄭邦泰，詳萬曆四年（一五七六）。

又按：鄭邦泰年長鍾震三十餘歲，據『予忝同籍，已拜下風』及『情同師友』等語氣，此祭文當代他人作。

南明隆武二年、清順治三年丙戌（一六四六） 殁後四年

曹學佺七十三歲，林古度六十七歲，徐鍾震三十七歲，徐延壽三十三歲

八月，唐王朱聿鍵被執（後死於福州）。唐王朝覆亡。

按：《明史》卷一百十八《諸王·神宗諸子傳》三：『八月，聿鍵出走，數日方至汀州。大兵奄至，從官奔散，與妃曾氏俱被執。妃至九瀧，投於水。聿鍵死於福州。』

九月，十七日，清兵入會城。十八日辰時，曹學佺自縊死。趙珣卒。徐鍾震僑居侯官太平莊，爲太平莊建觀音閣作疏。

按：曹孟喜《曹石倉行述》：『宫保公預知時勢不可爲，語人曰：我守非吾事，如天祚明，則《實録》可就，若不祚明，老臣惟有死而已。豈事二君耶？丙戌九月十七日，清兵入城。宫保公於十八日辰時遂沐浴整衣冠，縊于西峰中堂，時年七十有三。』

又按：許友《趙枝斯〈遺稿〉序》：『丙戌九月，趙君枝斯卒。社人許友捃拾其遺詩，僅得如干篇，將醵金梓之。』（《米有堂文集》）

徐鍾震作《太平莊建觀音閣疏》：『丙戌暮秋，予僑寓太平莊。莊離會城一百二十里而遥，山水清麗，懸崖飛瀑。渡橋而西，有亭翼然，初祀玄武，後延僧功課，供養三寶，此太平庵之所繇名也……象輝又出前歲先大父興建疏文，豈亦機緣有待耶！予念益堅，惟是自顧綿力，不能任重，微有捐輸，亦涓滴無

濟，兼以象輝衣鉢單微，不無望于今日之大德檀那、給孤長者，發慈悲心，行布施事。』（《雪樵文集》）

按：徐燉兩次遊雪峰寺，一在萬曆三十九年（一六一一），一在崇禎三年（一六三〇）。象輝出徐燉所作興建疏文，當作於崇禎三年之行。疏文佚。

又按：數年之後徐鍾震倡修雪峰寺（距太平莊約四十里）大殿，作《雪峰寺重修大殿募緣疏》：『雪峰環控四邑，峭拔萬仞，離會城一百八十里而遥，實遊人杖履之所罕至者也……予以舊歲登是山，見其廢墜者宜修，崩塌者宜舉，鐘磬無音者宜深唪誦。心誠慨之，頗爲捐資修理，且置薄田數畝以爲遊僧往來之費。董其事者上人弘振焉。但屢修屢廢，功名浩繁……兹曉上人西來卓錫，發願重修，意欲復昔日全盛，使寶殿翬飛，表大雄于震旦；祇林鵠立，巍古刹于閩南。誠一大願力也。』（《雪樵文集》）據此《疏》，徐鍾震曾捐田數畝爲雪峰寺往來僧人之費。

本年，清福建巡撫佟國鼐入城，徐鍾震作迎啓，再迎啓。

徐鍾震作《迎佟撫院啓》：『帝念海幫重地，特隆眷顧……海上鯨波蜃市，行見掃穴以黎庭，域中弱蔓疎苕，亦待嘘枯而潤槁。』（《雪樵文集》）

按：佟國鼐，國器兄，遼東（今遼寧東部、南部一帶）人。順治三年（一六四六）任福建巡撫。

徐鍾震又作《又［迎佟撫院］小啓》：『羽儀可則，八州之寒谷生春；節鉞遥臨，三軍之凱歌動地。某牧芻下吏，帖括凡流，望棨戟于雲中；執鞭夙願，盻斗山于堦下。』（《雪樵文集》）

按：曹學佺盡節，不准收屍，清兵盡没其家産圖籍。徐延壽以禁口吞聲、不得抱屍撫棺慟哭爲恨，隱忍至次年正月，移曹學佺柩湖濱，遂迸發長篇一百八十韻，臨哭靈前（詳次年）。鍾震則迎巡撫一迎再迎，迎啓一作再作；壽總督一壽再壽，壽文一作再作，恐爲人之後。叔侄之高下，似判然涇渭。其實並不完全如此，甲申之變，鍾震作《大行皇帝挽詞》五紙，文詞激憤；《閩疆世紀》紀唐王朝，文涉禁忌，有四册之多；《南行集·九哀詩》，哀黄道周，不減延壽一百八十韻。

本年，興公庶配李氏卒。李氏，徐延壽生母。

陳鴻有《挽徐母存永之母》：『昔母侍夫子，淑德滿人口。予忝夫子知，蘭芬附交久。所以識母賢，不減孟陶後。徐悱爲内庭，徐庶爲賢母。母家富書帙，萬卷兒能守。稱觴向花前，准擬爲母壽。胡何逢亂離，母亦遠奔走。行年近古稀，忽爾頽蒲柳。丹旐招靈魂，霜燈照虚牖。不見堂上容，空薦樽中酒。望窮賈閭心，閑却潘輿手。青青萱草庭，但掩蒼苔厚。』（《秋室編》卷二）

按：此詩言咏李氏。李氏卒時不滿七十。『逢亂離』，當在唐王覆亡之年。

本年，陳鴻過宿徐延壽山齋，陳肇曾至，同憶興公。

陳鴻有《夜宿存永山齋，喜磐生至》：『朋侣分飛雁失群，相依意氣就田文。半間廡下應容我，百尺樓中恰遇君。悲喜轉憐萍梗聚，驚疑還怯葉聲聞。孤燈欲盡言難盡，更漏渾忘到夜分。』（《秋室編》卷六）

按：『雁失群』，喻興公之逝。

本年或稍晚，許友曾輯趙珣詩，徐鍾震爲之跋；稍晚，莆口黄玄卿以其所存趙珣詩册示徐鍾震，鍾震與崔五竺、何紉秋同觀，爲作跋。

徐鍾震作《趙枝斯詩册跋》：『枝斯，莆産也。早歲僑寓三山，即類三山人。器宇淳厚，雅擅丹青，尤精于花鳥，以故人無不欲得其片紙隻幀者，枝斯亦多與少拒。且性躭菩薩戒，凡有可以濟人利物之事，無不讚嘆爲之，每以己畫禽鳥數幅易世間生命，數數以爲放生地。噫！用意何懇也！以故人又無不敬愛枝斯之爲人者。至于詩字，咸有象外結構，然不即馳聲藝壇者，爲畫所掩也。枝斯殁後，許子有介輯其遺詩，僅得庚申、辛酉二稿，百有餘篇，亦千百中什一耳。蓋其生平不欲着脚于文字間，故任其散逸而不惜。莆口黄玄卿雅慕枝斯，每有長箋短札相寄，輒什襲藏之，兹裝潢成帙，雖曰珍重遺篇，而生平交誼亦于此可見。予因以重枝斯者重玄卿也。夏日携過山樓，桐陰正緑，睍睆聲繁，盆蘭茗椀之下，聊一披展，不勝情至，竊爲枝斯幸，且册内之詩與前有介所録者毫無一字相同，又竊爲枝斯幸也。敬書數語以歸之。是日，同觀者爲崔子五竺、何子紉秋。』（《雪樵文集》）

按：徐鍾震《趙枝斯詩册跋》，馬泰來整理《新輯紅雨樓題記　徐氏家藏書目》失載。

又按：何紉秋，徐鍾震友。鍾震曾作《何紉秋贊》二首，其一：『人莫不思締交於子，而子偏與我意氣相期。予既拓落于時，而子偏忘予癖性之癡。弟見子神情爽俊，氣度坦夷。胸中朗朗，筆下纚纚。每遇月白風清，霜寒雪凍，輒思與子青燈黄卷，三載聯床對榻時。』其二：『性能邁俗，格已出塵。服習大戴，進退恂恂。昔無慚于叔寶，今再覯乎安仁。較藝談詩，焚香煮茗。予幸披其帷而見其人，若畫師者刻畫雖工，其亦傳其形而未得其神者乎！』（《雪樵文集》）據此，鍾震與何氏往來甚密。

本年，王志道卒，年七十三。

按：《王志道傳》：『丙戌四月卒於家，年七十三。』（〔光緒〕《漳州府志》卷二十九）

順治四年丁亥（一六四七） 殁後五年

林古度六十八歲，徐鍾震三十八歲，徐延壽三十四歲

正月，二十八日，移曹學佺柩湖濱，徐延壽嘔數升血，磨數升墨，作長篇五律哭之。

徐延壽作《大宗伯曹能始先生輓章一百八十韻》，其《序》云：『歲丙戌九月十八日辰時，福京城陷，大宗伯能始曹先生殉節于西峰里第。次歲丁亥正月廿有八日，始移柩湖濱。通家子徐延壽即次拜奠，賦輓章一百八十韻，而且繫之以文，曰：嗚呼！先生死且五月矣。死之時，予小子不得抱尸撫棺而哭，今既得哭矣，又復噤口吞聲而不敢哭。嗚呼！果無敢哭先生耶？予小子嘔數升血，磨數升墨，請數古人之哭而哭先生，可乎？彼夫大道不興，嘉瑞罕覯，魯史筆絶，野獲仁獸，則有宣尼西狩之哭；乞師鄰國，七日嬴廷，雀立不轉，宵號晝吟，則有勃蘇西秦之哭；北海讒收，巢覆卵墜，枕尸赴難，欒布讓義，則有脂習西市之哭；賭墅星隕，零落山丘，心傷舊路，經年不由，則有羊曇西州之哭；酒罏已邈，悲動竹林，既痛山陽之笛，復碎廣陵之琴，則有向秀西鄰之哭；厓門舟溺，龍去不回，化文山之碧血，瘞柴市之殘骸，則有皋羽西臺之哭；乃若過江擊楫，楚囚相對于新亭，南風不勁，杜鵑叫血于天津，則有典午西晋與夫汴宋西京之哭。至于忠臣殉節，國終與終，尺帛繫頸，蹈死雍容，霜飛于六月，日貫乎孤虹，夔魖聞而憤泣，天地爲之怨恫，則今日之于先生也，又不可無西峰之哭。嗚呼！猶是哭也，哀同矣，而事有不同焉；聲同矣，而情有不同焉。何也？哭西狩者，吾道窮也；哭西秦者，仇也；

哭西市者，寃也；哭西周者，恩也；哭西鄰者，友也；哭西臺者，憫忠義也；哭西晋與西京者，望國之故都也；今先生以一人兼之。吾道衍洙泗之源，良史嚴《春秋》之筆，讎不共于戴天，寃不白于身後，寄食門士，盡感恩也。千里炙絮，皆知友也。凛凛忠義，日月皎矣；凄凄故國，荆棘墟矣。是先生以一人之身而備衆古人之哭矣。嗚呼！先生可謂完人矣！予小子欲哭則不敢，欲泣則似婦人，故不得不借古人之哭以哭先生也！』（《尺木堂集·五言排律》）

按：錢謙益《徐存永〈尺木集〉序》：『《哭曹能始》長篇，述陽秋，詢琬琰，富矣哉，古良史也！』（《牧齋有學集》卷十八）

三月，徐延壽同倪范、陳鴻、陳圳、林寵、林匯、鄭遂、孫昭等桑溪禊飲。

徐延壽有《上巳桑溪禊飲，同倪柯古、陳叔度、陳長源、林異卿、林賓王、鄭孝直、孫彦回、器之侄》：『駕言出城郭，遠步東山阿。雙溪此匯合，群岫争嵯峨。佳節届元巳，良遊追永和。祓除祛宿垢，枕藉依平坡。水流曲似篆，瀫皺紋如羅。觴行屢礙石，酒覆幾隨波。坐之本無次，飲者誰更多。飛花舞殘片，喬松亞枯柯。淵魚戲在藻，野鳥鳴插禾。惠風散緑薄，微雨沾青莎。憶昔方童稚，於斯曾嘯歌。重三日再遇，十五年空過。賓朋半凋謝，鬢髮雙婆娑。春色忽又暮，爲歡能幾何。歸歟須潦倒，勖矣毋蹉跎。』（《尺木堂集·五言古詩》）

按：『賓朋半凋謝』，喪亂之後。倪范、陳鴻、陳圳、林寵爲前輩，林匯以下則爲新生代詩人。

又按：上巳，閩中詩人喜修禊於桑溪，最著名的是萬曆三十一年癸卯（一六〇三），詳該歲。延壽參與已不止一回。此後，又有數回，《桑溪禊飲乃第五遊也》（《尺木堂集·五言古詩》），此詩作年俟考，説明已經有五回之多。

陳鴻有《徐存永邀飲桑溪修禊》：『修禊桑溪近，先期出郭行。風光將上巳，雨意亦新晴。散坐依莎軟，流杯拾羽輕。前王遊宴地，因感昔時情。』（《秋室編》卷四）

九月，九日，徐延壽與友人集光禄吟臺。陳鴻等集徐氏風雅堂。徐鍾震代人作總督張存仁壽序。

徐延壽作《九日，集光禄吟臺》：『勝景宜于近處攀，石巖藏在户庭間。茶聲沸雪初生眼，楓葉含霜乍改顔。種樹不餘三尺地，下樓猶剩半簾山。義熙風景依稀似，送酒無人扣竹關。』（《尺木堂集·七言律詩》二）

按：王應山《閩都記》卷六《郡城西南隅》『光禄吟臺』條：『舊號閩山保福寺。後更法祥院，古閩山也。宋建隆三年，鎸觀音像，有刻云：「寺雖新號，山則舊名。」熙寧三年，郡守程師孟過之，鎸「光禄吟臺」四字於石。』

又按：『光禄吟臺』刻石今存。

又按：『義熙風景依稀似』，改朝换代之慨。

陳鴻有《霜月夜集風雅堂》：『霜天偏得酒，月夜正宜詩。衣上凝寒重，簾間度影遲。入床聞蟋蟀，充饌剥蹲鴟。促盡南城漏，談深總不知。』（《秋室編》卷四）

徐鍾震作《賀張捷庵大中丞華誕序》：『遼左張公，奉璽書撫閩，一壹綏和，未匝月百姓歌于途，士紳歡于室，兵戎卒伍安于市……某雖遠處京邑而亟聞公之大有造于閩也……』（《雪樵文集》）

按：張中丞，即張存仁。存仁（？—一六五二），號捷庵，遼陽（今屬遼寧）人。順治三年（一六四六）爲閩浙總督。

又按：存仁生辰爲九月十九日，順治三年（一六四六）九月十七、八日，清兵進入會城，此文言『未匝月』百姓如何如何，可知文不可能作于清兵剛入城之時。鍾震所代者遠在京師，信息傳遞，也不是三兩個月的時間可以完成的。

冬，陳鴻至宛羽樓看梅。

陳鴻有《宛羽樓看梅》：『種得梅花四五株，斜連墻角與庭隅。畫樓漫奏三更笛，金屋深藏十斛珠。風起沾泥香乍落，月來窺檻影同孤。此中似集林逋宅，何必遥尋西子湖。』（《秋室編》卷六）

按：《秋室編》此詩在《丙戌除夕》《二月晦夜作》《九日集孫爾尊河上居》等詩之後，在《人日集沂園》等詩之前，詩當作於是歲。

本年，同安楊宗玉卒，徐延壽有詩輓之。

徐延壽作《輓楊能玄》：『時事傷心不忍言，草茅寧願此身存。秦庭欲學包胥哭，楚些難招屈子魂。天下文章黄絹重，山中事業布衣尊。故人一掬無聲淚，吹入愁雲暗鷺門。』（《尺木堂集·七言律詩》二）

本年，徐鍾震《閩疆世紀》竣事。

按：陳鴻有《徐器之著〈閩疆世紀〉成奉贈》：『編成世紀重閩陬，此日全歸史筆收。似歷山川窮八郡，遂令文獻展千秋。名家不讓揚兼馬，大業還追固與彪。一字豈能增減得，憑君挾向國門遊。』（《秋室編》卷六）

本年或稍後，徐延壽擬元結《春陵行》呈知府馮欽明。徐鍾震爲作像贊。

徐延壽作《擬元次山〈春陵行〉呈馮鴻宗太守》：『生世覯離亂，白晝迷塵氛。干戈本無情，胡爲日紛紜……予聞父老語，目刺心如焚。曲守良不易，治之如絲棼。何以解其愠，舜德歌南薰。重承天子命，願言策奇勳。』（《尺木堂集·五言古詩》）

按：馮鴻宗，即馮欽明。欽明，字鴻宗，長興（今屬浙江）人。崇禎十年（一六三七）進士，入清後首位福州知府。

徐延壽作《擬杜少陵讀元次山〈春陵行〉》：『我生托天地，天地胡不仁。忽降以離亂，使我逢此辰。中原盡雲擾，遍地皆荆榛……采風者誰子，速爲君王陳。昔世盛良吏，俯仰思前人。漢代有馮君，結也堪擬倫。』（《尺木堂集·五言古詩》）

按：此篇似亦呈馮欽明知府而作。

徐鍾震作《馮安世郡公像贊》二首，其二：『吐鳳姿，産茗水。驅熊軾，來閩疆。日委蛇而退食，坐松風之微凉。時濯纓而岸幘，對茗椀以浮香。詩才駸迫李杜，名譽寔縱龔黄。允矣襦袴之載道，宜乎袍易之堆牀。既爲儀而爲羽，還一咏而一觴。人曰非漢之渤海，即晋之南陽；予曰是古之遺愛，乃今之循良。』（《雪樵文集》）

徐鍾震作《馮太守像［贊］》：『典墳騁目，丘壑怡情。遠公蓮社，導師化城。』（《雪樵文集》）

本年，季芷任福州推官，徐鍾震有啓迎之。

徐鍾震作《季推官［啓］》：『金臺高第，玉筍名班。天驥初騰，萬國風聲。』（《雪樵文集》）

按：季芷，號芥庵，江陰（今屬江蘇）人。順治四年（一六四七）進士，授福州推官。

本年或稍後，徐鍾震輯《忠烈傳》並作序。此書爲閩疆唐至明末計一百三人立傳，其中包括新近之黄道周、胡上琛、曹學佺、劉中藻等。

徐鍾震作《〈忠烈考〉序》：『嘗讀《禮》曰：「爲人臣，殺其身有益于君，則爲之。」《傳》曰：「臣竭其股肱之力，加之以忠貞，其濟，則君之靈也；不濟，則以死繼之。」二者寔爲千古忠臣標準，何近代臨患不忘國殺身以成仁者之少概見也。閩僻在海隅，死事之臣，雖未能比烈于逄、比，然人亦自不乏。自唐迄今，計百有三人，或死于封疆，或死于諫諍，或死于韋布諸生。一事之悲憤，一時之激烈，其責任雖不同，其念則未有不出于正而慷慨以趨之者。中如林慎思之不受僞爵而死，劉韐之耻降金人而死，林琦之從文文山事不成而死，高應松之不草降表而死，林空齋之嚙指血題詩于壁而死，陳文龍之繫至杭縊岳廟而死，徐夢發之踞罵仙霞嶺而死，業福之拒守金川門而死，姚銑之不屈土木驛而死，漳郡六生吴性原等之哭舊君于明倫堂械送京師而死，則尤其昭昭表著者。孰謂一死可惜耶？至于近時輔臣黄道周之陷死于婺源，指揮使胡上琛、大宗伯曹學佺之縊死于私室，少司馬劉中藻之起義盡節死于福安，則尤爲烈。雖亦分所當爲，亦各行其志而已。所謂「不濟，以死繼之」者，其此之謂歟！司馬氏嘗言「死有重于泰山，有輕于鴻毛」者，以視古昔諸君子且何如也！若夫可以死而不死，則近于貪生，其名與草木同腐，欲求其昭垂史册，卓犖人寰也難矣！予故嘉其慷慨赴義、時危見節者合而傳之，俾後之君子知所擇焉。』（《雪樵文集》）

按：據此序，參之《閩疆世紀》一書，此《忠烈傳》書名或作《閩疆忠烈傳》。又按：黄道周、胡上琛、曹學佺、劉中藻四人，後死者爲劉中藻。清順治四年（一六四七），中藻於福安抗清戰死。故推斷此文作於是年或稍後。

本年或稍晚，同社鄭賓王卒，徐鍾震爲作祭文。

徐鍾震作《祭鄭賓王文》：『自予輩與威如結社談文，或在丱角之交，或在拜袞之歲也。彼時即知有賓王先生，品行之端方，文辭之典麗也。既而知其藤山發祥，蟬聯乎甲第也。又知其騷壇樹幟，先後淵源之可繼也。先生少而嶷岐，讀等身之書，而業稱乎夙慧也。且温清有節，姜被聯床，而性成乎孝弟也。故吾鄉先正操月旦之王公，而亟擇爲坦腹東床之佳婿也。迨有聲于膠庠，益勤勤于砥礪也。日與司空公叶壎篪稱競爽，而肆力乎文藝也……改革以來，閲歷險巇，先生處置泰然，胸懷而毫無所維繫也。晚歲乃脱謝塵氛，嘯咏浩歌。彌覺老來於詩律細也。且日與二三耆宿偕司空公騁志闔題，花晨月夕，營糟丘以結契也。情既深于山水，服方裁乎薜荔。復爾躭禪悦，習内典，締方外之交以爲丘園之賁也。予輩猶幸瞻望老成人，如靈光巋然，普典刑以昭示也。猶佩服威如文藻炳蔚，如謝朓得父膏腴，體制無所不備也。』（《雪樵文集》）

按：司空公，即賓王之弟鄭瑄。瑄唐王時爲尚書，故云。參見下條。

本年或稍晚，鄭賓王弟鄭瑄宫保卒，徐鍾震爲作祭文。

徐鍾震作《祭鄭如水宫保文》：『藤山鍾靈……捷奏南宫，學深兩戴。粉署含香，天衢振采。迨握麟符，龔黄而在。曰古循良，曰今遺愛。賜金晋秩，列柏乘驄。憲綱凛獨，法曜懸空。惠流南土，聽達宸聰。特簡中臺，豐功偉伐。出鎮姑蘇，躬膺節鉞。攬轡澄清，殲除竊發。戒凛衣袽，嚴明賞罰。留都重地，廷尉稱平。惟公履任，民無冤聲。孝思念動，晝錦旋榮。崔嵬馬鬣，親卜先塋。板蕩乾坤，須臾崩坼。閩海龍飛，重新寶曆。公出輔戴，朝乾夕惕。晉陟司空，旂常載績。帝念勞勩，特進青宫。坐論不名，惟時百工。主臣相得，今古罕同。宸翰玄宴，褒奬攸崇。昊天不造，忽而變革。天之所歸，人亦無榮。惟公戚然，退居山澤。中流爲砥，腐鼠不嚇。垂簾佞佛，閉户埋踪。酒杯茗椀，梵唄晨鐘。便便腹笥，嶽嶽談鋒。天倫可樂，友誼尤濃。世之佇公，百年未邁……胡然厭世，頓離四大。』（《雪樵文集》）

按：鄭瑄生於侯官藤山旺族。此文叙鄭氏出仕，尤其是唐王時期所受禮遇較詳。可補民國蔡人奇《藤山志》卷八《藝文志·鄭瑄傳》之闕。

本年，周亮工擢福建按察使。

按：《（周亮工）年譜》：『丁亥，三十六歲，擢福建按察使……從杉關入閩……十月，抵邵武。』（《賴古堂集》附録）

順治五年戊子（一六四八）　歿後六年

林古度六十九歲，徐鍾震三十九歲，徐延壽三十五歲

夏、秋間，周亮工入省，徐延壽出興公所藏亮工師張民表舊稿相示。周氏盛稱興公交友之道，又稱延壽能讀父書、守父書，真爲詞人子孫。

按：《（周亮工）年譜》：『五月，大兵雲集，路漸通。公始入省受事。』（《賴古堂集》附録）周亮工有《書徐氏所藏張林宗先生舊稿》：『吾師林宗張先生，當丙午時，與三山徐興公定交于白下。明年，吾師返大梁，出此帙貽興公。踰三十年乙亥，此帙蟲蝕蠹朽，興公念吾師生死弗可知，乃重録之，並大書其定交之地、之年於卷端，俾其子孫藏於家。又十四年，戊子，予入閩，吾師既以壬午没于汴水，興公亦久捐館舍。頃晤其嗣君延壽，知予方搜羅吾師遺集，出此帙相示。予雖先得此帙于江右，然讀興公卷端數語，而不勝愧且嘆，曰：「前修之於交遊，慎且重如是哉！今之卓然以風雅自命者，于素所把臂之人唱酬之什，見則欽之，久而忘焉。甚至其人之姓氏已昧，徒使吾友精神所在委之敗篋，豈不悲哉！興公之于吾師，别數十年，相去幾千里，于其一句一字之微，惟恐其滅没弗傳，既重録之，復大書其定交之地、之年于卷端，俾其子孫藏之于家。若予先不得江右本，則張氏著述一綫，賴此不絶矣。興公非以友朋爲性命，能如是哉！」予感其誼，因書此卷末，仍歸延壽。延壽能讀父書，並能悉父之交遊，頃出其先集，則舉而示予曰：「某篇家先生與張先生唱酬之作也。」出此帙，則又曰：「此張先生貽家先生，家先生重録之，俾予小子藏之于家者。」嗟夫！交友得徐先生，詞人之子孫得延壽，庶幾無憾矣！延壽，字存永。』（《賴古堂集》卷二十一）

秋、冬間，徐延壽有詩送陳翰、許珌等北上會試。

徐延壽作《送陳克張會試》《送許天玉、陳佩芳北上》（《尺木堂集·五言律詩》二）。

徐延壽作《鄭圭甫北上》（《尺木堂集·五言律詩》二）。

按：許宗圭，字圭甫，閩縣人。崇禎十五年（一六四二）舉人。入清後任浙江烏程知縣，有《讀史卮言》《山圍堂集》。

徐延壽作《何紉秋北上》（《尺木堂集·五言律詩》二）。

本年，徐延壽有詩贈曹學佺二弟長生。

徐延壽有《贈曹長生》：『鄴下多才子，君名伯仲間。逐年添白髮，終日對青山。酒伴眠花市，書聲出竹灣。如今塵世裏，惟見一人閑。』（《尺木堂集·五言律詩》二）

按：鄴下伯仲，指曹學佺、曹長生。

本年，徐鍾震代人爲總督張存仁作壽序。

徐鍾震作《壽張中丞序》：『大中丞捷庵張公，節鎮閩土已二年矣……公遼左世家，龍興應運，初爲州別駕，即著賢能聲，繼而爲良二千石，廉名大著于黄山白嶽間，又繼爲兩浙糧儲，不朞月而給軍國重需，去乾没積弊若此……』（《雪樵文集》）

又按：張存仁鎮閩二年，是年即順治五年（一六四八）。

又按：此文當代人作。

本年或稍後，周亮工與徐鍾震論詩，以爲徐熥選詩失之嚴，曹學佺選明詩失之寬。徐鍾震有書致周亮工，言及己所著《海濱》爲順治二年（一六四五）以後事，未敢卒業，恐犯時禁耳，以原稿四册贈予亮工；又言撰《閩疆八考》附於其後，考别考證：忠烈、著作、山川、水道、風俗、琉球、防倭、食貨。以爲著述爲一生精神所注。

徐鍾震作《復周元亮憲長》：『詩箋之惠，盥薇靄跪讀，聲出金石，真可爲後進指南也。謝謝！敝鄉近日談詩者多出旁門，求新者，不無詭于正法；守法者，又苦於無奇想法眼，所當洞矚也。《晉安風雅》之選，先幔亭失之嚴，曹先生失之寬，誠爲確論。倘得邀名公秉筆，寬嚴去取之間，爲敝郡鷄壇生色，某願載筆札以供役也。願之、望之。《世紀》之纂，乃去歲愁苦中所爲，蓋志乘於漢唐舊事多軼，某故詳之於近時；紀載多缺，某故補之。若乙酉以後事，亦《海濱》所創見者，某則另爲一編，未敢卒業，恐犯時禁耳。久欲呈覽，求玄宴先生片言以爲重，然又自揣見識寡陋，於著作之林未窺一斑，安敢浪稱載筆，故又中止。然欲效古人户外遥擲，又不能承師臺索觀，無可匿醜矣。敬賫原稿四册呈上。師臺公餘暇晷，能爲某删削之，何如？某尚纂有《閩疆八考》，欲附其後，如「忠烈」「著作」「山川」「水道」「風俗」「琉球」「防倭」「食貨」，諸便於觀者。蓋忠烈爲古今間氣所生，或守封疆，或堅志操，雖微必録，以愧末世之苟且偷生者。而著述則爲其人一生精神所注，良工心苦，其書或傳或不傳，其姓氏安可軼也。尚容録出就正。臨楮曷任主臣。』（《雪樵文集》）

又按：周亮工（一六一二—一六七二），字元亮，號櫟園，又號減齋，河南開封人。崇禎十三年（一六四〇)進士。有《賴古堂集》。順治四年(一六四七),亮工爲福建按察使,次歲抵達福州。

又按:《海濱》,疑即《閩疆世紀》。

又按:《閩疆八考》,共八篇文章,今存,見《雪樵文集》。

又按:此書對亮工言忠烈,似看錯了對象。

本年,徐鍾震代人爲閩縣知縣作壽序。

徐鍾震作《壽養孺劉邑侯序代》:『養孺劉侯,以進士高第蒞是邑。時海上陸梁,山寇響應,幾有内潰之虞,雖再經王師戡定,然小民凋敝不存……閩士稍定,首檄較士,戊子棘闈中,所識拔多名下士……仲秋晦前一日,爲懸弧辰,部下諸生庇宇忘寒,思所以報侯德者,緘書丐予言,爲侯進一觴。予節鎮江南,曾挹侯芝眉,心儀久之。』(《雪樵文集》)

按:劉惠恒,字子迪,號養孺,無錫(今屬江蘇)人。順治四年(一六四七)進士,授閩縣知縣。好宋儒語録,素仰高攀龍。

本年,陳衎卒。徐鍾震爲作祭文。周亮工爲陳衎撰《墓誌》並詩,言及興公;徐延壽有詩紀其事。

徐鍾震作《合祭陳磐生文》:『季世倫薄,末俗因循。文章氣節,久無完人。惟翁挺生,淑慎其身。漁獵百氏,取則先民。文繼周秦,詩繩漢魏。正者爲經,奇者爲緯。宇宙遨遊,聲名炳蔚。廟廊之資,湖海之氣。大參光禄,五世苦吟。翁步祖武,驊騮駸駸。士賦《不遇》,載賡其音。伏櫪擊唾,暫處山林。米家盈船,鄴侯滿架。鑒賞丹鉛,優游銷暇。集名「大江」,千里一瀉。雜著支流,鷄林長價。新朝改革,應運而興。攀鱗附翼,勢若騫騰。儒官初拜,多士從繩。驅車嶺表,其聲錚鍧。當事憐才,謂可大受。蓮幕風吹，談心握手。合浦岩郡，非人莫守。暫以相煩，召君不久。翁躭經術，下車撫綏。恤其疾苦，慰其流離。戴星出入，佐郡稱慈。鄰疆啓釁，嘯聚潢池。翁獨毅然，戰守晝策。民心既堅，腐鼠不嚇。五月受圍，兵少主客。内少糗糧，外乏矢石。翁志匪懈，耿耿孤忠。遠巡自許，寧瘁此躬。勢窮力盡，邑破城空。威武不屈，獨惟我翁。不負封疆，不負知己。生平所學，於斯見矣。氣植綱常，名標青史。所謂完人，翁嗣其美。山頹未壞，典型云亡。騷壇寂莫，世界淒凉。秋風蕭肅，秋葉殞黄。忠魂如在，亨格洋洋。』（《雪樵文集》）

徐延壽作《周元亮先生爲陳磐生郡丞譔墓誌，中言及先人感賦》二首，其一：『嶺外廉稱郡大夫，孤城力盡願捐軀。墓門此日題司馬，史筆他年借董狐。骨返故山人似玉，魂招合浦淚成珠。布衣得附清雲士，華袞能當一字無？』其二：『從來諛墓重文章，我讀文章益自傷。郭璞術難謀一穴，曼卿貧未舉三喪。九泉知己謬同漆，幾載同心露與霜。何日要離得相傍，梨花寒食伴淒凉。』（《尺木堂集·七言律詩》二）

按：周亮工《陳磐生郡丞墓誌》今未見。

又按：徐延壽此詩前一首《咏十三竿竹》有云『種處偏逢是閏年』，本年閏年。

周亮工有《哭陳磐生》四首，其一：『何因草草出，辛苦死微官。老至饑驅易，時危户閉難。鬚眉秋月迥，詞賦大江寒。一面由來昧，無端淚不乾。公集名《大江草堂》。』其二：『昨見群公子，文章盡大家。詩能傳五葉，筆已秀三花。共嘆廉州遠，猶傳道履嘉。何來深夜信，容易死天涯。磐生佐郡廉州，城陷，死。』其三：『幼在秣陵日，聞君賦遠遊。暇心開麗矚，遠致越前修。龍樹心無累，鷄林句尚留。琵琶圖上客，入夜泣啾啾。公小像，作抱月懷風狀。』其四：『硯耕多秀業，錦字重三吳。好事傳佳客，攢眉咏老儒。物疏雙眼闊，道廣衆心輸。銀管新花燦，誰還合浦珠。公有《嘉客傳》《老儒咏》；公《雷廉稿》弗傳。』（《賴古堂集》卷三）

本年，錢謙益讀徐𤊹所作《林初文傳》，盛讚之。

錢謙益《觀閩中林初文孝廉畫像讀徐興公傳書斷句詩二首示其子遺民古度》，其一：『抗疏捐軀世所瞻，裳衣戍削貌清嚴。可知酹古陳同甫，應有承家鄭所南。』其二：『文甫爲人陳亮是，興公作傳水心同。永康不死臨安在，千古江潮恨朔風。』（《有學集》卷一）

按：《有學集》録乙酉至戊子詩。此詩前有《次韻林茂之戊子中秋白門寓舍待月之作》，知此詩作于本年。

本年，陳鴻卒，年七十二。徐延壽董詩人陳鴻、趙璧合葬事。

徐延壽作《哭陳叔度山人》：『布衣窮到老，心力盡于詩。亂世不如死，苦吟徒爾爲。魂歸秋一室，淚落雨千絲。竹屋誰相過，傷心夜話時。』（《尺木堂集·五言律詩》二）

周亮工《閩小紀》卷二：『侯官陳鴻，字叔度，家貧，無人物色之。能始石倉園在洪塘中，有淼閣，集諸同人爲詩。叔度有「一山在水次，終日有泉聲」句，能始嘆賞，爲之延譽，因即以石倉爲居停，名其詩曰《秋室篇》，取李長吉「秋室之中無俗聲」也。丙戌之變，能始殉節，叔度年七十二，不能自存，以貧病死。無子，不能葬。戊子予入閩時，客以其詩來，予悲其藁露，謂客曰：「余任其葬事，子當爲刻其詩集。」因助以金，浼諸生徐存永董其事。先是，莆田布衣趙十五，名璧，亦工詩，善作畫，所爲枯木竹石類，閩人珍之，然性孤僻，不多爲人作，惟山房寺壁，則淋漓潑墨，與叔度先後死，亦不能葬。徐存永因舉十五之棺，與叔度合墓於小西湖之側，余爲書碑曰「明詩人陳叔度趙十五合墓」。客刻叔度集，予爲之序，板式精好，傳之南中，莫不知閩有陳叔度矣。十五不多爲詩，無傳者。』

按：此條又見周亮工《因樹屋書影》卷四。

又按：徐𤊹《陳軒伯像贊》：『負七尺之軀，烱雙眸其若珠，耻爲章句之儒。堂堂哉美丈夫！食貧也，及能好客；嗜學也，又善操觚。近時風雅之盛，首屈指閩都。君直繼其遺響，而得其膏腴。古所謂托末契于後生者，其在斯人也歟！』（《文集》册十二，《上圖稿本》第四五册，第二八八頁）

又按：興公卒於崇禎十五年（一六四二），此文定作於其前，作年不詳，觀其『後生』之語，至晚，陳鴻當在壯年。

順治六年己丑（一六四九） 歿後七年

林古度七十歲，徐鍾震四十歲，徐延壽三十六歲

五月，徐鍾震病疥，撰憫志之賦。

徐鍾震作《憫志賦》，其《序》云：『己丑夏五，予以疥疾弗瘥，困頓一室。不特形骸之枯槁，抑且神理之弗親。舉目炎凉之態，居恒困鬱之懷，交集于胸中也。磊魂無酒，可消陶泓；賴爾濡墨，命名「憫志」。不特憫其志，蓋憫其遇、憫其時也。』《賦》略云：『鹿逐中原之墟兮，龍戰玄黄之血。鼎取新而革去故兮，遯可嘉而豫介石。裂冠裳于寥廓兮，睹四維之缺折。俟人事之河清兮，置我躬而弗閱。恨拂鬱之情懷兮，爲衣食所羈紲。進不能效洛陽之炙手兮，退不能學袁安之卧雪。徒浮沉於人間兮，緬世塗之巇嶮。才雖具有短長兮，術寔别其工拙。望墻前之尺地兮，冀吐氣而揚眉。剩桑間之十畝兮，誰止渴以療飢。孤易傷而貧易感兮，氣易激而情易悲。外瞻惻惻，内治孜孜，理嚴「三畏」，歌續《五噫》。呼牛呼馬，爲雄爲雌。鴻鵠有志，燕雀安知。年冉冉而將去兮，情忽忽而不歡。』（《雪樵文集》）

按：此賦雖名『憫志』，實爲『憫遇』『憫時』。

十月，徐延壽往遊吴越，與陳濬同行。别許友、張長林、周嬰、陳肇曾、安國賢、陳龍季、倪其三、崔嵸；林寵、許友等送至白沙，别去。經黄田、尤溪口、建州、羅灘，至浦城。遊越王臺、天心寺。度梨嶺。

徐延壽作《和許有介送别韻》：『不避風霜苦，飢來迫我行。群居招謗易，高舉覺身輕。飛向何天去，

心隨此月明。盧前與王後，應愧附齊名。』(《尺木堂集·五言律詩》一)

徐延壽作《別莆陽張林長》(《尺木堂集·五言律詩》一)。

徐延壽作《別陳永叔》(《尺木堂集·五言律詩》一)。

按：陳永叔，即陳綸。綸，字永叔，陳衎三子，閩縣人。

徐延壽作《別周方叔大令》：『半洲寒水易斜曛，行子遊踪逐片雲。一諾許人無季布，幾家養士有田文。馬嘶款段當壚別，鳥喚鈎輈過嶺開。却羨門前餘五柳，先生原是晉徵君。』(《尺木堂集·七言律詩》二)

按：周嬰入清不仕。

徐延壽作《別陳昌箕孝廉》《別安藎卿將軍》(《尺木堂集·七言律詩》二)。

徐延壽作《別陳龍季，時與其仲氏同行》：『五噫歌罷事行遊，短髮蕭騷不耐秋。仲也可懷同遠道，悲兮爲別上孤舟。草枯越嶺霜前路，楓冷吴江水畔樓。知爾停雲情獨切，衣單不爲一人愁。』(《尺木堂集·七言律詩》二)

按：陳龍季，即陳潤。潤，字龍季，陳衎四子，閩縣人。

又按：仲氏，即陳濬。濬，字開仲，陳衎次子。

徐延壽作《別倪箕三》：『三溪到海共朝宗，水落灘高值早冬。』(《尺木堂集·七言律詩》二)

徐延壽作《別崔殿生》(《尺木堂集·七言律詩》二)。

徐延壽作《白沙夜別異卿、阿靈、有介、亦尼、龍季諸子》《黄田雨泊》《尤溪口月下觀習射》《過建州》

《泛舟夜雨》《三過羅灘拜昭諫先生》《觀前旅夜》（《尺木堂集·五言律詩》一）。

徐延壽作《至柘浦晤潘雪生、梅其友于溪上》：『一棹冬深冒雪催，前溪喜見故人來。』（《尺木堂集·七言律詩》二）

按：潘雪生、梅其友，浦城人。梅其友，或即梅其有。詳下。

徐延壽作《柘浦飲龔華茂廣文學舍》（《尺木堂集·五言律詩》一）。

按：龔五韺（？——一六五三），字華茂，仁和（今浙江杭州）人。貢生，順治三年（一六四六）爲浦城廣文，順治七年（一六五〇）爲順昌知縣。

又按：徐鍾震《合祭順昌令華茂龔先生文》：『自丙戌之歲，先生伏榮入閩也，正值乎鼎革之區。彼時聲教未彰，人文少鬱，扶衰起弊之責，端有籍于醇儒，當事僉以柘浦爲上游重地，振聾醒瞶，宜首簡先生以一其趨，先生亦不辭。』（《雪樵文集》）

徐延壽作《浦城同潘雪生、梅其有遊天心寺》（《尺木堂集·五言律詩》一）。

又按：（康熙）《建寧府志》卷十六《寺觀》『天心寺』條：『舊在（浦城）縣治北隅皇華山之麓。宋開寶八年建……崇禎初，僧道洹弘敞山門，堂廡頗備，叢林規範。』

徐延壽作《贈李文素將軍》：『夢筆峰頭夜枕戈，柳營分鎮古山河。』（《尺木堂集·七言律詩》二）

按：李賢《大明一統志》卷七十六《福建·建寧府》『夢筆山』條：『在浦城縣西北上相里。相傳梁江淹爲吴興令，夢神人授筆於此，故名。又以山在環嶂之間，挺然孤立，名孤山。』

徐延壽作《登浦城越王臺，呈李守一令君》（《尺木堂集·七言律詩》二）。

按：李賢《大明一統志》卷七十六《福建·建寧府》『越王山』條：『在浦城縣東。舊傳越王於此築臺爲烽堠。』

又按：李守一令君，即李本逵。本逵，字守一，大興（今北京大興區）人。貢士。順治十年（一六五三）任浦城知縣。

徐延壽作《度梨領》《贈查伊璜孝廉》（《尺木堂集·七言律詩》二）。

十一月，徐延壽與陳濬過衢州，訪徐國珩。到杭州，與顧霖調、汪汝謙、柴雲倩開社湖舫。與陳濬經崇德縣，至蘇州，遊虎丘。訪林若撫，又於吴伯明席上與林雲鳳酌，世事變遷之後，父興公舊友今存者無幾人。又於吴門逢許珌；許友有詩送之往金陵。與陳濬、許珌同往無錫；又經江陰、丹陽至鎮江，登金山、北固山，遊甘露寺。

徐延壽作《三衢訪鳴玉宗兄》：『吾家有才士，自昔稱賢豪。文章倒危峽，意氣崩秋濤。爲别五六載，夜夢常勞勞。兹行歲云暮，艤櫂江之皋……相留話今古，剖甕傾濁醪。壘塊消不盡，更啜漓與糟。酒罷爲予語，吐論恒牢騷。聶政身尚在，有母春秋高。黄金結客盡，床頭惟佩刀。世間失意事，事事皆吾曹。始知顛沛後，亦不喪所操。曰予貧且賤，湖海嘗遊遨。一揖出門去，西風吹布袍。』（《尺木堂集·五言古詩》）

按：崇禎十一年（一六三八），延壽隨父興公訪徐國珩。詳該年。

又按：此詩表露了徐延壽的節操觀。

徐延壽作《陸驤武奔喪歸武林》《顧霖調、汪然明、柴雲倩開社湖舫》（《尺木堂集·七言律詩》二）。

徐延壽作《崇德訪吴子虎留同陸麗京、陳開仲》：『亂後逢人少，寒城艤棹過。舊衣荷葉在，敗楮藥香多。』（《尺木堂集·五言律詩》一）

按：崇德，今浙江桐鄉市崇福鎮。

徐延壽作《虎丘》（《尺木堂集·五言律詩》一）。

徐延壽作《吴門重晤林若撫，時移居孫武橋》：『陸地仙翁老鶡冠，青溪垂釣可盤桓。一從避世移家去，三度尋君見面難。橋畔宅鄰孫武舊，卷中詩比孟郊寒。醉留十日連床話，遊子歸心暫放寬。』（《尺木堂集·七言律詩》二）

按：崇禎十一年（一六三八），徐延壽隨興公過吴門訪林若撫，與之於敗肆中得《書林外集》。

徐延壽作《訪吴伯明留同林若撫酌》：『虎丘西畔認柴門，少別千年事變翻。壇坫昔多先子友，江湖今有幾人存。横襟論史悲前代，貰酒呼童過别村。愁絶孤舟寒夜客，鄰鐘相送月黄昏。』（《尺木堂集·七言律詩》二）

徐延壽作《吴門逢許天玉》：『俱是殊方客，吴霜悴旅顔……美遊毋久戀，期爾及春還。』（《尺木堂集·五言律詩》一）

按：許珌（一六一四—一六七二），字天玉，一字星庭，號鐵堂，别號天海山人，侯官人。康熙初任安定（今甘肅定西）知縣。有《鐵堂詩草》《品月堂集》。

許珌有《吴門送陳開仲、徐存永之白下》：『信美非吾土，如何輕去鄉。故知無盜賊，大半在風霜。歌入吴關壯，思同楚水長。秣陵才子地，到日有文章。』（《鐵堂詩草》卷上）

徐延壽作《無錫與許天玉開仲舟中小酌》(《尺木堂集·五言律詩》一)。

徐延壽作《看吴季子墓道》(《尺木堂集·五言律詩》一)。

按:李賢《大明一統志》卷十《常州府》『季札墓』條:『在江陰縣申浦南,距武進縣七十里。昔孔子爲題其碑曰:「嗚呼,有吴延陵季子之墓。」歲久湮没。』

徐延壽作《登金山》(《尺木堂集·五言律詩》一)。

徐延壽作《登北固山》《甘露寺》《暮過燕子磯》(《尺木堂集·七言律詩》二)。

十一、十二月間,徐延壽在金陵,林古度贈詩,答之。飲孫魯望齋,有詩贈故建陽知縣黄國琦,又有詩贈永泰黄文焕;過燕子磯,登雨花臺、高座寺;結識紀映鍾。訪顧夢游,不遇。

徐延壽作《答林茂之》:『避世墻東林處士,老眼看人如霧裏。再拜床前問起居,始知我是通家子。憶昔先生還故鄉,予初弱冠情疎狂。辟咡嘗承長者教,追隨不離嚴君傍。嚴君埋骨今已久,惟有先生稱執友。梓里暌違十六秋,鄉音久絶兵戈後。兹到烏衣小巷邊,靈光矍鑠方巍然。破屋三間書萬卷,老來貧况仍如前。一見殷勤詢舊侣,大半知交瘗黄土。忽然口噤不得言,雙淚龍鍾落如雨。滿目桑田安忍論,石倉地下招忠魂。春風痛哭西州路,夜月傷心北海樽。匆匆未盡平生話,坐到窗西夕陽下。賤子行隨江上雲,僕夫已整門前駕。哽咽將離意莫舒,牽衣細囑還躊躇。如今世亂將何往,宜蚤歸家讀父書。』(《尺木堂集·七言古詩》)

按:崇禎七年(一六三四),林古度返閩,至今十六年,時延壽年二十一,正值弱冠之時,知此詩作於是歲。臨別,古度囑延壽,如今世亂,早日歸家讀父書。

徐延壽作《金陵飲孫魯望齋居，同張文寺闞筏兄弟》（《尺木堂集·五言律詩》一）。

按：徐延壽作《贈紀伯紫次談長益韻》：『別君十載雨花臺。』（《尺木堂集·七言律詩》三）

又按：《贈紀伯紫次談長益韻》作於順治十五年（一六五八），逆推『十載』，即是歲。

又按：紀映鍾（一六〇九—一六八一），字伯紫，又作伯子、蘗子，號戇叟，自稱鍾山逸老，上元（今南京）人。崇禎間主金陵復社。明亡，客於龔鼎孳處十年。有《戇叟詩鈔》。

徐延壽作《登雨花臺》：『雨天花氣冷，霜地酒痕消。』（《尺木堂集·五言律詩》一）

徐延壽作《高座寺》（《尺木堂集·五言律詩》一）。

徐延壽作《訪黄俞邰千頃齋》：『建業彩居不記春，風流何異晋遺民。六朝舊事懷千載，萬卷奇書衛一身。雖産同鄉居異地，互相垂淚説先人。家聲繼述君無忝，我獨支離愧荷新。』（《尺木堂集·七言律詩》二）

按：黄虞稷（一六二九—一六九一），字俞邰，居中子，晋江人，居金陵。七歲能詩，十六歲入縣學，博洽群書，學問淵博，文章雅健。晚歲，招入翰林院。居中藏書甚富，著有《千頃齋藏書目録》六卷，虞稷在此基礎上著《千頃堂書目》三十二卷。

又按：居中曾爲興公刻《筆精》，延壽叙兩代情誼，徐家境大不如黄。

徐延壽作《金陵曉望》：『萬井寒烟暗古丘，霜鐘已斷景陽樓。』（《尺木堂集·七言律詩》二）

徐延壽作《贈黄石公給諫》：『至今客過潭陽路，丹甑長歌邑吏貧。』（《尺木堂集·七言律詩》二）

按：黄石公，即黄國琦。曾符建陽知縣。詳崇禎十二年（一六三九）。

徐延壽作《贈黄維章太史》(《尺木堂集·七言律詩》二)。

按：黄文焕(一五九五—一六六四)，字維(一作惟)章，一字坤五、坤武、昆五，永福(今福建永泰)人。天啓五年(一六二五)進士。海陽、番禺、山陽知縣。崇禎中擢翰林，官至中允。有《赭留集》《楚辭聽直》。

徐延壽作《訪顧與治，不遇》：『昔歲君遊閩，先人正含殮。君來痛撫棺，執手相慰唁。始知蘭茝盟，金石同不變。一死與一生，交情兹乃見……遊子促渡江，欲别猶繾綣。尺素道相思，春風如對面。』(《尺木堂集·五言古詩》)

按：興公卒，顧夢游自泉州至會城，臨哭，作《哭興公》六首。詳崇禎十五年(一六四二)。

又按：『渡江』，往江北揚州。

十二月，徐延壽與陳濬客周亮工邸中，亮工北上，送邗溝而别。在維揚，同陳濬守歲。

徐延壽作《送方伯周元亮先生北上，至邗溝而别》：『題詩隨處乞花箋，客邸三回見月圓。野店談心燈下酒，沙村問字柳邊船。今宵炕火寒誰共，前路河冰凍已堅。相送江南渡江北，尚馳魂夢到幽燕。』(《尺木堂集·七言律詩》二)

按：《(周亮工)年譜》：『己丑，三十八歲……奉委代覲赴京，道過白下，視太封公及朱太淑人。』(《賴古堂集》附録)

又按：周亮工《陳開仲至》自注：『陳開仲、徐存永，己丑冬從予遊秣陵。』

徐延壽作《淮上送閔宫用再入閩中》《贈祁止祥吏部》(《尺木堂集·七言律詩》二)。

徐延壽作《維揚同陳開仲守歲》：『孤館燈前話，途窮歲亦窮。家將三月別，愁與兩人同。』（《尺木堂集·五言律詩》）

按：前一詩云『客邸三回見月圓』，此詩云『家將三月別』，可證徐延壽與陳濬十月初去閩出遊。

是歲前後，徐鍾震爲林須庵詩撰序，言其家世每從曹學佺、陳鴻先輩，以爲法爲先，才次之，學問又次之。

徐鍾震作《林須庵詩序》：『詩道法爲先，才次之，學問又次之。使有才而無法，則必流於野鄙；有學問而無法，則必流于堆積。予家世言詩每從曹能始、陳叔度諸先輩後，輒以爲法之不可失也。里中有林須庵氏稱能詩，刻已成秩，春首見投……惜不令先大父與能始宗伯見之，其贊賞意度於長源耶！須庵從此工日進，日益有名，自前無魏晋、三唐，又何論琅玡、歷下、公安、景陵諸君子。世之恃才、恃學問以傲睨人群者，予請舉須庵以敵之。』（《雪樵文集》）

按：此序云可惜興公、曹學佺未能見到《須庵集》，文必作於曹學佺卒後。暫繫於此。

是歲，徐鍾震爲福州司理季芷撰壽文。

徐鍾震作《壽季司理文》：『芥庵季公之理閩郡已三載于茲矣……杪秋朔旦三爲公攬揆辰，前此所以致祝者，爲公有寬仁平恕之政；而今復爲致祝者，爲公行政寔有寬仁平恕之效也……公以名進士起家，釋褐即來理閩郡。』（《雪樵文集》）

按：季芷自順治四年（一六四七）任福州推官起，至今三年。

又按：前兩年亦有壽文，據此文口氣，壽文似同一人作，也即鍾震作。

徐鍾震作《季芥庵司理贊》：『藹如冬日，坐擁春風。公餘退食，句冷江楓。相賞松石，托意攸同。一編研露，萬象無窮。名馳域外，澤浹閩中。神駒繞膝，毛羽豐隆。維橋與梓，如瞻岱嵩。淵衷美度，啓我重蒙。』（《雪樵文集》）

按：此贊當前後作，附繫於此。

是歲或稍晚，陳肇曾作《秋興》八首，徐鍾震、黃雪洲和之，彙刻成帙，鍾震爲作《小引》。

徐鍾震作《〈秋興和韻〉小引》：『同社陳昌箕鬱鬱不得志，秋日郊居，始爲是篇……命奚奴持至，索予和，亦自矜其韻險也。天都黃雪洲先生初入社，雅與予善，予持以質之，亟擊節嘆賞，曰：「今日佶曲聱牙，安得聞此正始！」和之如其數。韻愈險而思愈工，思愈工而神理愈光，芒而不可遏。合而讀之，各闢其堂，各建其鼓旂，各暢其意旨。然而，皆不詭于古人之法者，觸目鏗鏘，令人如行山陰道上，又何第其高下而輕肆雌黃也哉！刻成，漫爲叙述其倡和始末如此，以見雪洲先生垂老而吟興不倦，且與予社有針芥之投、同聲之合也已。』（《雪樵文集》）

按：黃雪洲，天都（今安徽黃山）人。持五之父。持五，順治六年（一六四九）爲閩都閫，雪洲當於此時就入閩。

又按：徐鍾震又有《黃雪洲先生贊》：『謙和外挹，正直内秉。蘭薄芬芳，藝壇馳騁。誦讀書已等身，抄寫手無停穎。媲湖海之元龍，擬孤山之和靖。痼疾屢訂烟霞，佳思巧收藻荇。老而好學，性愛閒静。晚更躭詩，法尤嚴整。才名久擅士無雙，識度依然波萬頃。不徒聞人善而極口讚揚，即至聞人惡而實心察省。是真不肯隨人呼拜，阿譽違心，以終南捷徑爲僥倖者乎！』（《雪樵

文集》）

本年或稍晚，徐鍾震爲黄持五撰贊，又代林寵作。

徐鍾震作《黄西源贊》：『其神豪爽，其貌魁梧，文也兼武。智兮若愚識遍天下，英傑名已冠于天都。覽盡寰中丘壑，胸更飽乎陰符。周人之私，濟人之急，真不愧于昂藏之丈夫！至相對如飲，醇其汪汪千頃黄叔度之爲人乎！』（《雪樵文集》）

徐鍾震又作《西源禪裝再贊》、《黄西源贊代異卿》（《雪樵文集》）。

按：黄持五，字若愚，别號西源，雪洲子，天都（今安徽黄山）人，居淮上。

順治七年庚寅（一六五〇） 歿後八年

林古度七十一歲，徐鍾震四十一歲，徐延壽三十七歲

正月，徐延壽在揚州。

徐延壽作《揚州看迎春》（《尺木堂集·七言律詩》二）。

徐延壽作《揚州元夕曲》七首、《揚州書所見》（《尺木堂集·七言絶句》）。

徐延壽作《贈新安程子卿》：『相訪邗溝上，瓊花開未曾。』（《尺木堂集·五言律詩》一）

二月，張穉恭招飲徐延壽、陳濬等。

徐延壽作《秦中張穉恭進士招飲，同西蜀柳鳳詹開府、長沙趙洞門中丞、薊北龔古公户曹、合肥龔孝升太常、晋中席覺海節推、新安程穆倩、吴園[次]及陳開仲分賦》：『節屆花朝雪乍晴，當筵遊子送將行。』（《尺木堂集·七言律詩》二）

徐延壽作《過程穆倩載梅舫》《次韻贈吴園次》（《尺木堂集·七言律詩》二）。

二、三月間，徐延壽南歸，渡揚子江。徐延壽重過虞山訪錢謙益，陳濬同行，憶崇禎十二年（一六三九）隨父訪虞山情景；謙益問及興公之逝。錢牧齋先生招飲，與陳濬觀劇。又訪毛晋。經崑山至嘉定縣，哭龔智淵、張介止二孝廉，卧病僧舍。徐延壽同陳濬過杭州，重晤張墉，訪張遂辰，有詩紀其事。

徐延壽作《贈李小有大令》《南歸，渡揚子》（《尺木堂集·七言律詩》二）。

徐延壽作《儀真風雨渡江》(《尺木堂集・七言絶句》)。

按：順治十三年(一六五六)，徐鍾震有《望儀真》。

徐延壽作《再過虞山訪錢牧齋先生半野堂》：『小子將軍(按：當作車)十二年，回思往事淚潸然。常懷拂水塵中榻，重泛昆湖雪後船。酒瀉百壺花月夜，堂分半野麥秋天。悲歡執手頻相慰，一路山川可似前。』(《尺木堂集・七言律詩》二)

按：興公携徐延壽訪錢謙益，在崇禎十二年(一六三九)，迄今十二年。

又按：徐延壽又有《三過虞山訪錢牧齋先生》(《尺木堂集・五言古詩》)。參見順治十六年己亥(一六五九)。

錢謙益有《閩中徐存永、陳開仲亂後過訪，各有詩見贈，次韻奉答四首》其一：『拂水分携手共招，依然陳跡已前朝。空傳父老摩銅狄，無復宫人記洞簫。攬鏡頭憎三寸幘，看花眼詑一重綃。憑君話我餘生在，萬事叢殘爲領腰。』其二：『休嗟小别似千年，坐膝將車事顯然。契闊共循頭上髮，延緣猶記葦間船。高人有福先歸地，野老無謀但詛天。最是臨分多苦語，相期把卷白雲邊。存永侍其尊人興公訪余拂水，屈指十二年矣。興公别時有山中讀書之約。右答徐。』(《牧齋有學集》卷二)

按：據錢謙益此二詩，延壽所作也有二首。錢氏第二首所答即上引那首。

又按：錢謙益答陳濬二首略。

徐延壽作《錢牧齋先生招飲，同劉雪舫小侯，林若撫、陳開仲觀演劇》：『句傳湘瑟奏雲和，屢舞狂吟飲叵羅。許史當筵悲故國，伊凉變調按新歌。隱招虞仲山如舊，客繡平原像已多。十二年前曾有約，

載書應不負重過。己卯春過虞山，先生贈詩有『載書何日重經過』之句。』（《尺木堂集·七言律詩》二）

按：錢謙益《〈尺木堂集〉序》：『存永偕陳開仲自閩過存，坐絳雲樓下，摩抄沁雪石，周視插架古書舊文，談興公、孟陽遊跡。余爲詩曰：「高人有福先歸地，野老無謀但詛天。」酒罷悲吟，欷歔別去。』（《尺木堂集》卷首）

徐延壽作《重過虞山訪毛子晋》：『毛君天下士，所志在典籍。坐卧祇一樓，孤村少人跡。偶乘雪後舟，重訪戴顒宅。一見互驚訝，危襟話離索。我貌既已蒼，君鬢將垂白。言尋舊宿房，梁榻塵猶積。悠悠十二霜，無乃過駒隙。床頭多濁醪，一斗還一石。毋煩更命觴，醉心惟竹册。』（《尺木堂集·五言古詩》）

按：上次訪錢謙益、毛晋在崇禎十二年（一六三九）。參見該年。

徐延壽作《逢王尊素》《崑山道中》《寓嘉定積善寺，贈根成上人》（《尺木堂集·五言律詩》一）。

徐延壽作《嘉定積善寺對月》（《尺木堂集·七言絶句》）。

徐延壽作《至疁城哭龔智淵、張介止二孝廉，龔曾邂逅于檇里，張曾同寓於建陽》（《尺木堂集·七言律詩》二）。

按：疁城，嘉定縣（今上海嘉定區）别稱。

徐延壽作《疁城僧舍卧病》、《贈太史吴駿公先生》二首（《尺木堂集·七言律詩》二）。

徐延壽作《武林訪張卿子》：『憶昔我從湖畔遊，訪君百尺藏書樓。相留飲我以斗酒，酒罷狂歌樓上頭。雲暗梨關阻兵革，少别千年悵離隔。有時相憶湖山青，有時相思湖月白。相憶復相思，重逢知幾時。我已一身同斷梗，君應雙鬢如垂絲。今歲烽烟喜暫息，再向蘇堤看柳色。訪君猶認舊柴門，一見悲歡滿胸臆。握手寒温語且徐，藏書亟問今何如。滿屋汗牛仍似昔，百城奚假南面居。世上書淫孰如我，家藏萬卷猶完好。期君偕隱入青山，携入桃源避秦火。』（《尺木堂集·七言古詩》）

按：烽火漸息，詩作於唐王朝之後。蘇堤柳色，春天光景。故推斷此詩作於自揚州返過杭州之時。

又按：昔從湖畔訪張遂辰，詳崇禎十一年（一六三八）。

又按：『萬卷猶完好』，經喪亂，徐氏藏書至此時仍未散失。徐家藏書散失於耿精忠之亂，此詩爲一旁證。

徐延壽作《重晤張石宗》：『古人慎結交，君子貴麗澤。張君天下士，取友重三益。去歲客入閩，遺我以尺帛。相勖在詩書，礪取他山石。安得長者言，服之永無斁。今爲湖上遊，重尋張鷹宅，屈指十三秋，青衫同落魄。』（《尺木堂集·五言古詩》）

按：去歲張墉入閩，有書致延壽，勖礪之。

又按：崇禎十一年（一六三八），延壽隨父興公往濟南，過杭州曾訪張墉。

徐延壽作《湖上飲龔仲震寓樓，同陸麗京、林梅生、陳際叔、沈甸華、張祖明、陳開仲》：『蘇堤別去落花多，十里湖光漲緑波。』（《尺木堂集·七言律詩》二）

春，陳肇曾當社，徐鍾震等四十多人社集宛羽樓。鼎革之後，詩社活動没有中斷。[一]當時會城尚無凋敝匱乏之象。

按：林鳳儀《〈南行詩集〉叙》：『余素聞晋安有徐存永、器之二君之名，而欲識之。庚寅春……時陳昌箕與器之當社，諸友集於宛羽樓者四十餘人，可爲盛矣。三山雖經重圍之後，而父老尚存，物力尚豐，室廬、田園尚無恙。余遨遊其地月餘，雖較之昔日全盛稍稍不如，亦不見其有凋敝匱乏之象。』（徐鍾震《徐器之集·南行詩集》卷首）

又按：徐鍾震《宛羽樓聯句跋》：『劉長公先生夢震至閩，倦遊，不入城，將歸京口，與予同社夙有蘭契。存永以立夏日約過山樓，討論經義，語涉風騷，遂共聯句。予以是日先期他出，不獲與勝集。歸讀其詩，琳琅觸日，心甚妬之。然可爲予藏拙，妬亦少减。在坐與先生肩行者，則爲林

[一] 徐鍾震曾經組織御蘭社，其《御蘭社徵文》云：『側聞鮫宫望氣，珠貝得于隨淵；燕璞辨林，璠瑜生于崑岫。是以波斯入肆，亨敝帚以千金；郢匠斫輪，别異材于一旦。廣同心之麗澤，欲邁前規；覩人文于化城，端在新治。某素慕七閩人才之盛，身願執鞭；思起文字八代之衰，人咸樹幟。幸守寒氈于此土，苜蓿爲錢；敢言重席以横經，柟梗異産。喜名山之可御，訂蘭薄于斯時。斯入室而俱馨，接芝眉于文囿。孝若善搆新語，鵬翼風高；昌黎務去陳言，鷄林價重。與其玄璆結緑，秘鴻寶于枕中；曷若木難火齊，播鄉環于宇内。伏冀錦囊不吝，使知柔翰生花；霞思時飛，俾其禁臠嘗味。駸騮前而徑度，摹古切今；翩鳳下以長鳴，屬華比彩。則芬芳競吐于尺素，而綺繡咸列于巾箱矣。豈曰錦爲半臂，共詩金谷珊瑚；直今船得真珠，漫求水石象圖云爾。凡我同人，共賡異響。』（《雪樵文集》）此篇作年不詳。文云『新治』，當在悲鼎革之後。閩中詩社，源遠流長，鍾震試圖對往昔詩社有所革新，强調文出『新語』，『務去陳言』，創造出詩社新氣象。

異卿寵、陳昌箕肇曾、鄭圭甫宗玄，若陳開仲濬、叔延壽與震，則宜師事先生者也。刻成，叙其始末如此。』（《雪樵文集》）又按：鍾震所記此集，時間待考，附繫於此。

又按：林鳳儀，字少成，號鄺叟，莆田人。順治間諸生，崖岸絶俗，詩亦類然。有《嘐嘐堂詩集》《樗軒賦草》，嘗集明莆田詩爲《木蘭風雅》。

又按：鄭宗玄，字圭甫，閩縣人。崇禎十五年（一六四二）舉人。入清官烏程縣。有《山圍堂集》等。

又按：閩縣黄若庸有《過徐器之宛羽樓，與何幼秋小飲，用壁間前韻》：『何以清塵慮，言過高士廬。避人三畝竹，留客一籬蔬。山静時無鳥，樓閑半是書。有朋堪永日，已覺世情疎。』（鄭杰《國朝全閩詩録初集》卷五）此詩作年不詳，事關宛羽樓酬倡，附繫於此。

春、夏間，徐延壽飲龔仲震寓樓。過浦城，余直夫下榻相留，回會城。

徐延壽作《歸至浦城余直夫下榻相留》《柘浦送張展伯歸會稽》《錢青與奔喪歸吴淞》（《尺木堂集·七言律詩》二）。

徐延壽作《送李山顔度嶺》：『地當南浦别非輕，悲莫悲兮送子行。』（《尺木堂集·七言律詩》二）

徐延壽作《南浦與周茂三開士言别》（《尺木堂集·五言律詩》一）。

按：李賢《大明一統志》卷七十六《福建·建寧府》『南浦溪』條：『在浦城縣治南，迴抱演迤，地里家謂爲之玄水。』

徐延壽作《輓李文素將軍，時分鎮浦城》（《尺木堂集·五言律詩》一）。

本年，徐鍾震自撰於贊語，稱笥中有先人手澤百千萬卷。鍾震又有文論自家藏書、借書。〔一〕

徐鍾震作《自贊庚寅》：『問其是何人？則廿載磊落儒生。何其作何事？則終歲筆耨舌耕。旁搜乎稗官野史，雅慕乎《三都》《二京》。迨群公揖客，亦有識其姓名，至進輿論；交則大不善於逢迎，以故拘牽自守，淡泊寡營。貧殘不愧，榮辱無驚，遇富人則偏與抗志，遇好友則亟與邀盟。人或目以爲癡，誚以爲拙。殊不知此中多有妍媸，黑白自判，然其分明。且有敝廬足以蔽身，敝衣足以蔽體。笥中先人手澤百千萬卷，苟能讀之，又何羡于人間南面之百城！』（《雪樵文集》）

〔一〕興公積書五十載，卒後圖書歸延壽還是鍾震？徐延壽爲興公子，庶出；徐鍾震爲徐陸子，興公嫡長孫。從現存詩文看，叔侄相處應當還是不錯的，延壽出遊，有詩懷侄；鍾震出遊，亦有詩懷叔。由於鍾震爲嫡長孫的緣故，興公的葬事，他是必須操心的，他的《與劉浣松郡幕書》説得很明白，家貧無力下葬，本想求助興公生前好友署長樂篆的劉浣松，鍾震猶豫不決，後由又曹學佺介紹，前往光澤求知縣徐蒙羽。既然家裏的事主要由鍾震操持，圖書的持有、或主要管理者也就是他。鍾震往遊吴越，特別交代山樓興公遺籍，『慎重借還』（《別存永叔》《徐器之集·吴越遊草》），歸來時圖書塵封半載，可能延壽連動都未動過。此篇《答借書》無疑也是以藏書主人身份寫的，口氣決絶，興公留下的圖書一概不准外借。此書寫給誰看？借書者，還是家庭其他成員？可能兩者皆有之，而家庭成員更是重點，衹要家庭成員態度堅決，書是借不出去的。鍾震子、延壽子，似還無將藏書出借的權力，因此成員衹有鍾震自己和延壽，所以此文恐怕是針對延壽而作，説重一點，延壽可能有出借的『前科』；説輕一點，提個醒，彼此注意！鍾震堅拒家藏圖書外借，與興公藏書及圖書流通的觀念並不一致。曹學佺《宛羽樓記》云：『興公徐氏之所以樂與同志者流通之之意，則于古風庶幾猶存，而足以愧夫自私不廣者矣。』（《西峰六四文》）從保藏先人留下的圖籍方面看，鍾震是無愧的，但從圖書的流通使用的角度看，鍾震則違背其祖積書的用意，又是『自私』且有愧的。

徐鍾震作《答借書》：『先人生平他無嗜好，沉酣載籍已歷五十餘年，搜積遺篇不下數十萬卷。縹緗購於市肆，貧則典衣，鉛槧親自較讎，老而弗倦。某等捧兹手澤，愈益心傷，敬什襲以珍藏，毋敢隕越，恐取携之，任意以速愆。尤嘗慚飽讀未能，亦不冀還書一瓶之惠。雖曰宜公同好，其實鮮鎮庫三本之儲。以後如有借觀，概不能從台命。蓋蓄以飼蠹，徒慚顧愷拜跪之誠；而鬻及借人，忍蹈杜暹不孝之罪者哉！乞賜照原，感且不朽。』（《雪樵文集》）

按：興公首度書林之役在萬曆二十年（一五九二），至崇禎十五年（一六四二）卒，超過五十年。

又按：鍾震謝絶一切借書，與興公異。

本年，督學使者閔度擢湖廣少參分巡常德去閩，民爲立碑，徐鍾震撰碑文；又作送行序。

徐鍾震作《督學使者中介閔公去思碑》：『吾閩僻處海邦，皇清定鼎已三年，尚阻聲教，日有風鶴驚疑，毋論武備弛也，即文事亦缺。聖天子赫然震怒，命貝勒親王統六師以底定閩地……武功已成，而文德可弗耀乎！驚聲振聵，木鐸司教，僉謂惟中介閔公可……特敕公再督閩學……閩紳士寔欲公久任兹土，不特爲師表人倫，而且可以救時利濟如丁亥時也。主爵者遂不顧閩服，而乃念楚疆亟以備兵使者擢公去。』（《雪樵文集》）

按：閔度，字中介，湖州烏程人。崇禎十年（一六三七）進士，清順治三年（一六四六）任福建督學使，擢湖廣少參分巡常德。

又按：順治四年丁亥（一六四七），閔度再任福建督學使，再任三年，即本年。參見下條。

徐鍾震作《送閔中介擢湖廣少參分巡常德序》：『中介閔公以文章重望督學，握人倫水鏡於兹已五

年矣……今假裝戒道，行有期矣。郡邑諸大夫受公教愛深，且與公俱有事于文教之責者，乃徵予言。』（《雪樵文集》）

按：閔度順治三年（一六四六）蒞任，至今五年。

本年或稍晚，徐鍾震爲都閫黄持五《倚峒集》撰序。

徐鍾震作《〈倚峒集〉序》：『都閫黄持五，别號西源，久鍾黄山、白岳之奇，少年負氣，即不屑作經生業，博涉群書，曾以武闈而薦名天府者。移居淮上，所交多海内賢豪，且性好施與，人亦多此暱之。己丑歲，從張撫軍入閩，與予定交……迨别歸淮上，則積已成帙，寄以示予，曰：「惟子知我，其序之！」半皆閩中倡酬之作，何善匿至是，始信予之知西源淺也。西源尊人，曾和予《秋興》八首，乃知其淵源有自。』（《雪樵文集》）

按：黄持五，字若愚，别號西源，雪洲子，天都（今安徽黄山）人，居淮上。時任福建都閫。

又按：黄雪洲和《秋興》，詳順治六年（一六四九）。

又按：持五順治六年入閩，别去後寄《倚峒集》稿，當不早於本年。

本年，錢謙益絳雲樓灾，徐延壽致書作三日之哭。

按：錢謙益《〈尺木堂集〉序》：『是歲，絳雲樓灾，存永寓書，相三日之哭。』（《尺木堂集》卷首）

本年，徐鍾震代人爲總督張存仁撰壽序。

徐鍾震作《壽中丞捷庵張公序》：『國家肇造區宇，已七年於兹矣，予濫竽江南招撫之命，亦心力盡殫。所恃以綏服封疆，柔遠能邇者，則惟有撫臣在。撫臣視古之連帥藩鎮，其任過之……』（《雪樵文

集》）

按：此時張存仁爲總督。

本年，林弘衍卒，周亮工有詩哭之。

周亮工《哭林得山》六首，其一：『閉户如君好，經年巖壑中。留人看破研，課僕洗高桐。出塞篇猶健，登樓賦自工。欻然長嘯去，吾道果終窮。』其二：『神理有遥感，吉凶未可量。嗟予京口棹，夢到退耕堂。榻下閑琴瑟，階前滿雪霜。寧知寤寐事，於此不荒唐。』其三：『竟歲常居寺，邀予晚聽鐘。可憐猶命駕，何處獨支笻。辨藥偏逢僞，知醫獨任庸。並耕人已失，不敢學爲農。』其四：『冀北經年别，嶺南客更來。馳驅未敢厭，深淺古人杯。老句平相賞，閑踪冷任猜。自天亡我友，乃識在塵埃。』其五：『吾友懷東子，中丞全城之功，多先生籌畫。言君每自傷。先生看玉貌，後死泣文章。才在身終累，情多物所妨。夜臺能解脱，塵下有西方。』其六：『今歲梅花好，蓬門爲我開。得山今歲邀予嵩山看梅，書「蓬門今始爲君開」句於壁。林中握手約，載舉隔年杯。老友看垂盡，春風吹不回。南枝他日熳，曾肯照泉臺。』（《賴古堂集》卷四）

按：周亮工時爲福建右布政使，本年『朝覲京師，還白下，六月還閩，七月，以代建南道篆，赴汀州』。［《（周亮工）年譜》，《賴古堂集》附録］，故詩有『嗟予京口棹，夢到退耕堂』之句，林弘衍堂名『退耕堂』。

順治八年辛卯（一六五一） 殁後九年

林古度七十二歲，徐鍾震四十二歲，徐延壽三十八歲

二月，晦日，周亮工招飲徐延壽。

徐延壽作《二月晦日，憲伯周櫟園先生招飲，喜上猶令周方叔至自莆中》（《尺木堂集·七言律詩》二）。

七月，徐延壽同邵是龍等飲李子素天逸堂。

徐延壽作《初秋同邵是龍、吴石也、宋若士飲李子素天逸堂》（《尺木堂集·七言律詩》二）。

八月，徐鍾震第六次參加鄉試，鎩羽而歸，有感而作《山居感懷·前十九首》，又作《山居感懷·後十九首》。

徐鍾震作《〈前十九首〉引》：『卯之役，予已六殺翮矣。意之所營，目之所見，無一佳景，實有所感而然，非苟作也。或一句而盡一事，或數句而盡一人；或前後流連，不必明言其人而直指其事者，錯綜盡致，衹以快予所欲言而止。初不計其語之工否也。世有讀予詩而體悉予苦情，則真虞仲翔所謂知己；若徒以詞章視之，則意無甚晦，語經人道，難免畫蛇添足之誚也已。』《前十九首》其一：『秋雲黯淡別榮枯，坐對黄花送酒無。處世難行生志趣，讀書未下死工夫。廿年同學肝腸在，一紙微名面目殊。自笑自嗟還自愧，豈堪馮異失東隅。』其十七：『浮生血氣戒方剛，黄土紅塵日日忙，鄉絶斬蛟周處勇，吏無擊鼓禰衡狂。數過長者門饒席，竊幸先人墨富莊。滄海横流安地少，相逢未敢定行藏。』

《徐器之集·山居感懷》）

按：『卯之役』，即今年秋試。同時參加秋試的社友薛麟奇中式，鍾震落榜，至此，二十年間鍾震已經六鎩羽。

又按：『先人墨富莊』，言先人著述、藏書之富。

徐鍾震作《〈後十九首〉引》：『予詩既成，予意未盡，乃簡韻之未及用者足成之。時歷秋冬，景況自別，人情冷暖，此心自知，讀予詩者幸毋誚窮措大，徒會作感時語也。』《後十九首》其六：『誰惜韶光似擲梭，行年四十易蹉跎。金根自有銀堪改，鐵柞曾云針可磨。王氏惡錢言阿堵，莊生乏粟貸監河。山園十畝荒蕪甚，種樹書尋郭橐駝。』其十：『不分雌伏與雄飛，中露于今嘆式微。善舞八風經掃地，疑言三至杼投機。田蕪愧説逢年技，臘盡思謀卒歲衣。家世由來傳學易，還將蓍莢細研幾。』（《徐器之集·山居感懷》）

按：《後十九首》其一：『銷聲匿影坐終朝，木落天高氣泬寥。』知仍爲秋季。

又按：『行年四十』，鍾震今年四十二，舉其成數而言之。

又按：家世傳學《易》，自鍾震曾祖徐棉以《易》起家，至鍾震已歷四世。

十月，陳肇曾等北上春官，徐延壽有詩送之。

徐延壽作《陳昌箕北上》：『誰肯青山置此身，上書今有老遺民。始知朝市亦爲隱，未釋褐衣難免貧。霞嶺馬頭楓葉冷，曲江鶯語柳條春。從來易水悲歌地，忍見銅駝臥向人。』（《尺木堂集·七言律詩》二）

按：鼎革之後，陳肇曾一方面以遺民自居，一方面又熱心功名。對陳肇曾來説，功名才是唯一脱貧的途徑，事實很殘酷，也很無奈。

徐延壽作《倪箕三北上》（《尺木堂集·七言律詩》二）。

徐鍾震致書順昌知縣龔華茂，言《易》藝數篇，蒙收入《驪淵集》；又言母亡故。

秋、冬間，徐鍾震作《候龔華茂先生》：『二十年企慕龍門，己卯冬郵寄《易》藝數篇，蒙老師收入《驪淵集》中，至今切抱知己之感。前歲台駕寓藏山堂，彼時某抱病鄉居，雖扶病而歸，委頓彌甚，祇獲通姓名，而緣慳提命，今猶抱歉。近獲與長公延昇聯世講之誼，私心欣慰。客有從建州來者，兩接台札，皆不遺賤子姓氏，且吹噓於當道名公，雖謝玄暉好獎藉人才，而某自顧襪綫，則滋愧矣。春夏之交，米價騰涌，某與家叔存永幾無以度日，而不肖又值先慈之變，苟且襄事，幾不欲生也。知老師垂念，故敢道及云云。』（《雪樵文集》）

按：龔華茂，即龔五韺，詳順治六年（一六四九）徐延壽過浦城作《柘浦飲龔華茂廣文學舍》。

又按：順治七年（一六五〇）龔五韺任順昌知縣，至會城，鍾震未謀面，《候龔華茂先生》稱『前歲』，則在龔氏爲順昌令之次歲。

又按：崇禎十二年（一六三九），龔五韺將徐鍾震《易》藝數篇收入《驪淵集》之中。

又按：藏山堂，林之番堂名。

十二月，除夕前一日，徐延壽集周亮工署中祭墨。

徐延壽作《除夕前一日，同新安吴岱觀、太倉王遂徵集周方伯署中祭墨》（《尺木堂集·七言律詩》二）。

本年，徐鍾震爲大中丞張存仁撰壽序。

徐鍾震作《大中丞捷庵張公壽序》：『公五載撫閩之實，心實政深，切而著明者，下而至于設醫藥以濟尫羸，貯穀米以備荒歉，履狴犴以釋無辜，則皆公之緒餘，不可枚舉……今定南將軍親統六師，以廓清海上，秣馬厲兵，則漳南小醜必滅此而朝食。』（《雪樵文集》）

按：鍾震於順治四年（一六四七）、五年（一六四八）、七年（一六五〇）及今年四次代人爲張存仁作壽序。存仁官職閩地稱首，鍾震一介布衣，屢屢充壽序操刀手，實爲閩地少見的大手筆。

本年，周亮工還福州，復往延平、邵武。

按：《（周亮工）年譜》：『辛卯，四十歲，自汀州還福州，代左轄篆，入闈提調。秋復代篆赴延平。時邵武有叛卒耿虎之變，公單騎往諭之，虎降。』（《賴古堂集》附録）

順治九年壬辰（一六五二）　殁後十年

林古度七十三歲，徐鍾震四十三歲，徐延壽三十九歲

二月，徐延壽有詩送吴榮等之泉州。

徐延壽作《花朝湖上送吴尊生之清源》《送羅星子之清源，兼寄王勝時》（《尺木堂集·五言律詩》一）。

七、八月間，周亮工移署漳州，徐延壽有詩紀之。

徐延壽作《方伯周櫟園先生移署漳州》：『官衙愛種緑蕉香，隨地皆成畏壘鄉。不問勞臣冰署冷，衹憂貧士硯池荒。行營夜減三軍竈，破浪秋乘萬里航。此去登臨懷故土，銅臺流水亦名漳。』（《尺木堂集·七言律詩》二）

按：《（周亮工）年譜》：『壬辰，四十一歲。是年海逆鄭成功反，漳泉八郡震動，援剿大兵駐師泉州。時漳巡道乏人，巡撫張公謂公知兵，多戰功，檄公往署。』（《賴古堂集》附録）

本年前後，徐鍾震作《〈壽圖〉小引》爲順昌知縣龔五詶壽。

徐鍾震作《〈小漆園壽圖〉小引》：『龔華茂先生，天下士也。初司鐸柘浦，柘浦人賴以振聾醒聵，四方之士咸皈之，不啻如泰山北斗，即往來閩土之達官貴人，亦咸以獲交龔先生爲幸。先生惟日搜典故而樂志乘之成也。及拜命順昌，先生怡然曰：「疎庸如某，安敢以爲令哉！」……同社中諸子相與繪圖賦咏寄先生，且以祝先生大年，俾長有造于順邑之民也。予固夙慕先生之爲人者，因喜而爲引其大

端如此。』（《雪樵文集》）

許友有《上巳日寄壽龔華茂廣文》：『高人初度日，文酒集蘭亭。門士多龍虎，先生半醉醒。草流春水曲，氈卧曉山青。向晚齋堂静，松聲起畫屏。』（《米有堂集·五言律詩》）

順治十年癸巳（一六五三） 歿後十一年

林古度七十四歲，徐鍾震四十四歲，徐延壽四十歲

二月，徐延壽同陳翰、陳肇曾集黃伯良一泓亭。

徐延壽作《花朝，同克張、陳昌箕集伯良一泓亭》：『祇此二三友，朝朝共醉眠。』（《尺木堂集·五言律詩》一）

春，送陳肇曾往漳平掌教職。

徐延壽作《送陳昌箕之漳平掌教》：『別路鶯聲花亂飛，淚痕添線密縫衣。高堂白髮猶稱健，故里青山祇夢歸。』（《尺木堂集·七言律詩》二）

按：去歲陳肇曾落第歸。

四月，順昌知縣龔五誒卒，徐鍾震爲作祭文。

徐鍾震作《合祭順昌令華茂龔先生文》：『順治癸巳歲夏四月十六日，華茂龔先生卒於宦邸，越旬日訃至三山，某等不勝哀慟，謹率諸同人爲位而哭，抆淚而奠以文。』（《雪樵文集》）

按：據（順治）《延平府志》卷八《官師志·歷官》順昌知縣，龔五誒順治七年（一六五〇）任，王延閣十一年（一六五四）任，亦可推知龔氏卒於十年。

五月，徐延壽子鍾咸生。

按：《荆山徐氏譜・世系考》：『鍾咸，字交之……生順治十年癸巳五月二十八日子時，卒雍正十二年甲寅七月二十六日卯時，壽八十二。』

又按：鍾咸側室李氏所出。鍾咸子汝守。

八月，周亮工仲弟至閩，徐延壽有詩紀其事。

徐延壽作《中秋，集周元亮先生署中，喜仲氏周靖公同葉榮木至》（《尺木堂集・七言律詩》二）。

按：周靖公，周亮工二弟。

九月，九日，徐延壽有詩送周亮公還金陵。

徐延壽作《九日，送周靖公還白門》：『入閩無一月，乍見復分飛。』（《尺木堂集・五言律詩》一）

按：八月中秋節前周亮公至閩，九月九日將歸去，不到一個月。

本年，黃山黃澍流浪閩中，言及早歲讀曹學佺《石倉詩選》而知徐𤊹之名，並讀周亮工所出徐延壽詩。

按：黃澍有《題〈尺木堂集〉》：『自予生髮未燥，即知侯官有徐興公先生，私念爲嘉、隆間先輩名人。已，稍長，見能始曹公《石倉詩選》，乃知先生當吾世而有也。海内高名士，吾猶及見陳眉公於雲間，張林宗於大梁，阮太冲於尉氏，陳古白於秣陵，以未見興公先生爲憾。然讀先生詩文，似想見其人，大約寬宏容與似眉公，博奥多聞似林宗，耿介誠悟似太冲，希心夷澹似古白；又私念予雖未見先生，知先生宜莫予若也。歲在甲午，予流浪三山，去先生不知何甲子，則問周元亮：「興公先生有後乎？」曰：「有。」出存永詩畀予讀之。予曰：「是矣！是興公之教也。」静而秀，厚而有光，其原出於初唐，其後拓焉者也。予年友黃石公、社友汪亦止，則又嘗竊竊向予。存永之嗣興公先生，寧惟詩也？品則有造古人焉。予因介紹汪子以交徐子，乃徐子則退然若不勝衣，其言訥訥然如不出諸其口，與之談詩若文，遜謝不敏。予曰：「是矣，是興公之教也。」世豈有興公子而不能詩若文者哉！則世豈有興公子而曉曉焉、覽覽焉，自以爲能詩若文者哉！存永繼興公之後，難乎爲子。存永之設心不若是，不可爲子；興公先生有存永爲之子，難乎爲父。興公而貽謀如是，可安然爲父子，故於存永《尺木堂詩》，願爲之序，樂爲通家之言，以表予生平所欣慕興公先生而不得一見之慨，所以願托交文人而有品如存永者，附一言焉以不朽之志，則可見存永無熱心，不佞澍無佞語，亦有道中之足人聽聞之事者乎！黄山社弟黄澍書。』(《尺木堂集》卷首)

又按：黄澍，字仲霖，徽州(今屬安徽)人。崇禎十年(一六三七)進士，授河南開封推官，擢御史，巡按湖廣，以彈劾馬士英聞名。明亡降清。有《漢魏别解》。

本年，武林鄭夢絲來閩中以詩贈延壽，延壽因憶崇禎十一年(一六三八)飲張遂辰齋頭事作答。

徐延壽有《武林鄭夢絲以戊寅歲同予先人飲張卿子齋頭，今來閩中，以詩見贈，賦答》：『湖海由來重友聲，酒壚寒却十年盟。世途此日輕貧賤，交道誰人問死生。舊事化成蝴蝶夢，新詩傳得鶺鴒名。因君寄訊張平子，垂老依然擁百城。』(《尺木堂集·七言律詩》二)

按：『十年』，舉其成數。參見崇禎十一年(一六三八)。

本年，徐鍾震有啓迎巡撫佟國器。

徐鍾震作《迎佟撫院啓匯白》：『伏以節鉞南臨，江海觀澄清之化；法星北照，官僚仰貞度之儀。想丰采而葵藿忱傾，睇光華而斗山顧切。化行玉燭，兆啓金甌。』(《雪樵文集》)

按：佟國器，字匯白，國鼐弟，遼東（今遼寧東部、南部一帶）人。順治七年（一六五〇）任福建左布政使，十年（一六五三），擢福建巡撫。

徐鍾震又作《又［迎佟撫院］小啓》：『出兵甲于胸中，運經綸于掌上。重清海嶠，兒童誇竹馬之迎；坐鎮閩疆，將吏肅花驄之御。顧營開細柳，掃溟渤之妖氛；謀鞏苞桑，障洪濤于砥柱。』（《雪樵文集》）

本年或次年，徐鍾震代人爲巡撫佟國器作壽序。

徐鍾震作《賀大中丞匯白佟公壽序》：『公初長閩藩，務爲久大之圖……公遼海世族，胸藏萬卷，雖韜鈐素諳乎，而于閩地山川之險阻，風俗之醇澆，莫不洞矚。甫履任即期，所以撫綏之。凡吏治軍典，禮樂刑名，小衡錢穀之屬，無不實心籌畫。而于民生尤所加意，既不許褊裨之侵占民廬，又不許兵士之騷繹廛市……伯氏懷翁，又前公撫此土，是天之福遥岩而奠窮海者。』（《雪樵文集》）

按：伯氏，即佟國鼐，順治三年（一六四六）任福建巡撫。

本年，孔自洙任福建提學，徐鍾震作迎啓。

徐鍾震作《迎孔文在督學》：『聲既馳于郎署，節遂建于閩疆。海甸幽遐，材不少乎柟楠杞梓；宗工神識，相自超于牝牡驪黃。』（《雪樵文集》）

按：孔自洙，字文在，嘉興（今屬浙江）人。順治十年（一六五三）任福建提學。

徐鍾震又作《又［迎孔文在督學］小啓》《再迎孔督學小啟》《又［再迎孔督學］小啓》（《雪樵文集》）。

本年，林寵卒，徐延壽、周亮工有詩吊之；徐鍾震爲作《祭文》。

徐延壽作《哭林巽卿徵君》六首，其一：『雖云生末造，賴有古風存。多與少年友，常爲長者言。登山雙屐冷，禮佛一燈昏。春雨鼇峰下，梨花晝閉門。』其二：『頗憶生前事，勞勞實可嗟。兩婚三嫁女，十載九移家。年老不求藥，春忙多爲花。蚤知同幻影，恨不着袈裟。』其三：『紙價因君貴，池頭洗墨香。新詩五七字，殘賦十三行。苔篆磨碑額，蘭亭賺寺梁。從今展遺卷，山鬼泣秋霜。』其四：『未見崇朝病，病來非藥瘳。與予嘗對泣，於世有沈憂。泉路無争戰，干戈不用愁。君情誰可解，把酒酹墳頭。』其五：『山南宫一畝，特爲我移居。社續三春舊，門離尺地餘。吸泉分煮茗，聽雨較鋤蔬。出入今誰共，傷心掩敝廬。』其六：『先子夜臺客，遲君十二年。問余何所事，爲道不如前。書卷猶珍重，頭顱已變遷。至今衣上血，畏及子規天。』（《尺木堂集·五言律詩》一）

按：其六言林寵卒于興公卒後十二年，興公卒於崇禎十五年（一六四二），十二年後即本年。

又按：參見次歲徐鍾震《林異卿未完楷書跋》（《雪樵文集》）。

周亮工有《哭林徵君異卿》六首，其一：『竟歲鼇峰下，堆書滿藥房。貧猶嘉客累，健爲故人忙。露冷江干笛，花繁野寺觴。諸郎看玉立，誰復得臣狂。』其二：『燕趙兼吴越，虚名五十年。笻支花境闊，巾漉酒痕鮮。剩有幽人致，誰爲長者傳。冥途無一憾，死不見予還。』其三：『老友凋零盡，斯人不再逢。深卮捐萬累，淺屐拉千峰。後事煩廉吏，佟中丞、郝大參爲君經紀後事。前身信墨農。見君多妙氣，亦欲學爲恭。』其四：『墨竟能磨子，百年事盡空。柔惟旨酒思，堅以布衣終。葉文忠公以中翰薦君，君堅辭不受。明鏡不疲照，長松下有風。夜臺逢我友，幽意一相通。謂得山。』其五：『初作榕城客，多君昵餅傖。自言如燭武，我見勝公榮。高閣尋詩話，君從予登樵川詩話樓。虚堂醉退耕。得山堂名。同人容易盡，老淚向誰傾。兩年來吾友林得山、陳章侯、姜如須、萬年少皆相繼厭世。』其六：『又哭

林居士，將歸反自傷。閑披高士傳，真見魯靈光。窮巷驚烽燧，殘年飽雪霜。羡君撒手疾，佛灑盡行藏。』（《賴古堂集》卷五）

按：林寵家與徐鍾震對門成居，知林氏亦居鼇峰之下，詳下《祭林異卿文》。

又按：得山，即林弘衍，卒于順治七年（一六五〇），故云『夜臺逢』。

徐鍾震作《祭林異卿文》：『維翁挺生，神廟盛世。五馬家聲，九牧後裔。甲第聯蜚，季方難弟。爲弓爲冶，多才多藝。迨及壯歲，遨遊四方。交歡名宿，才壓詞場。顔柳觔骨，屈宋詞章。衡門旦旦，泌水洋洋。孝友天成，慈和率性。處世無營，與物不競。説偈參禪，時躭清净。辨難解紛，時聞方正。探奇訪古，山水怡情。鬮題角韻，杯斝頻斟。彌年劭德，社結耆英。通今博古，名重公卿。兩薦賓筵，爲世取則。署號墨農，臨池水黑。鐵畫銀鈎，遍傳異域。尺幅寸幀，至寶人匿。優遊蔗境，博覽縹緗。齊眉舉案，白首相莊。虹橋彩幔，魯殿靈光。既昌而熾，既壽而康。期享遐齡，以備更老。文獻足徵，絲綸錫早。一旦棄捐，神歸冥昊。天不憖遺，人懷懊惱。某夙欽光範，瞻企德門。通家永好，令嗣締婚。姻情既切，交誼彌敦。忽爾聞訃，淚忍聲吞。哲人云亡，邦國殄瘁。月落屋梁，群公致慨。薄奠椒觴，戔戔自愧。翁靈在天，乘風而莅。嗚呼哀哉！』（《雪樵文集》）

按：據此文，徐、林二家既稱通家之好，似又結爲姻親。

本年或稍晚，同社薛麟奇孝廉卒，徐鍾震爲作祭文。

徐鍾震作《祭薛彦伯孝廉文》：『自彦伯之棄世也，其友震等臨其喪而哭之……令我失乎良朋。憶與其結社而談也，金聲擲地而律中乎宫商；憶與其逐隊而試也，冠軍屢占而名壓乎膠庠。其生身孝友，其賦性慈祥。其於人也，敬而能恕；其於己也，圓而復方。經傳著述之暇，乃旁及于稗官野史，杜下文章。時而宴飲酬答，吟成五字佳句，彌富乎錦囊！辛卯之役，與社中二三兄弟聯翩脱穎，人方以爲世德積學之報，至今日而始獲償。迨南宫失意歸，猶草玄絳帳，期采春華秋實以相將。仲春之吉，猶拉予輩申盟執耳，相與搴旗樹幟，于其春草之池塘，曰：「爾其勉旃大物，予行與社中兄弟共出而翱翔。」迨未數朝而云病發……再逾數朝，則持訃至。』（《雪樵文集》）

按：薛麟奇，字彦伯，福清人。順治八年辛卯（一六五一）舉人。與徐鍾震等組織詩社。

又按：薛氏於順治九年（一六五二）參加會試，落第歸。歸家次年春卒。

又按：辛卯科，鍾震下第。詳順治八年（一六五一）。

本年，周亮工陞左布政使。

按：《（周亮工）年譜》：『復自漳署興泉道篆，夏陞本省左布政使。』（《賴古堂集》附録）

順治十一年甲午(一六五四)　殁後十二年

林古度七十五歲，徐鍾震四十五歲，徐延壽四十一歲

八月，徐延壽側室李新卒，年二十三，作悼亡詩。

徐延壽作《悼亡姬》四首，其一：『二十三年裏，浮雲一夢過。魂隨荒草亂，淚較落花多。匣在分遺鈿，機殘泣斷梭。莫非奔月去，無路問天河。』其二：『殘宵相决絶，欲語復聲吞。哽咽祇雙淚，叮嚀無片言。簫聲悲白月，燈影死黄昏。寒食年年雨，飛花滿墓門。』其三：『大婦增哀慟，情同女弟兄。覓醫嘗勸藥，療妒不須羹。枕冷梨雲夢，歌殘薤露聲。玉簫雖命薄，還願卜他生。』其四：『蘭香本仙籍，緣斷復歸仙。襁褓兒週歲，衾裯夢四年。鬢因貪睡亂，像帶病容傳。最是傷心處，遺袿壁上懸。』

(《尺木堂集·五言律詩》二)

按：李氏卒於去年十一月。去年五月，李氏生子鍾咸。李卒時鍾咸週歲。

徐延壽作《悼亡姬》二首，其一：『鏡碎青銅衹半邊，少君無術見無緣。莫非竊藥蟾宫去，不忍開窗看月圓。』其二：『寒食梨花掩夜臺，呱呱黄口痛遺孩。杜鵑亂叫春山血，不及慈烏失母哀。』(《尺木堂集·七言絶句》)

按：《荆山徐氏譜·世系考》：『李氏，諱新，生崇禎五年壬申十一月初二日酉時，卒順治十一年甲午八月二十九日寅時，年二十三。』

十月，周亮工擢都察院左副都御史，離閩，徐鍾震有送行序。

徐鍾震作《送周元亮方伯擢御史中丞趨朝序》：『予閩人也，七載庇公宇下，聞公俶舍人裝，請得而颺言之。』（《雪樵文集》）

按：《（周亮工）年譜》：『在福州，秋鄉試提調，擢都察院左副都御史，十月離閩。』（《賴古堂集》附録）

又按：順治四年（一六四七），周亮工擢福建按察使，道途受阻，十月抵於邵武；在邵武七閱月，次歲入會城，至今七載。

本年，林永和開社西園，徐延壽感嘆石倉舊友零落殆盡。

徐延壽作《林永和開社西園》：『人境依然離世氛，亂筇門外破苔紋。園名因地東西勝，池面爲橋左右分。百斛酒聲生熖浪，半籬花氣護香雲。石倉舊侶今零落，社續枌榆賴有君。』（《尺木堂集·七言律詩》二）

按：林永和，崇孚弟，號坦庵，侯官洪江人。

又按：西園爲興公與曹學佺等社友頻繁酬倡之地。興公詩，如《暮春望日，曹能始觀察招陪蔣國平都運宴集後園，賞蜀中紫牡丹，歌者侑觴，分西字》（《鼇峰集》卷十九）、《上巳日，社集西園，得十四寒陳泰始主社》（《鼇峰集》卷五）等。

本年，李奇生南靖棘闈試士還邑治，徐鍾震代人爲作送行序。

徐鍾震作《送李子山南靖棘闈試士還邑治序》：『予與子山李年臺同捷南宮……兹歲甲午，當大比士，鎖棘掄才，當事咸推轂於公，曰：「足能相牝牡而別驪黄。」外者，公亦自信不苟，無過眼五色之迷，無奇寶道側之慮……予于公叨同籍之榮，又拜九里之潤，茲又見公德化之成，衡鑒之精，誠不可無一言以爲諸子致此微忱也。』（《雪樵文集》）

按：李奇生，字子山，漢陽（今湖北武漢）人。順治九年（一六五二）進士，順治十年（一六五三）任南靖知縣。

又按：鍾震所代之人與李奇生同榜進士。

本年，釋元賢撰《〈鼓山志〉序》，言及興公萬曆三十六年（一六〇八）與謝肇淛修《鼓山志》事，並言及興公晚年新集鼓山資料，盡付元賢。

釋元賢有《〈鼓山志〉序》：『戊申，郡紳謝在杭同布衣徐興公再爲纂輯，則綱舉目張，井然有紀，旁搜遠攬，纖悉靡遺，大有功於是山者也。迄今四十六載，黄金重布，紺宇再隆，石門壁聳于青霄，毒鼓雷轟于白日，亦庶幾續獅弦之絕響，繼喝水之遺聲。且遊屐日衆，歌咏日繁，興公復采而集之者二卷。及余自浙東歸，興公以所集見付，曰：「𤊹老矣，精力弗逮。師其卒成之。」余頂受如獲瑾璧，由是乃因前志而更修之。』（黄任《鼓山志》卷七）

按：萬曆三十六年戊申（一六〇八），過四十六載，即是歲。元賢此序作於是歲，時𤊹已歿十二載；興公集鼓山詩文，係追叙。

順治十二年乙未（一六五五） 歿後十三年

林古度七十六歲，徐鍾震四十六歲，徐延壽四十二歲

春，徐延壽與霖臣、陳翰集緑玉齋小飲。

徐延壽作《霖臣過緑玉齋，同克張小飲》：『柴門雨歇屐聲聞，徑草春香盡種芸。緑酣花前消永晝，白衣天外看浮雲。三人入座無他客，終日開窗有此君。芳草不堪懷遠道，夢中金虎闔閭墳。』（《尺木堂集·七言律詩》三）

三月，十二日，徐鍾震爲林寵未完楷書作《跋》。

徐鍾震作《林異卿未完楷書跋》：『異翁生平精于楷法，多與少拒，寸幀尺幅，人咸珍惜之。生前既已如此，死後可知。予與異翁居對鄰，朝夕過從，半爲人催索字債，以其尚健，不復爲己謀，孰意異翁倏忽損棄，遂將一載，墨池零落，予甚悔之。王哲開亦同斯病，近乃購此半幅，雖曰未完詩詞，已足其爲異翁病發時乎！麟角鳳毛，似亦可寶，正不必長箋滿紙，始爲奇觀。披覽之下，忽愴予懷，然筆墨如新，又恍異翁之未離人間世也。乙未暮春望前三日。』（《雪樵文集》）

按：據此《跋》，林寵卒於去歲。

冬，徐鍾震往遊吴越，有詩别徐延壽叔，言家山樓尚有遺書，應慎借還。舟出臺江，别貫沐上人、何紉秋、晦季、王哲開、林之蕃。沿江行，過古田困溪，懷曹學佺。過尤溪口、黄田驛、泊延津，過王臺、浪石灘、燕子嚴、上楊口，富屯過張薇垣孝廉故址，逢昭如。至拿口，與張總戎飲廟中。至夜，泊順昌城外。

徐鍾震作《出臺江》《貫沐上人贈別次答》《別紉秋》《別晦季》（《徐器之集·吳越遊草》）。

徐鍾震作《宿紉秋齋關》《答紉秋見懷》《和貫沐見懷》（《徐器之集·吳越遊草》）。

徐鍾震作《次答王哲開》（《徐器之集·吳越遊草》）。

按：王穎如，字哲開，閩縣人。年十三隨董應舉登鎮海樓，仿王勃作《序》，壯麗典則，老於諸生。有《三樓紀勝》等。

又按：此數首原集編於順昌詩之後，似爲補作。今按行程先後前移於此。下文引鍾震詩遇到類似情形，不再説明。

徐鍾震作《別存永叔》：『貧自驅人出，那禁歲晚時。一身遠於役，八口免啼飢。日暮關山渺，霜寒舟楫遲。山樓有遺籍，慎重借還癡。』（《徐器之集·吳越遊草》）

徐鍾震有《困溪懷曹能始宗伯》：『日暮扁舟泊，追思倍愴然。姓名巍異代，著述侍當年。疊嶂懸孤月，寒流咽斷烟。居人雖湊集，風景不如前。』（《徐器之集·吳越遊草》）

按：曹學佺晚歲在困溪建有別業，鍾震爲其常客。

徐鍾震作《困溪過胡茂生較書故居》二首，其二：『垂楊折盡少青驄，十載悲歡事不同。』（《徐器之集·吳越遊草》）

按：崇禎十六年（一六四三）訪曹學佺於困溪，作《嵩溪訪曹能始先生，隨同夜發，次韻》（《徐器之集·三華遊草》），亦訪胡蓮。『十載』，舉其成數而言之。亦有可能在隆武二年（一六四六），鍾震再訪曹於囦溪。訪曹，即訪胡。

徐鍾震作《囦溪別光遠》（《徐器之集·吴越遊草》）。

徐鍾震作《江上》《尤溪口》《書所見》《黄田驛》（《徐器之集·吴越遊草》）。

徐鍾震作《林涵齋畫扇贈別》：『我作姑蘇遊，倉卒別故里。維君念遠行，出別江之涘。』（《徐器之集·吴越遊草》）

按：此詩作於途中，按詩排列順序，當在至樟湖坂之前。

徐鍾震作《樟湖坂同張元戎夜泊》（《徐器之集·吴越遊草》）。

按：張元戎，即順昌拿口同飲之張總戎。

徐鍾震作《佘溪同光遠飲再別》（《徐器之集·吴越遊草》）。

徐鍾震作《夜泊延津》《泊舟懷涇伯》《懷克張孝廉》《寒溪縱燒歌呈張大將軍》《大澗看月》（《徐器之集·吴越遊草》）。

徐鍾震作《王臺懷介子》《浪石灘》《燕子巖》《看野燒》《曉起》《沽酒上楊口》《偶紀》《富屯過張薇垣孝廉故址》《逢昭如》《拿口同張總戎飲廟中》《至夜泊順昌城外》（《徐器之集·吴越遊草》）。

徐鍾震作《樵川登詩話樓懷周元亮司空》（《徐器之集·吴越遊草》）。

按：嚴羽，字丹丘，一字儀卿，自號滄浪逋客，南宋邵武人。布衣。有《滄浪集》《滄浪詩話》。後人在邵武建詩話樓紀念他。

又按：周亮工有《寒食詩話樓感懷四首》，自注：『祀滄浪居士于上。』其一：『高樓獨擁萬山

前，風展牙旗草色芊。』其二：『不見當年作賦客，遥聞新鬼泣郊坰。』（《賴古堂集》卷七）

徐鍾震作《遊熙春山》《逢江山毛飛伯聽其彈琴》（《徐器之集・吴越遊草》）。

徐鍾震作《杭川疇昔行》：『……鶯鶯燕燕那足數，爐頭傾盡甕頭春。至今倏忽十二載，不禁客散紅顔改。魚沉雁杳秋復春，此中知有誰人在。今日重過訪舊知，主人不識客爲誰。虹橋已斷兵燹集，荆榛滿目徒增悲。遥望橋西路亦絶，返照溪流遠嗚咽。美人遠去廬室虚，惆望愁腸空蘊結。』（《徐器之集・吴越遊草》）

按：杭川，福建光澤縣别名。

又按：十二年前，即崇禎十七年（一六四四），徐鍾震有否光澤之行，已無可考。甲申之變，虹橋已斷，荆榛滿目，鶯鶯燕燕，皆已化爲塵土。

十二月，徐鍾震由光澤逆流而上，過杉關，至江西，除夕前夜泊盱江。除夕，次謝家埠。除夕，延壽與陳翰、鄭宗玄等守歲。

徐鍾震作《泊上水口》《雨過杉關》《石峽道中》《建昌同子潁、與昌閒步》《除前盱江夜行》《舟有上水以首行下水以尾行者，紀之》（《徐器之集・吴越遊草》）。

徐鍾震作《阻風懷子近、子紱》（《徐器之集・吴越遊草》）。

按：吴道來，字子紱，侯官人。順治十七年（一六六〇）鄉試第一，康熙六年（一六六七）進士，任中書。有《鄴城百咏》。

徐鍾震作《乙未除夕舟次謝家埠張大將軍帳中》（《徐器之集・吴越遊草》）。

徐延壽作《乙未除夕，同克卿、圭甫、器之守歲》：『咫尺二三友，茅堂可聚歡。香丁分丙夜，菜甲薦辛盤。酒向遥村貰，花留隔歲看。願言烽火息，比屋得相安。』（《尺木堂集·五言律詩》二）

本年，陳肇曾十罷公車，作《十罷公車草》，徐延壽有讀後詩。

徐延壽作《讀昌箕〈十罷公車草〉》：『十度長安放逐回，征衣都積舊塵埃。終年獻策成何事，一見標題便可哀。淚下皋魚悲楚璞，夢中羸馬怯燕臺。笑他但學吹簫者，早跨仙人鶴馭來。』（《尺木堂集·七言律詩》三）

按：陳肇曾天啓元年（一六二一）舉人，參加明天啓至清順治春試十科考試，罷歸。興公崇禎間亦有詩送肇曾北上。

本年，顧景星離閩（顧去年入閩），有詩別徐延壽和許友。

顧景星有《別徐存永延壽》：『離亂易爲別，烟烽歸路奢。逢君纔地主，分手即天涯。警角迎關月，孤舟逆去聲。浪花。消魂一回首，横海戰雲遮。』（《白茅堂集》卷九『乙未』）

顧景星有《別許有介友》：『倉卒就君別，北風吹鏷錞。』（《白茅堂集》卷九『乙未』）

本年，林鳳儀始交徐延壽。

林鳳儀有《〈南行詩集〉叙》：『甲午歲，余逐隊入省，始得交存永。于時榕城十里外干戈日尋，烽燧之警不絶，道旁往往有棄兒。平原一望，數萬頃皆荒草。噫，何其慘也！而器之叔侄，見余辛苦從間道來，慰勞備至，余甚德之。』（徐鍾震《徐器之集·南行詩集》卷首）

按：叔侄，叔指延壽，侄指鍾震。

本年，周亮工被參，革職回閩質審。

按：《（周亮工）年譜》：『七月，福建總督佟代疏參公在閩事，奉旨回奏。十一月革職，赴閩質審。』（《賴古堂集》附録）

順治十三年丙申（一六五六） 歿後十四年

林古度七十七歲，徐鍾震四十七歲，徐延壽四十三歲

正月，元日，徐鍾震泊舟江西謝家埠。泊舟南康。過陶淵明故里。

徐鍾震作《丙申元日》（《徐器之集·吴越遊草》）。

徐鍾震作《新建樵舍飲酒家》《人日沽酒行》《穀日看雪》《立春日踏雪沽酒》《元夕懷黄白雲》《十四夜同與昌對飲》《登望湖亭》《十六夜即事》《贈霧隱道人兼通内典》《晚泊南康》《過陶靖節故里》（《徐器之集·吴越遊草》）。

正、二月間，徐鍾震渡彭蠡，過湖口，遊普光庵，望小孤山，夜泊蓮洲，過太子磯，泊蕪湖，過采石吊李白，往金陵，江上阻風。至金陵，訪永泰黄文焕、晋江黄虞稷；又訪林古度，不遇。登燕子磯，謁關廟，遊弘濟寺。往蘇州，過黄天蕩，隔江望儀真縣。又由蘇州一帶折回，往鎮江，遊金山寺。又往丹陽、常州一帶，至滸墅，訪周亮儀部。

徐鍾震作《午渡彭蠡》《湖口普光庵》《望小孤山》《東流》《蓮洲夜泊》《太子磯》《蕪湖舟中解客嘲》《遊吉祥寺》《過采石吊太白》《江上阻風》（《徐器之集·吴越遊草》）。

徐鍾震作《金陵晤黄昆五太史賦贈》二首（《徐器之集·吴越遊草》）。

按：昆五，同坤五，即黄文焕。詳順治六年（一六四九）。

徐鍾震作《李生洲鹺丞留飲園中》（《徐器之集·吴越遊草》）。

徐鍾震作《過黄俞邰千頃齋》：『高人遊息處，春色白門烟。雕得文心細，欣看世誼聯。傳家千頃業，懷古六朝篇。架上奇書讀，寧須讓孝先。』（《徐器之集·吴越遊草》）

按：黄俞邰，即黄虞稷，居中子。徐延壽有《訪黄俞邰千頃齋》，詳順治六年（一六四九）。

徐鍾震作《訪林茂之先輩不遇》：『單車離故里，思醉秣陵樽。人爲貧驅出，名看老尚存。古今書積案，來往刺留門。未得先生話，花階日已昏。』（《徐器之集·吴越遊草》）

徐鍾震作《望孝陵》、《金陵懷古》三首（《徐器之集·吴越遊草》）。

按：興公有《孝陵》、《後金陵懷古》六首，詳萬曆三十四年（一六〇六）。

衜鍾震作《登燕子磯》《謁關廟》《弘濟寺》（《徐器之集·吴越遊草》）。

按：興公有《月夜坐燕子磯，同喬卿、心魯、在杭共用潮字》《弘濟寺》，詳萬曆三十四年（一六〇六）。

又按：徐延壽有《暮過燕子磯》，詳順治六年（一六四九）。

徐鍾震作《黄天蕩》（《徐器之集·吴越遊草》）。

按：顧祖禹《讀史方輿紀要》卷二十四《蘇州府》『黄天蕩』條：『在府東葑門外六里。上接澹臺諸湖之流，東匯爲瀆墅諸湖，又東接於尹山湖。亦曰皇天蕩。』

徐鍾震作《望儀真》（《徐器之集·吴越遊草》）。

按：顧祖禹《讀史方輿紀要》卷二十三《揚州府》『儀真縣』條：『府西七十五里。西南渡江至應天府六十里，西北至泗州天長縣百二十里，東南渡江至應天府句容縣九十里。』

徐鍾震作《金山寺》（《徐器之集·吴越遊草》）。

按：萬曆三十四年（一六〇六），興公有《登金山寺》。

徐鍾震作《京口》《潤州雜興》《訪劉長公》《懷潘江如客揚州》（《徐器之集·吴越遊草》）。

徐鍾震作《延陵舟行》（《徐器之集·吴越遊草》）。

按：李賢《大明一統志》卷十一《鎮江府》『廢延陵縣』條：『在丹陽縣南三十里。晉置，宋熙寧中省爲鎮，入丹陽。』

徐鍾震作《代梢婦答》（《徐器之集·吴越遊草》）。

徐鍾震作《丹陽夜泛》（《徐器之集·吴越遊草》）。

按：李賢《大明一統志》卷十一《鎮江府》『丹陽縣』條：『在府城東六十四里。本秦雲陽縣……（唐）天寶初改名丹陽縣，宋元仍舊，本朝因之。』

徐鍾震作《呂城》（《徐器之集·吴越遊草》）。

按：李賢《大明一統志》卷十一《鎮江府》『呂城』條：『在丹陽縣東五十四里。吴將呂蒙所築，遺址尚存。』

徐鍾震作《過毗陵寄鄒眉雪》（《徐器之集·吴越遊草》）。

按：毗陵，常州舊名。李賢《大明一統志》卷十《常州府》『建置沿革』條：『三國吴分無錫以西爲屯田，置典農校尉，晉太康初省校尉，分吴郡置毗陵郡。』

徐鍾震作《滸墅訪周晁儀部》(《徐器之集·吴越遊草》)。

按：顧祖禹《讀史方輿紀要》卷二十四《蘇州府》『滸墅』條：『府西北三十里。亦曰「許市」，商民稠密，爲運道要衝……景泰間改置榷關主事於此。』

二月，花朝，徐鍾震泊蘇州胥門，至葑門，有書寄内人。遊虎丘，謁山塘五人墓。又往惠州，遊惠山。

徐鍾震作《花朝泊胥門》(《徐器之集·吴越遊草》)。

按：范成大《吴郡志》卷三《城郭》『胥門』條：『伍子胥宅在其傍。《吴地記》云：石碑見在。今亡。此門出太湖道也。今水陸二門皆塞。』

徐鍾震作《申嵩臣枉顧舟中》、《姑蘇懷古》二首、《雨中寄陳伯宗》(《徐器之集·吴越遊草》)。

徐鍾震作《葑門寄内人》(《徐器之集·吴越遊草》)。

按：范成大《吴郡志》卷三《城郭》『葑門』條：『《續經》曰：「當作封門。取封禺之山以爲名，故屬吴郡。」今屬吴興。今但曰葑門。葑門，陸路嘗塞，范文正公開之。今俗或訛呼「富門」。』

徐鍾震作《有寄》《薄暮飲》《宋既庭讀書山中，投刺不遇，訊之》(《徐器之集·吴越遊草》)。

徐鍾震作《遊虎丘》(《徐器之集·吴越遊草》)。

按：崇禎十二年(一六三九)徐延壽有《同林若撫遊虎丘》，順治六年(一六四九)又有《虎丘》詩。

徐鍾震作《步白堤》(《徐器之集·吴越遊草》)。

徐鍾震作《過五人墓》(《徐器之集·吴越遊草》)。

按：天啓七年（一六二七），蘇州義士顔佩韋五人被魏黨殺害，民衆收其屍建墓立碑，張溥作《五人墓碑記》，興公詩友崔世召作《五人墓二十韻》。墓在今蘇州市姑蘇區閶門外山塘街。

徐鍾震作《春情》《西塔院訪僧不遇》（《徐器之集·吴越遊草》）。

徐鍾震作《梁谿買慧泉》（《徐器之集·吴越遊草》）。

又按：李賢《大明一統志》卷十《常州府》『梁溪』條：『在無錫縣西南一十八里，源出慧山。繞歷山西南流入太湖。』

又按：慧泉，又名陸子泉。又按：李賢《大明一統志》卷十《常州府》『陸子泉』條：『在慧山寺，源出石穴如洞。唐陸羽品天下水味，以此爲第二，故又名「第二泉」。』

徐鍾震作《過錫山寄劉子迪先生》（《徐器之集·吴越遊草》）。

又按：李賢《大明一統志》卷十《常州府》『錫山』條：『在無錫縣西七里，慧山東峰也。周秦間曾産鉛、錫。』

徐鍾震作《丹陽雨夜煮慧泉》（《徐器之集·吴越遊草》）。

三月，徐鍾震返棹，於丹陽謁宋陳東墓。至鎮江，宿南郊準提院。晤湛源和尚、體真和尚。登城霞閣，登月華山萬歲樓，遊鶴林寺。謁米芾墓。遊古夾山竹林寺。十四日，遊焦山，有記。登北固山遠眺，遊甘露寺、三茅觀。離家已五越月，懷歸，此行當無太大收獲，作《行路難》長歌，感嘆人情世故。

徐鍾震作《春晦登城霞閣》（《徐器之集·吴越遊草》）。

按：城霞閣，在丹陽縣。

徐鍾震作《遣興》：『往返雲陽櫂，羈棲又半旬。』（《徐器之集·吴越遊草》）

徐鍾震作《遊萬善寺》（《徐器之集·吴越遊草》）。

徐鍾震作《尋陳東墓》（《徐器之集·吴越遊草》）。

按：陳東（一〇八六—一一二七），字少陽，丹陽人。宋政和間太學生。上書請斬蔡京等六賊；欽宗罷李綱相，率太學生百人伏闕請命。高宗朝被殺。有《少陽集》。

又按：李賢《大明一統志》卷十一《鎮江府》『陳東墓』條：『在丹陽縣東北二十五里。東以忠諫被殺。四明李猷贖其屍瘞之。高宗過鎮江，嘗遣守臣祭焉。』

徐鍾震作《再至延陵寄寧兒》《相逢》《禊日舟中》《宿潤州南郊準提院》（《徐器之集·吴越遊草》）。

徐鍾震作《晤湛源和尚》（《徐器之集·吴越遊草》）。

按：湛源和尚，山陰（今浙江紹興）人，天啓二年（一六二二）任莆田縣丞。鍾震《祝湛源和尚七十》其《引》云：『和尚，山陰人。代有顯者。天啓壬戌間丞吾莆，大有功德于莆人，倏而悔世利迷人，遂棄去一切……遂隱于潤之圓通庵。』（《徐器之集·吴越遊草》）

徐鍾震作《印竺誦法華》（《徐器之集·吴越遊草》）。

徐鍾震作《寓圓通庵貽體真》二首（《徐器之集·吴越遊草》）。

按：圓通庵，在鎮江。（至順）《鎮江志》卷九『庵·本府』：『圓通庵、法雲尼庵，並在臨津隅。』

徐鍾震作《登月華山萬歲樓》（《徐器之集·吴越遊草》）。

按：李賢《大明一統志》卷十一《鎮江府》『萬歲樓』條：『在府城上西南隅。晋刺史王恭建……

宋紹興太守劉岑即其地新之，爲月觀。』

徐鍾震作《遊鶴林寺》(《徐器之集·吴越遊草》)。

按：李賢《大明一統志》卷十一《鎮江府》『鶴林寺』條：『在黄鶴山，舊名「竹林寺」。劉宋高祖微時嘗獨卧講堂，上有五色龍章。及登極，改今名。』

徐鍾震作《拜米襄陽墓》，自注：『先生以御史爲鶴林寺伽藍。墓在寺前數武。』(《徐器之集·吴越遊草》)

按：米襄陽，即米芾。芾(一〇五一—一一〇七)，初名黻，後改芾，字元章，襄陽(今屬湖北)人。書法家、畫家。曾任書畫學博士、禮部員外郎。後定居潤州(今江蘇鎮江)。

又按：李賢《大明一統志》卷十一《鎮江府》『米芾墓』條：『在丹徒縣長山下。芾，吴人。』

徐鍾震作《古夾山竹林寺》，其《引》云：『山開于林臯和尚，自崇禎丙子以至乙酉，十年間，琳宫梵宇一切俱備。』(《徐器之集·吴越遊草》)

按：竹林寺，鶴林寺舊名。見上。

又按：此寺開於崇禎九年丙子(一六三六)，至清順治二年乙酉(一六四五)落成。

徐鍾震作《暮春遊焦山寺同吴正平》(《徐器之集·吴越遊草》)。

按：李賢《大明一統志》卷十一《鎮江府》『焦山寺』條：『在焦山上。内有海雲堂、贊善閣、吸江亭。』

徐鍾震作《登焦山絶頂》(《徐器之集·吴越遊草》)。

按：李賢《大明一統志》卷十一《鎮江府》「焦山」條：「在府城東北九里江中。後漢焦先隱此，因名。旁人海、門二山。金、焦相望。」

徐鍾震作《遊焦山記》：「丙申暮春十有四日，從定波門出郭，渡石橋里許，有村，村有桃花映帶左右。人從柳陰中行，旁有曲澗，流水淙然。又里許，復有村……外史氏曰：金、焦爲潤州最勝，胡以金山著而兹稍遜之？誠以不在孔道，遊踪罕至，故題咏寥寥，使山靈湮没。抑焦隱君韜光用晦，不欲其名之顯耶！山名浮玉，而金山亦名浮玉，未知孰是。自佛印禪師分爲十六景，而名始著。詢所謂江濱《瘞鶴銘》，不可得。即歐陽公所謂好事者俟水落摹之衹得數字，今亦鮮有其人矣。銘爲華陽真逸撰。真逸乃顧况道號，寔無年月可考。字爲右軍羲之書。蘇文忠以爲不類右軍筆法。蓋當闕疑云。」（《雪樵文集》）

徐鍾震作《錢遐卜邀話茶坊》《過蓮子庵》《花下作字》《郊行》《訪淵如讀書室》《庵中坐月》（《徐器之集·吴越遊草》）。

徐鍾震作《北固山遠眺》《甘露寺》（《徐器之集·吴越遊草》）。

按：徐延壽有《登北固山》《甘露寺》，詳順治六年（一六四九）。

徐鍾震作《春夜》（《徐器之集·吴越遊草》）。

徐鍾震作《三茅觀看進香》（《徐器之集·吴越遊草》）。

按：萬曆二十年（一五九二），興公有《過三茅觀，訪許靈長秀才讀書舍》。

徐鍾震作《望揚子江》《觀湛源所藏書畫》（《徐器之集·吴越遊草》）。

徐鍾震作《祝湛源和尚七十》，其《引》云：『予入潤，得贍禮焉。爲下一榻。』（《徐器之集·吴越遊草》）

徐鍾震作《月下懷人》《春暮懷歸》（《徐器之集·吴越遊草》）。

徐鍾震作《行路難》：『世間萬事付升沉，驅馳且勿傷遲暮。三詔難徵處士還，留帶山門如等閒。古人舉動已足法，今人進退徒成慳。世界已云蹙，干戈生滿目。造次客他鄉，何如居矮屋。志氣已不舒，形神俱先禿。墨子欲迴車，賈生已悲鵩。野草碧連天，王孫真可憐。郵亭虚歲歲，驛路走年年。争名争利徒爲爾，一貴一賤交情弛。人生行樂貴及時，何須戚戚憂愁起。暮春花柳競繁華，流鶯百囀隨香車……客中羞見月，倏忽五圓缺。誰爲解客嘲，那敢因人熱。幾見官高不惜錢，幾見人情不附羶。金玉滿堂富積聚，姬人恩愛頻牽纏。一朝勢歇不足問，門前冷落無喧闐。跨駿馬，持金鞭，鐵甕籠晴旭，鍾山鎖暮烟。了却興亡千古恨，題詩擬續六朝篇。旅人即次應辛苦，彈鋏歸來誰與伍。鄉關遥隔在天涯，蝴蝶夢中驚栩栩。行路難，不如高卧且加餐。』（《徐器之集·吴越遊草》）

三、四月間，徐鍾震在鎮江，登唐埴山，遊木香亭，觀顧夢游題扁。

徐鍾震作《登唐埴山同錢君升》《贈陳寶庵太史》《有美行》（《徐器之集·吴越遊草》）。

徐鍾震作《題木香亭》，其《序》：『亭在潤州東嶽廟中，木香一本十數榦，歲月既深，扶疏蓊鬱……扁爲舊京顧與治書，漫爲記之。』詩云：『坐卧看名筆，熏風欲薦凉。』（《徐器之集·吴越遊草》）

按：舊京，南京。顧與治，即顧夢游。

四月，徐鍾震在鎮江。初八日，圓通庵寫大悲咒。茶坊同錢伯可看牡丹，遊招隱山。十五日，再至城霞閣。至蘇州，第三次遊虎丘。至嘉興，又由嘉興至杭州。遊湖心亭，謁岳飛墓。少憩瑪瑙寺，過鳳丘。

徐鍾震作《題美人爲吴子遠》《浴佛日，圓通庵寫大悲咒》《茶坊看牡丹同錢伯可》（《徐器之集·吴越遊草》）。

徐鍾震作《遊招隱山》（《徐器之集·吴越遊草》）。

按：李賢《大明一統志》卷十一《鎮江府》『招隱山』條：『在府城西南七里，一名「獸窟山」。劉宋隱士戴顒居此。相傳梁昭明太子亦嘗於此讀書，石案尚存。下有招隱寺，寺内有虎跑、鹿跑、真珠三泉及玉蕊亭。』

徐鍾震作《别體真》（《徐器之集·吴越遊草》）。

徐鍾震作《初夏望，再至城霞閣看月》（《徐器之集·吴越遊草》）。

徐鍾震作《奔牛鎮即事》（《徐器之集·吴越遊草》）。

按：奔牛鎮，在江蘇常州。

徐鍾震作《三至虎丘》（《徐器之集·吴越遊草》）。

徐鍾震作《盤門接家報》：『半年客路無停處，三次鄉書總到時。』（《徐器之集·吴越遊草》）

按：去歲十一月離家，至今半年。

徐鍾震作《次吴江》（《徐器之集·吴越遊草》）。

徐鍾震作《登吴山》（《徐器之集·吴越遊草》）。

按：萬曆二十年（一五九二），興公有《遊吴山紫陽洞，同許靈長、胡御長》；三十三年（一六〇五），興公於吴山雲居寺塵埃中覓得永樂鈔本釋宗泐《全室集》；三十七年（一六〇九），公興有《聶錢唐招同鄭孔肩、張維誠、陳濟甫集吴山紫陽庵》。

徐鍾震作《檇李舟中》《摘翠樓上望西湖》（《徐器之集·吴越遊草》）。

徐鍾震作《湖心亭》（《徐器之集·吴越遊草》）。

按：翟灝、翟瀚《湖山便覽》卷三《孤山路》『湖心亭』條：『湖中舊有三塔，明弘治時燬。正德時，並去其基，惟北塔一基略存。嘉靖三十一年，知府孫孟訪得之，建亭其上，名曰「振鷺」……萬曆四年，按察僉事徐廷祼重建，額曰「太虚一點」。司禮孫隆叠石四周，廣其址建喜清閣，旁植花柳，遊人詞客但統稱曰「湖心亭」。』

徐鍾震作《岳忠武墓》（《徐器之集·吴越遊草》）。

按：崇禎十一年（一六三八），徐延壽有《岳墳》。

徐鍾震作《瑪瑙寺少憩兼過鳳丘》（《徐器之集·吴越遊草》）。

按：田汝成《西湖遊覽志》卷二《孤山三堤勝跡》『瑪瑙坡』條：『在孤山之東。碎石文瑩，若瑪瑙然，人多採之，以鐫圖篆。』

又按：翟灝、翟瀚《湖山便覽》卷二『瑪瑙寶勝院』條：『晋開運三，吴越錢氏建。宋大中祥符間，僧智圓重修。有高僧閣、夜講亭。』

徐鍾震作《讀驤武續集題其後》《賀義星枉顧寓中》《贈某道士》《别南枝》《齊村》（《徐器之集·吴越遊草》）。

五月，五日，徐鍾震渡錢塘。雨後過富陽，又過桐廬，登釣臺，蘭溪泛漲，過龍游，至衢州訪徐國珩。過江山、江郎山、窑嶺；越過仙霞關，冒雨抵達浦城，宿吴子文宅。訪潘雪生，留飲；崔濤山署同黄晋良、卓初荔飲。過建州，感嘆兵燹之後屢遭灾。

徐鍾震作《五日渡錢塘》《雨後過富陽》《嶺東羅德基携酒過舟，命歌兒阿明侑絃索，賦别》《泊新店》《待月》《會江道中》《過桐廬》《登釣臺》《溪行》《蘭溪泛漲》《龍游舟中》(《徐器之集・吴越遊草》)。

徐鍾震作《太末訪家鳴玉先生，留飲園中阿郎子强、阿孫幼序在座》：『縞帶定交三世久，滄桑閒話十年强。』(《徐器之集・吴越遊草》)

按：自興公始，中經延壽，至鍾震與鳴玉定交，故云『三世久』。崇禎十一年(一六三八)，興公携延壽訪徐國珩，延壽有《信安夜訪徐鳴玉溪畔居》詩。順治六年(一六四九)，延壽再訪之，有《三衢訪鳴玉宗兄》。自興公經衢州訪鳴玉至今，超過十年，故云『十年强』。

徐鍾震作《次北林》《雨泊》《溪上買魚》(《徐器之集・吴越遊草》)。

徐鍾震作《客况》：『八千里路客言旋，五月猶披半臂棉。』(《徐器之集・吴越遊草》)

徐鍾震作《過江山》《清湖覓主家》《江郎山》《窑嶺》《南樓道中》《冒雨抵柘浦宿吴子文宅》(《徐器之集・吴越遊草》)。

徐鍾震作《訪潘雪生新居，留飲》(《徐器之集・吴越遊草》)。

按：順治六年(一六四九)徐延壽過浦城，有《至柘浦晤潘雪生、梅其友溪上》《浦城同潘雪生、梅其有遊天心寺》詩。

徐鍾震作《崔濤山署同朗伯、初荔、允大飲》(《徐器之集·吴越遊草》)。

按：黄晋良，字朗伯，晚號東叟，閩縣人。諸生，得黄道周《易象正》《三易洞璣》，窮年伏誦。重氣節，善排難解紛。有《敬和堂文集》。

又按：鍾震有《黄朗伯贊》：『黄子爲吾鄉哲匠。有清净相，無毁譽相；有德業相，無功名相。吾見其讀書飲佳釀，醉後琅琅作金石聲，真屬乎羲皇以上。』(《雪樵文集》)

又按：鍾震有《卓初荔贊丙申》：『丰神俊逸，氣度翩躚。擁書萬卷，斗酒百篇。與人交，如飲醇自醉。予猶憶安仁廻車，擲果之當年。』(《雪樵文集》)

又按：以上二贊，作於本年。

徐鍾震作《天香閣訪益然和尚》《雨中集王定之將軍署，暢飲連日，賦贈同功卓、雪生處庵》(《徐器之集·吴越遊草》)。

徐鍾震作《建州感舊》：『丹碧原稱勝，低佪二十春。那堪兵燹後，又見火灾頻。門巷成新主，谿山絶舊人。當年歡笑地，今日總成塵。』(《徐器之集·吴越遊草》)

按：鼎革後，建陽頻發火灾。

徐鍾震作《哀謝珂臣》，其《引》云：『珂臣負儁才，歲丙子與予定交，相視莫逆也……棘闈戰不勝，淒然泣下。每從尺素中相勸勉。詎當鼎革，遂翩然而不戀此鷄肋……遂以憂傷卒，年未四十。』(《徐器之集·吴越遊草》)

又按：謝珂臣，建州人。崇禎八年(一六三五)，興公有《杪秋，葉我賓、謝珂臣、官朗公招同張石宗、陳道掌、郭茂荆集光孝寺，蕊姬在席，共得南字》。

閏五月，五日，徐鍾震結束長達半年之久的吴越之遊，抵家[一]。家中圖書塵封已經半載。

徐鍾震作《閏午抵家》：『水漲風波險，歸期節續蒲。圖書塵半載，風月話三吴。』（《徐器之集·吴越遊草》）

按：去歲鍾震出遊别延壽，交代圖書慎借還，半載歸來，圖書塵封無損。

九月，漳浦李瑞和爲徐鍾震《十八老詩》作《小引》。

李瑞和有《〈十八老詩〉小引》：『器之《十八老詩》自謂題無倫次，而實倫次者。人生先食，食飽思色，故農而妓次之。穀佐以蔬，備嘗而肉可斷，故圃次，而僧又次之。佛門空寂，便欲思仙，學仙

[一] 徐鍾震遊吴越，歷時半年，有詩近二百篇，平均每天一篇，結集爲《吴越遊草》。出行時年四十七，歸來年四十八，年紀已經不小。其叔氏延壽，崇禎十一年（一六三八），隨興公漫遊吴越，遠至山東，年二十五。崇禎十四年（一六四一），獨自往南贛依章自炳，前後兩年時間。入清之後，戰亂稍平，於順治六年（一六四九）出遊吴越，亦越歲而歸。順治十六年（一六五九），爲救周亮工之獄，陪送至京師，次歲歸途，遊大梁，會周亮工出獄，又至金陵相聚。順治十八年（一六六一）再遊江左。鍾震在閩雖然也有建溪、漳州之遊的經歷，但是出閩遠遊却衹有這一次。延壽交友的圈子無疑比鍾震大，交結對象名流也較鍾震多，其詩其名的流布也比鍾震大。一方面，可能是性格使然，另一方面所追求的價值也不太相同。延壽風流倜儻，見多識廣，豪俠仗義。鍾震較爲沉著，書法精湛，一生參加過六次鄉試，入清之後仍然汲汲於功名，最終還是鎩羽而歸；延壽入清之後，雖爲達官周亮工座上客，却無意於舉業，對舊朝的留戀，對戰伐的厭惡程度遠勝於鍾震，詩文成就（可惜文不傳），也勝於鍾震一疇。不過鍾震對徐氏圖籍的保護收藏整理，功不可没。其史傳的著述，亦成一家之言。

學佛，皆男子事，聰明女子未免技癢，薙髮絶夫，求爲出世，故道次，而尼又次之。蹊田争風，折柳賣菜，縮錫添金，黄老瞿曇，劣徒不嗣，于是訟獄生焉，疾病作焉，故吏次，而醫又次之。色目紛紛，入山宜深，腰鐮不鈍，以薪易米，奈府帖夜下，丁年從軍，白首繫籍，故樵次，而兵又次之。世既陸沉，吾且蹈海，篛笠簑衣，釣竿簁簁，鰣魚上市，便了當呼，故漁次，而奴又次之。今之學究不如人傭，賣妻鬻女，庶挽徵符，故儒次，而媒又次之。無家可别，行將出走，胸前磊塊，非酒不消，故旅次，而酤又次之。世態如斯，逢場作戲，着白頭翁數輩，閒覽諸西物，何等快活，故優次，而老人又次之。若夫效鍾嶸之《詩品》，擬江海之鴻名，則所云弟子不得議其師也。丙午重陽，漳浦社弟李瑞和識於嵩山草廬。』（《徐器之集·嵩山倡和·十八老詩》卷首）

徐鍾震作《〈十八老〉引》：『人生自少而壯，壯而老，光陰荏苒，鬚眉易白，耳目昏瞶次之，筋力衰憊又次之。嗟功名之不立，覺婚嫁之相牽，人亦何可老也。自「多少朱門年幼客，業風吹上北邙山」之句出，是人求老亦不易，竊舉其老之賤者而賦之，人又何必諱言也。題無倫次，成以後先。』（《徐器之集·嵩山倡和·十八老》）

按：十八老：老農、老妓、老圃、老僧、老道、老尼、老吏、老醫、老樵、老兵、老漁、老奴、老儒、老媒、老旅、老酤、老優、老人。

又按：李瑞和《小引》作于本年，然徐鍾震詩作年可能更早。陳衎《老儒效陸放翁體》跋語：『社中有擬《老將》《老僧》《老妓》詩者，予以不如自寫本色，遂得八首，景真情苦，歌以當哭。然予年早及艾，尚健，日與里中少年鬬鷄走馬，詩亦道其所必至者耳。乃若胸懷酸楚，則更甚也。崇禎庚辰季夏十二日著並跋。』（《大江草堂二集》卷六）崇禎十三年庚辰（一六四〇），早在徐鍾震三十歲左右，閩中詩社已經有人作諸『老』詩，鍾震所作，或受詩社影響而擴充到十八首之多；或亦非一時所作。

十二月，十五日，徐延壽同周亮工、陳肇曾、陳濬、涂之堯、許珌集許友陶瓶看梅。

徐延壽作《臘月望日，同周元亮先生集許有介陶瓶看梅》二首，其一：『園居誰最勝，愛此草堂前。上客來何速，狂生醉獨先。酒聲千疊浪，花影半瓶烟。共惜今年月，惟餘一夜圓。』其二：『交不棄貧殘，王公古道存。牢騷身外事，雜亂酒中言。霜重月添魄，夜深花返魂。願言終此歲，日日到柴門。』（《尺木堂集·五言律詩》二）

周亮工有《月夜同陸違之、陳昌箕、徐存永、陳開仲、涂子是、謝爾玄、許天玉過有介陶瓶看梅》：『歲事已云暮，寒風獨扣門。艱虞百戰後，痛哭一身存。酌酒永今夕，與梅同此園。憐君引我醉，不敢頌繁冤。』（《賴古堂集》卷五）

按：涂之堯，字子是，閩縣人。順治十一年（一六五四）舉人，官陝西石泉知縣。

周亮工又有《即席再次存永韻，時有介欲移家秣陵，不果》：『欲棄家園去，謀生鍾阜前。途危難自定，歲苦不如先。强客寒梅酒，移人古竹烟。十年嶺外月，更見幾回圓。』（《賴古堂集》卷五）

許友有《招陸違之、陳昌箕、陳開仲、徐存永、塗子視、謝爾玄、家天玉小齋看梅，適櫟公至》二首，其一：『承君真率甚，鷄黍過柴門。木葉落將盡，梅花開正繁。人期存古□，道重在忘言。更喜前山月，黄昏到酒尊。』其二：『先生真好士，獵飲竟能先。村酒亦成醉，園蔬不費錢。虛堂明夜雪，寮

樹宿深烟。莫畏□□□，看花又一年。』篇末自注：『忽忽數年，讀此覺良會猶在目前。』（《米友堂詩集·五言近體》）

本年，海寇攻福州城，周亮工登烏石山守城，以炮擊賊，賊遁去。徐延壽有詩紀其事。

徐延壽作《烏樓紀事·爲少司農周元亮先生賦》四首，其一：『雉堞西南壯一隅，樓頭畫角起棲烏。功高連帥前方伯，籌借司農上大夫。劫火千村啼木客，驚濤萬里簸天吴。捷書頻報中丞府，緩帶從容看獻俘。』其二：『塵暗荒郊鐵騎奔，秋風笳鼓競聞喧。越王臺近遊燐泣，薛老峰危戰霧昏。雄石當關蹲似豹，愁雲歸洞宿無猿。高樓萬弩軍聲動，不見寒潮入海門。烏山有薛老峰，烏樓下爲豹頭山，有宿猿洞。』其三：『坐嘯南樓任指揮，乘墉血戰解重圍。家丁不避當先鏑，門士皆披短後衣。月落空江空罷釣，烽連窮堠雁初飛。孤臣有待膚功奏，詔下金鷄擁傳歸。』其四：『昔年倭寇患閩中，故老能言舊戰功。桴鼓登陴宗子相，藤牌開陣戚元戎。今看壁壘高前代，再覯衣裳頌我公。好著新書重紀效，烏山片石更穹窿。嘉靖中倭寇迫城，宗子相督學守西門，戚南塘大將軍提兵至，盡殲之，著《紀效新書》。』（《尺木堂集·七言律詩》三）

按：《（周亮工）年譜》：『正月，赴閩質審。秋，海寇襲會城，撫軍宜永貴以人心屬望，就邸中請公爲城守計。以射烏樓屬公。公親放大炮，擊死賊渠，餘賊遁去。』（《賴古堂集》附録）

又按：許珌《〈射烏樓記事〉序》云：『丙申七月十七日，海寇突逼城下，城幾潰。諸大吏分派紳士守禦。時櫟園司農，對讞至三山。紳士以公久諳閩事，僉請協守城堵。惟西南射烏樓最爲險要，即藉公彈壓其地。公甫登陴，以二炮殲二渠魁，遂多捍格功。』（《鐵堂詩草》卷上）

周亮工有《寇退後，從射烏樓過神光寺贈幻因上人，寺在射烏樓下，時上人欲遊秣陵，不果》（《賴古堂集》卷五）。

本年，徐鍾震爲杭州永昌禪院作募杉木疏。

徐鍾震作《杭州新興永昌禪院募杉木疏》：『杭之山水甲于天下……雪坡上人，峨眉産也。發願宏深，力肩斯任，以庚辰歲募化入閩。』（《雪樵文集》）

本年，徐延壽請錢謙益爲其《尺木堂集》作序，錢《序》提及偪塞戎馬，宛委（羽）、紅雨樓，迭架炮車。

錢謙益有《〈尺木集〉序》：『崇禎己卯，存永侍尊甫興公徵君訪余拂水，存永方綺歲，才藻麗逸，余以孝穆期之。後十餘年，存永偕陳開仲自閩過存。坐絳雲樓下，摩挲沁雪石，周視插架古史舊文，談興公、孟陽遊跡。余爲詩曰：「高人有福先歸地，野老無謀但詛天。」酒罷，悲吟欷歔別去。是歲，絳雲樓災，存永寓書，相三日之哭。又七年，以《尺木集》請序。存永之詩，富有日新，至是而大就。《哭曹能始》長篇述陽秋，詢琬琰，富矣哉，古良史也！往存永談閩詩，深推其友許有介。頃遊南京，見有介詩，每逢佳處，杷搔狂叫。喜存永爲知言。乃慲肰命筆，爲其集叙。乳山道士適來，告曰：存永所居，偪塞戎馬，宛委、紅雨，叠架礮車，播遷困戹。其詩當益工，所就殆不止此。嗟夫！讀有介之詩，知閩之才士與存永争能鬭捷者，後出而愈奇。聽乳山之言，即存永一人之詩，所謂見新非故者，屢遷未見其止。甚矣人才之難盡，而斯人之文心靈氣，未可以終窮也。唐李牟吹笛，天下第一，所吹烟竹之笛，笛中第一。瓜州江上秋夜横吹，寥亮逸發，爲牟生平吹笛第一。俄而鄰舟有客請吹，河山可裂，鐵管粉碎，意其蛟龍也。今存永、有介之詩，皆笛中第一也，則未知孰爲李牟之吹耶?孰爲鄰客之吹耶?余之掩袖而聽者,其爲烟竹、爲蛟龍,能一一而辨之耶?聽蛟龍之笛者,驚其入破,呼吸盤擗,以爲天下無有,若夫雪山浴池之歌,大樹緊那之絃管,仙人狂醉,須彌涌没,其視蛟龍之聲,不猶蠅聲之發於蚓竅耶?由是觀之,存永之詩不能盡存永,有介之詩不能盡有介,而八閩與天下之詩,心師意匠,新新不窮,其不當以方隅之見,坐井而窺隙日也。亦若是則已矣!白門之士,就余論詩,遂有爽然自失者,遂書之爲《〈尺木集〉序》。三年笛裏,關山無恙,尚期與存永、有介尊酒細論,開口而一笑也。』(《尺木堂集》卷首,又見《牧齋有學集》卷十八)

按:順治七年(一六五〇),延壽訪虞山,參見該歲。又七年,則爲今歲。

本年,余颺始得交徐延壽,余氏説得見徐延壽猶如得見徐𤊹;讀存永詩如讀徐𤊹詩。

余颺《〈徐器之集〉序》:『乙未歲,予羈縶三山,得交存永,並得詳讀其詩。見存永,如見先生焉;讀存永詩,亦如讀先生焉。時器之客遊吴越,越歲,方得遇於郡城。』(《徐器之集》卷首)

按:余颺,字賡之,一字季廬,號季節,莆田人。崇禎十年(一六三七)進士,授宣城知縣。弘光朝官廣東副使。弘光覆滅,於閩舉兵抗清,兵敗被俘,得釋。有《莆變紀事》《蘆中集》等。

本年,亂後,時會城竟成灰燼,徐氏宛羽樓亦捨佛作祇園,昔日賓朋從容吟咏品題已不可得。

按:林鳳儀《〈南行詩集〉叙》:『逾年而南臺失守,都下繁華之場,竟成灰燼。援騎北來,而君家草堂變爲牧馬之區,宛羽樓亦捨佛作祇園矣!欲求如向者賓朋從容吟咏品題甲乙,豈可得哉?而余又安得不心瘁也!』(《徐器之集·南行詩集》卷首)

順治十四年丁酉（一六五七）　歿後十五年

林古度七十八歲，徐鍾震四十八歲，徐延壽四十四歲

正月，元日，徐延壽集李子素書室；二日，徐延壽與陳肇曾等集緑玉齋。

徐延壽作《丁酉元日，飲李子素書室》（《尺木堂集·七言律詩》三）。

徐延壽作《二日，昌基、是龍、佩芳、肅夫、静夫、補非過集山齋，席上送章簡而還嵩溪》：『爲園半畝亦閑閑，喜有良朋數往還。獻歲尚傳花事蚤，題詩先到草堂間。行歌以嘯聞金石，醉態將頽倚玉山。却恨當筵人賦别，緑波春水望嵩關。』（《尺木堂集·七言律詩》三）

春，徐延壽飲葉二衎美人新居，有詩。

徐延壽作《飲二衎新居次五竹韻》：『深巷苔痕初破緑，小窗梅額半安黄。』（《尺木堂集·七言律詩》三）

按：崇禎十二年（一六三九）興公往潮州（義安），社友送之（後行至漳州而返），二衎度曲。陳衎有《送徐興公之義安、陳叔度之豐邑、林異卿之金陵、陳昌箕北上春官一同祖道，二珩美人度曲》（《大江草堂二集》卷六）。曹學佺有《贈二珩美人》二首（《西峰用六篇詩》）。陳鴻有《贈葉二珩美人》（《秋室編》卷三）。

夏，徐延壽移居福州城北。

徐延壽作《移居城北，社中諸子過慰，因憩華林寺，喜李子山自維揚歸》：『隔林僧影露袈裟，路指無諸古嶺斜。六月河枯魚有淚，百年巢破燕無家。時危欲覓中山酒，暑劇難消北苑茶。有客歸來邗水上，可憐人面似瓊花。』（《尺木堂集·七言律詩》三）

按：徐氏世居鼇峰，在福州城南；華林寺，在城北。

七、八月間，徐延壽移居華林坊，再移城西，至是，一年已三移居。有詩言及鼇峰峰下書堂已成廢墟。

徐延壽作《移居華林坊感賦》：『投林窮鳥意何如，皋廡凄凉暫僦居。身傍空門原不二，人傳古嶺是無諸。呼兒撥火寒煨芋，課僕開園曉灌蔬。鄉井少年同學者，爲言踪跡莫教疏。華林寺前有無諸古嶺。』（《尺木堂集·七言律詩》三）

徐延壽作《再移居城西》：『鼇峰峰下是吾廬，一歲三遷步趦趄。八口妻兒誰可托，百年堂構已成墟。雀微安得知鴻志，鳩拙偏能奪鵲居。講肆由來非馬隊，吞聲慟哭較殘書。』（《尺木堂集·七言律詩》三）

按：延壽遷居的緣由，一是鼇峰舊時堂構成墟，二是鳩占鵲巢，爲强有力者（馬隊）所逼奪。延壽忍無可忍，吞聲慟哭無淚。

十月，錢謙益爲徐延壽集作序並及許友。

錢謙益有《侯官許友有介》：『丁酉陽月，余在南京爲牛腰詩卷所困，得許生詩，霍然目開，每逢佳處爬搔不已。因序徐存永詩，牽連及之。』（《吾炙集》）

十二月，許友欲移家金陵，不果，徐延壽有詩紀其事。

徐延壽有《有介欲移家秣陵，不果》（詩佚，題筆者所擬）。

周亮工有《即席再次存永韻，時有介欲移家秣陵，不果》：『欲棄家園去，謀生鍾阜前。途危難自定，歲苦不如先。强客寒梅酒，移人古竹烟。十年嶺外月，更見幾回圓。』（《賴古堂集》卷五）

冬，徐延壽客長樂，有詩贈知縣姚琅；歲逼，別去。

徐延壽作《長樂姚書城令公招遊黄庭山》二首（《尺木堂集·五言律詩》二）。

按：姚琅，字書城。石門（今屬湖南）人。貢生。長樂知縣。

徐延壽作《贈長樂令公姚書城》（《尺木堂集·七言律詩》三）。

徐延壽作《歲暮別姚書城令君》：『漫言兵燹客來稀，窮鳥投林得所依。亂後尚看城郭好，夢中嘗怯戰塵飛。愁看臘去催人老，忙問潮生趁渡歸。頌獻椒盤聊卒歲，衡門差免賦無衣。』（《尺木堂集·七言律詩》三）

本年，胡介南遊，交結徐延壽，爲其題《尺木堂集》，稱徐氏爲閩南文章世家。

胡介有《題〈尺木堂集〉》：『予聞閩南徐子存永才名甚久。丁酉南遊，始得交存永，讀其所藏《尺木堂稿》，風華雄健，如觀李北瀨書，此人所共見也。獨其冥心追古，收拾其驚才軼思于繩尺之中，而超然風氣之外，非草莽崛起所能。存永爲興公先生子，幔亭先生猶子，故疑文章亦有世家也。湛深家學，難與並驅，史稱安平崔氏、汝南應氏，《尺木堂稿》與興公、幔亭兩先生書俱傳，稱閩南徐氏矣。』（《尺木堂集》卷首）

按：胡介，錢塘（今杭州）人，初名士登，字彦遠，號旅堂。諸生。有《旅堂集》。

本年，鼓山永覺禪師入塔，延壽有詩紀之。

徐延壽有《鼓山奉永覺大師入塔》四首，其一：『岃嵮雲邊路，袈裟葬此間。全身歸白塔，開眼對青山。不爲諸緣係，惟將隻履還。影堂朝未啓，猶説閉禪關。』其二：『自卜歸真地，何山不可容。本來無定所，偶愛此高峰。甘露千年樹，蒼烟五粒松。生前銘片碣，長倩白雲封。』其三：『僧俗諸方至，幢幡衆導迎。天高迦鳥下，潭近毒龍驚。松籟成仙梵，香烟繞化城。空門無涕淚，衹念佛千聲。』其四：『參師膜拜始，憶在建溪邊。衹覺須臾事，俄經廿四年。泉寒聲不已，月滿相依然。嗣法得高足，宗風有嫡傳。』（《尺木堂集·五言律詩》二）

按：廿四年前，即崇禎七年（一六三四），是歲迎永覺至鼓山。

本年，周亮工擬刻陳濬、許友、徐延壽三子詩，雖半已屬梓，以陳、許陷鈎黨、徐匿影，以此中止。

周亮工有《〈尺木堂集〉序》：『榕城徐子存永、陳子開仲、許子有介，皆以詩從予游。予初欲合三子詩鎸以行，會予去閩，不果成。丁酉再至，則聞開仲、有介已陷鈎黨，存永雖脱，然匿影複壁，無異坎窞。是時，三子詩半已屬梓，以此中止。』（《尺木堂集》卷首）

本年，余颺見徐鍾震，余氏言見鍾震猶如得見徐𤊹。

按：余颺《〈徐器之集〉序》：『讀存永詩，亦如讀先生焉。時器之客遊吴越。越歲，方得遇於郡城，道左一揖而别。然見器之，又如見先生與存永焉。』（《徐器之集》卷首）

本年，周亮工在閩質審，真相大白。

按：《（周亮工）年譜》：『丁酉，四十六歲，在閩質審。初，公未至閩，奉旨回奏，解任候勘。時劾公者以公在京師，大懼，嚴督有司煅煉，具獄刑，死者三人。及公赴閩面質，事皆莫須有……事乃大白。』（《賴古堂集》附録）

順治十五年戊戌（一六五八） 殁後十六年

林古度七十九歲，徐鍾震四十九歲，徐延壽四十五歲

春，徐鍾震南往漳州爲幕賓，感慨滄桑易變，兵燹流離，有詩追懷漳、泉二郡先賢，作《南行九哀詩》。

徐鍾震作《南行九哀詩・引》：『予庚辰、壬午兩入丹霞，得從遊群公之門，皆先大父之所友而善焉者也。或問字，或操觚，或假館授粲，咸謂孺子可教，嗣而勖勤天路，夾輔閩疆，猶得趨陪色笑，仰止彌勤，不虞滄桑易變，兵燹流離也。今歲戊戌再至，而老成凋謝，典型無存，俯仰十六年間，不無梁木之悲、人琴之感者。中如石齋相國之不屈盡節，平人中丞之盡瘁殉難，是皆出人一頭地。其餘諸公，宦業彪炳，文藻鮮麗，遯跡丘園，王侯不事，能全膚髮以歸泉壤者，亦可爲明之完人者矣。杜工部有《八哀詩》，數雖不符，竊效而志之，以毋忘予生平之知遇云。』（《徐器之集・南行詩集》卷首）

按：兩入丹霞，在崇禎十三年庚辰（一六四〇）、十五年壬午（一六四二）。

徐鍾震作《南行九哀詩・大學士兼兵部尚書贈文明伯黄公道周》：『銅陵黄夫子，生當明盛時。文章典石渠，名節昭彤墀。經筵日進講，切直辭無枝。退而細引經，注釋呈箴規。進呈有《緇衣》《儒行》《月令》《洪範》《坊記》《表記》諸明義。朝端樹朋黨，面折廷無欺。三月四日事，左右爲之危。赫怒倏忽霽，貶斥歸茅茨。鄴山開講堂，大會披襟期。問難日不輟，嫡派程朱垂。著述既充棟，早夜猶孜孜。洞璣晰三易，絶學成元龜。胸次剖天人，進退無纖疑。天地乍昏黑，國祚隨傾移。金陵鼎再奠，日月期無虧。中興數人物，耆舊推吾師。特勑賜馳驛，未至旋危欹。憤恨既不勝，鹿逐將爲誰。唐藩堅擁戴，決策人心攴。入閩路崎嶇，三疏垂涕洟。鎬南與靈武，創業當如斯。海濱鄒魯俗，正位敷綱維。黎庶日蠢動，四海多瘡痍。惟師蔚人望，思建堂堂旗。廟堂新授鉞，亟出兩江湄。人心以義動，響應端在兹。誰知勢不爾，萃涣成虚詞。就俘秣陵去，益動平生悲。天朝節不屈，視死甘如飴。遺言宛而惻，置對嚴而嗤。從容以就義，淺深人難窺。報至日無光，當宁哀嘘噫。喪我股肱佐，殲我棟梁資。舉朝失領袖，天下摧威儀。疆埸瘁王事，勁節雄華夷。惟有宋文山，千載稱相知。天子念碩輔，皎皎志死綏。下議錫重爵，不吝五等馳。嗣胤亟録用，以表孤忠兒。南泉鄭居士，莆鄭牧仲刻其遺詩。懷古低垂帷。廣搜彼時語，剞劂無留遺。欲使後世人，讀之伸鬚眉。』（《徐器之集·南行詩集》）

徐鍾震作《南行九哀詩·孝廉張公燮》：『早歲領賢書，挾策入帝里。大業繩箕裘，聲名鵲然起。旁搜四部中，注意經與史。却掃勤閉門，著述無暇晷。端期不朽垂，寧論紆青紫。驅車走四方，名下盟佳士。上書未見收，累刖卞氏趾。寵辱若不驚，棄置如敝屣。不上孝廉船，時憑南郭几。仲蔚徑方開，唱酬執牛耳。式廬公與卿，時煩驄馬使。白簡薦遺逸，素志在山水。漢魏慕前人，遺篇寥寥矣。搜輯矻窮年，方克聚其美。好事者捐資，隨力而厥剞。家名七十二，書成看紙貴。金閶覓利徒，奇貨居爲市。重鎸少增益，反易顯者氏。汰沃見恬然，射利何必爾？晚乃得叔子，嘉名錫于壘。少小號聖童，風韻寔都似。買山資既饒，朝夕鑿崖圮。洞壑既玲瓏，松杉鬱庭戺。題曰萬石山，清風從此始。偃息未云深，聖童隨夭死。摧折固堪憐，敷榮亦可耻。舐犢情自殊，創祠以爲祀。歲乃當龍蛇，淹然在床笫。予時客丹霞，朝夕來省視。誰知少微星，别後去何駃。霏雲集名，前後集二百卷。富雄篇，群玉

集名，五十卷。端正軌。豈獨老波瀾，寔以揚糠秕。千秋有令名，高山爲仰止。』（《徐器之集·南行詩集》）

按：張燮萬曆二十二年（一五九四）舉人，年二十二，故云『早歲領賢書』。張溥《百三家集》晚于張燮《七十二家集》，徐鍾震認爲溥集名聲大，然多從燮集來，『少增益』。萬曆三十一年（一六〇三），興公遊漳訪張燮，結交幾四十載。崇禎十二年（一六三九）至次年春，張燮卧病，鍾震隨大父興公適至漳州，故得以朝夕探視。興公與鍾震離漳三日，張燮卒。

徐鍾震作《南行九哀詩·孝廉陳公正學》：『東郊結園廬，脩然托高寄。花木四時春，躬爲場圃醉。池沼日種魚，濠梁具其致。乃厭帝京塵，不整公車轡。意氣固已豪，軒冕亦輕視。圖史堆連床，披覽勞夢寐。十箋多清言，揮毫析疑義。興致賦洋纚，清新有佳思。研田雖不豐，常供梨棗費。桃葉渡頭歌，日日聞鼓吹。郡邑慕清風，時枉軒車至。對談或終日，不問案牘事。一丘一壑深，胸中成位置。芝眉遠映人，遂使消名利。予兩宿園中，霜寒飽蒼翠。才情過所聞，有客問奇字。王符著潛夫，仲統哀樂志。先生與等倫，丘園隱白賁。炎熱世薰心，聞風可以媿。』（《徐器之集·南行詩集》）

按：萬曆三十一年（一六〇三），興公遊漳，正學邀集其東郊園林；鍾震前後至漳州，兩次投宿正學園中，四十多年間，祖孫與正學情誼深厚。

又按：『九哀』所哀九人，除黄道周、張燮、陳正學，還有王志道、陳士奇、何楷、陳文煬、何九雲、池顯方。

五月，徐鍾震將南行所作結爲《南行詩集》，林鳳儀爲之序。林向哲爲《南行詩集》作序感慨徐𤊹伯仲與曹學佺諸公唱和，而曹學佺石倉園、徐氏宛羽樓化爲健兒弓帳。

林鳳儀有《〈南行詩集〉叙》：『余素聞晋安有徐存永、器之二君之名，而欲識之。庚寅春偕舍弟君十赴開府之招，而器之在座，遂握手締交，如膠漆然。適存永北遊未歸，終以不見爲恨。時陳昌箕與器之當社，諸友集於宛羽樓者四十餘人，可爲盛矣……器之以曠世之才，久困場屋，鬱鬱不得志，而爲入幕之賓，遂往丹霞。夫丹霞，固器之十年前之舊遊，而亦余二十年前所經歷地也。余昔當思宗之初，天下宴然，其休養生息於三百載，幾不知有稼穡艱難之事。今三山已如此，而丹霞可知已。其父老尚有存否？物力尚豐、室廬田園尚無恙否？又何況乎？士大夫盡節於革除之際，如黄、何二公者，名聲赫赫，無論矣。其餘摧殘於兵戈而埋没於喪亂何可勝數，宜乎子之悲；悲而不已，而復繫以《南行九哀》之詩，冀一招其魂而慰其心，蓋亦其不得已者肽。順治戊戌歲仲夏，社小弟少威林鳳儀頓首於樗軒。』（徐鍾震《徐器之集·南行詩集》卷首）

林向哲《〈南行詩集〉序》：『吾友器之蚤負異才，從其大父興公先生遊四方，所至鉅公名卿，争折節延之，爲詩酬贈與定交。及器之再入丹霞，去當時纔十餘年耳，所爲鉅公名卿者皆殁不復見。於是，器之賦《南行九哀詩》，其詩悽惻深婉，凡咏其人、述其事，皆無溢行飾詞，至敦篤古道藹然，猶覺出於筆墨之外，可謂得子美之意者矣。既而緘以貽余與家昆，且命序之。予足未嘗涉四方，不及見當時人物之盛，生平感遇如銅山夫子，尤辱國士之知，既無昔人負几杖之勤，又不能效大招之誼，是余方愧器之而又安足以語此哉！顧余竊有感焉，器之所咏不過一郡邑耳，使器之更入四方，其所感嘆不見而發爲詞章者，不知當何如也。即興公先生伯仲與曹能始諸公唱和振閩南，能始殉國難，諸公咸溘然委蛻，而曹氏書倉、徐氏宛羽樓，亦爲健兒弓帳，豈不傷哉！江山故宅，求一代偉人風流唫咏之地而不可得，亦何必待後世好事者始知其悲耶！雖然，士大夫遭異代以期頤致譏如褚彦回者，抑多矣！嘉運不逢，哲人淪喪，則又重哀世道之不幸而嘆諸公之幸也！讀《南行詩》者，其知之與！戊戌夏至，木蘭社盟弟林向哲頓首題。』（徐鍾震《徐器之集·南行詩集》卷首）

按：林向哲，莆田人。

六月，周亮工被逮下刑部，徐延壽、陳濬陪送。

按：《（周亮工）年譜》：『（撫軍）以前後兩疏辭入奏，詔逮下刑部，復訊。六月出閩，十一月至京師就刑部候訊。』（《賴古堂集》附録）

夏、秋間，徐延壽經衢州，至杭州，陳濬卒於湖上。又經京口。

徐延壽作《過衢州爲鳴玉宗兄壽》（《尺木堂集·七言律詩》三）。

徐延壽作《京口夜集妓館》（《尺木堂集·七言律詩》三）。

周亮工有《閩人翁陵移家公路浦，過予舟，與其同里徐延壽醉》：『家移不記是何辰，鳩杖扶舟淚滴巾。問友都隨遷客到，因予又見故鄉人。耕田得秫聊謀醉，賣字營錢亦不貧。忽去自言無異望，惟求老作建安民。』（《賴古堂集》卷九）

十一、十二月間，徐延壽至京城，晤吴薗次（園次），逢紀映鍾；映鍾贈《冷堂集》。徐延壽讀韓詩《使虔小記》，以爲古文貴短。

徐延壽作《長安晤吴薗次中翰留宿》：『寒卮相對夜窗虚，老我霜顛不似初。易水重逢殘歲迫，揚州一夢十年餘。西風破笠遊人淚，東壁寒燈太史書。語及同遊陳子仲，琴聲淒斷重欷歔。陳開仲歿於湖上，藺次有詩哭之。』（《尺木堂集・七言律詩》三）

按：陳濬卒於湖上，在夏、秋間。

徐延壽作《夏魯均席上，送其舅氏姜綺季之太原》：『相逢燕市盡狂徒，索酒君家似渴烏。歲暮共爲文字飲，天涯不省旅人孤。』（《尺木堂集・七言律詩》三）

徐延壽作《燕市逢紀伯紫，以〈真冷堂集〉見貽》：『夢子秦淮上，重逢却在斯。』（《尺木堂集・五言律詩》二）

徐延壽作《贈紀伯紫次談長益韻》：『別君十載雨花臺，鬚髩相看覺漸摧。終歲江湖遊不倦，殘年風雪爲誰來。故人朱户多懸榻，從事青州任舉杯。傲骨崚嶒驢背上，詩情寒瘦似江梅。』（《尺木堂集・七言律詩》三）

按：徐延壽與紀映鍾相見雨花臺，詳順治六年（一六四九）。

徐延壽作《燕臺五咏》（《尺木堂集・七言古詩》）。

按：五咏細目：《黄金臺》《南海子》《柴市口》《石鼓文》《報國寺》。

徐延壽作《長安歲暮柬黄仲丹》二首（《尺木堂集・五言古詩》）。

按：黄仲丹，即黄若庸。若庸，閩縣人。順治間貢生，官盱眙知縣。與徐延壽、徐鍾震酬倡，有《溪行》《岸園》諸集。曾刻《古意新聲》，徐鍾震爲之作《小引》。

徐延壽有《讀韓聖秋中翰〈使虔小記〉》：『古文貴短篇，在昔稱盲史。上下操觚人，孰能師此意。

唐有柳宗元，後有劉侗氏。二公筆力遒，用以記山水……予因憶舊遊，是處曾托趾。記勝無一言，見君愧欲死。把卷讀再三，彷彿如夢裏。方朔著山經，道元詮水志。名勝本無窮，君皆收筆底。短短尺幅間，文章涵妙理。傳誦遍國門，價涌長安紙。』（《尺木堂集·五言古詩》）

按：韓詩，字聖秋，號固庵，陝西三原人，涇陽籍。崇禎十二年（一六三九）舉人。入清，官至兵部職方郎中，有《學古堂集》。

又按：崇禎十四（一六四一）、十五年（一六四二），徐延壽客南贛。

徐延壽作《戊戌長安除夕，次林戒庵太守韻》二首，其一：『短髮蕭蕭漸漸華，敝裘不耐霜雪加。』其二：『數刻光陰成隔歲，半生精力悔攻詩。』（《尺木堂集·七言律詩》三）冬，徐延壽於河南雍丘謁沈荃，出《尺木堂集》示之，沈荃稱延壽爲『至性人』；先是，沈荃盛讚興公文章道義，以爲延壽『其人若文，不異乃父』。龔鼎孳、沈麟分別爲延壽題《尺木堂集》。在京城，逢紀映鍾。上書爲爲亮工白冤。晤吳菌次，有詩，附吊陳濬。

按：沈荃有《〈尺木堂集〉序》：『余向聞榕城徐興公先生文章道義，千古人也。早歲局跡海壖，以未獲見先生爲憾。有告余曰：「令子存永，其人若文，不異乃父。得交元方，則太丘可作也。」余慕之甚。戊戌冬，忽策蹇北來，謁余雍丘臬署。』（《尺木堂集》卷首）

又按：雍丘，今河南杞縣。

又按：周亮工《〈尺木堂集〉序》：『戊戌北上，存永繭足迷陽中，欲上書白纍臣冤，復爲齮格。』（《尺木堂集》卷首）

龔鼎孳有《題〈尺木堂集〉》：『存永落落穆穆，真樸過人。其爲詩典則高華，珠光玉潔，源本于古詩、樂府，而澤以開元、大曆之風藻，蓋稱其家學，每進愈上矣。邗江之別，忽漫十年，當時坐中對酒人，已鬖鬖素髮垂領，中間死生契闊，風雨患難，又復半之。今迺從廣柳車邊骨，寒沙朔雪，慰藉故人，莫謂孔北海去後世間無男子也。長河大嶽，此別警神，未知空山月明，合并何地？把君詩，度日冀長，似十年前江干對酒時耳。淮南同學龔鼎孳書。』（《尺木堂集》卷首）

按：龔鼎孳（一六一五—一六七三），字孝升，號芝麓，安徽合肥人。崇禎七年（一六三四）進士，授蘄水（今湖北浠水）知縣，陞兵科給事中。入降後官至禮部尚書。與吴偉業、錢謙益並稱爲『江左三大家』。有《定山堂文集》《定山堂詩集》。

沈麟有《題〈尺木堂集〉》：『當予有事選詩來遊燕市，其四方名士雲集，亦略相與討論分韻，驪珠互探，余或時效鮫人之泣。及遇閩中存永徐子於芝麓龔先生席上，是夜以酩酊歸，然未知存永之工于詩。越旬日，忽報客至逆旅，貽詩一册，乃即徐子。余展誦數首五言近體，其紀律步伍若程不識之將兵，其才情流動又似含香荀令與擲果安仁，再觀排律《哭曹石倉百八十韻》暨《雙美人三十韻》，而掩卷嘆曰：「不意八閩復有徐子。予向謂彼方風雅，高廷禮以來稱最盛，豈知吾世而復得存永乎！若存永者可稱才子矣！」於是，徐子傾橐授稿屬予選定，因投書曰：「海内稱詩者多，而知詩者少。吾兩人可謂莫逆于心矣。」余深感其言而不能却其意，遂研閲其稿，乃不能更加損益，何則？辟若武穆之卒莫不干城，而田横之客無非義士，又烏可以去取哉！雖然，求玉于荆山，連城爲貴；采珠于合浦，照乘爲先，故擇其尤者以爲一編，徐子之詩寧以多爲傳乎！而徐子之詩正不慮其多也。徐子爲周元亮先生上客。元亮以薏苡致謗，而徐子棄家數千里外，與朝夕周旋于畫地之中，不忍須臾離去，其意氣豈今日之可多見耶？余既重其詩，而尤師其人，徐子即此交道已足不朽，况以詩乎！徐子傳矣！雲間社盟弟沈麟題于燕邸快雪堂。』（《尺木堂集》卷首）

本年，周亮工再入獄，至順治十八年（一六六一），獲赦。凡行實與本譜無關者，不贅述。

順治十六年己亥（一六五九）　殁後十七年

林古度八十歲，徐鍾震五十歲，徐延壽四十六歲

正月，徐延壽在京城。

徐延壽作《己亥長安元日，次戒庵韻》二首，其二：『囊空笑檢殘詩在，道遠心驚短夢催。』（《尺木堂集·七言律詩》三）

周亮工有《己亥元旦試筆和林戒庵》二首，其一：『百好無如歸去身，雪鴻踪跡已成陳。家依海岸難爲客，天到長安易作春。河上空傳三豕渡，殿中誰許一夔鄰。群公競試和平字，西務遥看柳色新。』其二：『衆裏嫌持最後杯，維何吉夢故園回。多時柏葉寒相逼，一棹梅花煖自催。塵土偏侵羈客面，熱官不妒冷人才。荆高去後黄金貴，獨爲西山看雪來。』（《賴古堂集》卷九）

按：據亮工詩，延壽當時所作亦有二首。

二月，徐延壽在京城。花朝前一日，陳偕六給諫招飲。

徐延壽作《花朝前一日，陳偕六給諫招飲》：『長安一片月當頭，花滿元龍百尺樓。』（《尺木堂集·七言律詩》三）

三月，周亮工繫獄，徐延壽作絶句三十三首，集存七首，周氏和之，《賴古堂集》存十首。徐延壽與紀映鍾等集京城柳湖。周亮工爲《尺木堂集》作序，復言爲徐延壽等刻集之事。吴綺爲延壽題《尺木堂集》，

言及延壽古人師友之義。許友爲《尺木堂集》作序，言曾與徐延壽、陳翰、陳肇曾、陳濬詩合刻爲一集，以互相參訂。延壽往遊開封，周亮工有詩送之；許友題畫及詩送之。望後入中牟吴令君署中。

徐延壽作《長安清明詩和櫟翁》七首，其一：『玉河水泮曉寒輕，猶見黄沙草未生。不識江南天氣暖，幾番花信到清明。』其二：『離家暗記七千程，歷暑經寒歲已更。八節四時都易過，思鄉獨切是清明。』其三：『家家豚酒拜先塋，白紙灰飛似雪晴。多少若敖新舊鬼，殘宵風雨哭清明。』其四：『如雲士女出東城，圓社秋千挈伴行。遥憶故園南北垞，折將新柳賣清明。』其五：『壚頭擊筑不成聲，一夕悲歌萬古情。慟哭文山柴市口，誰將杯酒奠清明。』其六：『百年屈指忽心驚，落落儒冠誤半生。去日苦多皆浪擲，曾過四十六清明。』其七：『採茶天氣雨初晴，稺子忙修折脚鐺。記得去年僧打户，斜封白絹是清明。』（《尺木堂集·七言絶句》）

周亮工有《羈室中，客因予客歲『可憐明日又清明』之句，爲數絶句，予復用原韻》十首，其一：『辟疆園裏舊班荆，千樹橙花香滿城。好句多堪圖主客，羈人偏祇記清明。』其二：『歲時獨爲客心更，七月洪塘江上行。駃雨庖風沙土面，此中何日不清明。』其三：『成都成邑自爲營，火伴相看卧滿楹。更比上河橋畔鬧，擇端變樣畫清明。』其四：『天鷄盡夜有高聲，一曜新開古貫城。不識春光何地是，鋃鐺影裏拜清明。』其五：『敝裘乍脱識衣輕，三月驚看雪始晴。借得紙錢南向哭，可憐今日是清明。』其六：『榕城小婦罷吹笙，昨夜書來夢未成。折得柳條空掩淚，長安有客憶清明。』其七：『千秋士女戲新晴，拂拂香塵畫碧輕。莫道風光難望見，春明門外有清明。』其八：『榻前十笏自經行，散漫春風古帝京。榆火茶烟曾未識，不知何事似清明。』其九：『思家動是七千程，桃李無言柳未生。百十多人連貫索，放聲天外哭清明。』其十：『空桑有子意悍悍。永夜琴彈韻未成。三歲母前無一哭，人間獨我不清明。』（《賴古堂集》卷十一）

徐延壽作《燕臺暮春社集柳湖席上，送韓叔夜之東甌、紀伯紫之閩中、黄仲丹之東萊、方孟甲之平陽，予亦有大梁之行，是日客共十五人，予序第五》：『甌閩齊晋客同行，予亦遊梁逐遠征。花落花開春盡月，天南天北路分程。』（《尺木堂集·七言律詩》三）

按：周亮工有《送紀伯紫遊閩》四首，其一：『送我看山去，輕舟不肯還。臨岐前日事，見月幾回圓。』（《賴古堂集》卷五）

徐延壽作《燕臺别程伯建》《雪中訪方聲木大行，留同黄仲舟酌》（《尺木堂集·七言律詩》三）。

周亮工有《〈尺木堂集〉序》：『遊吾梁，非其志也。嗟夫！方予與三子榕城倡酬日，意氣未常不自振，曾幾何時，開仲墓草且宿，有介愊憶葦蘆，書空咄咄。予鷄骨見收，旦夕莫保。存永即去，猶不成歸，撫此篇，人琴聚散之感，一時交集，老淚涔涔，不禁滿鋃鐺上矣。存永慎守此帙，脱身還，終當爲三君合布國門。即纍臣庾請室，君與有介當先行開仲之集，後及己詩。亡友地下，炯炯望故人者此耳。存永詩高華典則，沉鬱多風，雅材自夙來，而句從新鑄，大雅之音于君復見。予居平論之頗詳，海内同人，以余頗有能讀存永詩者，故不具論。然盲不忘視，終有待于合布國門時也。大梁同學周亮工題。』（《尺木堂集》卷首）

按：此序《賴古堂集》不載。

吴綺有《題〈尺木堂集〉》：『余與開仲、存永别於曲江濤上者十餘年矣。今開仲殉于道，而存永乃急櫟公之難，遠來京國。古人師友之義于今不絶者，獨見此人而已。間携所作，過從邸舍，凉雪窺燈，酸風醒酒，而其静深淵穆之氣，復能使人蕭然自遠，乃嘆分壇樹幟，今人之不及古人者，固不獨於其詩也。爰于其歸，輒墨數語，使讀存永之詩者，如覿其人，則其道傳於來古矣。豐南社弟吴綺題于槜室。』（《尺木堂集》卷首）

按：吴綺（一六一九—一六九四），字園次，一字豐南，號綺園，又號聽翁，江都（今江蘇揚州）人。順治十一年（一六五四）貢生，官至湖州知府。詩詞曲兼擅。有《林蕙堂全集》。

許友有《題〈尺木堂集〉》：『吾閩高漫士選詩，别宗派；嚴滄浪評詩，詳法律。此雖二種，實合而一也。無量之詩，體無不備，法格不肯稍一放鬆，故與人論天下人之詩，亦甚嚴持。余初稍畏其刻，及今則知其所自是。余向曾與無量及克張、昌基、開仲合一集，互相參訂。舊稿删去十之七，寧刻毋濫。梓將成，而克張、開仲作古人矣。嗟乎！豈斯道不宜過刻耶？己亥歲，無量偕予浪遊長安，而無量乃先别去，欲恣意遊齊梁秦晋，吊古懷人，則新詩不可限量矣。執手臨岐，偶識卷首。同學弟許友題。』（《尺木堂集》卷首）

徐延壽作《出都門答周櫟園先生送别韻》二首，其一：『孤身蓬轉向誰依，旦趁東風逐燕飛。冬月到來春月去，百人同送一人歸。怒撚鬚鬛霜如戟，淚濕銀鐺鐵滿衣。自愧深恩酬不得，平生學劍術全非。』其二：『客子魂銷黯自知，腸非繅繭亂如絲。衰容借酒紅登頰，枯樹逢春緑上枝。勾踐毋忘薪畔膽，臯陶不祭獄中祠。九重天近風雷感，爲賦東山破斧詩。』（《尺木堂集·七言律詩》三）

周亮工《送徐存永遊大梁》二首，其一：『七千里路苦相依，三月長安雪更飛。共嘆偕行人又去，心憐即別未成歸。塵沙北寺羈臣夢，風雨黃河客子衣。莫向梁園詢古事，鄒枚詞賦近全非。』其二：『徐孺將行不自知，遙憐別路雨絲絲。河干作客看楊柳，馬首逢人問荔枝。濁酒但澆朱亥墓，荒城莫拜信陵祠。寒家親串能相問，爲誦羈臣北雪詩。』（《賴古堂集》卷九，又《尺木堂集·七言律詩》附）

按：『七千里路』云云，徐延壽未被列入周亮工『鈎黨』，於是變換姓名陪周氏侍入京。陳濬（開仲）則爲『鈎黨』，亦被逮入京，卒於道中。

周亮工《再步同人韻，送徐存永遊大梁》七首，其一：『獨上平臺看夕陽，鄒枚賦裏雪猶香。舊時賓客知誰在，修竹寒烟認大梁。』其二：『清明送客可憐春，弱柳閑摇陌上塵。日暮夷門空下馬，不知誰是有心人。』其三：『南人新學擁征鞍，更比灘舟上水難。倘使秣陵容易到，老親仗爾説平安。存永便欲由光固入秣陵。』其四：『一夜魚龍覆汴城，桃花水漲看君行。兔園入望迷荒草，詞賦何人重馬卿。』其五：『夢華小録紀東京，花石猶傳宋代名。莫向繁臺高處望，寒沙落日最傷情。』其六：『弓衣短鋏擁黃塵，村酒閑斟客思新。磧裏桃花猶未發，羈人馬上已殘春。』其七：『閩雪北雪十載情，驪駒在門不忍行。共憐鈎黨無我子，變易姓名入帝京。』（《賴古堂集》卷十二）

許友有《題畫送徐存永之汴凉》：『客裏那堪送客頻，今朝畏畫柳條新。相看俱是四旬外，猶作飄零天末人。』（《米友堂詩集·七言絶句》）

許友有《臨行再送存永》：『小僕隨携破錦囊，午鷄村店柳花香。河邊日落人懷古，野樹晴雲見大梁。』無名氏批：『真似王江寧矣，君七絶當以此等爲神境。』（《米友堂詩集·七言絶句》）

徐延壽作《新樂令林凝山招集李家園看牡丹，同吴友聖、林子仰賦》二首，其一：『客路近滹沱，春殘策騎過。酒沽明月店，人渡古冰河。』（《尺木堂集·五言律詩》二）

按：新樂縣，在今河北省西南部，今屬石家莊市。

徐延壽作《過廩延訪王心古令公》二首，其一：『邑小如村静，空城散雀羅。開荒量赤土，分界近黄河。』（《尺木堂集·五言律詩》二）

按：廩原，在今河南延津縣東北。

徐延壽作《中牟道上》四首，其一：『曉别廩延路，行行百里程。山來中嶽近，水入小河清。』其二：『昔日興亡事，停鞭問水濱。牛耕荒後地，馬蹴戰時塵。破寨曾經寇，空村不見人。文章葬黄土，特爲吊安仁。』（《尺木堂集·五言律詩》二）

按：李賢《大明一統志》卷二十六《河南·開封府》上『中牟縣』條：『在府城西七十里。本春秋鄭邑，漢始置縣……後周徙縣治圃田城……唐復改中牟縣。』

徐延壽作《圃田逢談長益，時與李過盧太史偕行》：『下馬重逢汴水頭，酒斟桑落爲君留。』（《尺木堂集·七言律詩》三）

按：圃田，在今河南中牟縣西。參見上條。

徐延壽作《客吴友聖署中，涇陽王天葉貽詩，次韻》：『龍標自昔擅詩名，君腹能堅五字城。』（《尺木堂集·七言律詩》三）

按：參見十一月。

四、五月間，徐延壽遊汝南，金鎮爲《尺木堂集》撰序，稱延壽承興公家學。鄭燗新題《尺木堂集》，稱延壽世以詩名，得其家學淵源。

金鎮有《〈尺木堂集〉序》：『昔之遊於梁，而以詞賦雄古今者，不可勝數。若漢之長卿、唐之李白，其最著者也。是皆才高氣雄，不肯鬱鬱懷故土，故必曠觀宇宙，流覽山川，吐胸中之奇，以戰勝於中原而後快，大梁固詞人之淵藪歟！自青蓮以後，繁臺之上，寥落千載，今復得榕城徐子存永，存永承興公先生之家學，肆力於詩、古文辭，超津筏而上，海内名碩皆願與之交。頃自燕抵梁，篇什之工益臻要眇。沈使君繹堂倒屣迎之，時與抵掌論文，揚扢風雅，相得歡甚。存永復不鄙棄余，躡屩擔簦來遊汝南，因出其《尺木堂詩》，余反覆申咏，喜其力沉而雄，色麗以雅，渢渢乎有古遺響。洵與長卿、李白當並驅中原者也。然余聞存永之爲人，慷慨負奇節，不特以詩文見。今從大梁來，過侯嬴之舊墟，訪朱亥之故里，復有昔時隱君子混跡於屠沽者乎！余不得而知也，試以問諸存永。山陰同學金鎮題。』（《尺木堂集》卷首）

按：金鎮，山陰（今浙江紹興）人。撰有《揚州府志》。

鄭燗新有《題〈尺木堂集〉》：『吾友存永，世以詩名，晋安風雅無出其右者。予總角讀書，每得若父、若伯父編集，未嘗不三嘆而三復之，今觀《尺木堂》稿，古色陸離，洋洋大國，非得家學淵源，何以臻此？至於勁骨霞標，發諸性情，直刺唐人心法，晋安風雅，徐氏獨擅其盛。信夫存永遊且遍天下，海内當以風雅推，又寧區區晋安已耶？兹遊汝南，嘗入荒署，與予論詩，予椎魯無知，不敢阿其所好，謬附一言，質之海内君子。同里同學弟鄭燗新題。』（《尺木堂集》卷首）

按：鄭爀新，字伯焕，號鞠思，閩縣人。順治間辟爲通判。有《汝南集》。

六月，徐延壽訪中牟知縣吴彦若，嗣後，吴氏爲刻《尺木堂集》並序之；吴氏鼓動延壽刻文集。於吴彦若縣令署中與王祚昌訂交，祚昌爲《尺木堂集》作序，以爲延壽性近古。

吴彦芳作《〈尺木堂集〉序》：『古大家以能文章著而又工於詩，唐之韓昌黎、宋之蘇子瞻是也。昌黎詩間有陗語而乏風裁，子瞻詩雖有秀姿而尠藴藉。後之言詩者無取焉，亦未見二公之于詩果工也。同社徐子存永工於詩，海内無不聞其名。讀其詩，急欲見其人，争北面之，豈知存永之詩先合度而後論工拙耶夫！所謂度賦比興者，三者而已。是以《三百篇》謂爲詩，可謂文章可。予既喜讀存永詩，尤喜讀存永文章，他人以詩爲文章，李杜真工詩，人雜見之序引簡牘，不過出詩緒餘，不必大家。存永之詩，曲盡情思，婉孌氣詞，哲匠縱横，神境變化，以文章爲詩，經學史學，性理禪理，于文章畢備，于詩畢備，詩與古文詞成大家，吾於存永嗒然若喪也。然則存永詩刻甚多，曷亦刻古文詞與詩俱傳不朽也耶！同邑弟吴彦芳題。』（《尺木堂集》卷首）

按：吴彦芳，字友聖，長樂人。順治九年（一六五二）進士，中牟知縣，爲徐延壽刻《尺木堂集》，修（順治）《中牟縣志》。

王祚昌有《〈尺木堂集〉序》：『余從僊期《詩源》、豹人《詩志》、聖秋《國門》、心甫《扶輪》諸選見存永徐子諸詩，知其爲性情近古之士也。己亥朱明，遊圃田，始遇于吴友聖令君署中，訂交甚懽，廼出《尺木堂》全稿相示，展讀一過，有雪車水柱之奇，有陣馬風檣之勢，而氣本和平，詞歸曲麗，可以凌厲一世，俯視群言，宛置身開元、大曆以上矣。此當年徐勉矢口成聲，所以爲孝嗣輩嘉嘆不絶也。

余袖歸，選録居半，雖然，詩固可傳人，尤足尚觀其七千里遊燕，訪荆卿、漸離于易水上，氣節嶙峋，又豈近今所可及哉！涇陽社弟王祚昌題。』（《尺木堂集》卷首）

按：王祚昌，四川合州人。萬曆四十一年（一六一三）進士，官御史。撰有《鵝湖峰頂志》。

秋冬間，徐延壽於中牟縣遇李昌祚赴嘉禾之任，贈以詩。

徐延壽作《中牟遇李過廬太史赴嘉禾之任》二首，其二：『秋風吹角大河邊，擁傳光輝過圃田。』（《尺木堂集·七言律詩》三）

按：李過廬，即李昌祚。昌祚，字文孫，一字來園，號過廬，漢陽（今武漢）人。順治九年（一六五二）進士，歷大理寺卿，有《真山人集》。

十月，蔡玄友走中牟，爲晤徐延壽；在中牟題延壽《集陶七十二首》。

蔡玄友題徐延壽《集陶七十二首》：『己亥十月之望，余走中牟謁吳子香爲晤其畏友徐子。徐子，即海内稱存永者是耳。其名爲徐家，宗諸其《將軍（當作車）》《尺木》諸集，不虚耳。是夜，遲漏欲三，霜天雁語，脱葉自地起，扣窗隙作鼓吹聲。燒燈傳素，議晰古今詩名家。徐子出《律陶七十二章》，讀之，鈎索幽玄，搏捖機軸，不知爲陶之詩、徐之律也，陶之律、徐之詩也。清空一氣，還之自然，形體映徹，得於神化，奇文共欣賞，與陶並傳，其在斯乎……蕭山社盟弟蔡 玄友介庵題。』（《尺木堂集·五言律詩》三）

按：《集陶七十二首》作於此前，當非一時而作。

又按：興公與延壽都很看重《集陶》。

十、十一月間，徐延壽有詩贈沈荃太史，時沈氏兵備河南禹州。

徐延壽作《贈沈繹堂太史，時備兵禹州》二首，其一：『風吹玉帳轉牙旂，作賦梁園看雪飛。』其二：『今時才子盛雲間，正始詩追大曆還。』（《尺木堂集·七言律詩》三）

按：沈繹堂，即沈荃。荃（一六二四—一六八四），字貞蕤，號繹堂，別號充齋，華亭（今上海）人。順治九年（一六五二）進士一甲第三人，授編修，出爲大梁道副使，纍翰林院侍讀學士、禮部侍郎。卒謚文恪。有《一研齋詩集》《充齋集》《沈繹堂詩》。

又按：沈荃爲延壽《尺木堂集》撰序，詳順治十八年（一六六一）。

十一月，初一日，徐延壽告別吴彦芳知縣，離中牟南下。

徐延壽作《牟山別吴友聖令君，予以暮春望後入署，至仲冬朔始別》：『客畏冬寒急渡河，數聲哀雁圃田過。荒城亂後居民少，薄俸支來贈友多。』（《尺木堂集·七言律詩》三）

按：徐延壽自三月至十一月在中牟，前後九個月。期間，肯定還有不少詩未選入集中。

十一、十二月間，徐延壽三過虞山訪錢謙益，言及宛羽樓已化爲牧芻之地，時陳濬已卒。

徐延壽作《三過虞山訪錢牧齋先生》：『憶昔己卯春，龍門登在始。小子將父車，躋堂拜夫子。時有林逋翁，殷勤相導指。拂水啓山莊，醉卧梅花裏。別去十二霜，庚寅夏月四。問渡喚扁舟，再經虞仲里。偕行有陳生，同執弟子禮。林翁尚矍鑠，依然陪杖履。握手問存亡，先嚴痛逝矣。重開半野堂，宴集多賢士。檀板按吴歈，華筵列羅綺。茲來隔十秋，亥歲又逢己。靈光尚巋然，芙蓉開別墅。挈伴無良朋，擔簦獨至止。林翁跨鶴去，陳生嘆蘭萎。再拜函丈前，從容問居起。神仙陸地如，宰相山中是。屈指追昔遊，日月如電駛。二十一年中，三度昆湖水。互訊舊藏書，絳雲一炬耳。予家宛羽樓，已作牧芻地。典籍亦忌盈，聚散乃常理。惟有願吾師，壽增千百紀。窮鳥歸失巢，三匝無依倚。皋廡可賃舂，携家當過此。』（《尺木堂集·五言古詩》）

按：徐延壽過虞山在崇禎十二年（一六三九），再過在順治七年（一六五〇），此行三過。

又按：陳生，即陳濬。陳濬卒於去歲。

又按：自崇禎十二年（一六三九）至今歲，二十一年。

十二月，徐延壽與漢陽李昌祚同舟抵吴，余懷爲題《尺木堂集》，言及中牟吴友聖令君爲其刻《尺木堂集》。歸閩，過劍浦（今福建南平），出《尺木堂集》示陳肇曾，肇曾爲之序，言及萬曆間徐熥、徐𤊹及曹學佺、謝肇淛、鄧原岳等雄視藝林。

余懷有《題〈尺木堂集〉》：『余閩人也，而産於吴。生平以未食荔枝、未遊武夷山水爲恨。今讀徐子詩，雪然如絳紗紅肉之津于口也；峨然澴然，如攢岩飛瀑之驚于目也。嗟乎，存永詩人哉！顧徐子非獨以詩見長也，其人博極群書，磊砢多節概。戊之秋，以所知被讒，挐舟數千里，裹乾糒、昌鯨波，爲西行之賈彪，以此涉大河，經齊魯，登易水黄金之臺，傷今吊古，感慨悲歌，與酒人遊于燕市。其詩日益工。復去而走邯鄲道，入大梁，尋孝王兔園之故址。過中牟，愛其令君吴友聖，流連不忍去。復遇吾友漢陽李過廬同舟抵吴會，急索其篋中詩，殷殷作金石聲，溢于劍緱船檻之外，豈非名山大川之氣，朔風零雨之情，有以盤礴于中而韃鞳于外者哉！方今海内名詩者十百家，其稍知音律自命尉佗者以千計，大抵噍囈而已，不足與較短長。昔人云：「不讀萬卷書，不行行萬里路，不可與言詩。」今徐子濡首鼇峰之典籍，褰裳禹甸之江山，看翡翠於蘭苕，掣鯨鯢于碧海，詩安得不工？且以視唫嚱者何等也？吳君嗜風雅，爲徐子刻其《尺木堂詩》，使予日遊武夷山水，日啖荔枝，則豈惟徐子之功，抑亦吳君之賜矣！嗚呼，其可感也！夫其可嘆也夫！同里同學余懷撰。』（《尺木堂集》卷首）

陳肇曾有《題〈尺木堂集〉》：『吾邑明初自林子羽、王皆山二先生奮起騷壇，同時待詔高漫士選《唐詩品彙》，分別正始、羽翼，可爲詩家矦鵠。後有鄭繼之吏部與中原王李並樹赤幟。萬曆間，幔亭徐氏選《晉安風雅》，偕仲氏興公及曹能始、謝在杭、鄧汝高、陳氏「二孺」諸先輩，雄視藝林。三百年來，火續薪傳，風流不替。近梁玉立大司馬屬余搜寄諸公全集，而徐氏厥裔存永、器之，獨克負荷。莆中友人余賡（颺）之序器之詩，述三山詩派沿流甚悉，盛稱興公、存永，實徐氏家譜也。茲存永北歸，從中牟令吳友聖，署中代梓《尺木堂詩集》，過劍浦，出示予。張燈讀之，大作叫絶。存永論詩極刻，余每作難題質之，輒加鍼砭不曲，狥其自爲詩，鏤腸鉢肝，語多奇警。乃再四吟咏，未嘗不有温厚和平之意寓乎其中，宜虞山老人《列朝詩選》推興公詩派爲正始之音，又稱存永之詩見新非故，屢遷而未見其止，文心靈氣，不可以終窮。豈肯爲存永溢譽哉！予爾來幾焚筆硯，或不輟嘯咏，寄之篇什，終不敢與之雁行若有介云。欲與先叔克張、亡友陳子開仲合刻，猥及于余。余又因之愴然，恨不能起克張、開仲于九原，張燈讀《尺木堂詩集》。余不滋感歟！友弟陳肇曾題。』（鈔本《尺木堂集》卷首）

本年，顧景星有書致徐延壽。徐延壽函請蘄州顧景星爲《尺木堂詩》撰序。顧氏以爲海内名下士無過存永者，存永詩以自然爲宗。

顧景星有《寄徐存永》云：『今年正月十九日得足下一近狀。于去年十一月晤林茂之、許箬蘠于白門，知移居甚苦，可爲奈何。念櫟園與足下，舉想斯在，如形顧影。聞足下將棄閩，孥孥他往，誰爲劉表以相依？故國山林，飲露吟風，且足忘老，足下止矣！』(《白茅堂集》卷四十二)

按：《白茅堂集》卷四十二《尺牘》載顧景星致徐存永三書。此書言及徐存永有去閩他適之想，極力勸阻，此時距康熙元年(一六六二)舉家赴湘還有三年之久。

顧景星有《〈尺木堂詩集〉序》：『閩中徐存永刻《尺木堂詩》成，函走三千里來問序。吾存永不既勤乎哉！以吾見海内名下士，實無過存永者。存永論詩高出近代，有以得古作者之旨。當正、嘉時，尚氣焰魄力，萬曆後，爭爲清新孤澹，數十年來，無復克振。雲間諸君稍追王、李，而近又爭追李、何。存永起而舉非之，以自然爲宗。夫至於自然，則凡氣焰魄力、清新孤澹，皆有時不得不爾，非有矯慕爲之者，即如八閩，東南壯麗，其山水若武夷、栟櫚、九龍、黯淡，絙緣橦尋，輪旋矢激，是亦天下之至奇矣。是皆山與水勢之自然如是，而非有所强也。其間鍾爲人才，使其詩文亦如山水，勢之自然如是，不已至乎自然之理。蹙口成歔，留咽則悲，發爲文章，明白易直，不知有異而追求，卒不可及而變化極焉。夫不知自然而矯慕以爭門户，真枉也。存永詩凡千餘篇，繁簡、纖穠、奇正，一歸自然。至其鋪叙，始終排比聲切，多至二千言，斷章而有餘，更僕而不厭。古有作者，或難盡其用，而存永能之，豈盡其用之難耶？自然之難也。樂府《孔雀東南飛》爲古體長篇第一，非長之難，自然之難也。周秦之於文，漢魏之於詩，晋之於書，不可及者，自然也。學者之要無他求，其自然之

氣焰魄力，清新孤澹，則可也。東吴社弟顧景星書于蘄州草堂。』（《尺木堂集》卷首，又《白茅堂集》卷三十四）

按：顧景星（一六二二—一六八七），字赤方，號黄公，蘄州（今湖北蘄春縣）人。貢生。南明弘光朝時授推官。清康熙十八年（一六七九）薦舉博學鴻詞，稱病不就。有《白茅堂集》等。

本年，余颺爲徐鍾震集作序，論及曹學佺與徐𤊹詩足以與嘉、隆七子頡頏；鍾震詩藉籍類鄭善夫，沉雄壯麗輒不異林鴻。以爲後世遡閩中詩派，不必遠尋林鴻、高棅，但取之徐氏一家而自足矣。李瑞和序鍾震詩，以爲鍾震之於興公，猶如杜甫之於審言。王廷珍序鍾震詩，描繪其形象：美髭髯，衣貌純質，病瘦沈約；吐納風流，揮毫千言；喜怒不形，然諾不欺，松筠之質，經霜彌茂。其詩工麗，其文華粹。

余颺有《〈徐器之集〉序》：『吾閩詩派首推三山，狎主盟壇，亦與海内友聲相爲迭應。洪、永之際，高、楊諸子虎視舊京時，則林繕部子羽、高大行廷禮與十子輩爲之抗衡争轍，三山之詩一時冠冕海内。成、弘之間，北地、信陽，恢弘古雅，時則鄭吏部繼之應之。嘉、隆七子迭興，閩才杰起，最後則曹能始、徐興公二先生，寔相頡頏。夫以區區一隅，迺能當海内代興之盛，相與分道路而揚車鑣，則信乎三山之詩之爲天下重也。予生也晚，間讀繕部、行人諸集，輒憑吊其爲人，而世遼時隔，求所謂十子全詩，詢其子孫，或概指其姓名爵里，亦不可得。往時作客鼇峰，尋吏部故宅，里人至無識者。問其後人，亦寥落死亡，若存若殁。至於曹氏石倉，轉盼鞠草，鏤書鋟版，片葉不存，獨徐氏宛羽一樓，巋然無恙。先生所藏書十萬餘卷，籤帙如新。夫當兵燹屢更，朱門丘墟，邱第秀草，徐氏獨以布衣留此於灰飛劫盡之後，豈非其子孫之賢，世守不墮哉！先生有子存永，有孫器之，箕裘克紹，風雅相繩。乙未歲，予羈縶三山，得交存永，并得詳讀其詩。見存永，如見先生焉；讀存永詩，亦如讀先生焉。時器之客吳越，越歲方得遇於郡城，道左一揖而別。然見器之，又如見先生與存永焉。今器之方輯全稿，寄書命予爲序。讀器之詩，又如讀先生與存永焉。予老矣，坎壈餘生，資友朋爲性命，藉詩文爲粱脯。及今廼得讀先生三世之詩文，交先生之子若孫，雖不及見先生，亦可以不恨矣。器之之詩，蘊藉絶類吏部，而沉雄壯麗輒復不異子羽，至於得於家庭之訓者，孫如其祖，叔跨其侄，蓋洋洋乎一家之言哉！唐杜審言以詩鳴于神龍之間，至其孫甫而業益大。甫之言曰：「詩是吾家事。」然則，詩信先生一家事哉！後之遡三山詩派者，又不必遠尋繕部、行人諸公，但取之徐氏一家而自足矣。己亥上元日，莆海社弟蘆中人余颺頓首拜叙。』（《徐器之集》卷首）

李瑞和有《〈徐器之集〉序》：『比來垂簾塞兑，偶閲《列朝詩》，錢牧齋之序徐興公曰：「興公博學工文，善草隸書。萬曆間與曹能始狎主閩中詩盟，後進皆稱興公詩派。家多藏書，著《筆精》《榕陰新檢》等集，以博洽稱于時。」器之之於興公，猶杜甫之與審言也。淵源既高，風氣日上，王、李之習去焉。若凂而復餐眠于萬卷千笈中，動息與古人俱。所謂「不知有漢，何論晋魏」者，奚患其氣體之不清紗乎！夫吟嘯之旨，本于性情；事會之感，通乎物變。今觀器之之詩，與時偕行，其思而不貳，有和平之音焉。其哀而不愁，有委蛇之節焉。迨乎年月，徒書堂篋，不御託之《九哀》以見志焉。君子聞其聲而悲之，天之生才甚矣！豈其使一人嫻于風雅，以致其極而蹈窮人之讖，必不然矣。若僕者之武已老，師丹多忘，烏足以語此道哉！鹿谿社弟李瑞和書于擬陶齋中。』（《徐器之集》卷首）

按：李瑞和（一六〇七—一六八六），字寶弓，號頑庵，別號鹿谿耄夫，漳浦人。崇禎七年（一六三四）進士。曾任松江府推官。有《莫猶居集》《墻東集》。入清不仕。耿精忠起兵，起都察院，行至龍江，被執卒。

又按：李氏當與余颺序前後而作。

王廷珍有《〈徐器之集〉序》：『徐君、王生兩人有同心乎？曰：「有同心也。徐君家於海濱，王生世居淮右，山川風物，大半相同。徐君尚困首於青衫，王生已老脚于明經，生平遇合，大半相同。徐君以繞樹之烏，依念南枝；王生以失足之狐，不忘首丘，家業零亂，大半相同。徐君搔首青天，王生亦長嘯朱門，意氣磊落，大半相同。徐君時當不惑，王生歲半無聞，歷年甲子，大半相同。徐君美髭髯，而衣貌多純質；王生亂虬鬚，而舉止好劍容，古道顏色，大半相同。徐君則病瘦沈約，王生亦愁癡王約，體氣服食，大半相同。」然則，將終無同乎？曰：「有不同也。徐君吐納風流，每一揮毫千言千語；王生徒能噉飯，雖百思慮，一丁一了，學質深淺，大不相同。徐君然諾不欺，松筠之質，經霜彌茂；王生謔浪爲虐，柳絮之態，因風飄舞，負性誠僞，大不相同。徐君喜怒不形，王生哭笑無主，涵養厚薄，大不相同。徐君罕飲，夜可一石而衣冠整如；王生好飲，晝方五斗而帽頂脱露，好尚静躁，大不相同。徐君怡情降志，常以自下；王生使氣凌物，多不近情，涉世浮沉，大不相同。」以其不同者，則王生遜徐君，宜乎見徐君之詩而爲之序；以其大同者，則王生又好徐君，宜乎見徐君之詩而樂爲之序也。至於詩之工麗，文之華粹，譬有美寶置之五都，人皆見之，予何諛言？予所言者，吾兩人相與之誼耳。是爲序。漆園傲吏王廷珍題于體安堂中。』（《徐器之集》卷首）

順治十六年己亥（一六五九） 歿後十七年

是年或稍晚，徐鍾震爲隱禪堂作募緣疏。隱禪堂與徐氏族人多有關聯。

徐鍾震作《隱禪堂募緣疏》：『予早歲至會城，即知東甸有福善庵者。雖不甚弘敞，而池光蕩漾可晃，滿月金容，戒行清修，可方慈雲廣蔭，實予兄彦威氏奉母命而捐資修造，以供養比丘尼方宗者也。迄今兩傳，而清規如故。人以此益敬方宗之善，爲垂後之謀也。丁、戊之際，兵燹洊臻，尼衆消長，庵幾于不守。兹獲清寧本鄉善信謀所以主持是庵者，咸曰鳳坂庵尼僧清默可，遂延而居之。蓋以其素有戒律，焚修精勤者也。改名曰「隱禪堂」。四方皈依者甚衆……兹庵之能結善緣者。予按：是庵向屬林、薛之書院。予伯兄福盧先生曾讀書其中，伽藍顯示靈異。又爲予嬸氏所屬意，創置奉佛之區。是于予家有夙緣者，因喜而爲之序其始末如此。』（《雪樵文集》）

按：丁、戊，即順治十四年丁酉（一六五七）、十五年戊戌（一六五八）。此疏作於戊戌之後。

又按：『予兄彦威』『伯兄福盧先生』，爲鍾震族兄。

本年或稍晚，徐鍾震爲興福庵盂蘭盆作募緣疏。

徐鍾震作《興福庵盂蘭盆募緣疏》：『况年來兵燹洊臻，死于非命者不可勝數，非藉佛力神道，安能起輪迴而廣錫類乎！』（《雪樵文集》）

按：『兵燹洊臻』，文詞與上條同，疑前後作。

順治十七年庚子（一六六〇） 殁後十八年

林古度八十一歲，徐鍾震五十一歲，徐延壽四十七歲

三月，徐延壽在閩中，作歌送紀映鍾還金陵，贊賞紀氏不忘故國的氣節，同時表達自己的心志。又作《鐵崖歌》贈安溪林嗣環。

徐延壽《己亥三月，紀伯紫别于長安爲閩遊，予時有大梁之行，今歲春暮予歸閩，伯紫又還白門，因作長歌以送之》：『天下愛遊誰似我，十年前走金陵道。訪君書室近秦淮，同看鍾山無限好。開函貽我梅花詩，讀之如對冰玉姿。真冷堂中雪初霽，伯紫堂名『真冷』。襲人冉冉香風吹。青鞋别却長千里，天隔閩山與吴水。每把君詩如見君，夢魂嘗在梅花裏。去年我客向幽燕，朔風驢背徐迍邅。虎坊橋畔驀相遇，見君手執珊瑚鞭。投鞭下馬互爲語，此地來遊盡圭組。布衣安肯揖公侯，視入朱門等蓬户。長安市上日賣文，得錢沽酒常醺醺。王生待結庭前襪，羊子私題醉後裙。有時吊古動悲哭，蕭蕭易水虹光燭。故宫南望舊京華，爲誦君詩擊哀筑。伯紫有《金陵故宫詩》。相期日飲酒壚頭，昭王駿骨無人收。君别我爲閩海客，我辭君去梁園遊。閩海中丞開幕府，磨楯作書檄如雨。裸身撾鼓學禰衡，瞪目據床視嚴武。聞君失意悔此行，又傳兵至心怦營。賦詩十律紀閩事，游爔夜泣天吴驚。荔子香生月當午，我正南歸君北去。初看龍劍合延津，又作參辰判岐路。射烏山下雲在樓，勸君且作經旬留。賴有同心十數子，日携斗酒堪澆愁。君之交情遍四海，君之詩才富十倍。誰知更有酒腸寬，狂叫鯨吞色無怠。君別一友詩一篇，欲別不別還留連。古錦囊中飽珠玉，蒼頭背上沙棠船。酒罷歌殘君始發，江水東流日西没。三千餘里路難行，鷓鴣啼破空山月。』（《尺木堂集·七言古詩》）

按：紀映鍾自京閩遊，徐延壽送之都門。詳去年三月。

又按：《尺木堂集》作品，五、七律最晚的是去年離開河南中牟時之作。余懷序云：『吴君嗜風雅，爲徐子刻其《尺木堂詩》。』（詳上）五古中有離開中牟過拂水訪錢謙益時之作及今歲所作《〈鐵崖歌〉贈林起伯憲副》（詳下），七古此篇亦作於今歲，當爲《尺木堂集》基本編定之後所補綴。歸閩之後肯定還有其他作品，均未收録，足見作者對此數詩之重視。

徐延壽作《〈鐵崖歌〉贈林起伯憲副》：『紆轡過榕城，春山聽啼鴂。高子安蔬園，杜蘅芳可擷。呼酒談世事，三杯耳根熱。潑墨題練裙，謔浪相狎媟。禮法縱森嚴，豈爲我輩設。揀花買娉婷，同心帶初結。樓小貯緑珠，汗拭猩紅血。入夢兆蘭香，誦詩和瓜瓞。諸子日過從，謳吟常弗輟。爲樂正未央，予復他鄉別。相送溝水頭，將離看賓玦。貽我河内書，書中語何切。感公千金意，南豐瓣香爇。始稔公生平，號鐵非無説。鐵面凛猶寒，鐵心剛不滅。更有鐵蝨詩，字字瓊瑶屑。我作鐵崖歌，因之懷往哲。』（《尺木堂集·五言古詩》）

按：林嗣環（一六〇七—一六六二?），字鐵崖，號起八（伯），安溪人。崇禎十五年（一六四二）舉人，清順治六年（一六四九）進士。官至廣東提刑按察司副使、山西左参政。有《鐵崖文集》。

又按：延壽歸閩之後，嗣環過福州。『聽啼鴂』，當在暮春。時延壽將它往，地點未詳。

八月，徐延壽復往吴越，至杭州，居昭慶寺，與許眉、孫學稼飲湖上酒樓。丁西生過訪昭慶寺，與胡介、范驤等登舟載酒，過六一泉看桂花。

徐延壽作《與孫君實、許介壽飲湖上酒樓》（詩佚，題筆者所擬）。

孫學稼有《與徐無量、許介壽飲湖上酒樓》：『西泠水面動微波，遠地愁心奈若何。青舫晚都歸越女，白雲秋欲弔湘娥。參差樹接樓前月，深淺尊邀醉後歌。今夕何人望牛斗，酒星傍有客星多。』（《鷗波雜草》）

按：孫學稼（一六二一？—一六八二），字君實，號聖湖漁者，昌裔子，侯官人。入清棄舉子業，辭博學宏辭之薦。有《甌波雜草》。

又按：許眉，字介壽，侯官人。曾與王廷棟選《賴古堂名賢尺牘新鈔》第四卷。

徐延壽作《中秋前一日，丁西生過訪昭慶寺，登舟載酒，過六一泉看桂花，月出始歸，分韻作詩》（詩佚，題筆者所擬）。

按：李賢《大明一統志》卷三十八《浙江·杭州府》『昭慶寺』條：『在府城西。宋陳堯佐詩：「湖邊山影裏，靜景與僧分。一榻坐臨水，片心閑對雲。」』

又按：李賢《大明一統志》卷三十八《浙江·杭州府》『六一泉』條：『在孤山之趾。蘇軾名泉，並序其事。』

丁耀亢有《中秋前一日，過昭慶寺訪閩中許有介，遇徐存永、胡彦遠，方期覓酒壚釣舫，思約范文白出門，而文白遇於市，遂登舟載酒，過六一泉看桂花，月出始歸，因思此會如高李吹臺故事，分韻作詩》：『野聚臨秋寺，心期各後來。無端傾蓋合，却作放船回。瓜步逢桓笛，吹臺接李杯。泉祠尋桂樹，梅嶼踏青莓。水澹輕鷗去，天高早雁來。江山逢好侶，閩越本多才。孟博人倫重，徐孺風雅推。遠化餘道氣，子將擅清裁。棹緩崩濤入，嵐開暝靄回。韻分驚字險，酒剩借歌催。湖艇烟光亂，城笳日暮哀。詩名堪伯仲，天意許追陪。吏隱求投劾，窮愁欲鑿坏。鷺群憑聚散，老大亦傷哉！』(《丁耀亢全集·江干集》)

按：丁耀亢(一五九九—一六六九)，字西生，號野鶴、紫陽道人、木鷄道人。諸城(今屬山東)人。爲容城教諭、惠安知縣。著有《丁野鶴詩鈔》《陸舫詩草》《續金瓶梅》等。

又按：胡介，字彦遠，號旅堂，錢塘(今杭州)人。有《旅堂詩集》。

按：延壽當在夏末秋初離閩遠遊。

又按：范驤(一六〇八—一六七五)，字文白，號默庵，海寧(今屬浙江)人。擅書。有《默庵集》。

又按：『徐孺風雅推』，此句寫延壽。

本年，林古度自作生壙曰『繭窩』。施愚山、顧夢游等有詩紀之。

施閏章有《林茂之自作生壙，曰繭窩，索詩紀之》：『八十一叟顔尚酡，幅巾筇杖衣薜蘿。肩輿强來一相見，數杯未盡能高歌。自言築室乳山住，陰林邃谷多烟霧。新營生壙大如繭，逝即長眠不封樹。卓絶才名年少時，掉頭不許時人詩。衹今垂死猶眼白，自作高人萬古宅。君不見，富貴磨滅皆輕塵，豐碑石馬空嶙峋，北邙悲風愁殺人！』(《施愚山集·詩集》卷十七)

按：施閏章(一六一八—一六八三)，字尚白，號愚山，宣城(今屬安徽)人。清順治三年(一六四六）舉人，順治六年（一六四九）進士，授刑部主事。朝廷選學使，名列榜首，擢山東學政按察司僉事。有《施愚山先生全集》。

本年，鍾震家室飄飖。游適爲徐鍾震《九哀詩》作序，叙莆田游氏與徐世一門世交之誼，稱鍾震詩可登海内鉅公之壇，爲閩騷流之冠。

游適有《〈九哀詩〉序》：『昔朱穆著《絶交書》，劉峻廣之，五流三釁之狀，横溢筆端，予每讀而傷之。宇宙大矣，悠悠五品，久覺虚懸，尚賴友生一脈撑持勿墜。至於貧富炎凉，顯晦疎密，存殁殊觀，古今自有此種流輩，不難變態易形，正如寒暑晝夜，花開花落，等諸氣候物彙之常，高人於此曠覽遠觀可也。情恕理遣可也，而必鬱鬱惻惻形於詞章，昭其耻畏處心，抑何狹歟！同社風雅中，最篤交遊者，無如晋安徐氏一門。往惟和、興公兩先生旗鼓雁行，先子之所畏也。一籍金蘭，深於骨肉。先子時或馳騁四域，兩先生詩譜文筒，千里無間。興公先生撿先子遺稿，有「哭聲安得達中臺，死後遺編灑淚開」之句，至今猶楚楚在胸臆也。存永、器之紹述竹林，大弘統緒。翔老矣！槁項荒郊，白首無聞，猶時時眷顧孔李，如敦水木之源，不一代絶也。嗟乎，至矣！篤矣！存永燕遊，踪跡遼邈。器之亦苦於戎馬，家室飄飖，江山備歷，南行賦《九哀詩》追悼先賢，出自彝好。夫士衡有云：達之所服貴有，或遺窮之所接賤而必尋。是經江漢之君悲其墜屨，少原之婦哭其亡簪，而况器之錦繡羅胸，風雲走筆，樂府可披管絃，近調悉諧律吕，登海内鉅公之壇，爲吾閩騷流之冠。情生於文，文生於情，覺新亭名士之淚，千古尚未乾也。順治庚子歲季春穀雨日，莆海世盟弟游子翔頓首題，時年七十一矣。』（《徐器之集·南行詩集》卷首）

又按：萬曆四十一年（一六一三），游適持游及遠《竹林集》見興公，興公作《莆陽游勿畧持其先人元封〈竹林集〉見示，感而有作》（《鼇峰集》卷十九）；適往江西求益王刻其書，興公爲之介。

又按：《南行九哀詩》作于順治十五年（一六五八）。

順治十八年辛丑（一六六一） 歿後十九年

林古度八十二歲，徐鍾震五十二歲，徐延壽四十八歲

二月，徐延壽在江左，客沈荃幕經月，嘯歌談燕，沈荃爲徐延壽《尺木堂集》作序，叙及延壽走六千里爲周亮工洗冤，以爲延壽至性有類於輿公，存永傳，而輿公益傳矣。

沈荃有《〈尺木堂集〉序》：『戊戌冬，忽策蹇北來，謁余雍丘臬署，因與之談詩終日，窮源溯流，不屑傍他人牙慧。既出《尺木堂》一編示余，格調高凝而丰神藴藉，誠渢渢乎大雅之音也。脂車遄行，惘惘別去，因竊嘆曰：「夫詩，非至性人不能作；作即作，亦不得佳。」我聞存永故見知櫟園先生，迨櫟園以蜚語逮西部，三山諸名士羅織殆遍，倖免者獨存永耳。而存永竟走六千里，欲封血白其冤。會有中格，不得行，乃復鬱伊而南，音詞激楚，狀貌悲凉，則其人之至性爲何如乎？今年春，存永復來江左，客余幕經月，嘯歌談讌，備極流連，忽聞櫟園邀異恩，得脱纍囚，暫歸白下。存永頓足狂呼，喜不自制，遂揮手別余，肩一李，躡蒯緱，溯淮而下矣。嗟乎！存永之詩文久炙海内，無俟余之贅論。要其人之至性，有克類乎輿公先生者。存永傳，而輿公先生益傳矣！辛丑清和上浣，雲間弟沈荃題。』（《尺木堂集》卷首）

三月，徐延壽與許珌等集周亮工寓園。

周亮工《閩中許天玉、徐存永、廣陵宗定九、黄濟叔、吴賓賢、汪舟次夜集寓園，即席分得看字》：

『濁酒把更殘，相依道路難。並州能作客，永夜莫長嘆。鼓亂羈魂碎，心蘇塞雁寒。老夫拚一醉，明月讓人看。』(《賴古堂集》卷六)

按：《(周亮工)年譜》：『(正月)詔赦在獄諸人……三月，奔喪還白下。』(《賴古堂集》附録)

又按：宗元鼎(一六二〇—一六九八)，字定九，號梅岑、香齋、東原居士，江都(今江蘇揚州)人。有堂名『新柳』，詩宗温李。康熙間貢太學，部考第一，銓注州同知，未仕。有《新柳堂詩集》《芙蓉集》。

又按：黄經，字濟叔，一字山松，如皋(今屬江蘇)人。周亮工曾爲其作傳。有《黄濟叔印譜》。

又按：吴嘉紀(一六一八—一六八四)，字賓賢，號野人，泰州(今屬江蘇)人。布衣。有《陋軒詩集》。

又按：汪楫(一六二六—一六九九)，字舟次，號悔齋，安徽休寧人，寄籍江蘇江都。歲貢生，署贛榆訓導。康熙十八年(一六七九)薦應博學鴻儒，授翰林院檢討，纂修明史。有《悔齋集》《使琉球雜録》《册封琉球疏鈔》《觀海集》等。

宗元鼎有《冬夜同許天玉、徐存永、陳賓賢、汪舟次集周櫟園先生寓中，分韻得餘字》(《芙蓉集》卷六)。

四月，邵光胤于吴彦芳處見《尺木堂集》。邵光胤爲徐存永《尺木堂集》作序，亟稱其七律，稱徐延壽詩文承興公家學。

邵光胤《〈尺木堂集〉序》：『今之文人難言爾，詩人更難言爾。其人已有詩文名，詩文亦非不佳，推其理，莫知所歸；舉其事，莫知所出，華言而已。詩文云乎哉！辛丑夏首，於吳友聖處讀徐子存永詩，清迴澹遠，有儲、王之風，其七言律最勝。于鱗云：「王維、李頎頗臻其妙，誠後學指南。」此殆似之。及晤其人，穆然自遠，談理如叩鐘，徵事如答響，不自知其怡然親也。存永初以詩文友周櫟園先生，櫟園被逮，同社率波連，獨不及存永。其恬澹可知也。櫟園赴對北部，存永隨之都門，經營同患，歷歲不懈，其氣義又可知也。向嘗讀石倉先生《選詩》，《序》云：「凡古今藏本，多藉之同里徐興公先生。」興公詩文能自成家，存永爲先生令子，弓冶之寄，積久而良，蓋以學世其家已。人子有善，必歸父母，願以是言與存永共勖諸。富春社弟邵光胤題。』（《尺木堂集》卷首）

按：邵光胤，富陽（今屬浙工）人。清順治九年（一六五二）進士。撰有《息縣志》。

本年，徐延壽攜家之湖南，道廣陵，與王士禛定交。王士禛、顧景星贈以詩；士禛稱賞其《過燕子磯作》詩。

王士禛有《送徐存永歸閩，攜家之湖南》：『舊家楓嶺外，去住復何言。海上田園失，歸途雨雪繁。家移建溪水，人聽楚山猿。未吊長沙傅，知君已斷魂。』（《漁洋精華録集釋》卷二）按：此詩繫于順治辛丑十八年。

按：王士禛《漁洋詩話》卷下：『徐延壽，字存永，閩人。徐𤊹興公之子也。家鼇峰。藏書與曹能始、謝在杭埒。亂後，並田園盡失之。將移家湖南，道廣陵，與余定交。有《過燕子磯作》云：「馮夷吹浪齧山根，雲樹千重暗白門。故壘尚聞雙燕語，空江曾見六龍奔。楊花莫雪行人路，杜宇春風古帝魂。扣栧中流頻喚酒，客情難遣是黃昏。」』

又按：王士禛（一六三四—一七一一），原名王士禛，字子真，一字貽上，號阮亭、漁洋山人。謚文簡。山東新城（今桓臺）人。清順治十五年（一六五八）進士，官至刑部尚書，與朱彝尊並稱『南朱北王』。有《帶經堂集》《池北偶談》等。

顧景星有《聞徐存永携家遊楚》：『閩天風雪海西頭，曾上鼇峰偃曝樓。烽火燭空留客醉，鄉園失路見誰投。徙居無復三十乘，負郭何嘗二頃疇。零落出疆妻子共，獨餘蒯劍向南遊。存永之考諱𤊹，字興公，以布衣致書數萬卷，建偃曝樓十楹以貯之。』（《白茅堂集》卷九）

按：此詩編於順治十三年丙申（一六五六）末尾，《白茅堂集》編年恐誤。

清聖祖玄燁康熙元年壬寅（一六六二） 殁後二十年

林古度八十三歲，徐鍾震五十三歲，徐延壽四十九歲

本年，徐延壽在湖南。

康熙二年癸卯（一六六三）　歿後二十一年

林古度八十四歲，徐鍾震五十四歲

本年，徐延壽卒于湖南長沙；許友卒，周亮工有詩哭之。

周亮工有《哭徐存永》：『維揚別去黯傷神，聞説全家盡出閩。可憾長沙真怨府，又來鵩鳥唤詞人。存永客死善化。雲曹枳棘三年夢，湘水芙蓉萬里身。伏地詩成天欲晦，僕在西曹，存永往大梁。僕伏地爲三十三絶句送之。存永讀之，哭失聲。記君冷淚哭孤臣。』（《賴古堂集》卷十）

周亮工有《十月廿六日城陽寄冠五》四首，其三：『高兆虎林返，許眉信已真。雲客過嶺返予，聞有介變，遽返。徐生新賦鵩，存永没于長沙。黄老竟成塵。濟叔。』其四自注：『予以今春取道穆陵入青（州）。』（《賴古堂集》卷六）

按：吴宗信，字冠五。休寧（今屬安徽）人。有《屯溪集》。

顧景星有《哭許友》二首，其《序》：『徐存永延壽、陳開仲濬、許有介友，閩中三才子也，爲周侍郎亮工所知，侍郎以飛誣被逮，辭及開仲、存永、有介。存永得免，開仲死僧舍，有介同侍郎下請室，侍郎得雪，有介亦釋。丁酉，晤予白下，時侍郎左遷青州憲使云，往就也。前月得存永訃，爲文哭之，今聞有介復溘然，追念舊歡，悽然欲絶，酒邊僅得二律，弦斷柱移，當援他琴以續之矣。』其二：『陳琳徐榦皆良友，痛絶同時已首丘。』（《白茅堂集》卷十）

按：據《賴古堂集》附録，周亮工赴青州任在順治十年（一六五三），又周亮工《十月廿六日城陽寄冠五》四首其四自注，可證徐存永與許友均卒於本年，存永在前，許友稍晚一兩個月。

按：《荊山徐氏譜·世系考》：『（徐延壽）卒康熙元年壬寅六月初九午時，年四十九。葬北門外王墓首鳳山。』康熙元年，公元一六六二年，《徐氏譜》誤。

陳夢雷有《許母黄孺人傳》：『癸卯夏，有介先生寢疾，孺人躬侍湯藥者纍月，百計問醫呼籲，竟不起。』（《松鶴山房文集》卷十七）

按：此條爲許友卒於是歲確證。

康熙三年甲辰（一六六四） 殁後二十二年

林古度八十五歲，徐鍾震五十五歲

康熙四年乙巳（一六六五） 歿後二十三年

林古度八十六歲，徐鍾震五十六歲

本年，林古度卒。

康熙五年丙午（一六六六） 歿後二十四年

徐鍾震五十七歲

本年，徐鍾震與林崇孚等社集可閒堂，有詩。

徐鍾震有《可閒堂社集》（詩佚，題筆者所擬）。

林崇孚有《可閒堂社集次徐器之》：『徑草痕凝碧，庭花葉剪藍。論文歸大雅，卜隱媿終南。老去盟鷗社，朋來接麈談。酒闌呼月上，對影欲成三。』（《瓿餘·江上吟》）

按：林崇孚，詳萬曆二十四年（一五九六）。

又按：此詩下一篇《仲秋自壽》題下自注：『時年七十一。』崇孚生於萬曆二十四年（一五九六），本年七十一。

康熙六年丁未（一六六七）　殁後二十五年

徐鍾震五十八歲

本年，徐鍾震在大父興公所搜集趙迪《鳴秋集》詩的基礎上，又得詩若干首，去其與《盛明百家詩》重複者，計三百本十八首，爲之作跋。

徐鍾震作《〈鳴秋集〉跋》：『趙景哲先生與林膳部倡和，稱「十子」。萬曆中，馬用昭參軍鋭意風雅，選《十子詩》，見趙集不得，遂以王中美補入。殊未知乃翁恭敏公曾以《鳴秋全集》授無錫俞是堂也。是堂官憲副，選刻《盛明百家詩》，海内共推哲匠。而趙詩計二百四十首，尚云「略而刻之」，則其所余者尚多矣。先大父生平喜蓄書，又喜輒表章先哲，遍尋其詩，得二百一十首。崇禎庚午歲，命予手録藏之。嘻，用心亦勤矣。迄今三十八載，予藏書樓圈爲牧馬之場，失屋遷徙，亦散失過半，幸此本尚珍笥中。適與賁仲談及，出其所抄是堂選本，去其與予同者七十一首，又補入一百六十七首，共成三百七十八首。先生之詩，真未絶於人間耶。亟爲抄録，以成先大父之志，敬志其始末如此。若夫先生事迹，已見林序及余先大父序中，無庸再贅。康熙丁未十月望日，雪樵徐鍾震器之謹跋於梁廡。』（馬泰來整理《新輯紅雨樓題記　徐氏家藏書目》，第一八〇頁）

按：王褒，字中美，侯官人。洪武二十六年（一三九三）鄉貢，爲翰林修撰。『閩中十才子』之一。《永樂大典》總裁。卒年五十四。有《養静齋集》。

又按：耿精忠亂後，藏書樓圈爲牧馬場，鍾震遷出舊居，然藏書並未完全散失，尚存一小半，舊時所抄《鳴秋集》即爲其中之一。參見崇禎三年（一六三〇）、十二年（一六三九）。

又按：此則透露一個重要資訊：袁表、馬熒選編《閩中十子詩》，原有趙迪而無王褒，因找尋不到趙迪《鳴秋集》，遂去趙而增王，『閩中十才子』之名單，便有王褒而無趙迪。袁、馬之後三百多年，研究閩中詩派一直沿用其説而未加深究。[一]

本年，林崇孚七十二歲，憶洪江舊同遊，因及五十四年前束髮於石倉園荔閣論文事。

林崇孚有《憶洪江舊同遊，泫然有感》：『束髮論文憶舊遊，而今五十四經秋。桐庵荔閣年年夢，白鶴烏山處處愁。生死場中誰耐久，功名隊裏早歸休。放翁認是前身我，祇少芳尊緑蟻浮。』（《瓿餘·江上吟》）

按：五十四年前，爲萬曆四十二（一六一四），時崇孚初束髮。荔閣，曹學佺經營石倉園，建荔閣。興公爲石倉園常客。

[一] 拙著《福建文學發展史》第五章第一節論閩中詩派討論了閩中十子之名的由來，並認爲洪、永之世屬於這一派的詩人，袁表、馬熒所説的『十子』之外還有十餘人。而于趙迪也僅及之而無論述。趙迪其人其詩，擬另撰文論述。

康熙七年戊申（一六六八） 歿後二十六年

徐鍾震五十九歲

康熙八年己酉（一六六九）　歿後二十七年

徐鍾震六十歲

夏，徐鍾震聞寧德崔嵸修《支提山志》，作詩寄之。

徐鍾震作《聞崔五竺與寄生、弘瑞、知密、必可諸上人纂修支提山志，賦此寄之》：『嘗聞支提崒嵂神仙區，天冠眷屬千人俱。聖燈夜深出隱隱，禪關第一真無逾。當時説法群龍聽，臺繡蒼苔冷烟磬。霞光散彩客未來，松林月白僧初定。中宮曾説賜金身，寶軸琅函轉法輪。銀榜猶題唐宋舊，化成誰是再來人？憶予昨過兹山下，舉目巖巒徒駐馬。上方紺殿幾重開，自笑塵凡未了者。君賁勝具窮山陬，雲壑千層一筆收。從此按圖堪寄興，何須幻作夢中遊。山間耆宿幾人在，練若清修證三昧。燈傳了悟繼宗風，不朽名山應有待。』（《支提寺志》卷五）

按：陳璜《支提山纂修志序》：『支提舊有《志》，兵燹之後簡乘脱落。吾友崔五竺先生，藝林之班、范也，清瑞、無畏、一湛、亘心諸上人禮請纂修，自夏迄秋而書成，問序于予……時己酉桂月既朔。』（《支提寺志》卷四）

陳昌箕有《送崔五竺之支提修志，兼訊恒心、清瑞、雨生、無畏、寄生、誠誨、亘心諸上人》：『曩過莒溪白鵲寺，石門宋氏圖中志。名山十幅揮壁間，天下神區盡大地。吾聞奥窟屬武夷，太姥支提各位置。太姥榛蕪不可登，支提遊屐還能至。此地天冠千聖居，青蓮萬朵環蒼翠。曾聞寶剎引白猿，幻化金燈紀神異。更聞司馬與玉蟾，夙于童峰餐霞餌。寺古滄桑幾廢興，有時花雨虛空墜。何人猛臂奮天王，載睹靈光魯殿巋。山僧勤苦力負荷，不須募化土木費。虔修御藏千琅函，猶恐佚遺葺山志。吾友讚嘆獨津津，臨風歌咏聊爲寄。何時裹糧事遠遊，垂老塵緣悉捐棄。』（《支提寺志》卷五）

高兆有《聞支提補藏經畢，請崔五竺續志，喜賦古篇，兼致無畏、寄生二上人》：『東南大山俯赤縣，萬壑千峰抱海甸。風雲霜雪浩蕩生，元氣靈神呼吸見。此中但有群帝遊，尋常豈與世人踐。當時天子孝兩宮，釋氏傳經降禁中。西番貝葉翻霞紫，中使龍幡射日紅。茲山六見迎黄紙，仿佛猶能説老翁。滄海紅塵事已久，碧瓦朱甍亦同朽。山僧垂淚檢殘篇，亥豕龍蛇痛心手。劫灰洗出玉柙文，天花煥發金泥牖。龍宫遺物一朝新，鐘鼓能鳴事豈偶。九達禪師至之夕，鐘鼓自鳴。霍童峰下崔丈人，二酉文章五嶽身。去將淋漓造化筆，一寫支提華藏真。丈人我友文力健，此意良厚無逡巡。隻字要須芟惡札，斷碑細爲收沉淪。轉盻書成寄茆屋，卧看青山應有神。寄語山中湯休輩，巾拂無徒苦相對。但教飽飯坐南峰，長護此山天地内。』（《支提寺志》卷五）

按：高兆，字子固，號固齋居士、栖賢學人。侯官人。崇禎間邑庠生。與許友等結福州『平遠臺社』，稱『閩中七子』。有《遺安草堂集》。

陳子欽有《送崔五竺歸支提纂修山志，兼簡寄生上人》：『竺叟高樓寄蘭若，斗篷倏自支提下。笻投赤地驅炎雲，忽見秋風滿平野。入城相見發秋聲，當前落雁懸河瀉。憶君契闊將三年，且問支提巔復巔。君言此山出雲頂，佛皆飛渡衲齊褰。石上衣痕灑雲水，至今苔冷烟蒼然。法幢自闢華鬘裏，辭客高僧叠叢趾。搜前山志讀遺文，傍剔香苔檢殘紙。山雲澗瀑君携來，霍見雙童矗雲起。快讀君書把君酒，眼底無多舊時友。幾年秋月同婆娑，霜白蒙頭各搔首。昨宵風雨連床猛，説君還山心耿耿。長歌一醉奔何方，衹束窮文度愁嶺。幸得深山可匿名，支提月下增君影。君返君山豈寥索，仍搜山草詳參略。秋茗香寒露白中，遍卧山寮躡僧閣。佛火光中注石泉，爲計書成霜始落。語君此志山中酬，將來綺語還應收。老思清悟向何處，一聲磬落前峰秋。爲余峰中語耆宿，先截峰頭老筇竹。待我尋君上此峰，掃起茶烟滿山緑。相依結廬雙童肩，何事桃雲下巖谷。』（《支提寺志》卷五）

按：陳子欽，長樂人。

康熙十一年壬子（一六七二） 歿後三十年

徐鍾震六十三歲

本年，周亮工卒，入祀福州名宦祠，徐鍾震爲作祭文。

徐鍾震作《金壇周方伯入名宦祠祭文》：『惟公望重斗樞，名高泰嶽。句曲鍾英，並輝花萼。潘屏八閩，海邦晏若。民切去思，口碑昭灼。馭然騎箕，薇垣星落。崇德報功，音徽猶昨。典重賚宗，精靈攸托。特薦馨香，鑒兹清酌。尚享。』（《雪樵文集》）

康熙十五年丙辰（一六七六） 歿後三十四年

徐鍾震六十七歲

本年，延壽子鍾咸修補印行《徐氏筆精》。

按：黄曾樾云：『按：鍾咸曾於康熙丙辰修補印行《徐氏筆精》。見北京圖書館藏《筆精》扉頁。』（《尺木堂集》附録）

又按：徐鍾咸生于順治十年（一六五三），詳該年；本年二十四歲。

康熙十六年丁巳（一六七七） 歿後三十五年

徐鍾震六十八歲

十二月，鍾震卒。

按：《荆山徐氏譜·世系考》：『生萬曆三十八年庚戌三月初六日午時，卒康熙十六年丁巳十二月二十八日申時，壽六十八矣。』

康熙五十七年戊戌（一七一八） 歿後七十六年

九月，洙雲得徐𤇾宛羽樓藏書四十七種。

林正青題《閩一齋詩稿》：『康熙戊戌閏秋，得宛羽樓藏書四十七種，多吾閩前輩遺集，如宋長溪趙萬年，明長樂高棅、王恭，並此集，爲之狂喜。而是集抄本猶可貴重，上《建寧志》一頁，系興公先生手抄。九月十六漏下廿刻，洙雲識。』（馬泰來整理《新輯紅雨樓題記　徐氏家藏書目》，第一四八頁）

按：《閩一齋詩稿》，徐𤇾抄藏，參見崇禎六年（一六三三）。

附録

一、荆山徐氏家譜世系表

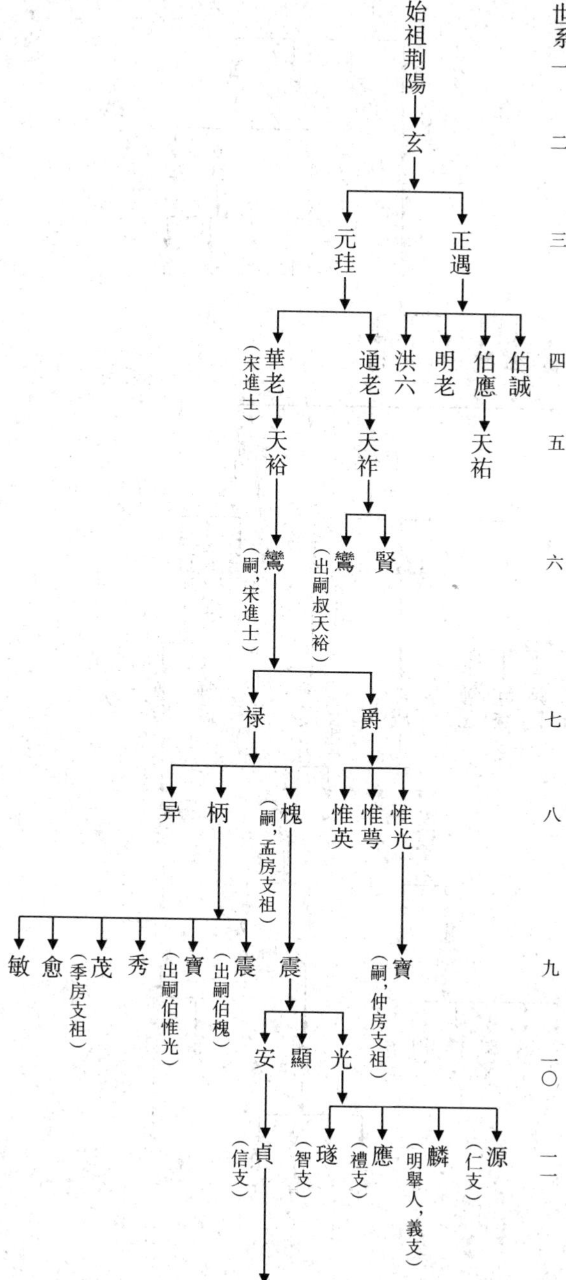

（續表）

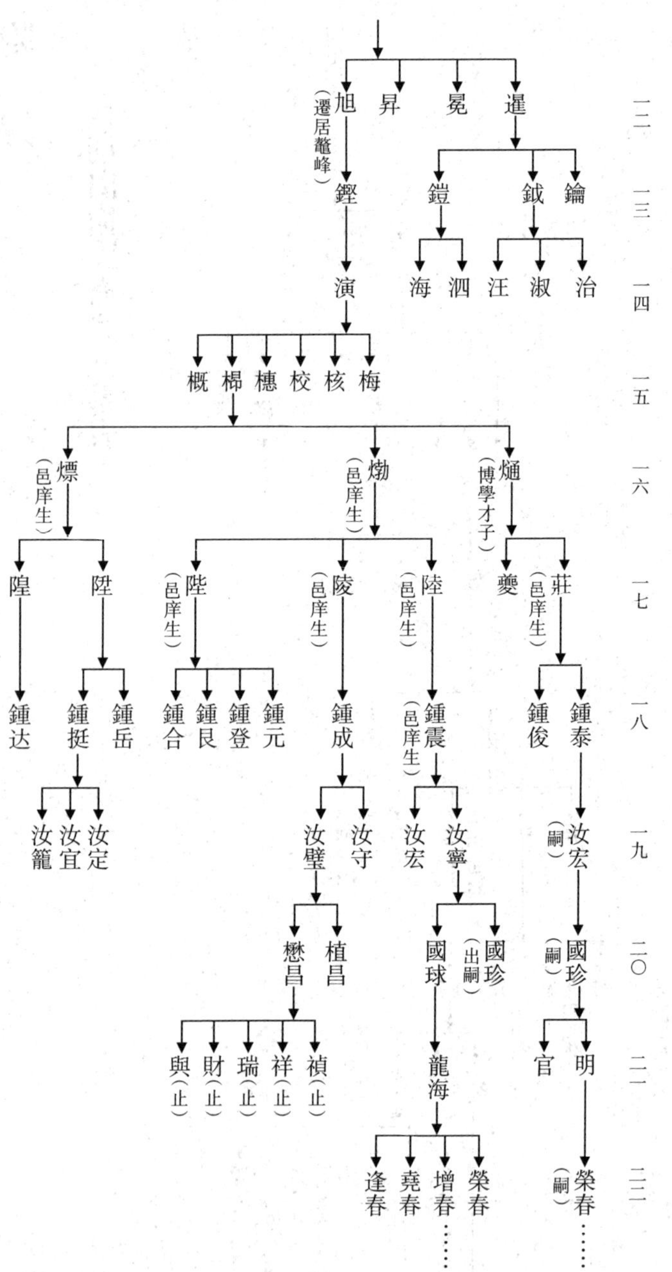

一二
旭（遷居鼇峰）
昇
冕
暹
一三
鏗
鎧
鉞
鑰
一四
演
海
泗
汪
淑
治
一五
概
棉
槵
校
核
梅
一六
熛（邑庠生）
煳（邑庠生）
熥（博學才子）
一七
隍
陞
陛（邑庠生）
陵（邑庠生）
陸（邑庠生）
夔
莊（邑庠生）
一八
鍾达
鍾挺
鍾岳
鍾合
鍾艮
鍾登
鍾元
鍾成
鍾震（邑庠生）
鍾俊
鍾泰
一九
汝籠
汝宜
汝定
汝璧
汝守
汝宏
汝寧
汝宏（嗣）
二〇
懋昌
植昌
國球
國珍（出嗣）
國珍（嗣）
二一
與（止）
財（止）
瑞（止）
祥（止）
禎（止）
龍海
官
明
二二
逢春
堯春
增春
榮春
榮春（嗣）

二、傳記

先大父行略

徐鍾震

先大父捐館舍之明年，海内同人，寄詩哀挽，四明楊南仲刺史貽書云：『有道碑銘，定屬能始觀察。或傳或誄，吾輩分任之，俟公郎哀《狀》成也。』不孝[一]茹泣含毫，腸斷輒止，因循至今，服將闋矣，恐久而遺忘，且叔延壽[二]生晚、鍾震幼孤，先大父壯歲嫮節懿行，尚有未及知者，謹臚列所記一二，忌其蕪陋，勒之篇端，冀徵名公長者錫以片言，死且不朽。

先大父諱某，字惟起，一字興公，别號天竺。先曾王父永寧公晚得子，伯祖諱熥，舉孝廉；叔祖諱熛，邑博士；仲即先大父也。少生穎異，不逐凡兒嬉，先曾王父極鍾愛之，宦轍所至，每携與俱[三]，鞭撲之下，艱難萬狀，心不忍聞，遂掛冠歸□□。纔十數齡，刻意工舉子業，旁及墳典諸書。先曾王父極嚴，督課讀書，不丙夜不休，學繇是日益。先曾王父性喜吟咏，對客揮毫，大父從旁竊效，謂千秋大業在是，何待呫嗶哉！故文自班、馬而上，詩自漢、魏而下，無不追琢造極。曾王父見之，曰：『孺子何暇及此？』禁勿爲。

[一]『不孝』以下，旁增四小字，漶漫模糊。

[二]『叔延壽』，原作『不孝延壽』，經改作『叔延壽』。

[三]『携與俱』以下劃去『解組歸』三字，旁增六七小字，漶漫模糊。下又增『鞭撲之下，艱難萬狀，心不忍聞，遂掛冠歸□□』小字。

日與昆仲承歡膝下，色養備至，事嫡母如所生[一]。

辛卯九月，曾王父見背，先伯祖業赴公車，其慎終之費，惟力是視，不分派伯、叔二房，且泣血孺慕，哀毁骨立，苫塊中忍圖所以不朽者，曰：『先大令不爲五斗米折腰，清白無愧矣。非得海内文人鉅公，曷與闡揚懿美？』遂素車白馬，抵吴門，丐《誌》《銘》《傳》《表》于顧道行、王伯穀、張幼于，三先生一見，歡如平素，亟爲延譽四方，故鷄壇之上，稱『二徐』先生不去口。

嗣是，足跡半天下，諸凡山水之勝，窟宅之奇，無不形之題咏。日從賢豪長者遊，服古者，欽其博洽；通今者，賞其風流；主持騷雅者，復重其高才逸韻。且性與人無忤，即村農野老，與之晤對，亦無不得其歡心焉。歸則掃除一室，鋭意著書。與先伯祖連床對榻[二]，吟咏嘯歌，先伯祖尚以制業相勉。慨然曰：『早知窮達有命，恨不十年讀書。古人嘗言之矣，吾何戀戀帖括以成名也？』時從趙仁甫、林天迪、陳汝大、陳元凱、鄧汝高、謝在杭、曹能始、王永啓、陳伯孺、幼孺諸公結社芝山，商略今古，雄視一世。四方之士多歸之，不至類腹中多有者，每至凌人如崔儦之署門所云也者，故乞言問字者趾交錯。兩次纂修郡乘，林司空□□□□□[三]，大父總裁之[四]力居多，且惡聞人過，遇人有片善，則極力奬藉之。尤喜爲人排難解紛，事有不平者，輒取決焉。戚屬中生乏衣食者，賙之；死無棺槨者，賻之；顓愚不知禮義者，則開導訓迪之，

[一]『事嫡母如所生』以下，旁增三十餘小字，漶漫模糊。
[二]『連床對榻』以下，旁增十餘小字，漶漫模糊。
[三]『林司空□□□□□』，此八字爲旁增小字，其中五字漶漫模糊。
[四]『總裁之』三字劃去，旁增三十餘小字，漶漫模糊。

不下數十家，毫無吝容倦色，豈其天性固然歟？

□己亥，先伯祖謝世，復遭先曾王母二喪，咸自經營，假貸襄此大事。即至措辦窀穸，亦不煩二房一錢。人咸以此服大父高誼云。生平不躭聲妓，不耐麴蘗，見人飲，亦輒不惡。謝在杭方伯，渭陽親也，處郎署時日圍棋賭墅，大父戒之曰：『大丈夫自有不朽大業，豈可以有費精神于無用地乎？』方伯公唯唯云。著述甚富[一]，日無暇晷，非繙覽經史，則諷咏篇什，間作繪事，尤工臨池，八分、行草，得漢晋人風度，楷法則出入顔魯公，人得片幀隻字，咸寶惜之。

性不耐治家人生産，食指日繁，貧益甚，大父處之裕如，惟以賣文錢自給。即或出訪故人，亦不甚煩以案牘間事。客有訊其歸裝者，則佳句殘篇，充滿囊橐矣。蓋繇大父性喜積書，遇古今難得秘本，必躬自蒐致，或典衣以購，或因人以求，或抄録于故家，或□□于内府。即至醫藥、占卜之屬，咸所必收，一一較讎而甲乙之。堆牀充棟，不下十數萬本，又何羡于宋尤延之。飢讀以當肉，寒讀以當裘也哉。嘗題先□□書軒，銘云：『菲飲食，惡衣服。減自奉，買書讀。積廿年，堆滿屋。手有較，編有目。無牙籤，無玉軸。置小軒，名汗竹。博非橱，記非簏。將老矣，覽不熟。青箱業，教兒陸。繼書香，爾當勖。』是則大父之醉心墳典者，五十年如一日矣[二]。曹能始先生選梓《儒藏》《十二代詩》，其所未見書，咸出大父藏本，而宋元集尤爲有功[三]。崇禎癸酉歲，苦于蝸居迫窄，拓齋後空地數武搆樓，以位置諸書。曹先生爲貽貲斧，又何

[一]『甚富』及以下十餘字爲旁增，除『甚富』二字，以下二十餘小字，漶漫模糊。

[二]『如一日矣』以下，旁增二十餘小字，漶漫模糊。

[三]『尤爲有功』以下，旁增十餘小字，漶漫模糊。

減杜甫之草堂乎？復錫以嘉名，曰『宛羽』，蓋取周穆王時宛委羽陵藏書之義云爾。

先後宦遊閩中者，莫不耳先大父名，式閭致敬。早歲如觀察叔向楊公、方伯德造陳公、參知子開甘公、郡伯正之喻公、都轉運婁峰王公[一]、田叔運使屠公[二]；近如大中丞二太南公、匪石鄒公、直指得一張公、湘蓴應公、廉訪昭度潘公、方伯青門申公、雲林徐公、闇齋黃公、蘗山胡公、參知岵梅章公、前直指今中丞□皖張公，或高牙大纛，闌入柴桑；或錫扁里門，緇衣折節。然大父又未嘗附羶而動，有所干瀆，使清風明月，玄度笑人也。下而賢令尹之好事披帷[三]，大將軍之開門揖客者，則又未敢多述也。且又躭禪悅，悟玄旨，凡緇衣黃冠、文人墨士之入閩者，先大夫又極力爲之飯館[四]，惟以得徐先生許可爲聲價。閩中叢林創建改造，大父雖未能大有所施捨，而讚助之力爲多焉。

歲戊寅，尚平累完，剡溪興發，扁舟抵明州訪舊，渡海禮洛迦、潮音諸勝[五]。復遍歷齊魯之□。歸途，炙鷄絮酒，入苕川，哭昭度潘公[六]，不孝延壽侍焉。庚辰，抵丹霞，訪張紹和徵君于萬石山，與王東里、黃石齋、何玄子、陳平人、陳貞鉉、陳子潛諸公倡和度歲，不孝鍾震侍焉。其間山川之險阻、人情之變幻、文章之奇正，咸語不肖以其故，曰：『時事大棘矣，爾小子毋□情直行也。』又曰：『聖賢面目，寧須向故紙求

[一]『都轉運婁峰王公』，此句下有『海内名流，時枉干旄，商榷文藝』十二字。

[二]『田叔運使屠公』，此六字旁增。

[三] 此句至本段末尾，有勾去痕跡。

[四]『極力爲之飯館』以下，旁增三十餘小字，漶漫模糊。

[五]『潮音諸勝』以下，旁增六字，漶漫模糊。

[六]『哭昭度潘公』以下，旁增六字，漶漫模糊。

之？』不孝等佩服無斁。言猶在耳，不意先大父竟捨諸孤而逝也。嗚呼，痛哉！

先是壬午闈試，題出，大父猶捉筆爲《論》《孟》二藝[一]，大存先正典型，能始先生極推服之。舉以示不孝曰：『近日文字，謂之新巧則可，謂之簡古則未也。吾之此作，亦存其意而已。』[二]未病前一日，尚在湖上相度開化寺基址[三]，歸而病，病未兩晨夕，即預知死期，客來訊候者[四]，談笑謂之曰：『行年七十三，不爲夭矣；積書數十萬卷，不爲貧矣；子孫頗通章句，不爲癡矣。』毫不及他事，復命震執筆，口授《四歌》，《辭世》云：『四大假合，七十三年。文章夙業，詞翰因緣。一旦歸真，返于西天。極樂世界，清池白蓮。』《辭奠》云：『儒家苦貧，中人之産。綾軸奠儀，則吾豈敢！千辭勿舉，胙帛省簡。或賦挽詩，孫曾抱感。』《别友》云：『大運不留，四序云週。生平益友，蘭藉克修。兒孫不癡，互忝交遊。願言永好，勿替應求。』《别曾孫》云：『曾孫眼前，見我遐齡。小者兩歲，大者五星。時序易邁，日月不停。骨肉歸土，松楸早營。』復令合家念彌陀數百聲，氣徐徐而絶。斯何時也，而暇整若此，似于生死之際脱然者。先大父生于隆慶庚午年七月初二日巳時，卒于崇禎壬午年十一月廿五日午時，享年七十有三。

所著詩文總名曰《鼇峰集》，前詩集二十四卷，南中丞業爲授梓行世，尚有續詩集三十卷、文集六十卷、《榕城三山志》三十卷藏于家。雜著行世者，則有《榕陰新檢》八卷、《筆精》十八卷、《雪峰寺志》八卷、

[一]『二藝』，此下有『清通雅練』四字，劃去。

[二]『存其意而已』，此下有『諸同人咸謂筆花未謝可以永年無疑』十六字，劃去。

[三]『尚在湖上相度開化寺基址』，此句劃去『尚在湖上』『開化寺』兩處，旁增十小字，漶漫模糊。

[四]『客來訊候者』，此句旁增四小字，漶漫模糊。

《端明別紀》八卷、《海錯疏》二卷、《閩畫記》二卷、《端明年譜》一卷、《荔枝通譜》八卷、《南閩唐雅》廿四卷。至于《續筆精》二十卷、《榕陰續簡》十卷、《鵲林》八卷、《紀變録》一卷、《巴陵遊譜》一卷、《刀劍續録》一卷，又藏于家。嗚呼！先大父年雖未登期頤，而所著述成一家言，差足不朽矣。

先王母高氏，生先大人陸，娶大中丞陳公達孫、廪生价夫女；庶祖母李氏生叔延壽，娶司理倪公思益男太學生范孫女。孫二，長鍾震，邑庠生，娶户部尚書恭敏馬公森姪□、太學生馬以彦女，後續□□□□能[一]女。姑二，一適同知康公日章孫男守廉[二]，一適司理倪公思益孫□□□[三]。曾孫男二，汝寧、汝宏俱幼未聘[四]，鍾震出。

兹以某年某月葬于某山之陽，坐某向某。謹勒哀狀如左，無敢餙詞以欺地下。惟大君子不鄙而錫之言，俾潛德幽光，附鴻文以不朽，則大父雖死之年猶生之日也。延壽、鍾震曷勝哀籲，感懇之至。

（《雪樵文集》）

[一]「後續□□□□能」，此七字爲旁增小字，其中四字漶漫模糊。
[二]「孫男守廉」以下，旁增十餘小字，漶漫模糊。
[三]「□□□」，此三字旁增，漶漫模糊。
[四]「汝宏俱幼未聘」，此六字删去，旁增「娶」等二十餘小字，漶漫模糊。此處可以證明，鍾震作此文較早，子汝寧尚幼未聘，修改此文時汝寧已成人。

徐舉人熥布衣徐𤊹傳　錢謙益

熥，字惟和；𤊹，字惟起，又字興公。閩縣人。永寧令棉之子也。兄弟皆擅才名，惟和舉萬曆戊子鄉薦，十餘年不第，風流吐納，居然名士。其詩爲張幼于、王百穀所推許，有《幔亭集》，屠長卿序之。興公博學工文，善草隸書，萬曆間與曹能始狎，主閩中詞盟，後進皆稱『興公詩派』。嗜古學，家多藏書，著有《筆精》《榕陰新檢》等書，以博洽稱于時。崇禎己卯，偕其子訪余山中，約以暇日，互搜所藏書，討求放失，復尤遂初、葉與中兩家書目之舊。能始聞之，欣然願與同事。遭時喪亂，興公、能始俱謝世，而余頽然一老，無志於斯文矣。興公之子延壽，能讀父書。林茂之云：『劫灰之後，興公鼇峰藏書尚無恙也。』

（錢謙益《列朝詩集小傳》丁集下，上海古籍出版社排印本）

徐𤊹傳　喻政等

徐𤊹，字惟起，博學工文，與兄熥齊名，善草隸書，詩歌婉麗。萬曆間，與曹學佺狎，主閩中詞盟，後進皆稱『興公詩派』。性嗜古，聚書至萬卷。所居鼇峰麓，客從竹間入，環堵蕭然，而牙籖四圍，縹緗之富，卿侯不能敵也。其考據精核，自樂府至歌行及近體，無所不備。著有《徐氏筆精》《榕陰新檢》《紅雨樓集》《鼇峰集》。子延壽，字存永，詞賦激昂，有《尺木堂稿》。孫鍾震，字器之，有《雪樵文集》。

（〔乾隆〕《福州府志》卷六十《人物》『文苑』）

徐𤊹傳　張廷玉等

閩中詩文，自林鴻、高棅後，閱百餘年，善夫繼之。迨萬曆中年，曹學佺、徐𤊹輩繼起，謝肇淛、鄧原岳和之，風雅復振焉……𤊹，字興公，閩縣人。兄熥，萬曆間舉人。𤊹以布衣終。博聞多識，善草隸書。積書鼇峰書舍至數萬卷。

（《明史·文苑傳二》）

徐𤊹傳　徐日焜等

諱𤊹，字惟起，號興公，行一百六十二，子瞻公次子，博學廣聞，爲邑庠生。修郡志三次，及老爲鄉飲大賓。與兄俱名當世。著有詩集，不得其全。與同郡曹能始爲莫逆交。凡詩詞歌賦皆曹能始手選，故荆山寶勝寺左邊扛梁，曹君名字右邊則公之名也。公之父子兄弟同住鼇峰，才學聲名仿佛『三蘇』。

（鈔本《荆山徐氏譜·世系考》）

徐𤊹傳　郭柏蒼

少就童試，見唱名擁擠，即棄舉子業。善隸書，能山水。初與趙世顯、鄧原岳、謝肇淛、王宇、陳价夫、陳薦夫結社芝山，晚與曹能始狎，主閩中詞壇，人稱『興公詩派』。學人、緇流，以徐先生稱許爲聲價。曹能始贈詩云：『應有好緣供讚嘆，更無名士不周旋。』乃實録也。著《榕陰新檢》《榕陰詩話》《徐氏筆精》《續筆精》《荔枝譜》《竹窗筆記》《竹窗雜録》《閩畫記》《紅雨樓集》《鼇峰集》，所刻書如《律髓》《别紀》《補遺》《唐雅》之類，凡數十種。按：𤊹能畫。徐熥有《題興公山水》詩。嘉慶間，侯官鄭茂才傑，將𤊹手跋諸集鈔刊二册，題曰《紅雨樓題跋》。所藏書多宋、元秘本，有『宛羽樓』『緑玉齋』『汗竹巢』藏書印。興公所居紅雨樓、緑玉齋、汗竹巢皆在郡治九仙山麓。道光十九年，蒼得明鄭述天開圖畫樓並興公汗竹巢地，花木皆備，補之以蕉，曰『補蕉山館』。乃設主寄祀唐詩人周朴，配以鄭世美、徐興公二主，歲時祭焉。𤊹有木像，道光間在鼇峰坊右委巷中，背雕七月初一生。後被無賴子取去。曹能始寄興公詩：『余年差伯仲，一官猶偃蹇。』能始生於萬曆二年，興公生於隆慶四年。崇禎十年間結社。卒年無考。其題跋有至崇禎十三年者。

（郭柏蒼《柳湄詩傳》，《全閩明詩傳》卷四十）

徐𤊹傳

何振岱　陳衍等

𤊹，字惟起，一字興公，博雅多聞。善草隸書，所居鼇峰之麓，藏書七萬餘卷。曹學佺爲構宛羽樓庋之。又構數椽于山園，環視三山之勝，名曰『緑玉齋』。平生遊交廣，足跡所至，遍攬四方豪俊簡札往來無虚歲。爲人畫事及遊揚名譽，惟力是視。

當是時，福建首郡人才極盛，葉向高、翁正春、曹學佺、陳价夫、薦夫、謝肇淛之倫，莫不宏奬風流，飛染文藻，而皆與𤊹親厚。价夫其姻，而肇淛其甥也。其于同時諸子著作，無問存殁，靡弗惓惓贊其傳布。然嘗言能始爲狡親所鼓弄散財、治鹽筴，幾糜萬金，未免戒得之訾。又言能始勁節凌霜，其初曰娱聲伎，亦與文山相近；及宦粤西，𤊹貽書援陶淵明『三徑就荒』，賦『歸去來』諷之。又言在杭心地極良，淹博可師，但於睦族、結客、布施三事，錙銖未能割捨，故所爲《行狀》獨於此未敢曲筆。𤊹與曹、謝情好尤贄，而責備不少恕如此。他如《答鄧某書》，責其因分産之薄，有所甘心，大類喪心病狂。《與周章甫書》責其兄弟垂暮參商，儆之以藏怒宿怨之非。《與王元壽書》責其與鄭氏昆季構訟，動之以先人交誼之舊。《答吴汝鳴書》責其託名承繼，奪情莅官，刺之以食稻衣錦之安。口誅筆伐，所争在綱常，足砭薄俗。

𤊹善鈎稽古籍訛舛，如辨《嚴滄浪集序》之誤，以咸淳元年進士爲四年；《黄秋聲集》之增《危素墓碑》、鄧溍跋》，補雜文三十餘篇；《蔡君謨集序》之誤，以忠惠爲熙寧慶曆間人；《林和靖集》之誤，收《省心録》及採詩之誤，以天台陳孚爲閩清陳剛中，黄鎮成爲薩天錫，陳黼爲夏時正；《福州郡志》之誤，以陳用之爲祐之，閩清之陳剛中誤爲侯官陳剛中，黄師雍《宋史》有傳，而《志》不詳。辨永樂、天順、正德、天啓改元皆襲亂賊年號。咸考證精覈，其言傳體與行狀不同。又修志者省會人物之盛，載筆不得不嚴，在一州一邑，惟恨文獻不足，不可一概嚴削。皆曉悉文章之體。

老而貧甚，伯兄既逝，從子不肖，蕩敗嚻然，至挾其母誣訟，於是餬口四方，鬻史爲饔飧資，數數削牘於鄰郡守令，小有請托，雖所操不能如閔仲叔、梁伯鸞之爲人，亦足悲已。以上《東越文苑》《閩書》《左海文集》。

（〔民國〕《福建通志·文苑傳》卷六）

三、徐興公文集佚文輯録

簡要説明：

徐𤊹所作文甚多，萬曆二十二年（一五九四），徐𤊹二十五歲，兄熥在南京爲之刻《紅雨樓稿》。徐𤊹不太滿意，以爲是少作，不當刻。此後，近五十年間所作之文，均未刻。晚年，徐𤊹謀于友人，欲于生前梓之，由于時局的動盪等原因，始終未能竣事。徐𤊹所作文到底有多少卷？晚年，徐𤊹自己的説法也不太一致。崇禎十一年（一六三八），《寄冒嵩少》云：『尚有蕪文三十餘卷，雜著稱是。茲馬齒衰暮，竊念一生苦心，後世必有相知定吾文者，限于力微，莫辦劂貲。』（《文集》册五，《上圖稿本》第四三册）崇禎十二年（一六三九）《寄邵肇復》云：『四十年中，更著雜文二十卷，貧人安能備梨棗之資？意欲以此再累台翁，付之劂氏，雖蕪陋陳言，不足醒人心目，自揣生平，既無爵位，困窮到老，不甘草木同腐，倘有遺言，傳于後世，博一身後名，差足了一生。』（《文集》册四，《上圖稿本》第四三册）崇禎十四年（一六四一）《又復胡檗山》：『茲有雜文十四册，蕪蔓未芟，淆亂可厭，偶携至此，欲謀之建陽令君嚴删行之，然令君簿書鞅掌，未暇談及。』（《文集》册四，《上海上圖稿本》第四三册）同年又《寄章（怙）［岵］梅》：『生平所撰著積有六十餘卷，力微弗能殺青，懼與草木同腐，擬不遠千里，恭詣祖臺，徼求大□助我剞劂。』（《文集》册五，《上圖稿本》第四三册）同年又作《寄陳貞鉉》：『弟拙文五十餘卷，中亦有可觀者，若郡公多准儒童數名，弟亦將爲梨棗之費，選而行之，不欲後世相知定吾文也！』（《文集》册五，《上圖稿本》第四三册）之所以説法不一致，大抵因爲不是定稿，無法確定卷數；其次，還要看剞劂者資助的幅度，再定篇幅、分卷。《又復胡檗山》所説『雜文十四册』，或許比較準確，清代陳壽祺，所目擊《紅雨樓稿》剩下八册，第陳衍等的（民國）《福建通志·藝文志》也説八册。藏於上海圖書館的稿本《紅雨樓集　鼇峰文集》十二册，第我們推斷，前八册當爲《紅雨樓稿》，或許是陳壽祺當年所目擊者，尺牘居多；十二册後四册爲《鼇峰文集》，雜文。

徐𤊹的序跋，清順治年間林佶輯有《紅雨樓題跋》，嘉慶間鄭杰有《紅雨樓題跋初編》，晚近繆荃孫在前人的基礎上重輯，爲《紅雨樓序跋》。今人沈文倬先生又重新編定，成《紅雨樓序跋》一書（福建人民出版社，一九九三年版）。近年，筆者撰著《徐𤊹年譜》，又輯得序跋多篇，成《徐𤊹序跋補考證》一文（《文獻》，二〇〇九年第三期）。二〇一四年，上海古籍出版社出版馬泰來教授力作馬泰來《新輯紅雨樓題記　徐氏家藏書目》，考訂甚精。

本輯徐𤊹佚文，爲稿本《紅雨樓集　鼇峰文集》所未載者，凡見於沈文倬先生《紅雨樓序跋》、馬泰來先生《新輯紅雨樓題記　徐氏家藏書目》，不再輯入。

所輯佚文，按文體稍作歸類。

徐𤊹佚詩，拙撰《鼇峰集》已有輯録，不再重複。

廣五色賦

黑曰：連昌夜色沈沈，珠簾反掛。内史池光灔灔，墨汁常流。

黄曰：枝頭睍睆幾千，金衣公子。殿上輝煌丈六，寶相如來。《詩經》古注：睍睆，色也。

紫曰：令尹東來之轍，氣滿函關。相君北拱之袍，色摇漢闕。

碧曰：子晋夜月吹笙，緱山桃發。文通春波賦别，南浦芳草。

丹曰：黄帝藥草煉成，九還出鼎。貴妃荔支馳至，一騎飛塵。

緑曰：新郎馬上之衣，紅裙争看。賤妾閨中之服，黄裏攸宜。

藍曰：空中雨過雲收，蔚然天色。湖面輕風日暧，熨爾波光。

絳曰：王母節下雲中，軿羅仙女。馬融帳開堂上，坐列生徒。

徐㶿《續筆精》卷一『五色賦』條：『唐寇豹與謝觀，同在崔裔孫門下，以文藻知名。豹謂觀曰：「君《白賦》有何佳？」對曰：「曉入梁王之宅，雪滿群山。夜登庾亮之樓，月明千里。」觀謂豹曰：「胡不作《赤賦》？」豹曰：「田單破燕之日，火熾燎原。武王伐討之年，血流漂杵。」文山效作《黑賦》曰：「孫臏銜枚之際，半夜迷踪。達磨面壁以來，九年閉目。」座中一客賦《青》曰：「帝子望巫陽，遠山過雨。王孫之别南浦，芳草連天。」一客賦《黄》曰：「杜甫柴門之外，雨漲春流。衛青油草之間，沙含夕陽。」文山評：「月明千里」得白之神；曰「火」曰「血」，不免著跡。且「燎原」事與田單不相干。一客改之曰：「堯時十日並出，爍石流金。秦宫三月延燒，照天燭地。」楊用修評之曰：曰「血」曰「火」，及「並出」「延燒」，皆非佳境。乃改曰：「孫綽賦天台景，高城霞起而建標。杜牧咏江南春，十里鶯啼而映緑。」自謂稍有風韻。又賦《黄》曰：「靈均之嘆木葉，秋老洞庭。淵明之餐落英，霜清彭澤。」信勝舊矣。《黑賦》亦非佳境，别擬一聯云：「周庭之列畢蘇，裳如蟻陣。陳客之迎張孔，髩似鴉翎。」㶿偶遊清漳，與友人楊參知酒次談及楊評曰：「孫臏銜枚未見黑，杜甫春流未見黄也。」予因廣而賦之云云。至於白、赤前人已賦之矣，不復贅也。」

（鈔本，藏福建師範大學）

《鳳山鄭氏詩選》序

孔道之孫惟嘉，命序簡端。刊版者光裔，編次者實惟嘉也。

（《四庫全書總目提要》卷一百九十三曹學佺《鳳山鄭氏詩選》：『卷首有崇禎己卯徐㶿序云云。』）

陳履吉先生《采芝堂集》序

先生諱益祥，字履吉，舊懷安人也。氏受穎川，族繁柯嶼，遠祖司户以著作名，宋稱書隱先生；厥考觀察公以德位顯，時推文塘前哲。

履吉生年舞象，雅志雕龍，寤寐百家之書，探索五宗之業。縹緗乍啓，輒過目而鏤心；彤素一揮，每驚魂而動魄。袁豹遜其博綜，蔡邕讓其該洽；蒼舒謝其敏給，夷甫愧其談鋒。專治麟經，時譽鵲起。方隸諸生，主司許爲威鳳；再遊國學，司成目以名駒。於是足跡半于寰區，聲稱勝於海表矣。

既以擢科命舛，終養念勤；眈遊山川，景慕泉石。荷衣草屩，追尚子五岳之懷；芒屨竹笻，負伯輿濟勝之具。開山鑿洞，麋鹿與遊；劈莽誅茅，猿狙爲侶。每有會心，輒形賦咏。故其爲詩清新大雅，語帶雲霞；爲文宏贍瑰奇，言絶烟火。且其志戀林丘，寓言潛穎；榮辭朝市，托諷木鈬。讀其書者，想見其人；聽其言者，必觀其行。

是集也，鍾海溢之英靈，立山林之公案，譬之衆音盈耳，無響而不鏗鎗；五彩耀目，無色而非絢爛。誠一代中之鳳毛，諸賢間之龍腹者矣。夫何逝水不留，曦輪易匿，甫周甲子，遽掩黄泉，遂使中原之赤幟彌張，南國之英華頓盡。豈不惜哉！

伊予不慧，少學爲詩，交辱忘年，誼稱同社。哲人其盡，酒壚興悲；故友云亡，鄰笛增感。既行作誄，不勝搦管之哀；載誦遺篇，幾沾開篋之淚。從父汝翔，校讎詳定；厥子希孝，壽梓彌勤。會續竹林，徒存阮籍；群看野鶴，倍憶嵇公。敢綴蕪言，僭爲之序。

萬曆癸丑菊月，友弟徐𤊹興公謹撰。

（陳益祥《采芝堂集》卷首，萬曆四十一年刊本，藏北京大學圖書館）

《宫閨組韻》序

原夫掖庭永巷，蛾眉興望之恩；翠幌妝樓，鴛偶起生離恨。是以更衣侍寢，極南内之夜情；織錦宣愁，迷兩窗之曉夢。琵琶雜曲，撥古調於昭君；破鏡雕章，寫深衷於淑媛。往往托微言以含諷，借曼聲以紓憂。此歷代宫閨之詞所繇作，而後世縹緗之帙所其傳也。

友人陳長源氏，風流自賞，博雅有聲。想禁籞柔情，悵佳人之薄命；摹香奩艷態，有女子之懷春。並結念於愁腸，每銷魂於怨腑。於是錯綜三唐僞語，組織七字麗辭。辟若玉匕調羹，攬酥酪醍醐爲一味；洪鑪爇炭，熔鉼盤釵釧爲一金。句既天成，對皆巧合。霓裳團扇，疑向説於内家；角枕錦衾，宛傳言於中媾。雲霞爛而星漢明，綺繡合而支機燦。可謂索領探淵，已收照乘；攻瑕剖璞，妙得連城者矣。豈惟仲初《百篇》，流芳金屋；孝穆《新咏》，長價玉臺已哉！

（陳圳《宫閨組韻》卷首）

《榕陰新檢》序[一]

夫莊生寓言夫大鵬，洪氏因《夷堅》而作志；吴均續《齊諧》而志怪，野史集《虞初》以成書。不惟好古之士，甘之若海錯山珍，即愚夫愚婦，亦嗜之若鳳羹鸞炙矣。

不佞家承萬卷之藏，日手一篇，與蠹魚爲伍。於凡吾郡之事，往往見諸載籍，疑信參半，乃就榕陰之下，隨筆録之，各分其類。稗官小説之例，史乘有者不入焉。全忠死孝□事，不傳於信史，志誠可□；正仁厚之□，白於皇天，□元堪述。巖居□□□□□□□衲□真，留精神於百代。□□佳句字□□□都會名區，山川勝跡，妖□豈盡於□□□□幽期，安得俱爲影響。述而不作，或有□□塵談；筆之於書，

[一] 此序不見於萬曆三十四年刊本。

不有賢乎博弈？

萬曆甲辰三山徐𤊹惟起書。

（《榕陰新檢》卷首，鈔本，藏福建師範大學圖書館）

《劍津集》序

予不敏，嘗與人論詩曰：五言古，工于漢魏，莫盛于晋；七言古、五言律、絶，工于盛唐，亦莫盛于盛唐。惟七言律，至我朝而始工始盛，足掩三唐作者，宋元無論已。昔人評文，以昌黎爲起八代之衰，至我朝亦始工始盛。

予友邵肇復先生以《易》起家，少年聯第進士，繇大行銓曹晋西蜀參藩、兩浙觀察，輶軒所至，或故都古蹟，必憑弔悲歌；乞假林居，或宴客開尊，必分題角韻。蓋自釋褐以來，吟草不下千首，選其粹美，皆駸駸入唐人之室，而七言極工極盛，尤號長城。所爲雜文，俱本遷、固、昌黎，步驟得法，即懸之國門，公之海宇，寔足以稱霸中原，不獨主盟壇于一方已也。

邵氏自秘書公舉唐貞元進士，濬閩中文學之源，在開必先，歷數百年，纘繩宗風，永以不墜。正、嘉之際，尚賓廣文，詩詞大振，書畫絶倫。今先生繼起，華藻羅胸，雕績滿眼，真上掩先晶，下昭來裔者矣。

方今聖天子圖治維新，以先生負經濟才，猶高卧東山，薦而弗起，誰復賡歌太平，謳咏盛事，而今而後，吾知柏梁倡和，兩都奏賦，必不能捨先生而載筆也。予也潦倒丘園，世棄君平已久，再三披諷，且至殷望之意云爾。

眷社友弟徐𤊹興公撰。

（邵捷春《劍津集》卷首，明刊本，北京大學圖書館藏）

《三友墓祭掃約言》序

夫友誼親情，尚矣！情深膠漆，誼篤葭莩，古之人有行之者，未聞生而結契，死而同穴者也。𤊹高祖諱孔明與吳祖諱亮者，皆娶妣施氏，兩公實爲私親。曾祖振聲公，與吳公叔厚爲中表兄弟，維時叔厚有妹婿林世和，三友者交最歡也。世和又與振聲公締姻，而予祖易叟公又爲世和之婿。迨弘治壬子歲，振聲公、世和公同時物故，壽俱不永，遺孤煢煢，叔厚不替生死，遂於癸卯年僉謀共買閩縣孝義里荔枝山地一所，坐乾向巽，一列九壙。是年，振聲、世和先葬焉。厥後三家照所分之壙，陸續安葬。不幸世和再傳而斬，獨吳、徐兩姓支派日繁，迄今百二十餘年，祭掃不絶。

先考永寧府君，于萬曆戊寅致政，歸，乃約吳少榕君及弟泛宇君輪年祭掃，咸有成規。及先考既歿，而少榕、泛宇亦宦遊四方，未幾長逝。先兄幔亭君又復不禄。至於春秋展拜不無懈弛，蹉跎又十餘年。

去歲墳石崩壞，兩家鳩工修砌，仍復舊規。𤊹思木本水源，不容稍怠，僭申舊約，輪年祭掃：春則正月，秋則九月，擇天氣晴朗之日，先期具單報知。是日，子孫俱要登山聚拜。祭品隨時設辦，但務成禮，勿因宴會過豐。

其山場廣闊，除祔葬之外，不許私自築墳以傷風水。墓上古松，總計三十五株，如有外人侵佔寸土及盜伐等由，兩家協力鳴官，毋令退縮。今置約簿一扇登記時日，一以效尊祖敬宗之心，一以敦金蘭瓜葛之誼。如他日有賢子孫功成名就者，共立祭田，同創墳莊，以垂永久，又予所厚望也。謹序。

萬曆甲寅正月五日，曾孫男㷇百拜敬譔。

（《荆山徐氏譜·三友墓詩集詞文》，鈔本，藏福建師範大學圖書館）

《問月樓集》序

蓋徵仲已三行其詩若文矣。當其爲諸生時，名大譟，與予結瑶華社於三山，詩筒往還無虚歲。既而舉孝廉，蓋工古文辭，又有《半𡅊集》行于世，海内争傳誦之。

徵仲所居在寧陽城東後扆鶴峰，而前際鯨海，皓魄初上，委波如金。徵仲構一樓，洞開八闥，坐卧其中，每抽毫賦咏，輒把酒問月，大類李謫仙豪舉。凡騷人墨客過寧陽，無不邀登斯樓，而賡和焉。昔人品第，宇内三十六洞天，而霍童之山居首，仙靈窟宅，自古記之，雲霞吞吐，寔鍾偉人。徵仲廼以霍霞自號，筆端奇麗，直與山川互相映發。古稱仙人號樓居，君豈今之謫仙也耶！

憶予丁巳一過徵仲，在季秋望後；今歲再一相訪，又當季秋望前。樓頭對酒，桂影婆娑，照人襟袖。兩度過從，與月巧值。徵仲句云：『似與月同到，擬添山數峰。』真境逸情逸於毫素，且《問月》新集殺青甫竣，遂出相訂。予即就月影中披誦之，不待濯魄冰壺，而心神具爽矣。因弁簡端。

萬曆庚申杪秋望前一夕，社友徐㷇興公譔。

（崔世召《問月樓二集》卷首）

《還山草》序

鄧道協爲觀察汝高先生仲子，少遊太學，屢試乙榜，遂拜官長蘆司鹾，尋轉金陵武德參軍，奔馳世路十年所矣。今歲觀察始歸魄首丘，而道協策蹇還山，一哭松楸，淹留故鄉者纍月。舊時知交，文酒過從無虚日，有倡必酬，有贈必答，寔囊中草，纍纍然滿矣。夫詩，雖言也，意興不高者，弗工；家無源者，弗工；交遊弗廣者，弗工；親米鹽瑣屑細務者，弗工。道協高視闊步，能讀父書，海内賢豪，無不折節定交，且不問家人生産，僑寓白門，擇華林園故址，築舍以居。積書數萬卷，種花三五畦，若隱若顯，若智若愚，詩日益工，貧日益甚，道協于于然安之。觀察向與予同社，予嚴事之。鄰篋頻聞，羡阿徙之清淑；酒爐既邈，見野鶴之超群。因題數語以歸之，兼喜汝高之有子也。

崇禎紀元一昜月，同社徐𤊹興公撰。

（鄧慶寀《還山草》卷首）

《雙魚集》序

都諫顔同蘭先生歇曆三垣，皂囊封事，侃侃直言，播於中外，即虞翻、傅諒朝夕論思，不啻過也。而寄意宣情，應酬裁答，必藉簿蹏柔翰達於千里之外，非熟於朝廷之獻替，閭左之利病者，靡不與工儷偶敘寒暄者等。

予試考古之書札，始於春秋，當時諸侯大夫朝聘宴饗，徵劃會盟，類以詞命相往來，言婉而切，簡而莊，巽而直，其猶先生之遺風乎！後如李陵之答屬國、長沙之報少卿，則連篇纍牘，纚纚數千言，非《春秋》質有其文比也矣。

先生八行之字，文質彬彬。詞達，不以富麗爲工；筆精，不以繁縟爲美。陳國事之是非，談時政之得失，一一如畫諸掌。不獨剖魚腹，衹言『加餐飯』『長相憶』已也。昔陳遵善書，口占數百封貽謝故人，多不暇給。遣十吏以代筆札，人得其隻字，皆珍藏之。先生詞華丰采，其亦孟公之儔歟？先生方當强仕之年，出入禁闥，他日再上諫獵之書，如司馬長卿，區區簿蹏柔翰，又不足以儘先生矣。

崇禎癸酉冬至後十日，鼇峰主人徐𤊹譔。

（顔繼祖《雙魚集》卷首）

《招隱樓稿》序

陳价夫，諱伯孺，三山人也。少負儁才，□度曠逸，翩翩有奇氣。好古文辭，家多樽彝，□□名畫，摩娑玩味，欣然獨笑，若文辭字畫，又于荆公、蘇、黄皆取法焉。豈不以學之大，有既推源探本，而極□端矣，至于兩□□□亦莫不有理，而盡其心焉。不專一門，而惟是之從也。先生所著文集若干卷，藏之於家，不欲問世。予力請而乃出之云。

年丙子五月五日友人徐興公書。

（陈价夫《招隐楼稿》卷首，徐𤊹选，稿本，藏上海图书馆）

《秋室編》序

吾郡之詩，自國初至今，蓋四變矣。國初重風調，不失王、孟矩矱，林子羽十士是也。成弘之際，重氣骨，步趨少陵蹊徑，鄭繼之諸君是也。萬曆間，重法律，取裁六朝、漢魏、三唐，而會宗之，稱一時之盛，陳氏二孺與鄧汝高、予伯氏惟和是也。至於今日，盡改二百年來之聲格，别開爐冶，雖刊去陳言，而千古法不無離異。嗚呼！學詩與時遞變，亦風尚使然矣。

余馬齒長于叔度，昔年所共揚扢諸子，大半溘先朝露，惟叔度時時過余，談詩交相賞也。叔度不善治生，獨以詩爲業。十二時中，行住坐卧，捨吟咏外，了無所事。每一相見，輒以詩倩余彈射。越一宿，則盡竄易其稿。句必以唐爲宗，非唐人精粹之字，則不用。譬如燒丹，火候既到，則金光自流。若云叔度以漢魏、六朝之旨，雖古雅可觀，而律之以三唐正始之音，不駸駸入高、岑、王、孟之室乎？

憶叔度少時，曾以詩質余伯氏，伯氏躍然曰：『吾子他日必以詩名世也。』夫識夜光之寶，非待其炤十二乘時，當于未出蚌之日，已卜其陸離耳。

爾者，曹能始主詩盟，少許可，亦雅量叔度，移叔度之居於鄰，謂其可與言詩。《秋室》一集，余與能始所選，不爲不嚴，叔度無怨色，猶謂其多謬，以余知詩，命爲之序。

崇禎辛未歲仲春望後，友徐𤊹撰。

（陳鴻《秋室編》卷首，順治刊本）

《武夷山志》序

蓋聞天玄設象，運日月以璇衡；地道綱維，布山川而列政。混沌既已開闢，融結更擅瑰奇。震旦洞天，三十有六，而吾閩則占其二。崇安之武夷山，古以籛、鏗二子得名，號曰『昇真玄化第十六洞天』，真人劉少公治之。

巖巒峭聳，突起地中，溪澗瀠洄，蟠旋坤軸，泉甘土肥，風物秀美，地靈人傑，神仙所居。秦時設宴，曾孫駕長虹而成橋路；漢代奉祠，遣使薦乾魚而築壇壝。唐宋屢降敕書，熙朝曾頒大藏。洞裏投金龍玉簡，殿中列寶軸琅函。珠闕玲瓏，琪樹璀璨，九芝含秀，百卉競芬。園香粟粒之芽，源落桃花之片。水合流而奏韻，山移步以换形。玄鶴守洞府之門，金鷄報仙都之曉。真身委蜕，布滿雲根；機杼舟航，亂架巖隙。氣引廣漠，風和不周。寶劍昔試於石棱，鐵篴遥聞於天表。

寔四維之靈區，八紘之聖境也。然皇太姥、魏子騫，與夫十三真君，聚集於一毛之孔；而三千儒術，荒蕪於獨角之端。乃出紫陽夫子，結廬高隱，道重河汾，鼓棹清歌，聲侔金石。又有海瓊仙人，庵名『止止』，妙契玄玄。皆能黼藻儒林，發揮仙窟，海嶽爲之增輝，烟霞繇其動色。惟是遊人達士，登陟岡，憚其勞，墨客詞豪，題咏難枚而舉。

宋初里人劉樞密夔，曾著《山志》，首闡休風，後雖繼述，未臻厥美。兹衷君穉生，毓産是邦，慨然泚筆，咨詢耆宿，蒐采舊聞。會千古之精華，牧纍朝之月露。青山蘊玉，發群岫以耀光；緑水懷珠，起萬川之晶影。歷經寒暑，綴輯斯篇。既就簡以删繁，復增新而證古。㶿寤寐兹山，誅茅思隱，往來勝處，筞竹攀躋。逸典快覩，蕪言僭弁。愧涉藻江而素淺，渡文海而弗深。仲舒五色之蛟，稀來筆底；子雲三清之鶡，不到豪端。本乏黄絹幼婦之才，徒增彩幔仙翁之辱。

崇禎歲在辛巳中秋之望，三山徐㶿書於冲佑宫之橘隱堂。

（衷仲孺《武夷山志》卷首，崇禎十六年刊本）

《蕉雨亭遺稿》序

世推甲第蟬聯者，必首義溪陳氏，而不知詞華之富亦歸之，即下至韋衣，並超群絶倫，足稱作者。迨予獲交二孺兄弟也，詩筒往返，殆無虚日。彼時即知有仕卿其人者，雖治諸生業，而博雅嗜古，鋭意躭詩，所居除筆牀茶竈而外，手種緑蕉數十本，翛然自適，堪嗣竹林之風。予扁舟訪二孺時，則必兼過仕卿，見其緑陰翠色、浥露庭前。既已，剥啄之聲饒有泉石之致。曾賦詩帖贈而伯兄與二孺，從而和之，一觴一咏，致足樂也。

嗣後，仕卿告逝，聞其臨終時語，不及家事，敦敦以遺稿爲囑，是知平生苦心盡在于此。既而二孺亦先後云亡。予回思往事，不勝河山酒壚之悲。乃仕卿殁未久，而所著詩草散逸無存，幾成缺憾大事，近乃孫名穀者搜諸尺幅殘篇，得古近體若干首，又慮其歲久浸失湮没不傳也，捐資刻之家塾，以成先志，誠可謂善繼善述、聿修祖德者矣。予嘉其志，而樂爲序其首簡。若夫仕卿五字之工，家學才情之美，則世固已知之，予不敢多贅。

（此文徐㘞孫徐鍾震代作，見《雪樵文集》）

《梅源集》序

吾人生著作明備之後，戔戔取古人而模畫之，曰：『某什類某人。』是見亦窄矣。然逞聰穎以滅裂古製，則又不可善哉！祖瑩之言曰『文章須自出機軸，成一家風骨』則是。『謝朝華於已披，啓夕秀於未振』者，亦顧其人自命如何耳。

山陰祁公祖蒙，驚才絶代，倒峽詞源，纍承纍世之簪纓，獨慳一弟，足跡遍于京雒佳麗之墟，相與吊古興懷，揮毫掞藻。壯歲，有聲太學，對策大廷，以貧乞一官，蓮幕弘開，復歷覽劍南山水之勝，句滿奚囊，隨而蓴鱸興動，退而棲隱梅源。考梅源，爲漢子真先賢掛冠修煉故處，其高風清節，公蓋慕其爲人，故取以名集云。

集中各體俱備，其爲文有顔延之錯綜之工，有王仲宣夙構之敏，其爲詩古風則出入漢魏六朝，近體則駸迫中晚，詩餘小品則追踪於少游、坡仙。美哉！不可及矣。且公躭禪悦，悟玄旨，斯又文人慧業、性命雙修者焉。故時而簡易摛辭，關乎世法，則有元、白、康節之風；時而規中悟道，説偈談宗，則又有寒山石屋、白玉真人之致。編入附集其可以語言文字求之者哉！抑又曠達世，自製老人後世偈，無所忌諱，何讓于謝幾卿執鐸《挽歌》，陶靖節自撰《祭文》也者！公於異書，無所不讀，於名宿無所不交，處昆季則極其友愛，御子姓則極其義方，宜乎長次二君聯翩鵲而德星萃于一門也。歲庚辰，文載先生以名進家宰延邑，清静兹祥，一一皆本于過庭之訓。始知先生之淵源有自也，竭力編摩，炫目五色。强分若干卷，視全集纔十之三四耳。所云『自出機軸，成一家風骨』者，非公其誰耶！淘沙揀金，處處見寶。法非嚴也，寔遵公命也。當世自有子雲，奚庸多贅！刻成謹識數語于簡端，以致平昔響佩之私云爾。

（此文徐𤊹孫徐鍾震代作，見《雪樵文集》）

歐浴溟《醫刻》序

嘗觀上醫醫國，中醫醫人，則醫也者，實不得志於時，而托一術以自見者也。否則，醫國之功大矣，又孰肯於醫人？古今獨絶者，莫如洪、陀、鵲，緩，下而至蘇躭之橘井，董奉之杏林，石藏用、劉寅之斛火、壺冰，豈盡得志於時者。雖然，人亦安可無醫也？

玉融歐君浴溟，名家子也，少困舉子業，鬱鬱不得志，其從兄乃以所業授之，繇是鋭意此道。懸壺市上，肘後方時多奇，中名籍甚，王公大人莫不折節下之。投一劑則必精思沉審，膏肓中矣。尚曰：『予何知活一人，則必令榮衛敷暢，元氣周矣。』尚曰：『予何勒其謙沖，大率如此。』至于資斧，概置不問。若貧者，則久已施之矣。以故，人感浴溟，名益籍甚矣。

己卯春，移寓省中，望聞問切者趾交錯，予耳其名，亦造而訪之，一見如平生。其言論則藴藉，其節操則聖潔，其意氣則遒上不塵，有儒者之風，且樂善不倦，予深敬服之，始知托一術以自見者，不獨古人也。同社友洪君敬輿，能文士也，悮于慵手。備行囊，家人環視而笑，予急延浴溟視症。曰：『此尚可生。』投一劑而蘇，再一劑而脈絡運動，三劑則屈伸如嘗，生理猶故。繇是省中名僉籍甚，當道鉅公有賞識之者矣。

洪君家故貧，即藥餌之資尚未合備，浴溟無吝意。大抵浴溟胸有慧識，指有神力，故多於險處見奇。若尋嘗蹊徑，未足以盡其才也。予尤服其用心周摯，大非時人所及。慮山窮谷深，倉卒莫備醫藥者，則有便方之貽；慮孩幼稺弱，未易調護者，則有保嬰之録；慮日用飲食相及害生者，則有攝食之法；至于世俗以小忿輕生，一時失救、昭禍身家者，又拈出古人成法以爲鑒戒。噫！何愛人無已也。

諸刻彙成全帙，予爲序其始末，且識予一時相得之雅云。

浴溟，初名海，因得異夢偈言，今改名浩，字有天。然人惟呼浴溟之號猶昔也。

（此文徐𤊹孫徐鍾震代作，見《雪樵文集》）

《荔支譜》小引

荔支自宋蔡忠惠公《譜》録，而其名益著。世代既遐，種類日夥，騷人韻士，題品漸廣，然散逸不收則子墨之失職，而山林之曠典也。

惟時朱夏，側生斯出，名題於西川，貢珍於南海，吾閩所産，實冠彼都，可謂盧橘慚香、楊梅避色者矣。爰仿蔡書，别搆兹《譜》，狀四郡品目之殊，陳生植制用之法，旁羅事蹟，雜采咏題。品則專取吾閩，事乃兼收廣、蜀，物匪舊存，品惟今疏。愧聞見未殫，筆札荒謬，博雅君子，將厪掛漏之譏，予小子其何敢辭焉。

萬曆丁酉晋安徐𤊹興公記。

（徐𤊹《荔支譜》一，鄧慶寀《閩中荔支通譜》卷二，又《續説郛》卷四十一）

《荔支咏》小引

《譜》既成矣，異名奇品，片語單詞，皆所必録。筆札之暇，取品目之佳者，各賦一詩，得如干首，附于卷後。殫其伎倆，未足擬諸形容，空貽貂續之譏，不無弩末之愧。萬曆丁酉七月既望，徐𤊹興公識。

（徐𤊹《荔支譜》七，鄧慶寀《閩中荔支通譜》卷八，《續修四庫全書》影崇禎本）

陳滄浪先生《退軒集》小引

先生生于勝國，高廟初以地方人才薦授建德丞，所至有善政。嘗曰：『爲民父母，當推吾之仁，使澤被之；行吾之義，使凶頑掃清；明吾之禮，使安于夷燠之天；達吾之志，使相忘于耕鑿作息之地。』聞者咸偉其言。時湘王聞其賢，使典仗吕重齎束帛，聘入江陵，多所匡翊，時年已七十矣，力疾乞歸。王賦詩贈答，士林榮之。

晚乃隱羅溪雙茅峰下，扁所居東偏曰『退軒』，示不復出。有十畝閒閒之致，蓋塵網牽纏，利名嗜欲，非其好也。學古樂道，倜儻尚氣節，鄉閭以此重之。冬一裘，夏一葛，徜徉山水間，性喜少陵詩，醉後烏烏，輒吟不輟，故其爲詩，體法聲調，一軌於正而不失焉。迄今垂三百年，鷄壇之上，無有知者。所居三罹鬱攸，獨是集不焚，一收于林茂才，一收于族子，一收于錫者擔頭。噫！神物復合，不絶如綫，豈真有鬼神呵護之者耶？

章次弓令永貞纂修邑乘，蒐羅文獻，其家始以是編出，蠅頭細書，紙墨剥蝕，還是滄浪先生當年底稿，中關繫于羅邑甚多，惜未採入。予至羅川，章公首以示予，曰：『此羅江之杜少陵也。子其選之。』予獲卒業，富麗雄卓，中矩旋規，大都古風優于近體，拔其尤，得二百四十四首，較之全集纔十三四耳。

憶先孝廉選《晉安風雅》時，謂羅源風氣未開，著作寥寥。殊未知所謂滄浪先生也者。即羅之人，一聽其湮没，亦不自鳴其鄉有滄浪先生其人也，惜哉！兹得次弓表章，當與陳子兼《捫蝨集》並垂不朽，真九原可作矣！若夫壽之梨棗，俾二陳先生精神不没于人間，後死責也。漫題題月以俟之。

（此文徐𤊹孫徐鍾震代作，見《雪樵文集》）

《浦源詩》跋

源，字長源，常州無錫縣人。洪武中晋府引禮舍人，與福清林鴻同時仕。而入閩以詩謁鴻，鴻不見，使門人周玄、黄玄問所從來。源出所懷詩投之，曰：『以此相評耳。』二玄讀之，至『雲邊路遶巴山色，樹裏河流漢水聲』，驚嘆曰：『吾家詩也。』白鴻，出見之，相得益歡。避所居舍，源日與爲詩。由是浦舍人詩名籍甚。舍人所著詩多軼弗傳。𤊹輯諸家所選者爲一卷，淘沙揀金，業已見寶，自不必連篇纍牘也。

萬曆丁酉秋日，三山徐𤊹興公題。

（《石倉十二代詩選·明詩一集》卷之十七林鴻《繕部集》卷附浦源詩）

按：徐𤊹另有《浦舍人集六卷》題記一篇，落款爲『崇禎庚辰歲閏正月望日』（馬泰來整理《新輯紅雨樓題記　徐氏家藏書目》，第一四六頁），文字與此篇有異。

《羅署選言》跋

雲間夙稱才藪，不特文章功業甲于寰區，而騷壇之結軌耀賢者，海內首屈指焉。章次弓夫子一門尤盛，衆望所歸，輝生棣蕚，三世咸以詩鳴。迨綰符永貞，百廢具舉，公餘則垂簾讀書，懽飲羅江一勺水而已。著述宏富，日與長公秀博徵文考獻，不遺餘力。

人第知爲古之循良，父子相師也，而不知其閨闈雍睦，咸工文藝，爲海內領袖。即章夫子亦秘不令人知者，茲膺內召行矣，乃曰：『羅地不可忘也，戔戔之言，不可棄也。選而刻之，沆瀣琳球，擲地有聲，又何羨文考之賦靈光、道韞之咏柳絮也哉！』秀博器識朗拔，超群絕倫，當舞象之年，具雕龍之手，真謝朏得父膏腴者，而女兄弟之摛藻□華，又一一本于師母夫人之教。夫人夙嫻內則，不欲以文事自炫，故蘊藻韞光，潛心督課，人亦無從知之。《易》所稱家人嚴君，其斯之謂歟！

夷考古人，諸如眉山之父子，機、雲之弟兄，謝車騎群從之勳名，秦嘉、蘇蕙夫婦之贈答矣，尚矣！然未有內外咸盛，擅操觚倡酧篇什如章夫子之一門兼美也者。捧讀之下，爲之嘉嘆。海內讀者，諒有同心焉。

（此文徐𤊹孫徐鍾震代作，見《雪樵文集》）

游雪峰記

自大穆溪舍舟而沿溪行，溪在左，里許，有鐵鎖橋，疏六水道。渡橋，溪在右。人行山腰，溪聲咽其下。逶迤二十里，山漸峻，溪勢漸高，兩山夾澗，瀑奔流如疋練，如轟雷。一瀑彙一潭，瀑白而潭碧，如是者五，名『五叠泉』。此入山第一觀也。過此則爲丁山，山形作丁字，鷄犬籬落殊幽。又十里，曰『大坪』，即古之太平莊，蓋自溪口來。蜿蜒皆嶺，至此始平曠，故名曰『向午』。過馬氏莊，少憩，主人肅客甚殷。止宿小樓，晨起，行二里許，路左危石峻嶒，草木蒙茸其上，曰『羅漢巖』。又五里曰『小實』，爲海眼云。相傳祖師建寺，凡所需木石以錫杖扣之，即數百里皆從池中出。又謂祖師自題水磨，雀作人言，至今山中無鼠雀耗。又山上有石竇能出米，人喜談之，似未足信也。由山脚至巔，高可四十餘里，根蟠四邑，未冬即雪。

余遊時值陽月十日，天寒風緊，微霰將集，所携衣袂着體不給。是夜宿宸翠寮，老僧仁岧，雅能詩。曾識先君於三十年前，予尚穉。一見，歡然道故。次日，各題詩於壁。别僧歸，仍宿馬氏樓。遲明下山。兒陸舟次白沙，不能從，歸問雪峰遊何狀，遂得記以授之，且質同遊謝在杭水部並吴元化。

時萬曆辛亥歲也。

（徐𤊹《雪峰志》卷八《藝文志》）

洞山記

由穆洋迤東，登嶺十里許，至最高處，復有腴田數頃，坦夷若平地，不知在萬仞之巔。寺裏枲山之坳，前面五峰，創自唐乾符六年，莫考廢於何代。

萬曆之十年，僧隆滿始斬棘披蓁，重建佛殿，僅堪托足，而先朝石礎、石盆皆埋没泥土中。寺前折而右，有小石梁水出其下，度石梁，有古藤蜒蜿干霄，狀如飛龍。兩山夾硼白石齒齒，水由石中行，瀌瀌有聲。石有平如砥者，列如屏者，突兀如臺者，蹲踞如獅、如虎者，如牛馬之渴飲於溪者；水有拖如匹練者，撒如噴珠者，狂吼如奔雷者，注如天紳而立如獄玉者，蓋水經而石緯焉。人從石上置足，兩岸石壁林立，蒼梧翠竹與丹楓相間，宛然身在畫圖間。再折，地勢漸卑，而水瀉彌急，可百餘步有潭豬之，潭影澄泓作碧琉璃色，如是者三，名『三潭』。過此以往，奇石峭壁，依水曲折，隱隱荊棘中者，殆不可窮。然蕪穢未剪，不能前矣。

此潭向未開闢，友人劉薦叔讀書寺中，闢之自薦叔始。日既夕，有田父來邀晚餉，復由寺左行半里地，名彭洋，相傳宋代有進士居此，姓名無知者。田家竹籬茅舍，鷄過柵，犬吠竇，雅有桃源之致。予與時序、醇之不善飲，獨薦叔有公榮之達，田父出瓦觥勸客。予笑曰：『此非田家老瓦盆乎？』薦叔連舉八九觥，徑醉矣。遂別歸。是夜寒甚，霜月挂松林，如一片清水沁人肌骨。乃煨榾柮，共向夜分始就寢。期旦日爲靈巖之遊。

時泰昌改元，歲在庚申之十月也。

（劉中藻《洞山九潭志》卷一，清鈔本）

林初文傳

吾郡福清林孝廉先生，名春元，字寅伯，後更名章，字初文。幼生韶秀，賦性沉毅，讀書過目成誦。七歲能詩，塾師以『群羊之首者』試題之，曰：『三百群中爾獨先，時時高叫白雲天。曾從北海經霜雪，伴過蘇卿十九年。』又《題韓文公像》云：『獨立藍關雪，回看秦嶺雲。非干馬不進，步步戀明君。』又試之對『風掀白浪舟難進』，應聲曰『雪擁藍關馬不前』。師即斷曰：『此子他日必忠而苦於節也。』由是稱奇童。

當世宗末年，海寇犯閩，先生年十三，上書開府，條陳數千百言，開府奇之。十七以《毛詩》補弟子員試，輒冠于諸生。神宗之元年癸酉，改麟經，舉於鄉。先生博學强記，文賦歌辭，援筆立就。而應舉制藝，獨師心匠意，不逐時喙。嶺南楊復所先生深加賞譽。丙戌，闈中已擬入彀，以□場策卷爲燭所燬，法不得録。主文者惜之。已，自嘆曰：「莫非命也？」遂從塞上戚大將軍遊。作《灤陽宴别叙》，即席揮毫，酒未三巡，而序與詩就。將軍拜服，壽以千金。先生隨手揮去。生平不事家人生産，有封狼居胥之志。

挈家僑寓金陵，性好爲人排難解紛，遇鄉有簒嗣事，枉斷于南法曹劉某。先生不平，率諸好義者奔救，忤司寇陸某，意屬其門人徐黄門劾之，即下法曹問臺。御史陳某爲不平，奏褫劉職，事成兩持。司寇陰護曹郎，深銜先生，先生弗悔。

乃之燕，載書數十乘。渡江舟覆，先生得皮笥危坐，漂流數里，見空中雙燈，若有神救之。入京，客困十年，唯以著述自娱。人索家報，但緘素紙，署「平安」二字而已。意謂丈夫未立事功，無寒暄可書也。適關白之亂，先生感憤時議，兩上書請剿，皆得俞旨部覆，徒咨之海上，爲材官不屑往聞，銜之者去。遂歸，南赴理，著《圜中十二文》及《蛾眉篇》以自見。同郡謝繹梅少司寇雅知其才，而惜其冤，乃爲白之。

先生因放浪山水，遊匡廬，上五老峰，值暴風疾雨，幾墮峰下。遊西楚，登黄鶴樓，賦詩吊古。復之京，時大工乏財，礦税四出，天下共患。先生素抱忠赤，奏止礦税，兼陳立兵行鹽之策以助工。上可其奏。以同事者觸時宰怒，閣不票擬，遂文致密揭逮諸人。先生望闕門長嘆曰：「滿朝皆媕孺，天下事可知矣！」即日下獄，憤懑以死。大錦衣周公某鞫諸逮者，無罪具覆，釋之。侍御于公永清具疏，稱先生冤。謂有鴆毒之者，卒不報。嗟嗟！

古人云：『有才如此，而使之流落不偶，宰相之過也。』今才如先生，竟厄於時相未竟厥用，以殺其身。寧不令人長太息哉！雖然，先生童時所爲詩句，實先兆之矣。予嘗□人：『第患無才，有才而遇者，上也。苟才而不遇，能以筆代衮鉞，寸管尺牘，博榮名于千古，權亦不淺。豈必遭時遇主而後垂聲異代耶？』近董宗伯采先生《疏》入《國史》，而李宗伯、蔡奉常諸公又序先生遺集，皆且亹亹矣。

予生也晚，不及識先生，幸識先生之二子君遷、古度。皆負雋才，有父風。因誦其詩，讀其書，想其爲人，乃爲之論次其生平，以托於《招魂》《九辯》之誼爾。

野史氏曰：吾閩之詩，國初有林膳部子羽，産于福清，堀起草昧，力追正始。晉陵浦舍人不遠千里，執贄學詩。後以薦入京師，太祖高皇帝試《龍池》《孤雁》二詩，稱旨，即日拜官冬曹。二百年來，先生復嗣其響，詩文雖不逢主，而奏疏實多得旨。乃爲忌者所中，未究其用，賫志以殁，真有幸有不幸矣。《詩》云：『啜其泣矣，嗟何及矣！』嗚呼，惜哉！

（林章《林初文詩文全集》卷首，天啓刊本）

與鄧道協

足下謂僕藏生荔支於巨竹中，神其説，啓後世之惑。此非僕之臆説也。三山元宵最盛，而神廟中各出奇珍。生荔支留至春時，往往目擊之。家兄《元夕詞》有云：『閩山廟裏賽靈神，水陸珍羞滿案陳。最愛鮮紅盤上果，荔支如錦色猶新。』此一證也。豈愚兄弟創爲説啓後世之惑者耶？足下居與閩山最近，試詢之鄉長老，則知吾言之不誣矣。到金陵便以語黄明立先生，僕亦非好奇之過耳。

（鄧慶寀《閩中荔支通譜》卷十一；又略見鄭方坤《全閩詩話》卷八引《荔支譜》）

先妣陳孺人行狀

先孺人卒于萬曆壬辰十月初三日卯時，享年七十有五。棄諸孤者九年於兹矣。孺人生平慈懿之行，伯兄熥每欲泚筆撰述，輒哀輒輟。今熥先從孺人於地下，不肖敢不抆淚述狀，以求大方之言納諸墓中乎！

孺人姓陳諱閔，家世閩邑人。始祖伯魚，宋季官大中大夫。伯魚生昭嗣，官金紫光禄大夫。昭嗣生疇，官中奉大夫。疇生成之，官至司户承直郎。成之生自然，官通直郎。四傳至豫登，永樂甲午鄉薦，是爲孺人之高祖考也。陳爲閩中甲族，家世貴顯。不肖外祖父諱通，以貲雄里閈。故蘄州守陳公震弼，外祖父之從孫也，以《易》教授弟子甚衆，先君少遊其門，甚爲陳氏所賞識，即以孺人擇配先君，許先君有遠器，而徐氏門第之微弗論也。他日亢宗者，其在斯人乎！

孺人二十歸先君，事王父王母孝敬備至，瀡瀡必恭。先生隸籍博士，久淹黌校，家赤貧。孺人雖産巨室而拮据，女紅而佐。先君誦讀無一倦容，年幾四十未有子，勸先君置妾以廣嗣續。先生既納妾數年，不宜子，孺人徬徨彌亟，乃再娶不肖者所生母林。閫内嘻嘻如也。妯娌有爲妒婦之言而媒孽者，孺人叱之曰：『若輩不以宗祧是懼乎？』既而舉熥，次舉㶿，次舉熛。孺人喜不自禁，含哺鞠育，有慈無威，都忘其子之非己出也。不肖兄弟自乳齒以至娶婦，以至生孫，孺人時著膝前，撫摩不置，又忘其子之長且壯也。

先君兩爲校官，再遷令長，所至挈家以隨。孺人司壺内之政，無失尺寸。與先君相莊白首，未嘗有疾言遽色。先君喜交遊，善飲酒，嘉客過從，肴核酒脯，咄嗟可辦，皆手自經理，不付之婢僕。先君或爲長夜之飲，孺人恒踧踖而俟，不敢先自就枕。蓋結褵以至中壽，毋一日少替也。

不肖兄弟幼學誦習，先君庭訓甚嚴，不少假借，間有跳浪，弗遵繩墨，則夏楚隨之。孺人掩諱，且私諭熥輩曰：『毋若以吾之姑息而遂廢而家學乎？兒曹勉之！』不肖兄弟讀書未成誦，夜分不寐，則孺人亦夜分不寐。或袖棗栗，或進湯茗，暇則述先君昔年燈火之勞激勸成立，以故不肖兄弟粗通文藝，能弄柔翰，孺人督課之功不少也。今熥溘先朝露，竟未膺一命以報孺人于九原。𤊹、熛又不能少自振拔，蒼天蒼天，有如是也！窮天下之聲殆無以舒其哀矣！

熥等子婦姓氏已詳先君《行狀》中，茲不述。孝男𤊹泣血狀。

（《荆山徐氏譜·詩文集》，鈔本）

亡兒行狀

嗚乎！予兒之亡將十易星霜矣。自兒亡後，含哀忍淚，强顔爲歡。每欲泚筆爲《狀》，而肝膽寸裂，以故輒廢。古來子先父死者，不可勝紀，匪獨予也。然予兒之先父死者，非自戕性命也，實予有以貽之也。

兒生即聰穎，五六歲，胸中了了好親筆硯，不逐群兒嬉。年十一，能作舉子業，文字纚纚不絶如宿構者。予友王永啓見而奇之，召試二義，頃刻成篇。永啓曰：『此兒有慧解。他日當以文名世，誠遠器也。』乃進之家塾，師林夷侯。夷侯善啓迪，兒欣然受教，永啓則飲食之。逾年，余時踪跡多四方，無暇督課，而余弟惟揚教之學《易》，專心致至，攻苦不少懈。

歲丁未，兒年十八，予方爲粤東遊，室人高氏忽棄世。兒居母喪，哀毁勞瘠幾殆。予歸，見其色瘁，憂之。多方勸諭，始稍稍食。新理故業愈益，下帷鑽研，冀博功名，爲父母榮也。

庚戌服除，就試閩邑，邑侯徐公鳳翔得其文，拔爲第一。再就郡試，郡公喻政亦擬首選，以予與郡公有相知之雅，避嫌抑之第二。督學使者，馮公烶取入泮，仍第二，補閩庠弟子員。壬子，入棘，不第。予構小軒於荔枝樹下，兒閉户下鍵，伊吾不輟，期一得當而後爲快，且旁及子、史、詩、賦諸書，雖溽暑祁寒，夜分不寢，勞勩彌甚。乙卯秋試，復不第，鬱鬱如有所失。予再三慰勉之。

丙辰仲春，予偶患沉疴，爲庸醫誤投藥劑，死而復蘇者四。兒匍伏牀榻下，侍湯藥、浣厠，晝夜彷徨，憂悸數日，不進匕筯，私自禱天，願以身代。迨予稍知人事，幸不死，而兒積勞十七日，病發矣。予病卧山齋，兒病卧房闥，相隔僅百餘武。兒雖伏枕，朝夕但以予爲慮，不自覺其病入膏肓也。越四朝，忽支床而起，即奄奄氣絶。弟侄親友輩，咸以予病尚在危疑之際，不令予知。半月後，予能起床，堅欲下山問兒病。家人始實告。

嗚乎！兒真死矣，兒死而予不知，天乎何辜，俾死者存而壯者斃耶？兒既以孝死矣，爲父者何以生耶！兒生平無苟言，無苟行，與人交，坦度冲禁，渾然無競。予既喪室，事副室猶母，與猶子陛幼共學，相愛如同生。一旦夭折，行路之人莫不嗟嘆。予之不德，禍及予兒，夫復何尤。今每覽其制義，讀其聲詩，睹其墨蹟，見其手澤，未嘗不抆西河之淚也。老牛舐犢，愛根莫斷，寧不悲哉！

兒生於萬曆庚寅年二月二十一日子時，卒於丙辰三月初六日午時，年僅二十有七。娶義溪陳价夫季女，生孫鍾震。兒殁時，震七齡。令入學爲文，能識義理。乃述《行狀》俾震知之，他日《瀧岡阡》闡揚孝

行，震其勉旃！（《荆山徐氏譜·詩文集》，鈔本）

按：據『兒亡將十易星霜』，此文當作於天啓四年。詳該年。庚寅，萬曆十八年（一六〇〇）。陳衎《徐存羽墓誌銘》：『器之（按：鍾震，字器之）乃謀葬其父，以祖興公之狀索銘於余。』（《大江集》卷十九）『興公之狀』，即此文。《徐存羽墓誌銘》當作於天啓四年。《荆山徐氏譜》載陸生卒年：『生萬曆二十八年庚子二月二十日子時，卒天啓六年丙寅三月初七日午時，年二十七。』將陸生卒年後置十年（『二月二十』後奪一『一』字）。

中奉大夫廣西左布政使武林謝公行狀

粤西左方伯在杭謝君以天啓甲子冬入覲，行至萍鄉，卒於官舍。乙丑正月十七日，櫬返三山，厥孤棨等哀絰造予曰：『先大夫生諸孤也，晚不幸奄然棄諸孤而逝。含斂不及視，遺言不及聞。而大夫筮仕三十餘年，其生平懿行與夫敭歷之忠勤，半屬諸孤未生前事，未嘗耳而目之，烏能殫述？惟是長者與大夫骨血聯屬，幼同學，長同社，老而情誼彌篤。非長者，孰能核大夫之真而狀大夫之詳也？』予哀而許之。

按：謝之先，晋太保安、車騎將軍玄，及康樂公靈運、宣城内史朓名最顯，其後遷東越上虞之莆興村百花巷。至宋理宗朝，十五世矣。有諱星者，官福清，任滿不歸，遂占籍焉。無何，避亂，徙海壇山之東嵐，傳八代，户口日繁。值太祖高皇帝定天下，慮海島孤懸，黔首受倭夷之摽掠，下令三丁拔一爲軍，徙内地。於是，星之八世孫諱鍾者渡海而西，至長樂，相土卜宅，七遷而得江田里，定居。鍾生琬，琬生德圭。德圭能詩，與國初『十才子』王恭、高廷禮輩相倡和，亦博雅君子也。德圭生砥，砥生文禮，舉成化乙酉鄉薦，官處州教授十餘年，三秉文衡。先是，族人士元官副都御史，文著、廷瑞俱官郡太守，廷柱官僉憲，一時金紫輝映，稱鼎族矣。文禮生廷統，廷統生浩，爲邑諸生，以君貴，贈中大夫、雲南左參政。浩生汝韶，字其盛，號天池，舉嘉靖戊午鄉薦，官吉府左長史，以君貴，進階奉政大夫，再贈中大夫、雲南左參政。天池先生元配高，以君參政恩贈淑人，未有出。始長教錢塘時，納君生母趙淑人爲副室，以隆慶丁卯年七月二十九日生君。天池先生以母浙産也，命其名曰『肇淛』，字再杭，别日號武林云。

君生而警敏非常，數齡即解占對，誦詩書，一目輒能記憶。九歲屬文，落筆纚纚如貫珠，能破壘紙，出人意表。天池先生自督課，不假師傅。族祖宫保繹梅役見而異之，以爲謝氏鳳毛。先生兩爲令，一爲郡丞，再遷吉藩左輔，而君年纔十三。就楚試，督學使者奇其文，拔高等；入庠序，再試，復高等，食廪餼。旋以天池先生掛冠歸，楚學使移檄抵閩，例得青衿。閩學使，楚産也，不知奇君，竟格不許。君曰：『吾文患不售而藉蔭他邦乎！』

萬曆乙酉，太倉王公世懋來督閩學，品其文曰：『將來必爲名士。』拔置第一，補侯官弟子員入試。閱歲，吴江顧公大典試士，君仍首列廪於學宫。

戊子，以《詩經》舉於鄉，實嶺南太史楊公起元所取士也。己丑，上春官，不第。歸，讀書羅山，呫嗶之暇，喜爲聲詩，結社賦咏無虚日，而詩名從此大噪矣。壬辰，再上南宫，成進士，出粤西太史蕭公雲舉之門。是冬，拜湖州司理。吴興，劇郡也，刑獄孔繁，多所平反。時大宗伯董公份、大司成范公應期皆擁雄貲，家僮千指，齮齕鄉里，因而聚訟。巡按御史彭公某，欲甘心於司成，諭意於君，謂司理可持三尺無撓也，君抗聲辭不任責。御史怒，轉諭意於烏程令張君應望，張承風旨，窮治之，司成懼，雉經死。范夫人吴氏詣闕擊登聞訟冤，神宗皇帝念司成曾爲講官，震怒，逮御史，褫其職，而下烏程令獄，竟戍邊。吴興縉紳士庶莫不相與嘖嘖，君中流砥柱，不殺人以媚人也。秩滿，進天池先生階爲奉政大夫。然以不曲事長官，拂郡守意，戊戌大計吏，遂爲所中，調東昌司理。

君蒞東昌又六年。庚子，入棘闈爲同考試官，所拔多名士，而獄訟平反較吴興時又加飭。君索以冰蘖自持，方署郡符，例受棗税二千餘金，君讓税於僚友，不一染指，東君人至今誦説之。

乙巳，擢南京刑部山西司主事，尋從祖繹梅公爲少司寇時故事而行之。君既兩爲理官，益精爰書，凡慮囚傳獄，必據律按決，又多行陰德。且比部事簡，日惟登臨會客，所交咸海内名流，而詩章翰墨傳布江以南，無不人人願交，亦無不人人悦服。

丙午，以入賀慈聖皇太后徽號抵京，間道過家，爲天池先生稱七十觴。尋轉南京兵部職方司主事。未幾，天池先生即世。予寧三載，閉門著述，手不停披，有司罕覿其面。

己酉，服闋，補工部屯田司主事，轉員外郎，管節慎庫。諸郎曹視帑金如私橐，隨入隨出，往往藉以自潤，弊從生焉。及君被命受事，值廷議命御史同司管鑰，君收鏹發帑，必請御史與偕，共目啓閉，以故猾胥狡吏無所售其奸。又製木匱數百具，遇省直解鏹至，則按籍藴諸匱，公家有事，揆度盈縮，不啓匱給發，公私稱便，實不便於後人也。在事一載，稽諸帳籍，歷歷有徵，每一會計，輒拊心扼腕。

時京師大旱，上疏勸上修省，因及内帑，其略云：『臣自筦庫以來，僅及一季，按牘而署，按數而發，則木料、物料以百計矣，内柴、外柴以千計矣，婚禮、府第以萬計矣，陵工、橋工以十萬計矣，門工、殿工以百萬計矣。中使行文而又催督，鋪商開單而催領。稍稽其期，詬讟叢生；稍裁其數，攘臂傲睨。甚至工已停而補給，物未辦而預支。漏卮難實，踵踵相仍；溪壑未厭，喃喃不置。臣仰屋竊嘆，無可奈何。且天地生財止有此數，官盡猶取之民，民盡復何所取？但見今日兑幾千，明日兑幾萬，以閭閻有限之膏血，而泥沙流水，付之奸商駔儈之手，竊爲皇上惜之。』條陳幾萬言，皆切時弊。吾鄉碧麓林公方爲少司空署部事，見君侃侃亢直，比之汲長孺、賈洛陽云。

辛亥，轉本部都水司郎中，督理北河，駐節張秋。國家轉漕道經斯地，而北河所轄千餘里，於賜履最廣。明興，河屢决，徐武功、劉忠宣先後奉命築塞，然而汶、濟之間，南北建瓴，漕艘四十萬粟利涉往來，倚安流爲命。苦逢巨浸淫潦，崩湍怒號，千丈立潰，馮夷、河伯不能盡如人意，故任河事者責任彌藬。君審天時，察地利，規前慮後，毖晝周防，日夜焦勞，凡可以護衛河工者莫不畢舉。手勒《北河紀》，圖繪形勝，如指諸掌。由是，百瀆效靈，舳艫魚貫，旱不涸而雨不崩，君之力焉。

甲寅春三月，福藩分封之國，青雀黄龍之舸千二百有奇，甲卒千人，騎較半之。君爲河臣，則預繕隄岸，瀹淤滯以導艘艪，躬操小艇爲王前驅。先是，肅皇帝末年，景王之國，水道有阻，一路繹騷，内侍譸張，至以馬箠鞭刺史。而君護送凡十四晝夜，歷數州邑，而閹尹毋敢譁。

滿三載，復命擢雲南布政使司左參政兼僉事，分巡金滄道，轄大理、蒙化、鶴慶、麗江、永寧五郡，及五井鹽課提舉司，幅員周遭二千餘里，州有十四、衛有五、所有三，長官司有七、宣撫司有三，建牙楪榆。一切夷漢之機宜，文武將吏之殿最，巨盗大駔之獲擒，七較水犀之行陣，在在留心，擘畫得其要領，雖遐荒蠻服，莫不憚其威而煦其澤。庚申，賚捧入賀萬壽聖節，抵京，值顯皇晏駕。光宗御極，君受覃恩，膺三世貤贈。復由劍門抵滇。

辛酉，擢廣西按察使。癸亥，晋本省右布政使，尋晋左布政使。君在粵三閲寒暑，值黔中告急，粵有震鄰之恐，君蒿目時艱，悉心經畫，召士兵，整器械，發官帑，犒軍伍以援。而右江一帶，控制土司，迫近苗寇，内地無兵，何以安定？乃議增土兵以備緩急。懷遠當楚黔之界，安酋煽亂，聲言由此窺粵，又議置關增戍，指點要害，咸得其當，兩臺使者皆可其議而行之。始黔中征兵，編餉召募，而驕悍之徒嘯聚轅門，竟日不解。君在粵久，兵士歸心，親至轅門，諭以威德，兵各散去，否則，釀及大變，粵其危矣！粵人尤德之。至於增部引以招鹽商，給宗禄以安紈袴，立南丹土酋，不使其懷二心，讋服猺獞，不使其時竊發，抵派加餉，鑄錢征商，種種善政，難以縷指。甲子，提調省試，事事精辦，井然有條。君自廉憲歷左右二方伯，無一事不手自裁奪，無一議不心自計策，無一利而不興，無一弊而不剔。坐是勞瘁彌甚，鬚髮改白，肌膚減瘦，而病已入膏肓，君猶惓惓以地方爲念。今歲當大計吏，君任藩長，例宜赴闕，猶力疾書郡邑下吏賢否，不少假借。客秋之杪，發桂林，途次病劇，猶檢點應朝諸重務，付之藩幕，作書與僚友楊方伯鵬遥、曹憲副能始永訣，且以竟未竟之志。十月二十三日，至萍鄉，遂卒於官邸。如君者，可謂勞於王事而不顧身者也。距其生，享年五十有八。

君豐碩廣額，坦衷廓度，與物無忤。天性孝友，事天池先生，冠履不莊不敢見。理吴興日，迎養於官舍，日出坐堂皇，有所鞫訊，夜必告之嚴君。所入俸資，悉以婚嫁弟妹。早失嫡母高、生母趙，遇諱辰，則絜泣孺慕，而恤其舅氏，至老不衰。繼嫡太淑人徐，即予姊也，君自齠齔以至腰犀，無一日不色養，疾革，於後事無所囑，惟謂不能與老母訣别，淚簌簌下。撫二庶弟肇湘、肇澍，無離裏之隔，延師訓迪，不遺餘力，今皆青其衿。天池先生産薄，而君推田讓宅，無恪情。季父早喪，乏嗣，但遺女弟三人，皆爲治奩，嫁名族，通其有無，不異同生二女弟也者。内行純備，真無間於父母、昆弟之言矣。

先是，天池先生宦歸而貧，大中丞錢塘金公來撫閩，實先生門下士，乃以福安黛凝寺田數百畝爲贈，君在宦邸不聞也。及先生殁，君秉家政，始知所從來，嘆曰：『可令如來香燈冷落，釋子盂飯之不充哉？』親朋無不相勸曰：『世人垂涎寺田，惟恐攘之而不得，君既得而復失，所行與世人異矣。况當道所遺，獨不可以均之二弟乎？』君不聽，竟召寺僧還之，而自損腴田償二弟。邑令毛君萬彙嘉君盛舉，令僧祀君於寺以報明德。越數載，予信宿斯寺，則見僧徒雲集，香燈燦然，龍象不至頹廢，君之德也。

方其在吴興時，所識拔士有温宗伯體仁、閔都憲洪學、費方伯兆元、胡憲副爾愷、華比部士尊、王比部德坤、沈憲副朝燁、勞太守永嘉、駱侍御駸曾，十數公爲諸生時，皆受君特知，先後宦閩，執弟子禮甚恭。

居常喜博覽，自六經、子史，以至象胥、稗虞、方言、地志、農圃、醫卜之書，無所不蓄，亦無所不漱其芳潤。淹通融貫，隨叩隨應，更無所疑難。故發爲詩文，宏暢豐贍，一瀉千里。奉使過里門，郡大夫喻公政修郡乘，延先正林大司空與今林大納言爲總裁，屬君纂修。君揚扢討論，粲然徵實。又善行草書，得格於二王，種種臻妙，片楮隻字，人争寶之。

所著有《小草齋集詩》二十卷、《文》三十卷。理吴興日，採風問俗，著《西吴支乘》二卷。理東昌日，搜括異聞，著《居東雜纂》四卷。治北河日，相度水勢，著《北河紀》十卷。參雲南日，援古證今，著《滇略》十卷。轄粤西日，翻閲掌故，著《風土記》二卷。調劑庶務，著《粤藩末議》二卷。至於過家暇豫，時時尋山問水，著《鼓山志》八卷、《支提山志》四卷、《太姥山志》二卷、《方廣巖志》二卷、《長溪瑣語》二卷。讀古今諸史，作《史測》二卷、《史考》七卷、《史觿》十七卷。聽街談巷説，著《麈餘》四卷、《續麈餘》二卷。與友人論詩，著《詩話》六卷。讀書有所發明，著《五雜組》二十卷、《文海披沙》八卷、《筆僊》十卷。憫古禮漸失，著《今用禮考》十卷。俱已成書，總之，一百八十餘卷，可以傳矣。

君娶廣東參議鄭公述女，早卒，贈淑人。繼娶處士黄公公藩女，封淑人。男子五人：長棨，聘四川參政陳公儀孫女，側室林出；次槃，邑庠生，聘都御史薛公夢雷男官生瑞清女，側室陳出；次彙，聘袁州太守鄭公惇典男太學生正傳女，側室陳出；次槖，聘兩淮運同葉公時敏女；次杲尚幼，俱側室高出。女三人，長琰，適廣西副使曹公學佺男廩生孟嘉，高出；次琬，適南京通政使林公材男太學生弘澍，淑人黄出；次瓏，適户部員外郎林公世吉孫太學生翥，高出。

居常語親朋曰：『吾家世清白，先世爲吏者，宦歸無不貧，安有既叨爵位而復享富厚哉！浥彼注兹，天道也。若徼天幸，子孫不至凍餒，足矣！』今君位至方岳，不爲不貴，而歷宦三十餘年，産亦僅僅不愧祖先之清白，足覘生平之所守矣。嗟夫！言猶在耳，而華屋山丘之嘆隨之，能不悲哉！棨等將以天啓□年□月□日奉君靈柩葬於□縣□□鄉□□山，襄事有日，欲乞墓中之銘於當代名公，敬爲之論次如此。至於片善足稱，微言可紀，尤種種難具陳云。

東海徐𤊹撰。

（《小草齋文集》附録，天啓刊本）

祭先考妣安葬文

哀哀皇考，辛卯歸真。日月易邁，二十三春。長兄早逝，家運漸屯。痛惟不孝，歲歲含貧。負土起塚，不免逡巡。每一念及，茹泣酸辛。近始卜兆，祭酒爲鄰。負壬面丙，封我雙親。生慈祔葬，幽宅列陳。歲當癸丑，水德司神。維月甲子，維日壬申。若堂若斧，馬鬣聿新。千秋萬古，永隔斯辰。一抔之哭，淚灑松筠。尚享！

（《荆山徐氏譜·詩文集》，鈔本）

四、徐𤊹著述編年考證

《筆精》卷七『藏書』條：『吾鄉前輩藏書富者，馬恭敏公森、陳方伯公暹。馬公季子能讀能守，陳公後昆寖微，則散如雲烟矣。又林方伯公懋和、王太史公映鍾，亦喜聚書，捐館未幾，書盡亡失。然四公之書，咸有朱黄批點句讀，余間得之，不啻拱璧也。予友鄧參知原岳、謝方伯肇淛、曹觀察學佺，皆有書嗜。鄧則裝潢齊整，觸手如新，謝則鋭意搜羅，不施批點，曹則丹鉛滿卷，枕藉沈酣：三君各自有癖。然多得秘本，則三君又不能窺予藩籬也。』[一]这条材料大致描述了明代嘉、隆、萬間閩郡藏書之風的概况，还大致介绍了包括徐𤊹本人在内的藏书特点。徐𤊹父永寧令徐棉，兄徐熥皆嗜書，至萬曆三十年（一六〇二），『合先君子，先伯兄所儲，可盈五萬三千餘卷』[二]。其家藏書樓、齋有紅雨樓、緑玉齋、宛羽樓、竹汗巢等名。

徐𤊹以博洽聞，所著書有《鼇峰集》《筆精》《榕陰新檢》《雪峰志》等，因家境困頓、明清易代、家道衰微等原因[三]，其書多數未刊刻，稿本散落，致使後世目録學家多難窺其本來面目。一九五七年，古典文學出版社將晁瑮《晁氏寶文堂書目》、徐𤊹《徐氏紅雨樓書目》合爲一帙出版，其《出版説明》云，根據《四庫

[一] 徐𤊹《筆精》，沈文倬校注，福建人民出版社，一九九七年。

[二] 馬泰來整理《新輯紅雨樓題記　徐氏家藏書目》，第二〇七頁。萬曆四十四年（一六一六）𤊹所作《哭陸兒十首》其九：『我已積書三萬卷，憐兒能讀且能藏。』詳《徐𤊹年譜簡編》。疑三萬卷不包括父兄所積書，僅𤊹個人所積而已。

[三] 參見陳慶元《晚明詩人徐熥論——兼論荆山徐氏儒業與文學之興衰》，《中國文化研究》，二〇〇六年第三期。

全書總目》著録，知道徐氏著有：《榕陰新檢》八卷（傳記類存目四）、《筆精》八卷（雜家類三）、《閩南唐雅》十二卷（總集類存目三）。又説迄今知道的還有：《紅雨樓題跋》（清繆荃孫重編本，刊入《峭颿樓叢刻》中）；《荔枝譜》七卷（刊入《荔枝通譜》中）；《閩中海錯疏》補疏部分（刊入《藝海珠塵》中）。又根據《徐氏紅雨樓書目》，認爲還可以補充以下目録：

《晋安歲時記》一卷（宋梁克家著，徐𤊹補） 《易旁通》一卷（附《筆精》内） 《蔡忠惠年譜》一卷 《鼓山續志》八卷 《榕城三山志》十二卷 《法海寺志》三卷 《雪峰寺志》八卷 《客惠紀聞》一卷 《巴陵遊譜》一卷 《諧史續》二卷 《堪輿辨惑》一卷 《茗談》一卷 《蜂經疏》二卷 《閩畫記》一卷

自癸未之歲，予搜集研究三徐（𤊹、熥、𤊹子徐延壽）文獻，撰其年譜，越三年，積稿漸多，頗覺𤊹所著書遠不止此數，故重加考訂，儘可能存其目；能考得著述作年者，則考其作年並加編年；不同版本者，則探其源流；諸家著録有誤者，則辨其訛誤[二]，以就正方家。

本文考訂的徐氏著述，包括其著作及文獻整理（編、補、校、選、定、參撰、編次、審閲、輯佚等）。徐𤊹藏書，還鈔録過不少文獻，在鈔録或庋藏的過程中，也可能同時作些整理的工作，但由於文獻大多不足徵，這部分書目本文只好暫付闕如。

[二] 例如《出版説明》説《荔枝譜》七卷，刊入《荔枝通譜》。七卷，不誤。然𤊹此書初刻，合蔡襄《荔枝譜》一卷爲一帙，名《荔枝通譜》，共八卷，田本畯梓；所謂刊入《荔枝通譜》，當爲刊入《閩中荔支通譜》，鄧慶寀（原岳子）編。詳下文。

徐𤊹的著述豐富，本文將徐氏著述分爲作年可考與暫不可考兩部分，可考的列於前，並加以編年，暫不可考的置於後。徐氏的著作在流傳過程中存在一書兩名或多名的情況，本文在考述時做了適當的歸并。沈文倬先生《紅雨樓序跋》搜羅宏富，然間有有疏漏，本文補入佚文多篇。關於徐氏的生平、詩文的具體作年，別詳筆者《徐𤊹年譜簡編》[一]及本譜。

萬曆二十二年甲午（一五九四）　二十五歲

《紅雨樓稿》若干卷

徐𤊹《答王元禎》：『不佞《紅雨樓稿》，是甲午歲先伯兄梓之白門。皆弱冠時所作，十分乳臭。門下何從得之乎？子雲悔少作，即此稿之謂也。』（《文集》册六，《上圖稿本》第四三册，第三〇八頁）

徐熥《寄徐茂吴司理》提及以是集送友人（詳下『《田園雅興》條』）。

鄧慶寀《閩中荔支通譜》二引《紅雨樓集》『蔡端明《荔支譜》』一則。見《閩中荔支通譜》卷十。

按：此條見《紅雨樓序跋》卷一（沈文倬點校《紅雨樓序跋》本）。

附《紅雨樓文稿》若干卷

鄭杰《注韓居書目・集部》八：《紅雨樓文稿》興公稿本。

陳壽祺《紅雨樓文稿跋》：『《紅雨樓文稿》八册，明吾鄉徐興公著。中多手跡題上，每別識選不，

[一]《鼇峰集》附録，揚州：廣陵書社，二〇一二年。

蓋未定本也。君《鼇峰集》詩，南巡撫居益爲之授梓，未幾，南公去位，以屬同知攝建安令鄭某，僅刻四卷而輟。後自鬻田續成十册。其雜文三十餘卷，删爲二十卷十四册，無力殺青，常求助於故人，卒不果。其書遂佚不傳。余近始得《鼇峰集》近體詩四卷，文即此本。補綴蠹蝕，蓋已亡其半矣……斯編雖零落厪存，然其他散見，猶可蒐緝一二，倘有心者别擇其半付剞劂，俾前喆志事有所考見，其亦後起之責也夫。』（道光本《左海文集》卷七）按：『删爲二十卷』者，當即《鼇峰文集》。

《福建通志·藝文志》卷六十三：『《紅雨樓集》無卷數。徐𤊹著。』（一九三八年版）

陳衍《石遺室書録》云：『鈔本八册，約可分十餘卷，似系未定原稿。間有圈點。多勾去不存者。尺牘居十之八九，祭文居十之一，雜文居二十之一。前後無序跋、目録。尺牘中，與曹能始、謝在杭、林茂之諸人居多。《硯桂緒録》云：「徐興公未梓文八卷，藏陳恭甫先生家。其文如布帛菽粟，藹然孝子悌弟之言，於家庭間言之尤真摯。」似即八册鈔本。然八册者無詩。余曾見鈔本，不全。』（《福建通志·藝文志》卷六十三引）

按：《硯桂緒録》系林昌彝所著。陳壽祺、林昌彝、陳衍所見《紅雨樓集》爲徐氏之手稿本，定非𤊹送友人的《紅雨樓集》。

附：

《紅雨樓集　鼇峰文集》稿本十二册

《中國古籍善本書目·集部》卷二十六：《紅雨樓集》。藏上海圖書館。（上海古籍出版社，一九八九年版）

《上海圖書館未刊古籍稿本》，復旦大学出版社，二〇〇九年影印。此本与陳壽祺、林昌彝、陳衍所描述基本吻合。

附：《紅雨樓題跋》（林佶鈔本）

林佶《紅雨樓題跋·跋》（鈔本）：『吾閩興公《紅雨樓集》未受梓，此題跋一卷，是從稿中録出者，尚未備，異日當廣徵並全集編刻，以永存其傳，未知得如吾願否？興公題跋最精確，惜多散逸，裒之正未易耳。林佶識。己亥六月之朔，書于警露寓邸。』（《紅雨樓序跋·附録》，沈文倬校點本）按：林佶，康熙三十八年舉於鄉，五十一年欽賜進士。己亥，康熙五十八年（一七一九）。

鄭杰《注韓居書目》：《紅雨樓題跋》鈔本。按：鄭氏所鈔即此本。

附：《紅雨樓題跋》二卷（鄭杰輯本）

鄭杰《紅雨樓題跋·序》：『不佞仰企前人，潛心購覓，幾廢寢食，得徐氏汗竹巢、緑玉齋、宛雨［羽］樓、紅雨樓藏本，什有二三，不啻如當日閩先輩之于陳、馬、林、王四先生所寶所藏之書也。獨是興公先生善聚善讀，用心精勤之處，余欲與天下人共知之，遂搜録題跋若干首，先付梨棗，别爲初編云。嘉慶三年歲次戊午重九日，侯官鄭杰書。』（嘉慶三年本）

附：《紅雨樓序跋》二卷

孫殿起《販書偶記續編·書目類》：《重編紅雨樓題跋》二卷，明閩縣徐𤊹撰。江陰繆荃孫輯。民國十四年乙丑刊。（上海古籍出版社，一九八〇年版）

附：《紅雨樓序跋》（沈文倬點校本）

福建人民出版社，一九九三年版。

萬曆二十四年丙申（一五九六） 二十七歲

《閩中海錯疏》三卷（屠本畯撰，徐𤊹補疏）

徐鍾震《先大父行略》：『《海錯疏》二卷。』（《雪樵文集》）

按：文淵閣《四庫全書》本三卷。

鄭杰《注韓居書目·子部》十：《閩中海錯疏》三卷，明屠本畯撰，徐𤊹補疏，注韓居寫本。

屠本畯撰《閩中海錯疏》三卷，𤊹爲之補疏，文淵閣《四庫全書》本。《四庫全書總目提要·閩中海錯疏》：『中間又有註「補疏」二字者，則徐𤊹所續也。』屠本畯序作于萬曆丙申，𤊹所續當作于本年或稍前。

萬曆二十五年丁酉（一五九七） 二十八歲

《蔡忠惠年譜》一卷

徐鍾震《先大父行略》：『《端明年譜》一卷。』（《雪樵文集》）

《徐氏家藏書目·年譜》。

《徐氏紅雨樓書目》卷二。

𤊹跋《蔡忠惠年譜》：『余得二方善本，反覆潛玩，有契於心，更採公生平官爵著述，編爲年譜，歷歷有徵，庶後之覽者有所考鏡，因述所繇如此。萬曆丁巳仲夏，閩邑後學徐𤊹興公謹跋。』（馬泰來整理《新輯紅雨樓題記 徐氏家藏書目》，第八二頁）

《田園雅興》一帙

徐熥《寄徐茂吴司理》：『仲弟《紅雨樓集》一部、《閩畫記》一部、《荔枝譜》一部、《田園雅興》一帙，季弟《制義》一部，統塵巨觀。』（《幔亭集》卷二十）

徐㶿《〈田園雜興〉序》：『宋范石湖《吴中田園雜興》六十首，鄧司農汝高取而和之，晉安風景摹寫略盡矣。余鉛槧之暇，掇拾見聞，次爲是編。汝高以軒冕之華，術丘園之賁，語反切情。余以草莽之臣，談農圃之務，言無足采。則鐘缶之不同音，而升釜之不同量也。况汝高已著，不敢復陳閩俗所無，不敢飾説，觀風成謡，如斯而已。第學步者不責其善跡，啜醨者不嫌其無味，以此自解。大方君子，其或恕之。萬曆丁酉陽月序。』（《鼇峰集》卷二十五）

按：《田園雜興》總題下，有《春日雜興十二首》《晚春田園雜興十二首》《夏日田園雜興十二首》《秋日田園雜興十二首》《冬日田園雜興十二首》，計六十首。六十首加上序，可成一帙。

又按：《田園雅興》當作《田園雜興》。

又按：此序沈文倬《紅雨樓序跋》失收。

又按：熥《寄徐茂吴司理》作于本年，詳陳慶元《徐熥年譜簡編》（《徐熥集》附録，廣陵書社，二〇〇五年版）

《閩畫記》十卷

《徐氏家藏書目·畫類》：十卷。

《徐氏紅雨樓書目》卷三：一卷。

徐鍾震《先大父行略》：『《閩畫録》二卷。』（《雪樵文集》）

黄虞稷《千頃堂書目》卷十五，别本注云：萬曆己亥自序。

《明史·藝文志》三：一卷。

陳薦夫《〈閩畫記〉序》：『吾閩僻遠，中土罕窺，加以累朝喪亂之後，五季兵燹之餘，文獻莫徵，遺跡澌滅。自唐以上，無得而稱，徐子興公太息有年，慨然作《記》。』（《水明樓集》卷十一）

按：黄錫蕃《閩中書畫録》引《閩畫記》數十則。有陳慶元輯本（未刊稿）。

按：徐熥《寄徐茂吴司理》提及以是集送友人（詳上『《田園雅興》條』）。熥《寄徐茂吴司理》作于本年，則《閩畫記》最遲當完成於是年。

又按：據黄虞稷《千頃堂書目》别本有𤊹萬曆己亥自序，似另有萬曆三十年己亥本。

《荔枝通譜》八卷（蔡襄一卷，徐𤊹七卷，徐𤊹編）

《徐氏家藏書目·農圃類》。

《徐氏紅雨樓書目》卷三。

徐鍾震《先大父行略》：『《荔枝通譜》八卷。』（《雪樵文集》）

黄虞稷《千頃堂書目》卷九：徐𤊹《荔枝通譜》十六卷。鄧慶寀補。慶寀，字道協，福州人，原岳子。按：黄虞稷所記誤。《閩中荔支通譜》，鄧慶寀輯，十六卷。有崇禎刊本。《閩中荔支通譜》録蔡襄《荔支譜》一卷，徐𤊹《荔支譜》七卷，鄧慶寀《荔支譜》六卷，宋珏《荔支譜》一卷，曹介人《荔支譜》一卷。

徐𤊹《〈荔支譜〉小引》：『荔支自宋蔡忠惠公《譜》録，而其名益著。世代既遐，種類日夥，騷人韻士，題品漸廣，然散逸不收則子墨之失職、而山林之曠典也。惟時朱夏，側生斯出，名題於西川，貢珍於南海，吾閩所産，實冠彼都，可謂盧橘慚香、楊梅避色者也。爰仿蔡書，别搆兹《譜》，狀四郡品目之殊，陳生植制用之法，旁羅事蹟，雜采咏題。品則專取吾閩，事乃兼收廣蜀，物非舊存，品惟今疏。愧聞見未殫，筆札荒謬，博雅君子，將塵掛漏之譏，予小子其何敢辭焉。萬曆丁酉晋安徐𤊹興公記。』（鄧慶寀《閩中荔支通譜》卷二，又《續説郛》卷四十一）按：此篇沈文倬《紅雨樓序跋》未收，當補入。

𤊹題《蔡忠惠年譜》：『𤊹以萬曆丁酉（一五九七）取忠惠《荔枝譜》而續之，時屠田叔爲閩轉運，通其譜而授諸梓。』（馬泰來整理《新輯紅雨樓題記　徐氏家藏書目》，第八二頁）據此，知𤊹《荔支譜》初與蔡譜合梓，名《荔支通譜》。蔡譜僅一卷，𤊹則七卷。屠本畯（字田叔）爲之梓。

沈長卿《〈閩中荔支通譜〉序》：『《荔譜》創自宋蔡君謨，至我明徐興公廣之。』（鄧慶寀《閩中荔支通譜》卷首）

陳壽祺《紅雨樓文稿跋》：『《荔支譜》《蜂經》《茗談》其所自刻也。』（《左海文集》卷七）

按：陳氏以爲𤊹自刻《荔支譜》，誤。説詳上。

附：《荔枝譜》二卷

《續説郛》卷四十一（《〈説郛〉三種》影宛委山堂本，上海古籍出版社，一九八八年版）。按：《説郛》爲節本。

附：《荔枝譜》點校本。

按：此本據《續説郛》標點［陳定玉點校《荔枝譜》（外十四種），福建人民出版社，二〇〇四年版］，非全本。

萬曆二十八年庚子（一六〇〇） 三十一歲

《建陽縣志》（參纂）

『《建陽縣志》七卷，魏時應。』（馬泰來整理《新輯紅雨樓題記 徐氏家藏書目》，第二四七頁）

題《游定夫集》：『庚子（一六〇〇）歲，建陽令魏公命修縣志，將以游、劉、朱、蔡、熊作五世家，游氏子孫抄録祖先事實，送余采擇。』（馬泰來整理《新輯紅雨樓題記 徐氏家藏書目》，第一二九頁）

又《修建志答田公雨丈見示》詩（《鼇峰集》卷十四）。

《文心雕龍校》

萬曆二十九年（一六〇一）跋傳鈔楊慎批評本《文心雕龍》：『劉彦和《文心雕龍》一書，詞藻璀璨，儷偶豐贍。先人舊藏此本，已經校讎。𤊹少學操觚，時取披覽，快心當意，甘之若飴，每有綴辭，采爲筌餌。』又萬曆三十五年跋：『此書脱誤甚多。諸本皆傳訛就梓，無有詳爲校定者。偶得升庵校本，初謂極精。辛丑（一六〇一）之冬，携入樵川，友人謝伯元借去讎校，多有懸解，越七年，始付還。余反復諷誦，每一篇必誦數過，又校出脱誤若干，合升庵、伯元之校，尤爲嚴密。然更有疑而未穩，不敢妄肆雌黄，尚俟同志博雅者商略。』又萬曆三十七年跋朱謀㙔藏本：『《文心雕龍》一書，余嘗校之，至再至三，其訛誤猶未盡釋。然彦和博綜群書，未敢遽指爲亥豕而臆肆雌黄也。』（馬泰來整理《新輯紅雨樓題記　徐氏家藏書目》，第一七〇—一七三頁）

鄭杰《注韓居書目·經部》十三：《文心雕龍》十卷，徐興公、謝在杭手校本。前後有興公跋。按：此本不知是否上述之楊慎批評本或朱謀㙔藏本，俟考。

萬曆三十年壬寅（一六〇二）　三十三歲

《徐氏紅雨樓書目》七卷

《〈紅雨樓藏書目〉序》：『予少也賤，性喜博覽，閒嘗取父書讀之，覺津津有味，然未知載籍無盡，而學者耳目難周也。既長，稍費編摩，始知訪輯，然室如懸罄，又不能力舉群有也。會壬辰（一五九二）、乙未（一五九五）、辛丑（一六〇一）三爲吴越之遊，庚子（一六〇〇）又有書林之役，廼撮其要者購之，因其未備者補之，更有罕睹難得之書，或即類以求，或因人而乞，或有朋舊見貽，或借故家鈔録，積之十年，合先君子、先伯兄所儲，可盈五萬三千餘卷，藏之小樓，堆床充棟，頗有甲乙次第，鉛槧暇日，遂仿鄭氏《藝文略》、馬氏《經籍考》之例，分經史子集四部，部分衆類，著爲《書目》七卷，以備稽覽。客有譏予者曰：「子之蓄書，拮据勞瘁，書愈富而囊愈空，不幾於成癡成淫乎？好書而勞，不若不好之爲逸也。」予曰：「否否！昔之宋尤延之積書數萬卷，嘗自言：饑讀之以當肉，寒讀之以當裘，孤寂讀之以當友朋，幽憂讀之以當金石琴瑟。予生平無他嗜，所嗜惟書。雖未能效古人下帷穿榻、閉户杜門之苦，然四體不勤，此心難恕，豈敢安於逸豫，怠於鑽研者耶。至於發書篚之誚，蒙武庫之譽，非予之所可幾也，亦非予之所敢望也。」客曰：「美哉，徐仲子之言！」唯唯而退。萬曆壬寅（一六〇二）初秋，三山徐𤊹興公書。』（馬泰來整理《新輯紅雨樓題記　徐氏家藏書目》，第二〇七頁）

繆荃孫《藝風藏書記·目録類》：『《紅雨樓書目》四卷。明徐𤊹撰。傳鈔本。𤊹字惟起，又字興公。閩縣人。與兄惟和積之十年，得盈五萬三千餘卷。仿鄭氏《藝文略》、馬氏《經籍考》例，爲《書目》四卷。』（《徐氏紅雨樓書目》附録）

鄭王臣《蘭陔詩話》：『《徐興公書目》載山人有《聽雪》二賦，《感懷詩》一卷，惜已不傳。』（《莆風清籟集》卷三十三，『張士昌』條）按：此條所載張士昌詩不見今本。

按：此書當與《徐氏家藏書目》同書而異名，參見下條。

附：《徐氏家藏書目》五卷

黄虞稷《千頃堂書目》卷十：七卷。

鄭杰《注韓居書目·子部》二：《徐氏藏書目》五卷。

劉燕庭題《徐氏家藏書目》云：『道光丁亥（一八二七）七月，大興徐星伯知余訪各家書目，因出所藏明萬曆間《徐興公家藏書目》六册見示，云去歲客濟南時，得自周書倉（原注：永年）家。携歸即過録校藏，並輯《閩志》《明詩綜》各書所載興公事蹟，撰小傳，書于右（從略）。七夕曝書，偶檢《胡仲子集》，有「晋安徐興公藏書印」，《吴道南集》有「閩中徐惟起藏書印」。余既得此《目》，而《目》中著録之書散在人間，竟有爲余所得者，亦奇觀也。因撫二印于簡端，以志巧合。此《目》諸書皆未著録，惟《千頃堂書目》有之，作七卷。興公書齋名「紅雨樓」，余即以題其書名云。七夕燈下，東武劉燕庭識于味經書屋。』（馬泰來整理《新輯紅雨樓題記　徐氏家藏書目》，第二〇六頁）

按：此書題《三山徐氏紅雨樓書目》，《續修四庫全書》本沿用舊本《徐興公家藏書目》名，作《徐氏家藏書目》，今從之。

潘景鄭《著硯樓書跋》：『舊鈔本《徐氏家藏書目》……此本有「鄭氏注韓居」藏書印，餘者不能盡憶也。又予嘗得《雅宜山人集》爲興公舊藏，題識印記，赫然俱在，不知目中亦著録及之否？』（《徐氏紅雨樓書目》附録，古典文學出版社，一九五七年版）

按：徐氏藏書目在輾轉鈔録過程中，出現《徐氏家藏書目》和《徐氏紅雨樓書目》兩種本子，所録書目亦小異。

萬曆三十一年癸卯（一六〇三）　三十四歲

《天柱篇》（曹學佺著，徐𤊹校閲）

曹學佺《石倉全集·天柱篇》卷端：有『癸卯』二字及『閩中曹學佺著，同社徐惟起、林古度閲』。

知是篇校于本年。

萬曆三十二年甲辰（一六〇四）　三十五歲

《易旁通》一卷（附於《筆精》内）。

《徐氏家藏書目·易類》。

《徐氏紅雨樓書目》卷一。

黄虞稷《千頃堂書目》卷一。

《徐氏筆精》卷一作《易通》，計九十一則。㶿有小引，云：『夫《易》廣矣大矣，泥章句不可言《易》。考亭夫子作《本義》，後世説《易》者，鏤於肺腸而不能蕩滌，局於識也。余世學《易》，專其門，獨余偃蹇不售其所學。間有臆見及覽諸書可有同異，不符朱氏旨者，輒筆之以資談柄，弗敢聞於人。兒子陸欲取觀，余笑而匿之，且誡曰：「而翁之《易》，非世儒之《易》也。」余之笑且匿者有深思焉，童子何知！萬曆甲辰夏日書於鼇峰之讀易園。』按：此則小引《紅雨樓序跋》失收。

《蜂經疏》二卷

《徐氏家藏書目·農圃類》。

《徐氏紅雨樓書目》卷三：《蜂經》二卷。

黄虞稷《千頃堂書目》卷九。

陳壽祺《紅雨樓文稿跋》：『《荔支譜》《蜂經》《茗談》其所自刻也。』(《左海文集》卷七)

按：《荔支譜》(即《荔支通譜》)非自刻，説詳該條。

謝肇淛《〈蜂經〉序》：『吾友陳女翔耳目歲時，咨諏長老，匠心運意，體要成經。舅氏徐興公蒐陬谷之方言，摭場圃之瑣録，節分支演，比詞爲疏。斯皆情鍾丘壑，色起蜈蠉。玄言與蘭髓同甘，彩素共金房齊曜。蒼然太古，斐爾爲章。』(《小草齋文集》卷六)

又按：當以《蜂經疏》爲是。𤊹題《蜂經》以爲該書出自南宋之末村學究之手：『侯陳汝翔歸自晉陵，出此書商之……甲辰（一六〇四）初冬，徐惟起題。』（馬泰來整理《新輯紅雨樓題記　徐氏家藏書目》，第九五頁）《蜂經疏》即此《蜂經》。

《陳后金鳳外傳》（徐𤊹與王宇校訂）。

徐𤊹題《陳后金鳳外傳》：『王永啓（慶元按：王宇，字永啓）既得《陳后傳》於農家，予借録一本。反覆考核，其姓名事蹟、歲月地理，與史乘符合者勿論，中有少異者……徐𤊹題。』（馬泰來整理《新輯紅雨樓題記　徐氏家藏書目》，第一一二—一一三頁）

按：《陳后金鳳外傳》見《榕陰新檢》卷十五。此文附有友人王宇《識語》，知此文與王氏相校訂。《識語》作于萬曆三十二年（一六〇四）。

又按：福建省圖書館藏《陳金鳳外傳》，民國二十六年（一九三七）福州沈氏耑齋鈔本一册、福建師範大學圖書館舊鈔本一册，題閩縣徐𤊹撰，似誤。

附：《吴雨〈鳥獸草木考〉》二十卷（謝肇淛藏，徐𤊹編）

郭柏蒼《竹間十日話》卷五：『蒼得謝在杭藏《吴雨〈鳥獸草木考〉》，爲萬曆甲辰徐興公所編，其書二十卷。卷首有侯官曹學佺、新寧蔣奕芳二序。』

按：據曹學佺《鳥獸草木疏序》（《石倉文稿》卷一），《鳥獸草木考》當作《鳥獸草木疏》。

萬曆三十四年丙午（一六〇六）　三十七歲

《榕陰新檢》十六卷

《徐氏家藏書目・各省雜志》作十卷。

《徐氏紅雨樓書目》卷二作十卷。

徐鍾震《先大父行略》：『《榕陰新檢》八卷。』(《雪樵文集》)

黄虞稷《千頃堂書目》卷七作八卷。

徐鍾震、黄虞稷均云八卷。

鄭杰《注韓居書目・子部》四：《榕陰新檢》十六卷。興公手寫本底本。按：據手寫底本和刊本，此書爲十六卷本無疑。

按：今所見萬曆三十四年刊本，十六卷：閩縣徐𤊹興公輯，歙縣吴洵美克符校。

陳壽祺《紅雨樓文稿跋》：『《榕陰新檢》者，邵鷺洲所刻也。』(《左海文集》卷七)

按：邵鷺洲即邵捷春。

附：《榕陰新簡》十卷

『《榕陰新簡》十卷，徐𤊹。』(馬泰來整理《新輯紅雨樓題記　徐氏家藏書目》，第二五九頁)

按：疑即《檢陰新檢》，然卷數不合。

附：《榕陰續檢》十卷

徐鍾震《先大父行略》：『《榕陰續簡》十卷。』(《雪樵文集》)

按：『簡』爲『檢』之訛。

附：《榕陰詩話》

郭柏蒼《柳湄詩傳》，《全閩明詩傳》卷四十引。按：所引出自《榕陰新檢》卷十六《詩話》。如將《榕陰新檢》中《詩話》輯出，以《榕陰詩話》之名獨刊，亦無不可。

又按：《明詩話全編·徐𤊹詩話》（江蘇古籍出版社，一九九七年版）失輯《榕陰新檢》卷十六《詩話》一卷。

附：《竹窗雜録》

《〈竹窗雜録〉提要》：『《竹窗雜録》，徐𤊹著。按：原書不傳，而《榕陰新檢》所録多至百條。《連城合劍》一條，稱家兄惟和；《陽谷嘲鶯》一條，稱惟和伯兄。惟和，𤊹兄熥字。是書亦出𤊹手。自著書自徵引，殊非體裁，爾時風氣往往如此。』（（民國）《福建通志·藝文志》卷四十九）郭柏蒼《柳湄詩傳》引多條，見《全閩明詩傳》卷四十等。有陳慶元輯本（未刊稿）。

附：《竹窗筆記》

郭柏蒼《柳湄詩傳》引多條，見《全閩明詩傳》卷四十等。按：疑即《竹窗雜録》，俟考。

《唐歐陽先生文集·附録》一卷

《寄歐陽觀察》：『客歲携入秣陵，謀諸同志捐薄遊資斧，殺青行世。於是，南都宦遊諸公助工有差，咸謂四門之文一經刊布，若揭日月于中天者也。附録一卷，乃不肖某採掇諸書，實有關于四門行誼之大者。』（《文集》册六，《上圖稿本》第四三册，第三九五頁）。曹學佺《唐歐陽先生文集序》：『癸卯冬，予再遊温陵之石室，友人徐興公偕焉。石室爲唐歐陽行周先生讀書處也。越三年，興公携先生集于金陵，謀更梓之，不肖論次其事曰……』（《石倉文稿》卷一）按：歐陽詹，字行周。又按：癸卯，萬曆三十一年（一六〇三），越三年，即萬曆三十四年（一六〇六）。

《黄御史集》（刊刻）

曹學佺《唐黄御史集序》：『既竣《歐陽四門集》，復取黄文江《御史集》刻……御史諱滔，璞之從弟也。』（《石倉文稿》卷一）

鄭邦衡《拙存稿》：『晋安徐興公既刻《歐陽四門》《黄御史》二集，復輯《蔡端明别紀》。』（《蔡忠惠詩集》附宋珏《蔡端明别紀補遺》卷下引）

《掛劍篇》詩（曹學佺著，徐𤊹選）

曹學佺《掛劍篇》卷端：閩中曹學佺能始著。友人陳鳴鶴女翔閲，徐𤊹興公選。《掛劍篇》卷端有『丙午』二字及『徐𤊹興公選』。知是篇選于本年。

《寄曹能始》：『弟去年春暮同謝在杭至浙省，張維成述弟于聶錢唐處，命修《縣志》。三閲月，復走江右。』（《文集》册六，《上圖稿本》第四三册，第四一三頁）

《錢塘縣志》（參纂）

按：張蔚然，字維成（又作誠），號青林，錢塘（今杭州）人。萬曆二十五年（一五九七）舉人。歷平湖廣文、長溪（福安）知縣。

按：聶錢唐，即聶心湯。

《復夏綏公》：『前林生逢經，代借《錢唐》《會稽》二志，久塵公案，幸乞簡還，蓋《錢唐》者，係某向

所載筆，家無副本故耳。』（《文集》册四，《上圖稿本》第四三册，第六七頁）

『《錢塘縣志》十卷，聶心湯。』（馬泰來整理《新輯紅雨樓題記　徐氏家藏書目》，第二五九頁）

按：徐𤊹萬曆三十四年（一六〇六）在杭州，經張蔚然介紹，修《錢塘縣志》。

萬曆三十五年丁未（一六〇七）　三十八歲

《少谷小谷雜著》（輯佚）

鄭杰《注韓居書目·集部》八：《少谷小谷雜著》，徐興公手輯。按：鄭善夫，字少谷。

《雜著》：『鄭少谷先生以詩名於正、嘉之際，海内知鄭先生者詩耳，不知先生之精於理數之學也。此編自易數、河洛、洪範、田制、算法、禽遁、車服，無不究心，又手自抄定。先生之學，豈尋常口耳章句乎哉！惟和兄向收得之，寶若拱璧。俯仰又逾十年，春日和暢，偶與謝在杭翻檢，遂求在杭跋其後，而余亦記數語，永寶藏之！萬曆丁未（一六〇七）三月，東海徐惟起。』（馬泰來整理《新輯紅雨樓題記　徐氏家藏書目》，第一五六頁）疑即此書。暫記於此。

《客惠紀聞》八卷

『《客惠紀聞》八卷，徐𤊹。』（馬泰來整理《新輯紅雨樓題記　徐氏家藏書目》，第二五九頁）

又《徐氏紅雨樓書目》卷二。

黄虞稷《千頃堂書目》卷十二，又一卷。

按：鄧慶寀《荔支譜》二引《客惠紀聞》二則（鄧慶寀《閩中荔支通譜》卷十）。

又按：㘝丁未之粤客惠，作《東新橋》（在惠州之東）、《登野吏亭》（宋陳堯佐守惠所建）、《長至客惠陽旅舍懷季聲在端州》諸詩，知《客惠紀聞》作于本年。

萬曆三十六年戊申（一六〇八） 三十九歲

《紅雲社約》一卷

《續説郛》卷二十九。

《紅雲社約》：『《清異録》云：劉鋹每年于荔支熟時設紅雲宴。余恒想其風致。吾閩荔子甲于嶺南、巴蜀，今歲雨暘時，若荔子花頭甚繁，樹梢結果纍纍欲紅。自夏至以及中秋，隨早晚有佳品。今約諸君作餐荔支會，善啖者許入，不喜食者毋請相溷。先定勝地、名品以告同志：平遠臺、法雲寺，白、密二樹，異品也，必先半月向主僧買其樹，熟時往食——本宗上人主之。西禪中冠，甲於城内外，馬恭敏賜葬之所，極繁，極美——馬季聲主之。尚幹滿林香，香倍衆品，唯林氏有三五樹，非至親往求，不得入城，陳伯孺居與林氏至近——伯孺主之。磨盤，大如鷄子，高景倩東山别業有此種，今歲生尤繁盛——景倩主之。凰岡中冠，爲福州第一品，必至其地始得選食，但路隔一水，非舟楫莫至——謝在杭主之。勝畫，出長樂六都，更有一種鷄引子，亦出六都，同時而出——在杭長樂産也，再主之。緑玉齋前新植一株，楓亭種也，今歲結實不甚多，食畢，足以他品——余主之。楓亭荔子名甲天下，核小香濃，一日一夜可達會城，色香未變——周喬卿，莆人也，主之。桂林一種，味極甘美，凌晨皆于萬壽橋頭貨鬻，間有挑入城者——吴元化、鄭孟麟主之。會只七八人，太多則語喧；荔約二千顆，太少則不飽。會設清酒、白飯、苦茗及肴核數器而已。不得沉緬濫觴，混淆腸胃。每會必覓清涼之地，分題賦詩，盡一日之遊。願同志者守之。萬曆戊申夏至前十日，徐𤊹興公題。』（鄧慶寀《荔支譜》三，鄧慶寀《閩中荔支通譜》本卷十一）

按：本文爲一單篇短文，似不當單列爲一卷。

《鼓山志》（謝肇淛著，徐𤊹參撰）

謝肇淛《鼓山志小引》：『先輩黄用中讀書山下，感勝跡之寥絶，痛文獻之無徵，稍爲綴其崖略，欲成一家之言，而力弗逮。舅氏徐興公得其遺稿，而次第討論之。日復一日，至戊申歲，余方宅艱多遐[暇]，相與遐搜靈密，博采蒭蕘，上溯草昧之初，中沿興廢之跡，而下益以耳目之所聽睹，其彙有八卷，列十二。』（《小草齋文集》卷十二）

徐𤊹《寄張維成》：『近與舍甥謝司馬修纂《鼓山志》，自宋迄今作記者不下十數人。』（《文集》册六，《上圖稿本》第四三册，第三八三—三八四頁）

按：此書作於萬曆三十七年（一六〇九）。

徐𤊹題《鼓山志》：『余自丁亥歲（一五八七）遊鼓山，迄今十五載，凡二十餘度。每欲纂集遊山詩文，苦無舊志可稽，只於老禪庵閣見舊版數十片，知其殘缺，心甚恨之。今年四月，偕曹能始復往遊焉。仍議纂修山志，廣徇積書之家，俱弗獲覯。最後借一本於通家黄君，如得拱璧，遂鈔録一副，藏之笥中，舊本仍歸主人也。黄君尊人名用中，號鼓山，與先子莫逆。睹前序因知用心之勤，後之覽者，得無仰前輩之博洽乎！辛丑（一六〇一）五月二十三日書。』（馬泰來整理《新輯紅雨樓題

記　徐氏家藏書目》，第八七—八八頁）據此，燉自萬曆二十九年（一六〇一）獲黄用中舊本，已有修山志之志，至此年方與謝肇淛同修。

附：《鼓山續志》八卷

『《鼓山續志》八卷，徐𤊹。』（馬泰來整理《新輯紅雨樓題記　徐氏家藏書目》，第二四五頁）

又《徐氏紅雨樓書目》卷二。

黄虞稷《千頃堂書目》卷八。

釋元賢《鼓山志序》：『戊申，郡紳謝在杭同布衣徐興公再爲纂輯，則綱舉目張，井然有紀，旁搜遠攬，纖悉靡遺，大有功於是山者也……興公復采而集之者二卷。及余自浙東歸，興公以所集見付，曰：「𤊹老矣，精力弗逮。師其卒成之。」余頂受如獲瑾璧，由是乃因前志而更修之。』（黄任《鼓山志》卷七）

沙門興隆《鼓山志序》：『萬曆戊申，謝方伯與布衣徐興公再爲纂輯，國初永覺老人以真儒度世，復承徐興公以續稿見付，《志》乃大備…… 乾隆二十六年歲次辛巳端陽日，現住鼓山沙門興隆叙。』（黄任《鼓山志》卷首）

萬曆三十七年己酉（一六〇九）　四十歲

《蔡端明别記》十二卷

《徐氏家藏書目·人物傳》。

黃虞稷《千頃堂書目》卷十。

《明史·藝文志》二：十卷。

鄭杰《注韓居書目·史部》四：《端明別紀》十二卷。侯官徐𤊹興公撰。按：侯官當作閩縣。

萬曆三十七年刊本，藏福建省圖書館、上海圖書館。

謝肇淛：『先生曾譜荔支，吾舅徐興公因之而成《通譜》，私心謂異代有知己也，因而蒐剔載籍，旁及猥稗，摭其行事而論次之。取裁於蘇之《外紀》、米之《志林》，釐爲十則，而以《荔譜》《茶録》附焉。述而不作，文獻犂然具在矣。』（《小草齋文集》卷六）

《蔡端明別紀序》：『予生同桑梓，夙負恭敬之念，乃蒐厥陳言，彙爲《別紀》……若曰端明藎臣，則吾豈敢。萬曆己酉（一六〇九）春日，後學徐𤊹興公題。』（馬泰來整理《新輯紅雨樓題記　徐氏家藏書目》，第八一頁）

按：疑此書與《蔡福州外紀》爲同書而異名。

附：《蔡福州別紀》十卷

孫殿起《販書偶記續編·傳記類》：『《蔡福州外紀》十卷。仙遊徐𤊹編。鹽城陳仲甫訂補。同治癸亥石經山房重刊。』（上海古籍出版社，一九八〇年版）按：仙遊誤，應作閩縣。

跋《蔡忠惠年譜》：『戊申歲，閑居寡歡，妄意掇拾公之遺事作《外紀》，新安太學（寓）〔寓〕賁刻之武林。』（馬泰來整理《新輯紅雨樓題記　徐氏家藏書目》，第八二頁）

陳壽祺《紅雨樓文稿跋》：『《蔡端明外紀》者，西爽堂所刻也。』（《左海文集》卷七）

萬曆三十八年庚戌（一六一〇） 四十一歲

《隱居放言》五卷

《答王元禎》：『外有《隱居放言》五卷，抄録求正。稗苑中不識可附驥尾否？中多不雅，祈大筆一爲改削。寔荷無涯之賜矣。』（《文集》册六，《上圖稿本》第四三册，第三〇八—三〇九頁）

《山谷外紀》（卷不詳）

《寄項觀瀾》：『舊歲《端明别紀》、并《榕陰新檢》承仁丈不鄙，付之剞劂，不佞藉光匪淺……先惠二三部付黄君覓鴻寄示，弟即以《山谷外紀》并他説部奉上也。冗次不悉。』（《文集》册六，《上圖稿本》第四三册，第三八九頁）

萬曆四十年壬子（一六一二） 四十三歲

《永福縣志》（謝肇淛著，徐𤊹參撰）

唐學仁《〈永陽縣志〉後跋》：『故請于謝繕部僅以西京之華，又得掌故諸生陳鳴鶴、徐𤊹、林弘毅者校讎，成一家言。』（《永福縣志》，日本國上野圖書館藏萬曆本）

謝肇淛《〈永福縣志〉引》：『壬子之夏，余持使節歸里……乃與陳汝翔、徐興公日夕編摩……爲紀者四，爲目二十有六。』（《小草齋文集》卷十二）

陳鳴鶴《〈永福縣志〉小引》：『唐君侯，千秋士也……乃以《志》請于謝繕部在杭，猥舉不佞鳴鶴及徐興公於草澤之間，以佐研席……徐君彙編古今詩文，繕部則裁之。』（《永福縣志》卷首）

『修志姓氏：布衣徐𤊹分纂。』（《永福縣志》卷首）據此，知《永福縣志》𤊹負責編藝文。

《古今韻分注撮要》五卷（增補）

《寄超塵上人》：『甘道遵委校《古今韻註》，喻郡公又欲彙刻《茶書》，無寸晷之暇。』（《文集》册六，《上圖稿本》第四三册，第三三八頁）

孫殿起《販書偶記續編·附録·經部》：『《古今韻分注撮要》五卷。明吉州甘雨纂輯。應城陳士元編注。晉安徐𤊹增補。萬曆間刊。』（上海古籍出版社，一九八〇年版）

《武夷茶考》

詳喻政《茶書全集》萬曆四十年本。

萬曆四十一年癸丑（一六一三）　四十四歲

《福州府志》七十六卷（徐𤊹參撰）

喻政主修《福州府志》卷首《修志姓氏·分纂》：『布衣王毓德、徐𤊹。』

《寄曹能始大參》：『偶按院檄本府纂修郡志。是月朔日，已開局創始。弟濫竽其列，而總裁者林大司空、林都諫也。』（《文集》册六，《上圖稿本》第四三册，第三一三—三一四頁）

陳壽祺《紅雨樓文稿跋》：『（𤊹）預纂《福州郡志》。』（《左海文集》卷七）

按：此本有萬曆癸丑三月林材跋。

《古文短篇》

題《古文短篇》：『余嘗學爲文，每有結撰，則纚纚數百言，意求短而落筆不能短，中間陳腐疏漏處又不能免，始知古人之文，以短爲貴。敖清江選左丘明以至吴草廬，僅得七十餘篇，文之能短亦難矣。友人曹能始善用短法，他不能及也。癸丑（一六一三）暮春，徐興公書。』（馬泰來整理《新輯紅雨樓題記　徐氏家藏書目》，第一六三頁）

萬曆四十二年甲寅（一六一四）　四十五歲

《三友墓詩集詞文》（編）

按：是歲徐㶿與弟熛伐石表阡，並作《謁曾王父三友墓誌感》，詳萬曆四十二年《譜》。

又按：刊本似已佚。部份詩、詞、文見《荊山徐氏譜·三友墓詩集詞文》，其中包括陳鳴鶴《三友墓表》、張燮《〈三友墓詩〉序》（又見《群玉樓集》卷二一）、鄭泰《三友墓碣》、李堎《三友墓銘》，徐孝則《三友傳》。

又按：《答李公起》：『承大筆爲先人作《三友墓銘》，百年松楸，大爲生色。此情此誼，如何可諼，正謀續梓，未就。徐當寄上。』（《文集》册八，《上圖稿本》第四四册，第一八六頁）

又按：《荊山徐氏譜·三友墓詩集詞文》編定于本年，其後又有續刻，其理由：一、所録數文有作于萬曆四十八年，李堎《三友墓銘》作于天啓五年者。二、曹學佺《題三友墓》編入《賜環篇》，

《賜環篇》收萬曆戊辰詩[一]，戊辰爲崇禎元年（一六二八）。三、尚書，是曹學佺在唐王時之官職；思明縣爲南明所置縣。

萬曆四十四年丙辰（一六一六）　四十七歲

《小草齋集》（謝肇淛著，徐𤊹校其中三卷）

所校三卷爲：卷二，古樂府；卷十二，五言律詩一；卷二十二，七言律詩五。詳明刊本《小草齋集》各卷。按：《小草齋集》三十卷，《續集》三卷。《小草齋集》所録詩作最晚者爲萬曆四十四年春肇淛回閩之時，是集分頭校訂者十人：陳鳴鶴、徐𤊹、陳仲溱、曹學佺、陳毓德、陳宏己、馬欻、王宇、孫昌裔和鄭邦祥，均爲謝氏福州詩友。疑是集編定于是時。

萬曆四十七年己未（一六一九）　五十歲

《史考》九卷（謝肇淛著，徐𤊹校）

按：序作于本年。

萬曆四十八年、泰昌元年庚申（一六二〇）　五十一歲

《福安縣志》（徐𤊹參撰）

[一]《石倉詩稿·賜環篇》卷首題『庚午』，然首篇《戊辰元旦》：『元日爲春日，崇禎始改元。』題『庚午』誤。

《〈福安志〉成將歸三山，陳二石以詩見贈，次韻爲別》（《鼇峰集》卷二十一）。按：此詩編在泰昌庚申年（一六二〇）。陳壽祺《紅雨樓文稿跋》：『又嘗修《延平郡志》《福安縣志》。』（《左海文集》卷七）

天啓五年乙丑（一六二五）　五十六歲

《鼇峰集》八卷

孫殿起《販書偶記》卷十三：『明閩縣徐𤊹撰。約崇禎間刊。』（上海古籍出版社，一九八二年版）

按：此八卷當刻於天啓五年（一六二五）。

《答李公起》：『去歲南中丞爲弟梓小集，行建州書坊，值署印別駕不知雅道，又值中丞公奪爵之耗，別駕遂怠厥心，僅刻近體四冊，今附往，請正。然弟亦自鬻汙萊數畝以竣厥其事，完日始得奉教耳。』（《文集》冊八，《上圖稿本》第四四冊，第二〇五—二〇六頁）

按：南中丞即南居益，南居益《〈鼇峰集〉序》作于天啓五年，因去職，爲刻之《鼇峰集》僅刊四冊。

陳壽祺《紅雨樓文稿跋》：『君《鼇峰集》詩，南巡撫居益爲之授梓，未幾，南公去位，以屬同知攝建安令鄭某，僅刻四卷而輟。』（《左海文集》卷七，道光本）

按：陳氏所言『鄭某』，即興公《答李公起》中之『別駕』，即鄭之藩。之藩，天啓三年（一六二三）任建州通判；陳氏言『同知』，誤。又『四卷』疑爲『四冊』之誤。

《鼇峰集》二十八卷

徐鍾震《先大父行略》：『所著詩文總名曰《鼇峰集》，前詩集二十四卷，南中丞業爲授梓行世，尚有續詩集三十卷、文集六十卷。』（《雪樵文集》）

按：今所見爲二十八卷本。

黄虞稷《千頃堂書目》卷二十六作二十六卷。

《明史·藝文志》卷四作二十六卷（中華書局標點本）。

鄭杰《注韓居書目·集部》八：《鼇峰集》二十八卷，閩縣徐𤊹。

崇禎本二十八卷（藏北京大學圖書館，見《續修四庫全書》影印本）。南居益爲𤊹刻《鼇峰集》四册而未竣其事。

按：上引《答李公起》鬻田刻《鼇峰集》竣，即此本。

陳壽祺《紅雨樓文稿跋》：『［𤊹］後自鬻田續成十册。』（《左海文集》卷七）按：此本僅收詩，止于萬曆四十八年（一六二〇）。

又按：徐氏世居鼇峰（在今福州于山），故以『鼇峰』名其集。

附：

《鼇峰集》近體四卷（陳壽祺藏本）

陳壽祺《紅雨樓文稿跋》：『余近始得《鼇峰集》近體詩四卷。』（《左海文集》卷七）

附：

《鼇峰集》二卷（楊浚藏本）

按：《福建通志·藝文志》卷六十三：『《鼇峰集》二卷，有楊浚收藏印，云「陳恭甫藏楊雪滄得」

八字。則皆七言律也。』（一九三八年刊本）

又按：陳壽祺，字恭甫；楊浚，字雪滄。楊所得陳壽祺藏《鼇峰集》，疑即上條陳壽祺藏本，然卷數不合，疑楊藏已有亡佚；或二卷當爲二册。

附：《鼇峰集》一册（鈔本，按年可折爲三册）

藏福建師範大學圖書館。黄煒記紅欄稿紙，每半頁十行，每行十八字，計百又二頁（缺首頁）。所鈔全爲七律，爲崇禎七年至九年（一六三四—一六三六）詩。詩後多附倡和者之作。不分卷，首行頂格爲『鼇峰集』，次行行末署『東海徐𤊹』。疑據楊浚藏原稿本（見上條）鈔録。

附：《鼇峰集選》一卷

順治陳氏刊本。沈文倬《〈筆精〉前言》：『鈔本流傳至清代刻印的，有《鼇峰集選》一卷，順治中陳氏刊本。』（《筆精》卷首，福建人民出版社，一九九七年版）

附：《鼇峰集》（整理本），陳慶元、陳煒整理

精裝三册，揚州：廣陵書社二〇一二年版。

按：是集附徐𤊹詩輯佚。

《群談採餘》十册

《答何金陽明府》：『外附小稿四册，《群談採餘》一部侑函。臘月初四日。』（《文集》册八，《上圖稿本》第四四册，第一九六頁）

按：此書作於天啓五年（一六二五），詳該歲《譜》。

《答李公起》：『外奉《群談採餘》十册、《筆精》四册、《雪峰志》一册、《西峰集》四册、《方廣巖志》一册，小孫《遜業》一册。』（《文集》册三，《上圖稿本》第四二册，第三八三頁）

天啓七年丁卯（一六二七）　五十八歲

《巴陵遊譜》一卷

『《巴陵遊譜》八卷，徐𤊹。』（馬泰來整理《新輯紅雨樓題記　徐氏家藏書目》，第二五九頁）

又《徐氏紅雨樓書目》卷二（古典文學出版社，一九五七年版）。

徐鍾震《先大父行略》：『《巴陵遊譜》一卷。』（《雪樵文集》）

按：巴陵，江西崇仁縣别稱。

黄虞稷《千頃堂書目》卷十二。

按：𤊹《懷素聖母帖》：『天啓丁卯春正月，偶客巴陵，訪雪迹禪師于普安古寺，出《懷素聖母帖》共觀。』（沈文倬《紅雨樓序跋》卷二）𤊹客巴陵僅此一次，該書作于本年無疑。

《華蓋山志》（參撰）。

按：《華蓋山志》署崔世召著。崔氏天啓間任江西崇仁縣知縣，𤊹天啓六年冬至七年春應崔氏邀，遊崇仁參撰。徐𤊹至少撰寫《靈區志》《傑構志》《仙真志》《顯異志》《棲賢志》《宸翰志》《藝文志》《紀咏志》各卷之序及《靈區論》《傑構論》《仙真論》《顯異論》《棲賢論》《宸翰論》數卷之論（參《華蓋山志代》，《文集》册九，《上圖稿本》第四四册，第四三五—四四二頁）。

崇禎三年庚午（一六三〇） 六十一歲

《宜秋集》（周玄著，徐𤊹鈔定）

鄭杰《注韓居書目·集部》八：《宜秋集》閩縣周元（當作玄）微之，前有興公序記，興公手鈔定本。

𤊹題《宜秋集》：『崇禎庚午（一六三〇）長至日，後學徐𤊹興公謹跋。』（馬泰來整理《新輯紅雨樓題記　徐氏家藏書目》，第一五二頁）

《鏡湖清唱》（郭廛著，徐𤊹整理）

𤊹題《鏡湖清唱》：『郭廛，字敬夫，湮没二百餘年，無有知者。予近得鈔本詩百十篇……予既録其遺編，並爲考其地里，付曹能始授之梓。敬夫之名從此弗至湮没，不亦厚幸矣乎！崇禎庚午，三山老叟徐𤊹興公撰。』（《石倉十二代詩選·明詩次集》卷七郭廛《鏡湖清唱》）

崇禎四年辛未（一六三一） 六十二歲

《秋室編》八卷（陳鴻著，曹學佺、徐𤊹選）

𤊹《〈秋室編〉序》：『《秋室》一集，余與能始所選，不爲不嚴，叔度無怨色，猶謂其多謬，以余知詩命爲之序。崇禎辛未歲仲春望後，友弟徐𤊹撰。』（《秋室編》卷首，清初刊本）

按：曹學佺序作於同年正月，見《秋室編》卷首。

又按：《秋室編》收有《哭徐興公》詩，可推知曹學佺、徐𤊹選後，作者又有所增益，或由曹學佺增選。

崇禎五年壬申(一六三二) 六十三歲

《徐氏筆精》十卷

《徐氏家藏書目·小説類》:十卷。

《徐氏紅雨樓書目》卷三:十卷。

徐鍾震《先大父行略》:『《筆精》十八卷。』(《雪樵文集》)

黄虞稷《千頃堂書目》卷十二。

《明史·藝文志》三:八卷。

燉《寄邵肇復》:『又承台翁爲鍥《筆精》。』(《文集》册四,《上圖稿本》第四三册,第二三頁)

黄居中《〈徐氏筆精〉序》:『徐興公《筆精》之所爲作也……因友人鄧道協函寄留都,余得授而卒業焉。復爲排纘倫次,臚列區分,爲卷者十,爲類者三十有八。』按:黄居中,字明立,泉州人。鄧慶寀,字道協,原岳子。黄序作於崇禎四年(一六三一)。

邵捷春《〈徐氏筆精〉序》:『丁卯歲,友人鄧道協參軍事於陪京,篋笥以行,爲温陵黄明立先生所編定,俾之剞劂,纔繕寫而道協已溘朝露矣,遂不克竟云。予浪跡金陵,獲從明立遊,談及其事,亟搜舊稿,得之梓人,恐其日久湮滅也,捐金以成之。』邵序作於崇禎五年(一六三二)。據黄、鄧二序,此書爲黄居中編,邵捷春捐金所刻。

《四庫全書》收《筆精》八卷(文淵閣本)。

郭柏蒼《竹間十日話》卷五:『邵肇復爲興公刻《徐氏筆精》,其書板乾隆初鬻於他氏,其人署名,並將册身徐氏刓補他姓。』

沈文倬點校本《筆精》八卷(福建人民出版社,一九九七年版)。

附:《續筆精》二十卷。

《又復胡檗山》:『更《續筆精》五册,隨意即書,尚未編次,並呈台覽。』(《文集》册四,《上圖稿本》第四三册,第八七頁)

徐鍾震《先大父行略》:『《續筆精》二十卷。』(《雪樵文集》)

郭柏蒼《竹間十日話》卷五:『《續筆精》五册,未見刊本。』

《續筆精》(殘)鈔本二册,存福建師範大學圖書館。

崇禎六年癸酉(一六三三)　六十四歲

《閩南唐雅》十二卷

《徐氏家藏書目·總集類》:『《閩南唐雅》:費道用、楊德周刻。』

徐鍾震《先大父行略》:『《南閩唐雅》廿四卷。』(《雪樵文集》)

按:『南閩』當作『閩南』。

《四庫全書總目》卷一九三:『明徐𤊹編,費道用、楊德周等補之。德周序言之甚明,而卷首題名乃稱道用輯,德周訂,而𤊹校之。殆𤊹爲閩人,而道用、德周皆閩令,故讓善于二人也。』德周,字齊莊,鄞縣人,萬曆壬子舉人,有《澹圃芋記》;道用,字闇如,石阡人,官福清縣知縣。

按：文淵閣《四庫全書》本十二卷。

《送福清令公費閬如入覲》：『琴調單父尊賢治，詩採唐人損俸刊。時公捐俸刻《閩南唐雅》。』（鈔本《鼇峰集》）

按：據鈔本前後順序，此詩作於崇禎六年（一六三三），知《閩南唐雅》亦刻於是年。又按：郭柏蒼按語：『《唐雅》，興公校勘。』（《全閩明詩傳》卷四十）

崇禎七年甲戌（一六三四）　六十五歲

《雪峰志》八卷

『《雪峰志》八卷，徐𤊹。』（馬泰來整理《新輯紅雨樓題記　徐氏家藏書目》，第二四五頁）

又《徐氏紅雨樓書目》卷二。

徐鍾震《先大父行略》：『《雪峰寺志》八卷。』（《雪樵文集》）

黃虞稷《千頃堂書目》卷八。

清乾隆二十年重刊本十卷，藏福建省圖書館。

按：𤊹兩遊雪峰，一在萬曆三十九年辛亥（一六一一），作有《遊雪峰記》及詩多篇，並云：『予以神皇之三十九載，偕同志爲是山之遊，探討不倦。』（《雪峰志》卷八《紀藝文》）；一在本年，作有《自大穆溪至雪峰道中崇禎庚午年》（《雪峰志》卷九），且《志》多記天啓間事，《志》當作於崇禎三年（一六三〇）。

《寄雪關禪師甲戌》：『《雪峰志》梓成，今呈一部。佳序弁首，寔山靈有光，匪獨某之藉以不朽也。』（《文集》册三，《上圖稿本》第四二册，第三六六—三六七頁）據此條，《雪峰志》梓成於是歲。

《答陳宗九乙亥》：『《筆精》四帙、《雪峰志》二帙，兒子《集陶》一帙呈教。』（《文集》册三，《上圖稿本》第四二册，第三七五頁）

按：《雪峰志》分《形勝》《創立》《禪宗》《法派》《當山》《田産》《生植》《藝文》《題咏》《悟證》諸門。

崇禎九年丙子（一六三六） 六十七歲

《芝山社刻》二十幀

《寄張石宗》：『芝山社刻二十幀，附呈……丙子暮春廿日。』（《文集》册七，《上圖稿本》第四四册，第八八—八九頁）

按：崇禎九年，徐𤊹遊建州九閱月，與建州詩友結芝山社。倡酬作品彙集爲《芝山社刻》。

《黄檗山志》（《黄檗寺志》）三卷

《寄葉君節》：『闊别數月，注念爲勞。近黄檗僧命弟代修山志，業已脱稿。惟是詩文寥寥，想佳作必有題咏。或王丈諱堯臣、卓丈諱震，有所賦咏，俱乞廣蒐見寄爲望。』（《文集》册七，《上圖稿本》第四四册，第一〇二頁）

『《黄檗寺志》三卷。』（馬泰來整理《新輯紅雨樓題記　徐氏家藏書目》，第二四六頁）

崇禎十年丁丑（一六三七）　六十八歲

《武夷志》十九卷

鄭杰《注韓居書目·史部》五：《武夷志》十九卷，明徐𤊹。

《寄袁穉生》：『丁丑應直指復相訂，必遍遊三十六峰爲快，詎意抵建州，淫雨匝月，溪漲不能行，遂歸矣。至今夢魂猶在丹崖碧嶂間也。武夷《舊志》，弟收得數種，山水形勝，前人載筆頗詳；至于名賢詩文甚缺略。數年前妄意蒐輯，計有十册，蓋舊志相承，皆宫中勒石之作，而名家文集，多未博採，弟之所輯多從文集中來，故人尠徑見也。業抄成一稿，今爲建陽黄帥先持去。帥先家在火燒橋，去洞天僅三十里，雖有志纂脩，力未逮耳。近藍、王二兄到建相訪，云新令公首詢《山志》，欲重梓之前，當徵帥先之稿而踵成之。弟晨下將往建陽，或可助一臂力也。』（《文集》册五，《上圖稿本》第四三册，第二四三—二四四頁）

按：乙亥，崇禎八年（一六三五）；丁丑，崇禎十年（一六三七）。《武夷志》當完成于本年前後，暫系於此。

又按：《又［寄邵見心］》：『惟是弟嘗修有《武夷志》十二册，廣蒐今古題咏文章，較之舊《志》尤爲精善。向無詞人□守，故秘篋中。仙友固醉心九曲者，希談及之，以太守公援梓《山志》，誠爲易易，亦吾閩一部不可少之書也。然必翁兄方敢語此耳。』（《文集》册五，《上圖稿本》第四三册，第一六三—一六四頁）

崇禎十二年己卯（一六三九）　七十歲

《鼇峰文集》《紅雨樓文稿》

《中國古籍善本書目·集部》卷二十六：《紅雨樓集》不分卷、《鼇峰文集》。藏上海圖書館。（上海古籍出版社，一九九六年版）

《寄邵肇復》：『四十年中，更著雜文二十卷，貧人安能備梨棗之資？意欲以此再累台翁付之剞氏，雖蕪陋陳言，不足醒人心目，自揣生平，既無爵位，困窮到老，不甘草木同腐，倘有遺言傳于後世，博一身後名，差足了一生。不藉台翁位高多金，終無梓日矣。若蒙許可，嗣當寄呈，并乞玄晏一序也。』（《文集》册四，《上圖稿本》第四三册，第二三——二四頁）

按：《寄邵肇復》作於崇禎十二年（一六三九）。

又按：陳壽祺《紅雨樓文稿跋》：『其雜文三十餘卷，删爲二十卷十四册，無力殺青，常求助於故人，卒不果。其書遂佚，不傳。』（《左海文集》卷七）

又按：現存於上海圖書館有的《鼇峰集》《紅雨樓集》稿本，或可分辨，或不可分辨，故《上海圖書館未刊古籍稿本》編者將其合爲一帙影印。

《轅門十咏》二卷上下卷（朱成等撰，徐𤊹等追和）

鄭杰《注韓居書目·集部》三：《轅門十咏》二卷上下卷，洪武中朱成等十人咏物，徐𤊹等十三人追和。

按：曹學佺有《追和先輩朱克誠轅門十咏》，分咏《水》《塵》《霞綺》《霜花》《飛燕》《睡蝶》《梅魂》《白雁》《無弦琴》《遊絲》。（詳《西峰用六篇詩》，《石倉五稿》）學佺詩追和於崇禎十二年（一六三九），疑《轅門十咏》編於是年。

又按：陳衎《轅門十咏之八有引》：『國初千户朱晟，字克成，有文學，工詩，與其友林惟道、羅宗讓輩讌會轅門，以十物命題，各賦近體詩一首。近都護安蓋卿得其稿，索諸君和之，於是徐興公、曹能始、陳昌箕、陳叔度皆有作，而昌箕且令予續貂。夫咏物詩號最難，即唐人亦少見，獨勝國以此相尚，然謂之工巧，則可於風雅大旨固無關也。』（《大江草堂二集》卷六）

《重修玉華志》

《寄徐際亨》：『玉華爲吾閩最奇洞府，恨未躡屐其間……《玉華志》向年應按君命，不佞重修，想已授梓，至今尚未得覩，便間爲寄一部，勝百朋之錫也……四月初一日。』（《文集》册四，《上圖稿本》第四三册，第一四九——一五〇頁）

按：此書作次歲。《重修玉華志》授梓於此歲或次歲春。

崇禎十三年庚辰（一六四〇）　七十一歲

重輯《浦舍人集》六卷

《浦舍人集題辭》：『浦源，字長源……㶿輯諸選并先輩雜抄，共百五十首，視俞本已增其三矣。淘沙揀金，業自見寶，不必連篇纍牘也。偶與子潛談及前輩騷雅風流，欣然付諸剞劂，遂簡以授之。崇禎庚辰歲（一六四〇）閏正月望日，後學三山徐㶿興公撰。』（馬泰來整理《新輯紅雨樓題記　徐

氏家藏書目》，第一四六頁）

按：俞本，指俞憲編《盛世明百家詩》。《浦舍人集》實則爲𤊹重輯重編之集。

《鵲林》八卷

《寄張卿子》：『并問《鵲林》《蜂經》《茗談》曾授梓否？倘已竣工，求惠一帙見示。』（《文集》册四，《上圖稿本》第四三册，第一四七—一四八頁）

按：此書作於是歲，詳《譜》。

徐鍾震《先大父行略》：『《鵲林》八卷。』（《雪樵文集》）

陳壽祺《紅雨樓文稿跋》：『未刻者尚有《武夷山志》《鼓山志》《鵲林》等。』（《左海文集》卷七）

《茗談》一卷

《徐氏家藏書目·農圃類》：徐𤊹《茗譚》一卷。按：《茗譚》與《茗談》爲同一書。

《徐氏紅雨樓書目》卷二。

黄虞稷《千頃堂書目》卷九：徐𤊹《茗笈》三十卷。

陳壽祺《紅雨樓文稿跋》：『《荔支譜》《蜂經》《茗談》其所自刻也。』（《左海文集》卷七）

按：《茗笈》當爲《茗談》之誤。《千頃堂書目》卷九别有屠本畯《茗笈》三卷。《寄屠田叔》（《文集》册六，《上圖稿本》第四三册，第三〇六）曾提及屠氏《茗笈》重梓，𤊹爲作《小引》。

按：參見上條。

崇禎十四年辛巳(一六四一) 七十二歲

《延平郡志》(參纂)

《寄章(怙)[岵]梅》:『𤊹株守，老而寡營，而生平所撰著積有六十餘卷，力微弗能殺青，懼與草木同腐，擬不遠千里，恭詣祖臺，徼求大□助我剞劂。行至延津，謁胡檗山公祖，遂留修《延平郡志》，編纂之役，須半載始得竣事。』(《文集》册五，《上圖稿本》第四三册，第二三二頁)

《寄章(怙)[岵]梅》:『(上缺)始終扶植，敢忘□自哉！某初爲延平修《志》淹留，初秋颶風爲灾，不得不歸修墻屋。』(《文集》册四，《上圖稿本》第四三册，第九一頁)

陳壽祺《紅雨樓文稿跋》:『又嘗修《延平郡志》《福安縣志》。』(《左海文集》卷七)

作年暫無考

《晉安歲時記》一卷(補)

《徐氏家藏書目·經類》。

《徐氏紅雨樓書目》卷一:『宋梁克家撰，明徐𤊹補。』

《法海寺志》三卷

《法海寺志引》:《紀沿革》第一、《紀營構》第二、《紀題刻》第三、《紀田産》第四、《紀禪宗》第五、《紀藝文》第六、《紀題咏》第七。(《文集》册九，《上圖稿本》第四四册，第四三〇—四三二頁)

『《法海寺志》三卷，徐𤊹。』(馬泰來整理《新輯紅雨樓題記　徐氏家藏書目》，第二四五頁)

又《徐氏紅雨樓書目》卷二。

按：法海寺在今福州鼇峰南。

《家訓》

《甲戌元日》：『教誨兒孫期式穀，著將家訓擬之推。』（鈔本《鼇峰集》）疑㶿晚歲作有《家訓》。

《堪輿辨惑》一卷

《徐氏家藏書目·地理類》。

《徐氏紅雨樓書目》卷三。

黄虞稷《千頃堂書目》卷十三。（據盧本補）

《明史·藝文志》三。

《劉隨州詩文集》十一卷（定次）

鄭杰《注韓居書目·集部》四：劉長卿文房，徐興公定次。

郭柏蒼《柳湄詩傳》：『所刻書如《律髓別紀補遺》《唐雅》之類。』《全閩明詩傳》卷四十引。

《律髓別紀補遺》

按：《律髓別紀補遺》，疑與《興公律髓》同一書。按：《唐雅》，即《閩南唐雅》。

附：《律髓》

鄭王臣《蘭陔詩話》：『宗謙、宗振（按：游日益，字宗謙；游士豪，字宗振）兄弟俱有詩名，足跡半天下。嘗有詩云：「老憶弟兄馳遠道，貧愁妻子畏還家。」遺集不傳，僅從徐興公《律髓》中録得四首。』（《莆風清籟集》卷二十六『遊士豪』條）按：此書疑即《律髓别紀補遺》。鄭王臣，清乾隆間莆田人。『遊士豪』條録有《送朱獻昌遊留都》《句容道中》《柯光垣自吴中携妾歸，戲贈》《塞下曲》四首，均爲七律，此書當爲律詩之選本。

《唐十二家》

『予嘗掇拾朴詩一卷，並歐陽詹、陳陶、林寛、黄滔、韓偓、翁承贊、秦系、陳翃、徐寅、孟貫，作《唐十二家》，尚乏梓錢耳。』（《榕陰新檢》卷十六《詩話》引《竹窗雜録》）

《泡庵集》（陳鳴鶴著，徐熥、徐𤊹選定）

《泡庵集》卷次之下署有『閩中陳鳴鶴汝翔著，徐熥惟和徐𤊹惟起選，張大光叔弢校』。卷首有徐𤊹序。

郭柏蒼《柳湄詩傳》：『（鳴鶴）有詩曰《泡庵集》，徐𤊹爲選定焉。』（《全閩明詩傳》卷四十一）

《榕城三山志》十二卷（或云三十卷）

《榕城三山志序》：《名勝》《營創》《雋題》《仙釋》《詩詞》。（《文集》册九，《上圖稿本》第四四册，第四三三—四三四頁）

『《榕城三山志》十二卷，徐𤊹。』（馬泰來整理《新輯紅雨樓題記　徐氏家藏書目》，第二四五頁）

又《徐氏紅雨樓書目》卷二。

徐鍾震《先大父行略》：『《榕城三山志》三十卷藏于家。』（《雪樵文集》）

黄虞稷《千頃堂書目》卷八。

鄧慶寀《荔支譜》二引《徐氏榕城三山志》一則（見鄧慶寀《閩中荔支通譜》卷十）。按：考鄧氏引徐㶿《筆精》稱《徐氏筆精》，《徐氏榕城三山志》，亦可稱《榕城三山志》，當爲㶿所撰。《答金浮弋父母》：『城中三山多名賢咏歌，久散落，無有收者，不揣向但掇拾，尚屬草創，未成全書。』（《文集》册六，《上圖稿本》第四三册，第四二四—四二五頁）

按：名賢題咏，當爲《榕城三山志》的部分内容。

《竹汗巢書目》二卷

陳壽祺《紅雨樓文稿跋》：『君博雅多聞，善草隸書，所居鼇峰之麓，藏書七萬餘卷，曹雁澤先生爲構宛羽樓庋之。有《汗竹巢書目》二卷。』（《左海文集》卷七）按：曹學佺，字能始，號雁澤。

《諧史續》二卷

《徐氏家藏書目·小説類》：《緒諧史》二卷。按：『緒』爲『續』之誤。《續諧史》當即《諧史續》。

《徐氏紅雨樓書目》卷三。

黄虞稷《千頃堂書目》卷十二。

《紀變録》一卷

徐鍾震《先大父行略》：『《紀變録》一卷。』（《雪樵文集》）

《刀劍續録》一卷

徐鍾震《先大父行略》：『《刀劍續録》一卷。』（《雪樵文集》）

五、芝社社集表

萬曆三十一年癸卯（一六〇三）

序號	時間	地點	值社者	徐𤊹詩	曹學佺詩	其他參與者及詩作
一	萬曆三十年（一六〇二）十月	趙世顯芝園（賓嵩堂）	趙世顯	《趙仁甫開社賓嵩堂，分得四豪》（《鼇峰集》卷十）	《趙仁甫芝園開社分韻》（《續遊藤山詩》）	林世吉、王崑仲、陳仲溱、陳宏己、王宇、陳邦注、陳价夫、陳薦夫、馬欻、王毓德、鄭登明、林光宇、康彦揚、黃應恩、商家梅；趙世顯《賓嵩堂開社，陳履吉、王上主（按：當作玉生）、陳惟秦、陳振狂、陳平夫、伯孺、幼孺、馬季聲、王粹夫、徐惟起、袁無競、曹能始、鄭思黯、林子真、康季鷹、黃伯寵、商孟和過集，分得七虞韻》（《芝園稿》卷十一）、陳益祥《趙仁父賓嵩館結社，余以縗絰不赴》二首（《采芝堂集》卷五）
二	十一月	林益甫宅	林益甫			趙世顯《至前集林益甫宅看菊》（《芝園稿》卷十一）
三	十一、十二月間	石倉園吳客軒	曹學佺	《雨中社集曹能始吳客軒，懷沈從先》（《鼇峰集》卷十）	《雨集吳客軒，懷沈從先》（《續遊藤山詩》）	趙世顯《雨集曹能始吳客軒有懷，分得四支韻》（《芝園稿》卷十一）、陳益祥《雨集吳客軒有懷》（《采芝堂集》卷五）

（續表）

序號	時間	地點	值社者	徐熥詩	曹學佺詩	其他參與者及詩作
四	十二月	馬欻齊中	馬欻	《社集馬季聲齋中詠紅梅》（《鼇峰集》卷十）		趙世顯《詠馬季聲齋中紅梅，分得二蕭韻》（《芝園稿》卷十一）
五	十二月二十四日	開美堂	袁敬烈	《臘月廿四日，社集袁無競開美堂看迎春，分得六麻》（《鼇峰集》卷十）		趙世顯《社集袁無競開美堂觀迎春，分得十四寒韻》（《芝園稿》卷十一）、林光宇《臘月廿四日社集袁無競開美堂看迎春，分得微字》（《林子真詩》）
六	萬曆三十一年（一六〇三）正月初七日	芝園	趙世顯			趙世顯《人日諸公社集芝園分得梅字》（《芝園稿》卷十一）
七	正月初八日	林天迪山堂	林世吉			趙世顯《穀日社集天迪山堂》（《芝園稿》卷十一）
八	正月十五日	風雅堂	徐熥	《元夕同社枉集風雅堂，咏走馬燈》（《鼇峰集》卷十五）	《八音詩 以下二首徐興公直社》《咏走馬燈》（《芝社集》）	趙世顯《元夕觀燈》（《芝園稿》卷十一）、范允臨《和曹能始民部咏走馬燈》（《輸寥館集》卷一）、吴兆《癸卯元夕，曹能始席上咏夾紗燈屏，得花字》（《列朝詩集》丁集卷十四）
九	正月	吴子修池館	吴子修			趙世顯《社集子修池館，醉歸，縱步觀燈》（《芝園稿》卷二十三）

（續表）

序號	時間	地點	值社者	徐燉詩	曹學佺詩	其他參與者及詩作
一〇	正、二月間	半嶺園	鄭登明	《社集賦得聞早鶯癸卯》（《鼇峰集》卷十）	《半嶺園聞鶯鄭思闇直社》（《芝社集》）	趙世顯《鄭思黯社集洪女含山亭聞鶯，分得四支韻》（《芝園稿》卷十二）、林光宇《鄭思黯招諸同社集洪氏山亭聽新鶯得先字》（《林子真詩》）
一一	正、二月間	平遠臺	林光宇		《平臺閱兵林子真直社》（《芝社集》）	趙世顯《社集平遠臺觀閱兵，分得十一真韻》（《芝園稿》卷十二）
一二	二月					趙世顯《春集林益甫山堂二首》（《芝園稿》卷二十三）
一三	二月花朝	曹學佺園	曹學佺	《花朝，同洪九霞令君、俞君寶、陳伯孺集曹能始園，試鼓山新茗，分得夷字》（《鼇峰集》卷十五）	《花朝》（《芝社集》）	洪都、俞君寶、陳价夫； 趙世顯《花朝》（《芝園稿》卷十二）
一四	二月花朝後二日	吴子修得月亭	吴子修			趙世顯《花朝後二日，社集吴子修得月亭，分得九佳韻》（《芝園稿》卷二十三）
一五	清明	西湖		《清明日同粹夫、能始、子真西湖泛舟》（《鼇峰集》卷四）	《清明日西湖觀漲，得微字》（《芝社集》）	

（續表）

序號	時間	地點	值社者	徐𤊹詩	曹學佺詩	其他參與者及詩作
一六	三月	西湖	曹學佺	《上巳日，曹能始招陪王穉玉轉運西湖泛舟，同王玉生、馬季聲、王粹夫，分得王字》（《鼇峰集》卷二十七）	《西湖修禊，同賦七言排律，得臨字》（《芝社集》）	王穉玉、王崑仲、馬欻、王毓德
一七	三月	雙溪，即桑溪	王崑仲、王毓德	《癸卯三月三日，同趙仁甫、王玉生、陳伯孺、馬季聲、王粹夫、陳惟秦、袁無競、王永啓、林子真、曹能始、鄭思闇、黄伯寵、商孟和、高景倩、王元直桑溪禊飲，分得四言》（《鼇峰集》卷三）	《雙溪流觴，分得四言平字體王玉生、王粹夫直社》（《芝社集》）	陳仲溱、陳价夫、馬欻、袁敬烈、王宇、王繼皋、鄭登明、高景、林光寓、康彦揚、黄應恩；趙世顯《上巳，同友人桑溪禊飲》（《芝園稿》卷二）、又《三日，社集桑溪，分得八言體》（《芝園稿》卷二十八）
一八	三月	北樓				趙世顯《暮春北城樓宴集》（《芝園稿》卷二十三）
一九	三月	西湖	黄應恩	《黄伯寵社集西湖泛舟，分得十三覃》（《鼇峰集》卷十五）	《泛舟西湖到北庵得多字黄伯寵直社》（《芝社集》）	趙世顯《暮春黄伯寵邀同西湖社集泛舟，分得六魚韻》（《芝園稿》卷二十三）、林光宇《西湖泛舟，同能始作》（《林子真詩》）

（續表）

序號	時間	地點	值社者	徐𤊹詩	曹學佺詩	其他參與者及詩作
二〇	三月	陳文成草堂	陳文成			趙世顯《社集陳文成草堂，賦暮春即事，分得四豪韻》（《芝園稿》卷二十三）
二一	三月	某佛寺				趙世顯《寺遊》（《芝園稿》卷十一）
二二	三月	塔影園	王繼皋	《三月晦日，社集王永啓塔影園，席上觀妓，分得二蕭》（《鼇峰集》卷十五）	《三月晦日集塔影園送春王元直當社》	趙世顯《三月晦日，元直携酒過集王永啓塔影園送春，分得十三元韻二首》（《芝園稿》卷二十三）、王宇《三月晦日集塔影園送春，有伎》（《亦園詩略》，又《烏衣集》卷四）
二三	四月	高賢祠				趙世顯《社集高賢祠，分得一東韻》（《芝園稿》卷二十三）
二四	四月	張君符金粟山樓	張君符			趙世顯《張君符金粟山樓社集，分得月樓得十五删韻》（《芝園稿》卷二十三）
二五	五月初五日	陳以介參藩瓊河別墅	陳以介			趙世顯《端陽集陳以介參藩瓊河別墅》（《芝園稿》卷二十三）
二六	五月十五日	西湖澄瀾閣	康季鷹 林世吉	《仲夏望日，康季鷹社集澄瀾閣，得寒字》（《鼇峰集》卷十）	《初夏澄瀾閣得微字康季鷹直社》《西湖觀漲林天旭招》（《芝社集》）	趙世顯《社集澄瀾閣野望，分得六魚韻》《西湖泛舟》（《芝園稿》卷十二）、林光宇《康季鷹直社澄瀾閣，分韻》（《林子真詩》）

（續表）

序號	時間	地點	值社者	徐𤒹詩	曹學佺詩	其他參與者及詩作
二七	五月	烏石山	陳惟秦、陳伯孺		《薛老峰陳惟秦、陳伯孺共直社，分賦烏石山一景》（《芝社集》）	趙世顯《分賦得烏石山天秀巖》（《芝園稿》卷十二）
二八	五月	河口鄭氏别業	高景	《夏日，高景倩直社鄭湘潭竹園避暑，分得八齊》（《鼇峰集》卷十）	《集河口鄭氏别業高敬和直社》（《芝社集》）	林光宇《避暑河上》（《林子真詩》）
二九	五、六月間	張伯華牛渚吟槎	張伯華			趙世顯《社集張伯華牛渚吟槎，分得二蕭韻》（《芝園稿》卷二十三）
三〇	五、六月間	林民部池館	林民部			阮自華；趙世顯《同諸公陪阮堅之司理集林民部池館泛舟，得胡字》（《芝園稿》卷二十三）
三一	六月初四日	西湖	王亮	《季夏四日，王穉玉轉運招同黄鄰初郡伯、阮堅之司理、曹能始廷尉、游宗振、王玉生、陳伯孺、馬季聲、王粹夫、黄伯寵諸同社西湖宴集》（《鼇峰集》卷八）		黄鄰初、阮自華、游宗振、王崑仲、陳价夫、馬欻、王毓德、黄應恩

（續表）

序號	時間	地點	值社者	徐𤊹詩	曹學佺詩	其他參與者及詩作
三二	六月	藕花陂	林世吉	《同阮堅之司理、趙仁甫、吴子修、王玉生集林天迪藕花陂泛舟，分得三字》（《鼇峰集》卷八）	《泛舟藕花陂歌》（《芝社集》）	客七人：阮自華、吴子修、王崑仲（另兩人不詳）；女流三人
三三	六月	玉蟠莊	林世吉	《林天迪招同王稺玉轉運、阮堅之司理及同社趙仁甫、吴子修、王玉生、曹能始宴集玉蟠莊，分得共、登二字》（《鼇峰集》卷八）		陳省《林天迪玉蟠莊社集》（《石倉十二代詩選·明計六集》卷二十九《幼溪集》）
三四	六、七月間	芝園	趙世顯		《賦得白云抱幽石已下二首趙仁甫直社》、《清風松下來》（《芝社集》）	趙世顯《芝園社集賦得清風松下來，分得十三元韻》（《芝園稿》卷十二）
三五	七月	曹學佺家園	曹學佺		《芙蓉露下落小園直社賦》（《芝社集》）	趙世顯《社集曹能始廷尉園亭賦得芙蓉露下落分得十二文韻》（《芝園稿》卷十三）
三六	七月	烏石山	董養斌	《七夕，董叔允社集鄰霄臺，分得七襄錦》（《鼇峰集》卷九）	《七夕董叔允直社凌霄臺》（《芝社集》）	趙世顯《七月七日，社集鄰霄臺分賦得曬衣曲》（《芝園稿》卷四）

（續表）

序號	時間	地點	值社者	徐𤊹詩	曹學佺詩	其他參與者及詩作
三七	八月	荷亭	曹學佺		《荷亭小集同吴非熊、謝耳伯、周方叔、王相如、徐興公、林子真、林茂之諸子分賦五言古體，得筵字》（《芝社集》）	謝兆申、周嬰、王若、林光宇、林古度；吴兆《與曹能始宴集西湖荷亭》（《新安二布衣集》卷二）、林光宇《曹能始招同吴非熊、謝伯元、周方叔、王相如、徐興公、林茂之集荷亭，分得樹字》（《林子真詩》）
三八	八月	于山平遠臺	王若		《十六夜集平遠臺看月歌王相如直社》（《芝社集》）	
三九	九月	西湖大夢山	曹學佺		《九月朔日泛舟西湖，晚登大夢山》（《芝社集》）	鄒時豐《曹能始先生招集西湖泛舟夜遊開化大夢山》（《二雅集》，《石倉十二代詩選》之《社集》）
四〇	九月	西禪浦	馬欻		《西禪浦夜泛馬季聲招》（《芝社集》）	
四一	九月	瓊河		《瓊河發舟，夜半至鼓崎，與吴非熊、謝伯元、曹能始、林茂之拈險韻十字，因而成咏》（《鼇峰集》卷二十二）	《瓊河夜泛至鼓崎，舟中限韻，刻燭成五言絶句十首吴非熊、謝耳伯、徐興公、林茂之同賦》（《芝社集》）	林古度；謝兆申《將遊鼓山，夜發瓊河至鼓崎，共拈險韻十字，刻燭成咏》（《謝耳伯先生全集》卷二）、吴兆《月夜瓊河泛舟至鼓山，謝耳伯、徐興公、曹能始、林茂之共拈險韻十字，刻燭成詩》（《吴非熊集》，《新安二布衣詩》卷二）

（續表）

序號	時間	地點	值社者	徐𤊹詩	曹學佺詩	其他參與者及詩作
四二	九月	白雲廨院		《鼓山下院》（《鼇峰集》卷十）	《清晨到白雲廨院，得陽字》（《芝社集》）	吴兆有《白雲廨院癸卯歲》（黄任《鼓山志》卷十一《藝文》）
四三	九月	茶園		《鼓山尋茶園，因憩田家山樓》（《鼇峰集》卷十二）	《茶園得青字》（《芝社集》）	
四四	九月	王園			《王園看菊一首同吴非熊、袁無競、林茂之、王粹夫》（《芝社集》）	吴兆、林古度、王毓德、袁敬烈
四五	九月	曹學佺家園			《池亭對菊得寒字同吴非熊、彦先、林茂之》（《芝社集》）	吴兆、林古度、王毓德
四六	九月	西湖			《十五夜泛西湖同非熊、彦先、耳伯、茂之》（《芝社集》）	吴兆、林古度、王毓德、謝兆申
四七	十一月	羅山（法海寺）	徐𤊹	《冬日邀吴非熊、陳元朋、丘伯几、曹能始、林子真、林茂之、集法海寺，得邊字》（《鼇峰集》卷十五）	《同吴非熊、陳元朋、徐興公、林子真、林茂之集羅山，得寒字》（《天柱篇》）	陳翼飛、林光宇、林古度、丘伯几；吴兆《冬日同陳元朋、丘伯几、曹能始、徐興公、林子真、茂之集羅山法海寺》（《新安二布衣詩》卷二）
四八	十二月	藤山館		《出藤山看梅，非熊、能始、茂之先至兩日》（《鼇峰集》卷十）	《同非熊、茂之宿藤山館中，得空字》（《天柱篇》）	林古度；吴兆《藤山看梅歌》（《新安二布衣詩》卷二）

六、紅雲社社集表

萬曆三十六年戊申（一六〇八）

序號	時間	地點	荔枝品名	社友（首位爲值社者）	部分作品
一	五月十日	積芳亭	火山	謝肇淛、陳惟秦、徐𤊹、鄭邦祥	謝肇淛《五月十日初嘗火山荔支，大僅如栗而味亦不甚酢，每十枚三錢，同陳惟秦、徐興公、鄭孟麟賦》
二	五月十七日	霧居園	中冠	鄧慶寀、徐𤊹、陳价夫、謝肇淛、周千秋	徐𤊹《五月十七日，同伯孺、在杭食中冠荔枝》；謝肇淛《集鄧道協所噉中觀荔支，色尚青而酢甚，同陳伯孺、周喬卿、徐興公賦》；陳价夫《集鄧道協霧居園噉中冠荔支、時色尚青而酢，同賦》
三	五月十九日	積芳亭	早紅	徐𤊹、謝肇淛	徐𤊹《十九日，積芳亭食早紅，分得藥名體》；謝肇淛《積芳亭噉蚤紅荔支，分得藥名詩》
四	五月廿一日	高景木山齋	不詳	高景、徐𤊹、陳价夫	徐𤊹《五月念一日，集高景倩木山齋食荔枝，伯孺作〈水墨荔枝圖〉，各賦》；謝肇淛《高景倩木山齋中噉荔支，因戲作〈水墨側生圖〉，同賦》
五	五月廿九日	高景齋中	礦玉	高景、徐𤊹、謝肇淛、陳价夫	徐𤊹《五月廿九日，高景倩齋中食礦玉荔子，賦得東漢人名詩》；謝肇淛《集高景倩齋頭，噉礦玉荔支，賦得漢人名詩》
六	五月卅日	芝山寺	不詳	本宗上人、徐𤊹、謝肇淛	徐𤊹《五月晦日，芝山寺避暑，本宗上人以瓜荔作供，同賦十韻》；謝肇淛《五月晦日避暑芝山寺，本宗上人出荔子甘瓜作供，同賦十韻》

（續表）

序號	時間	地點	荔枝品名	社友（首位爲值社者）	部分作品
七	六月三日	九仙觀	不詳	徐𤊹、陳仲溱、陳价夫、謝肇淛、周千秋、高景、性沖、吳雨、鄭邦祥、本宗上人	徐𤊹《六月三日，集惟秦、伯孺、在杭、喬卿、性沖、景倩、元化、孟麟、本宗諸子九仙觀，避暑食荔，分得回文》二首；謝肇淛《徐興公招集九仙觀，避暑噉荔支，賦得回文二首》；陳价夫《季夏三日，九仙觀納凉食荔子，各賦回文詩》
八	六月四日	鏡瀾閣積芳亭	桂林	徐𤊹、謝肇淛、陳价夫	徐𤊹《六月四日，鏡瀾閣食桂林荔枝》；陳价夫《六月四日，積芳亭噉桂林荔枝》
九	六月六日	玉真院	不詳	徐𤊹、陳价夫	徐𤊹《六月六日，集鼇峰玉真院，限韻》；陳价夫《集玉真宮啖荔，限依、微、歸、飛、暉五韻，各賦近體一首》
一〇	六月七日	積芳亭	滿林香	謝肇淛、徐𤊹、陳价夫	徐𤊹《六月七日，過在杭積芳亭，適伯孺送方山滿林香至，分得鐘字》；謝肇淛《陳伯孺餉滿林香荔支，同賦柏梁體得蒸字》
一一	六月八日	不詳	鵲卵	徐𤊹	徐𤊹《六月初八日，食鵲卵荔枝賦咏》
一二	六月九日	蓮花樓	不詳	高景、徐𤊹、陳价夫	徐𤊹《六月初九日，高景倩招集蓮花樓食荔，分得短歌行》；謝肇淛《蓮花樓集噉荔支，分得雜言體》；陳价夫《六月九日，蓮花樓避暑噉荔同賦》
一三	六月十日	雕龍館	不詳	馬欻、徐𤊹、謝肇淛、陳价夫	徐𤊹《咏荔枝膜，馬季聲雕龍館分賦》；謝肇淛《馬季聲招集雕龍館，各賦荔支一事，分得根》；陳价夫《六月十日集馬季聲雕龍館分咏，得荔子漿》

（續表）

序號	時間	地點	荔枝品名	社友（首位爲值社者）	部分作品
一四	六月十二日	積芳亭	莆田陳家紫	謝肇淛、徐𤊹	徐𤊹《謝在杭買莆田陳家紫，一日夜直抵會城，同諸子集積芳亭，分得送字》；謝肇淛《六月十二日，買莆田陳家紫，一日夜直抵會城，招諸子同賦，分得五言古詩，得一屋》
一五	六月十三日	玉皇閣	不詳	鄭邦祥、徐𤊹、謝肇淛	徐𤊹《十三日，鄭孟麟招集玉皇閣荔會，分得數名詩》；謝肇淛《夏日，鄭孟麟招集九仙觀啖荔支，同賦數名詩》
一六	六月十四日	芝山寺	不詳	徐𤊹、謝肇淛、陳仲溱	徐𤊹《六月十四夜，芝山禪室對月，同惟秦、在杭得青字》《六月十四日，過芝山寺啖荔枝，乘凉至夜》；謝肇淛《六月十四夜同惟秦、伯孺、興公諸子芝山翫月賦，同用青字》《過芝山寺啖荔支，乘凉至夜》
一七	六月十五日	法海寺	不詳	謝肇淛	謝肇淛《六月十五夜，過法海寺，荔陰坐月，分賦》

七、纂修志書表

志書	完成時間	纂修情況	根據	備註
建陽縣志	萬曆二十八年（一六〇〇）	分纂	詳題《遊定夫集》（馬泰來整理《新輯紅雨樓題記　徐氏家藏書目》，第一二九頁）；又『《建陽縣志》七卷，魏時應』（馬泰來整理《新輯紅雨樓題記　徐氏家藏書目》，第二四七頁）。	今佚
錢塘縣志	萬曆三十四年（一六〇六）	參纂	《寄曹能始》（《文集》册六，《上圖稿本》第四三册，第四一三頁）、《復夏緩公》（《文集》册四，《上圖稿本》第四三册，第六七頁）；『《錢塘縣志》十卷，聶心湯』（馬泰來整理《新輯紅雨樓題記　徐氏家藏書目》，第二五九頁）。	不詳
客惠紀聞	萬曆三十五年（一六〇七）	纂修	『《客惠紀聞》八卷，徐𤊹』（馬泰來整理《新輯紅雨樓題記　徐氏家藏書目》，第二五九頁）。	雜誌類；今佚
鼓山志	萬曆三十六年（一六〇八）	參纂	《寄張維成》（《文集》册六，《上圖稿本》第四三册，第三八三—三八四頁）；『《鼓山志》十二卷，謝肇淛』（馬泰來整理《新輯紅雨樓題記　徐氏家藏書目》，第二四五頁）。	今存
閩清縣志	萬曆三十八年（一六一〇）	疑參纂	《與鄧汝實》（《文集》册六，《上圖稿本》第四三册，第四一六—四二〇頁）。	今佚
永福縣志	萬曆四十年（一六一二）	參纂	『《永福縣志》五卷，謝肇淛』（馬泰來整理《新輯紅雨樓題記　徐氏家藏書目》，第二四五頁）	謝肇淛《〈永福縣志〉引》（《小草齋文集》卷十二）；今存

（續表）

志書	完成時間	纂修情况	根據	備註
福州府志	萬曆四十一年（一六一三）	參纂	《寄曹能始大參》（《文集》册六，《上圖稿本》第四三册，第三一三—三一四頁）；『《林楚石福州府志》七十六卷，林材』（馬泰來整理《新輯紅雨樓題記　徐氏家藏書目》，第二四五頁）。	今存
峴山志	萬曆四十七年（一六一九）	參纂	《寄張穉通》：『《峴山志》忝附賤名。』（《文集》册七，《上圖稿本》第四四册，第一八頁）	不詳
福安縣志	萬曆四十八年（一六二〇）	參纂	《〈福安志〉成將歸三山，陳二石以詩見贈，次韻爲别》（《鼇峰集》卷二十一）；『《福安縣志》九卷，陸以載』（馬泰來整理《新輯紅雨樓題記　徐氏家藏書目》，第二四五頁）。	今存
華蓋山（新）志	天啓七年（一六二七）	代崔世昭撰	《華蓋山志代》（《文集》册九，《上圖稿本》第四四册，第四三五—四四二頁）；『《華蓋山新志》八卷，崔世召』（馬泰來整理《新輯紅雨樓題記　徐氏家藏書目》，第二五二頁）。	崔世昭時爲江西崇仁縣知縣；今存殘鈔本
烏石山志	天啓、崇禎間	纂修	曹學佺《轅門十咏小引》：『徐興公纂《烏石山志》又得克誠諸公以宣德甲寅歲大會於鄰霄臺，冠裳韋布，名僧武弁共十九人同勒于石。』（《石倉十二代詩選·明詩一集》卷又八十）	不詳
巴陵遊譜	天啓七年（一六二七）	纂修	『《巴陵遊譜》八卷，徐𤊹』（馬泰來整理《新輯紅雨樓題記　徐氏家藏書目》，第二五九頁）。	雜誌類；今佚
雪峰志	崇禎七年（一六三四）	纂修	《寄雪關禪師甲戌》（《文集》册三，《上圖稿本》第四二册，第三六六—三六七頁）；『《雪峰志》八卷，徐𤊹』（馬泰來整理《新輯紅雨樓題記　徐氏家藏書目》，第二四五頁）。	今佚

（續表）

志書	完成時間	纂修情況	根據	備註
黃檗山（寺）志	崇禎九年（一六三六）	參纂	《寄葉君節》（《文集》册七，《上圖稿本》第四四册，第一〇二頁）；『黃檗寺志三卷』（馬泰來整理《新輯紅雨樓題記　徐氏家藏書目》，第二四六頁）；費道用崇禎十年（一六三七）序、王志道崇禎十一年（一六三八）序（《黃檗山寺志》卷首）。	今存
武夷志	崇禎十年（一六三七）	纂修	《寄衷穉生》（《文集》册五，《上圖稿本》第四三册，第二四三—二四四頁）、《又[寄邵見心]》（《文集》册五，《上圖稿本》第四三册，第一六三—一六四頁）。	疑衷仲孺《武夷山志》即以興公底本爲之；今存
重修玉華志	崇禎十二年（一六三九）	纂修	《寄徐際亨》（《文集》册四，《上圖稿本》第四三册，第一四九—一五〇頁）。	疑未刻
延平郡志	崇禎十四年（一六四一）	參纂	《寄章（怙）[岵]梅》（《文集》册五，《上圖稿本》第四三册，第二三二頁）、《寄章（怙）[岵]梅》（《文集》册四，《上圖稿本》第四三册，第九一頁）；『延平府新志三十四卷、延平府續志』（馬泰來整理《新輯紅雨樓題記　徐氏家藏書目》，第二四五頁）。	按：疑爲《延平府續志》；今佚
鼓山續志	崇禎末年	采集（萬曆）《志》以來詩文	『鼓山續志八卷，徐𤊹』（馬泰來整理《新輯紅雨樓題記　徐氏家藏書目》，第二四五頁）。	釋元賢《鼓山志序》（黃任《鼓山志》卷七）；今佚
法海寺志	不詳	纂修	《法海寺志引》（《文集》册九，《上圖稿本》第四四册，第四三〇—四三一頁）；『法海寺志三卷，徐𤊹』（馬泰來整理《新輯紅雨樓題記　徐氏家藏書目》，第二四五頁）。	今佚
榕城三山志	不詳	纂修	《榕城三山志序》（《文集》册九，《上圖稿本》第四四册，第四三三—四三四頁）；『榕城三山志十二卷，徐𤊹』（馬泰來整理《新輯紅雨樓題記　徐氏家藏書目》，第二四五頁）。	今佚

八、輯録校梓舊籍表

作者書名	時間	方式	簡要説明
《太白山人集》	萬曆二十三年（一五九五）	彙輯較讎重刻	徐𤊹題《太白山人詩》：『乙未（一五九五）歲遊吴興，與友人張睿卿復彙《太初集》重刻，增入遺落者數十首，比舊本頗多。屬余較讎，刻爲最後，板亦最精。』（馬泰來整理《新輯紅雨樓題記　徐氏家藏書目》，第一五九—一六〇頁）
《荔支通譜》	萬曆二十五年（一五九七）	編輯自刻	徐𤊹《〈荔支譜〉小引》：『荔支自宋蔡忠惠公《譜》録，而其名益著……爰仿蔡書，别構兹《譜》，狀四郡品目之殊，陳生植制用之法，旁羅事蹟，雜采咏題。』（鄧慶寀《閩中荔支通譜》卷二，又《説郛續》卷四十一）
（宋）周守忠《姬侍類偶》	萬曆二十六年（一五九八）	抄録題記	徐𤊹題《姬侍類偶》：『余從謝伯元處借得此書，翻閲一過，惟恐未盡，欲抄録備覽，性懶未能。友人葉振父偶爾相過，知余此志，請爲余書之。』（馬泰來整理《新輯紅雨樓題記　徐氏家藏書目》，第一一六頁）
（元）傅若金《傅與礪詩集》	萬曆二十八年（一六〇〇）	抄録	徐𤊹題《傅與礪詩集》：『傅若金詩，在勝國卓然傑出者。胡元瑞持論甚正，《詩藪》多引傅句。惜梨棗漫漶，紙烟模糊。此本洪武間刻，世不多得，重録珍藏，尚有所待。』（馬泰來整理《新輯紅雨樓題記　徐氏家藏書目》，第一三九頁）
（梁）劉勰《文心雕龍》	萬曆二十九年（一六〇一）	校讎授梓題記	徐𤊹題《文心雕龍》：『此本吾辛丑較讎極詳，梅之庾刻於金陵，列吾姓名於前，不忘所自也。』（馬泰來整理《新輯紅雨樓題記　徐氏家藏書目》，第一六九—一七〇頁）《寄曹能始》：『《文心雕龍》，弟已用心讎校。去年見鬱儀王孫亦有校本，又有發吾覆者，弟亦抄歸。兄所校定者，可着書手抄一本寄我參酌之，以便異日梓行。』（《文集》册六，《上圖稿本》第四三册，第四一五頁）按：興公十次題《文心雕龍》，分别在一六〇一、一六〇七、一六〇九、一六一〇、一六一二、一六一八、一六一九、一六三九等年，文繁不録。

（續表）

作者書名	時間	方式	簡要説明
《金鳳外傳》	萬曆三十二年（一六〇四）	與王宇校訂	《榕陰新檢》卷十五《金鳳外傳》王宇附記：『予居高蓋山中，有農家握地，遇土穴，得銀錢數枚，色黑如漆。石硯一，銅爐、銅刀各一，有篆文「乾德五年造」。又石匣一，啓視有抄書一帙，爲《陳后金鳳外傳》……因與友人徐𤊹訂正之……萬曆甲辰夏五，閩邑王宇識。』
〔唐〕歐陽詹《歐陽四門集》	萬曆三十四年（一六〇六）	輯校授梓	徐𤊹《寄歐陽觀察》：『家藏遺集，不啻拱璧寶之……客歲携入秣陵，謀諸同志捐薄遊資斧，殺青行世……附録一卷，乃不肖某採掇諸書，實有關于四門行誼之大者。』（《文集》册六，《上圖稿本》第四三册，第三九四—三九六頁）曹學佺《唐歐陽先生文集序》：『癸卯冬，予再遊温陵之石室，友人徐興公偕焉。石室爲歐陽行周先生讀書處也。越三年，興公携先生集于金陵，謀更梓之。』（《石倉文稿》卷一）
〔唐〕黄滔《黄御史集》	萬曆三十四年（一六〇六）	授梓	鄭邦衡《拙存稿》：『晋安徐興公既刻《歐陽四門》《黄御史》二集，復輯《蔡端明别紀》。』（《蔡忠惠詩集》附宋珏《蔡端明别紀補遺》卷下引）曹學佺《唐黄御史集序》：『既竣《歐陽四門集》，復取黄文江《御史集》刻。』（《石倉文稿》卷一）
〔唐〕韋莊《浣花集》	萬曆三十四年（一六〇六）	抄録題記	徐𤊹題《浣花集》：『友人郭聖僕出韋詩一帙見示，乃宋版也。遂命工抄録，以備觀閲。』（馬泰來整理《新輯紅雨樓題記　徐氏家藏書目》，第一二七頁）
〔唐〕沈亞之《唐沈下賢文集》	萬曆三十四年（一六〇六）	抄録題記	題《唐沈下賢文集》：『此本借之焦太史，命工抄録，然其中訛舛難以指摘，聊備一集而已。』（馬泰來整理《新輯紅雨樓題記　徐氏家藏書目》，第一二四頁）
〔宋〕趙明誠《金石録》	萬曆三十四年（一六〇六）	抄録題記	徐𤊹題《金石録》：『是歲薄（暮）遊秣陵，聞焦弱侯太史向于秘府抄出全本，因托新安汪仲嘉借以抄録。』（馬泰來整理《新輯紅雨樓題記　徐氏家藏書目》，第九一頁）

（續表）

作者書名	時間	方式	簡要説明
（唐）李群玉《李文山詩集》	萬曆三十四年（一六〇六）	抄校題記	徐𤊹題《李文山詩集》：『郭聖僕家藏此本，出以相示。細爲校讀，警句層出，遂令童子録之。』（馬泰來整理《新輯紅雨樓題記　徐氏家藏書目》，第一二五頁）
（明）高棅《嘯臺集》	萬曆三十五年（一六〇七）	小引	徐𤊹題《嘯臺集》：『友人高景倩喜收前輩遺言，又篤同姓之誼，遂借鈔録，手自校定……景倩書成，余因爲之引其端，庶後人知景倩用心之勤。』（馬泰來整理《新輯紅雨樓題記　徐氏家藏書目》，第一四九頁）
（明）浦源《浦源詩》	萬曆三十五年（一六〇七）	選輯跋	曹學佺《浦源詩》跋：『舍人所著詩多軼弗傳。𤊹輯諸家所選者爲一卷，淘沙揀金，業已見寶，自不必連篇纍牘也。』（《石倉十二代詩選·明詩一集》卷之十七林鴻《繕部集》卷附《浦源詩》）
（明）王恭《草澤狂歌》	萬曆三十五年（一六〇七）	抄録題記	徐𤊹題《草澤狂歌》：『《草澤狂歌》又是一部。余向借張海城先生抄本録之，而林志尹爲畢其工。』（馬泰來整理《新輯紅雨樓題記　徐氏家藏書目》，第一四九頁）林志尹《王恭〈草澤狂歌〉跋》：『王典籍《草澤狂歌》，向未登木，徐惟和得自張海城先生，不啻若拱璧，然乃抄録未竟而逝……强淚抄成，仍送之緑玉齋，以成惟和之志。』（《石倉十二代詩選·明詩一集》卷之十八王恭《皆山集》）按：此書經徐熥、徐𤊹、林志尹三人之手抄録。
《蔡端明別紀》	萬曆三十七年（一六〇九）	輯纂撰序	《蔡端明別紀序》：『蒐厥陳言，彙爲《別紀》，自世系、本傳以及《荔譜》《茶録》，分門別類，爲卷十二，公之生平，悉其大都。』（馬泰來整理《新輯紅雨樓題記　徐氏家藏書目》，第八一頁）
（唐）《薛濤詩》	萬曆三十八年（一六一〇）	抄録題記	徐𤊹題《薛濤詩》：『無事齋居，手自抄録，以備諷咏。』（馬泰來整理《新輯紅雨樓題記　徐氏家藏書目》，第一二二頁）

（續表）

作者書名	時間	方式	簡要説明
〔正德〕《福州府志》	萬曆四十年（一六一二）	抄補題記	徐𤊹題〔正德〕《福州府志》：『舊府志十二册……乃補一帙，復成完書。此志刻在正德庚辰，未及百年，故家鮮有藏者。自今以往，愈不可得矣。』（馬泰來整理《新輯紅雨樓題記　徐氏家藏書目》，第八五頁）
〔宋〕蔡襄《蔡忠惠集》	萬曆四十二年（一六一四）	輯校授梓題記	徐𤊹跋《蔡忠惠年譜》：『陳侍御（奉）〔泰〕始乘驄江右，余堅投以公車，侍御納之皁囊中去，下車即請王孫朱鬱儀、秀才李克家嚴加讎校，並《外紀》載之梨棗。』（馬泰來整理《新輯紅雨樓題記　徐氏家藏書目》，第八二頁）
〔明〕佚名《蘭譜》	萬曆四十三年（一六一五）	抄録謀梓	徐𤊹《寄鄭瓚思孝廉》：『向索《蘭譜》，業已抄録成帙……有好事者能授諸梓，亦兩種奇書也。仁丈當考二公行事，爲序數言于首，俾先朝已朽之骨與蘭草同其香。』（《文集》册六，《上圖稿本》第四三册，第四三七頁）
〔明〕游朴《藏山集》	萬曆四十五年（一六一七）	校讀	《寄游文學書仲卿》：『《藏山集》……今覩斯集，訛誤紊亂，不一而足。如卷數之分，必須隨體而列，方爲合例……所遺者似不止此矣。其中一點一畫，舛訛差錯，又難以枚舉矣。』（《文集》册七，《上圖稿本》第四四册，第一〇—一二頁）
〔宋〕謝翺《晞髮集》	萬曆四十六年（一六一八）	校訂撰序	徐𤊹《晞髮集》序：『虎林張維誠先生來令福安，正臯羽所生之地，下車首徵文獻。郭君時鏘乃取予所訂《晞髮集》以進，維誠先生復加考核，梓而傳之。』（馬泰來整理《新輯紅雨樓題記　徐氏家藏書目》，第一三六頁）
〔明〕林景清《竹窗小稿》	天啓三年（一六二三）	選録授梓作跋	徐𤊹《竹窗小稿》跋：『林景清，號竹窗，連江人……成化間，授湖廣興國州判官……予乃選其雅馴者録爲一帙，以見先生之高標逸韻未泯於今也。』曹學佺《李梅庵、陳蔗軒、林竹窗詩跋》：『梅庵、蔗軒詩不多見……竹窗則有全集。興公既裒選之，予再加删潤，合爲一帙，庶見闡幽之意云。能始氏。』（《石倉十二代詩選·明詩次集》卷七十八李叔玉《梅庵集》附《竹窗小稿》）

（續表）

作者書名	時間	方式	簡要説明
〔宋〕嚴羽《嚴滄浪集》	天啓五年（一六二五）	考訂撰序	徐𤊹《嚴滄浪集》序：『樵陽何若士……校訂精詳，欲壽諸梓。余因考其歲月地里，庶幾得先生之大都矣。』（馬泰來整理《新輯紅雨樓題記　徐氏家藏書目》，第一三五頁）
〔元〕黄鎮成《秋聲集》	天啓五年（一六二五）	輯補佚文跋文	徐𤊹《答何金陽明府》：『《秋聲》，黄先生有元人危素《墓碑》一篇，亦宜附刻《集》末，以見黄先生平生行誼。舊本更有雜文三十餘篇，先輩遺文，譬之鳳毛麟角，若今日重梓而不收，後來必至泯泯無傳矣。可不惜哉！又有元人鄧潛一《跋》，及先生子鈞一《跋》，亦宜附在《集》後，恐台丈所藏本未得其全，便當寄示。』（《文集》册八，《上圖稿本》第四四册，第一九三—一九六頁）
〔宋〕吴沆《環溪詩話》	天啓七年（一六二七）	抄録校讎題記	徐𤊹題《環溪詩話》：『嘉靖初年刻版……余披讀之，賞其拈出多有佳句，足備詩家譚麈，遂令侍史繕録，因爲校讎魚魯。』（馬泰來整理《新輯紅雨樓題記　徐氏家藏書目》，第一七三頁）
〔明〕鄭善夫《少谷山房雜著》	崇禎元年（一六二八）	抄録題記謀梓	徐𤊹題《少谷山房雜著》：『少谷手稿不復得矣，惜哉。猶幸予録斯稿在也。壬申初秋，徐𤊹興公識。』（馬泰來整理《新輯紅雨樓題記　徐氏家藏書目》，第一五七頁）鄧慶寀云：『予近自金陵還里，謀合詩文重梓之。徐興公因出是編，并《雜著》一種授予附其後。』（題《少谷山房雜著》附，馬泰來整理《新輯紅雨樓題記　徐氏家藏書目》，第一五八頁）
〔明〕趙迪《鳴秋集》	崇禎三年（一六三〇）	校勘撰序謀梓	徐𤊹《鳴秋集》序：『舊本紙墨薄弱，前輩草書，塗鴉混亂，又多魚魯之訛，乃逐篇磨勘，命小孫鍾震手録藏之……梓而傳之，余竊有志焉。』（馬泰來整理《新輯紅雨樓題記　徐氏家藏書目》，第一五一頁）

（續表）

作者書名	時間	方式	簡要説明
〔明〕周玄《宜秋集》	崇禎三年（一六三〇）	抄録作跋	徐𤊹跋《宜秋集》：『予近見鈔本《宜秋集》，得古近體及詩餘一百七十餘篇，視袁、馬二公所取且三倍之。皆渢渢大雅之音，信可傳也。若不盡録之，殆將如綫之絶矣。』（馬泰來整理《新輯紅雨樓題記　徐氏家藏書目》，第一五二頁）
〔明〕郭厘《鏡湖清唱》	崇禎三年（一六三〇）	抄録考證作跋授梓	徐𤊹《鏡湖清唱》跋：『予既録其遺編，并爲考其地里，付曹君能始授之梓，敬夫之名從此弗至湮没，不亦厚幸矣乎！』（《石倉十二代詩選·明詩次集》卷七郭厘《鏡湖清唱》）
〔明〕寥世昭《越坡稿》	崇禎五年（一六三二）	抄録題記選梓	徐𤊹題《越坡稿》：『𤊹家藏先生手録詩一卷，字法蒼勁，恒愛寶之。近曹能始選梓《明詩》，乃録而附于陳東《槐堂集》之後。』（馬泰來整理《新輯紅雨樓題記　徐氏家藏書目》，第一六二頁）[一]
《閩南唐雅》	崇禎六年（一六三三）	編選	徐𤊹《四庫全書總目》卷一九三：『明徐𤊹編，費道用、楊德周等補之。』
〔明〕程敏政《宋紀受終考》	崇禎六年（一六三三）	抄録題記	題《宋紀受終考》：『崇禎癸酉年陽月緑玉齋抄録。』（馬泰來整理《新輯紅雨樓題記　徐氏家藏書目》，第九一頁）
〔明〕鄭賜《聞一齋詩稿》	崇禎六年（一六三三）	抄録題記	徐𤊹題《聞一齋詩稿》：『崇禎癸酉仲冬，鼇峰六十四歲叟徐興公抄藏。』（馬泰來整理《新輯紅雨樓題記　徐氏家藏書目》，第一四八頁）

［一］ 此則標點有異於《新輯紅雨樓題記　徐氏家藏書目》，説詳該歲《譜》。

作者書名	時間	方式	簡要説明
〔唐〕李頻《梨岳集》	崇禎八年（一六三五）	校梓	徐𤊹《續筆精》卷二『李頻梨岳廟』條：『崇禎乙亥，予客建州，重刻公詩。』徐𤊹《寄傅同藺》：『《梨岳集》，國初有梓板，置廟中，甚漫漶。萬曆中，前郡伯龔公重梓之。未幾，爲洪水漂蕩，板久不存。近解司理公與不佞議重鍥善本傳之來禩……工資不過四金。愚意屬之足下。』（《文集》册三，《上圖稿本》第四二册，第三九八頁）《寄解司理》：『《梨岳集》，蔡生穉圭業已梓成。』（《文集》册三，《上圖稿本》第四二册，第四二〇—四二一頁）
〔宋〕黄榦《勉齋文集》	崇禎九年（一六三六）	倡刻	徐𤊹《寄黄宇珍》：『《勉齋文集》……尊翁須首倡貴宗好事者梓之，俾先賢遺言不至湮没，亦賢裔之所急圖者也……邵公《勉齋集序》并上。』（《文集》册七，《上圖稿本》第四四册，第六〇—六一頁）
〔明〕鄭善夫《鄭少谷先生全集》	崇禎九年（一六三六）	參編授梓	徐𤊹《鄭少谷先生全集序》：『惟和曾得少谷《雜著》一種，予得《經世要談》一卷，遺詩一卷，遺文數十篇，尺牘數十幅，皆先生手録者，乃盡授道協，彙爲全集。方事剞劂，而道協告逝。友人鄭章甫官南户曹，遂捐俸踵成之，而先生雜著種種，未及纂入。邵觀察肇復以爲斷金殘璧安可輕棄，因補而續焉。』（《鄭少谷先生全集》，明邵捷春輯；馬泰來整理《新輯紅雨樓題記　徐氏家藏書目》，第一五八頁）
〔唐〕賀知章《賀秘監集》	崇禎十年（一六三七）	輯録	《寄李公起》：『閏月又得《賀秘監集》，尚未完篇。聞以拙作附其後，愧甚，愧甚！』（《文集》册四，《上圖稿本》第四三册，第一六—一七頁）
〔明〕浦源《浦舍人集》	崇禎十三年（一六四〇）	輯校題記	徐𤊹題《浦舍人集》：『浦詩在昔時同鄉已自難覓，矧今日乎。𤊹輯諸選并先輩雜抄，共百五十首，視俞本已增其三矣。』（馬泰來整理《新輯紅雨樓題記　徐氏家藏書目》，第一四六頁）
〔宋〕唐庚《唐眉山集》	崇禎十三年（一六四〇）	抄録撰序	徐𤊹《唐眉山集》序：『今歲抵清漳，晤何元子給諫，家有鈔本二十卷，遂録之。』（馬泰來整理《新輯紅雨樓題記　徐氏家藏書目》，第一三〇頁）

（續表）

作者書名	時間	方式	簡要説明
〔唐〕周朴等《唐十二家》	時間不詳	輯録	徐𤊹《竹窗雜録》：『予嘗掇拾朴詩一卷，並歐陽詹、陳陶、林寬、黄滔、韓偓、翁承贊、秦系、陳嘏、徐寅、孟貫，作《唐十二家》，尚乏梓錢耳。』（《榕陰新檢》卷十六《詩話》引）
劉長卿《劉隨州詩文集》	時間不詳	編次	鄭杰《注韓居書目·集部》四：劉長卿文房，徐興公定次。
《國初處士詩》	時間不詳	校定	曹學佺《石倉十二代詩選·明詩一集》卷之八十《國初處士》卷端：『後學曹學佺閲，徐惟起較。』

九、輯録校梓親友著作表

作者書名	時間	方式	簡要説明
蕭齊《全嬰堂集》	萬曆二十一年（一五九三）	代徐熥撰序	《全嬰堂集序代》（《文集》册一，《上圖稿本》第四二册，第一八—一九頁）
屠本畯《閩中海錯疏》	萬曆二十四年（一五九六）	補疏	《四庫全書總目提要·閩中海錯疏》：『中間又有注「補疏」二字者，則徐𤊹所續也。』
陳鳴鶴《泡庵詩選》	萬曆二十七年（一五九九）或稍前	編選撰序	《泡庵集》卷次之下署有『閩中陳鳴鶴汝翔著，徐熥惟和徐𤊹惟起選，張大光叔弢校』。卷首有徐𤊹序。
陳椿《景于樓集》	萬曆二十七年（一五九九）或稍後	編選參校	陳鳴鶴《東越文苑》卷六『陳椿』條，郭柏蔚按：『陳椿……《景于樓集》八卷，爲徐𤊹所選，先生亦手自參校。陳元凱、曹能始爲之序。』
劉曰暘《初政紀事》	萬曆二十八年（一六〇〇）	撰序	《初政紀事序代》：『侯政方及瓜，而偉績則□甚。不肖佐理之暇，取侯之條擬精詳、最關治體，足爲世矜式者若干首，捃摭成篇。』（《文集》册一，《上圖稿本》第四二册，第一三頁）按：此文代古田縣丞李元若作。
徐熥《幔亭集》	萬曆二十八年（一六〇〇）	輯選授梓	《寄鄧汝高學使弔》：『伯兄遺稿，承教之後，搜輯諸集，删其太甚者，猶存古近體詩二千餘首，雜文二百餘篇，分爲十六卷。有清流王生名若者，捐金授梓。』（《文集》册三，《上圖稿本》第四二册，第三二七—三二九頁）
黄用中《鼓山志》	萬曆二十九年（一六〇一）	鈔録	題《鼓山志》：『今年四月，偕曹能始復往遊焉。仍議纂修山志，廣徇積書之家，俱弗獲覯。最後借一本於通家黄君，如得拱璧，遂鈔録一副，藏之笥中。』（馬泰來整理《新輯紅雨樓題記　徐氏家藏書目》，第八七頁）

（續表）

作者書名	時間	方式	簡要説明
陳公選《蕉雨亭詩集》	萬曆三十一年（一六〇三）	刪潤撰序	《蕉雨亭詩》序：『余去歲偶爲越東之遊，仕卿忽捐賓客，方其屬以纊前，諄諄以不朽之業囑其從父，令余序而傳之。余歸受其遺集……已乃稍爲刪潤，布之同聲。』（《文集》册一，《上圖稿本》第四二册，第三三一—三三三頁）
曹學佺《天柱篇》	萬曆三十一年（一六〇三）	校閲	《天柱篇》卷端：閩中曹學佺著，同社徐惟起、林古度閲。
吴雨《鳥獸草木疏》	萬曆三十二年（一六〇四）	編定	郭柏蒼《竹間十日話》卷五：『蒼得謝在杭藏《吴雨〈鳥獸草木考〉》，爲萬曆甲辰徐興公所編，其書二十卷。卷首有侯官曹學佺、新寧蔣奕芳二序。』按：據曹學佺《鳥獸草木疏序》（《石倉文稿》卷一），《鳥獸草木考》當作《鳥獸草木疏》。
曹學佺《掛劍篇》	萬曆三十四年（一六〇六）	編選	《掛劍篇》卷端：閩中曹學佺能始著，友人陳鳴鶴女翔閲，徐𤊹興公選。
江仲譽《波餘草》	萬曆三十八年（一六一〇）	撰序	《江仲譽〈餘波草〉序》（《文集》册一，《上圖稿本》第四十二册，第四二一—四二三頁）。
趙世顯《芝園稿》	萬曆三十八年（一六一〇）或之後	校	《芝園稿》各卷卷端『閩中趙世顯仁甫著　徐𤊹興公校』。
曹學佺《石倉集》	萬曆三十九年（一六一一）	撰序	《曹能始〈石倉集〉序》（《文集》册一，《上圖稿本》第四二册，第二〇一—二二二頁）；《寄曹能始》：『兄《石倉集》刻完，何不見示人？便寄我，何如？』（《文集》册六，《上圖稿本》第四三册，第四一〇—四一一頁）
林筆峰《文紀》	萬曆四十年（一六一二）	點竄	《答林筆峰》：『《文紀》諸篇……小子妄加點竄，難逃爲大匠斲之誚，然既承翁丈蒭蕘之採，不得不竭一誠以報盛情，當恕其愚而矜其狂。』（《文集》册六，《上圖稿本》第四三册，第三四一—三四二頁）

（續表）

作者書名	時　間	方　式	簡要説明
甘雨《古今韻分注撮要》	萬曆四十年（一六一二）	補注校梓	《寄超塵上人》：『甘道遵委校《古今韻註》，喻郡公又欲彙刻《茶書》，無寸晷之暇。』（《文集》册六，《上圖稿本》第四三册，第三三八頁）孫殿起《販書偶記續編·附録·經部》：『明吉州甘雨纂輯。應城陳士元編注。晋安徐𤊹增補。萬曆間刊。』
喻政《茶書》	萬曆四十年（一六一二）	校梓	見上條。
金元嘉《仁獄彙篇》	萬曆四十一年（一六一三）	校定	《復金父母》：『承發《仁獄彙篇》校定，奉璧。此書大有裨于世教，允宜授梓。』（《文集》册六，《上圖稿本》第四三册，第四二五—四二六頁）
陳益祥《采芝堂集》	萬曆四十一年（一六一三）	撰序	《采芝堂集》卷首
林嘉《來鶴軒草》	萬曆四十二年（一六一四）	撰序	《答林天會》：『《來鶴軒草》弁拙文于其端，難逃着穢之譏。』（《文集》册六，《上圖稿本》第四三册，第三六九頁）
徐世華《閩役草》	萬曆四十二年（一六一四）	撰序	《徐仲芳〈閩役草〉序》（《文集》册一，《上圖稿本》第四二册，第三七—三八頁）
高魯生《四友詩》	萬曆四十三年（一六一五）	飾潤點竄	《答高魯生茂才》：『《四友詩》……漫題數語于首，難逃着穢之譏。惟高明裁教之。於中僭易數字，諒同調者不督過也。』（《文集》册六，《上圖稿本》第四三册，第四三七—四三八頁
謝肇淛《小草齋集》	萬曆四十六年（一六一八）	參校	參與《小草齋集》各卷校者有：陳鳴鶴、徐𤊹、陳仲溱、曹學佺、陳毓德、陳宏己、馬欻、王宇、孫昌裔和鄭邦祥；興公校三卷：卷二，古樂府；卷十二，五言律詩一；卷二十二，七言律詩五。

（續表）

作者書名	時間	方式	簡要説明
林子真《枕曲集》[一]《子實遺稿》	萬曆四十七年（一六一九）	授梓題記	題《子實遺稿》：『爲之梓《枕曲集》行於世……此帙乃舟次示余者，中多警句，皆刻後所著，尚俟異日附梓集後，以待子雲之知。』（沈文倬《紅雨樓序跋》卷二）
張穉通《峴山志》	萬曆四十七年（一六一九）	參與編校	《寄張穉通》：『《峴山志》忝附賤名，不足爲山靈之辱。』（《文集》册七，《上圖稿本》第四四册，第一八頁）
江仲譽《火後稿》	萬曆四十七年（一六一九）	撰序	《〈火後稿〉序》（《文集》册一，《上圖稿本》第四二册，第三九—四〇頁）
謝肇淛《史考》	萬曆四十七年（一六一九）	校	詳陳慶元《謝肇淛年譜》（未刊稿）
陳仲文《聞鶯館社集詩》	萬曆四十八年（一六二〇）	撰序	《聞鶯館社集詩序》（《文集》册一，《上圖稿本》第四二册，第四一—四二頁）
崔世召《問月樓二集》	萬曆四十八年（一六二〇）	撰序	《問月樓二集》卷首
陳圳《宮閨組韻》	天啓元年（一六二一）	撰序	《宮閨組韻》卷首
馬欻《下雉纂》	天啓四年（一六二四）	抄録并序	題《下雉纂》：『因序其簡端，庶幾爲子雲《解嘲》。』（福建省圖書館藏徐𤊹鈔本《下雉纂》卷首）
林章《林初文先生文集》	天啓四年（一六二四）	撰序	《〈林初文先生文集〉序》（《文集》册一，《上圖稿本》第四二册，第二三—二五頁）

[一]《枕曲集》梓年較早，俟考；爲叙述方便，暫歸於此條。

作者書名	時間	方式	簡要説明
翁正春《木天集》	天啓六年（一六二六）	點校編集	《復翁宗伯公》：『中間或有纇句冗字，僭爲標出，庶幾蕘言可採，愚得足憑，統惟台翁詳審之。』（《文集》册八，《上圖稿本》第四四册，第二六九頁）《又［復翁宗伯公］》：『贈序分二卷，集序分二卷，碑記一卷。統唯裁奪。』（《文集》册八，《上圖稿本》第四四册，第二七〇—二七一頁）《寄鄧道協》：『今年不佞辱宗伯公篤念世誼，時時枉顧。手生平《木天》著述數十卷見委删定，欲授諸梓。』（《文集》册八，《上圖稿本》第四四册，第二六〇頁）
盛民衡之父遺稿	天啓七年（一六二七）	選梓	《與盛父母》：『令叔祖遺稿，僭爲選梓，編氓往役，分固宜然，曷足重煩齒頰。』（《文集》册四，《上圖稿本》第四三册，第五二頁）
《萍合社草》	崇禎元年（一六二八）	撰序	《萍合社草序代》（《文集》册二，《上圖稿本》第四二册，第二一二頁）
鄧慶寀《還山草》	崇禎元年（一八二八）	撰序	《還山草》卷首
葉樞《送葉機仲將軍詩册》［一］	崇禎元年（一六二八）	撰序	《答葉機仲將軍》：『林茂禮兄製得册子頗精，而同社數子各賦贈言，東南之寶已盡矣。他不必求，亦不必有也。謹附使往，小序弁之于前，難逃著穢之譏，惟仁兄教之。』（《文集》册八，《上圖稿本》第四四册，第二四九—二五〇頁）
陳鴻《秋室編》	崇禎四年（一六三一）	編選撰序	陳鴻《秋室編》卷首
鄭邦泰《再集篇》	崇禎四年（一六三一）	代人撰序	《〈再集篇〉序代》（《文集》册一，《上圖稿本》第四二册，第一一八頁）按：此篇代作。

［一］題筆者所擬。

（續表）

作者書名	時間	方式	簡要説明
盛民衡《盛桂海詩》	崇禎五年（一六三二）	撰序	《〈盛桂海詩〉序》（《文集》册一，《上圖稿本》第四二册，第二九—三〇頁）
顏繼祖《雙魚集》	崇禎六年（一六三三）	撰序	顏繼祖《雙魚集》卷首
邵捷春《劍津集》	崇禎八年（一六三五）	撰序	《劍津集》卷首
馮夢龍《壽寧馮詩》	崇禎九年（一六三六）	撰序	《壽寧馮父母詩序》（《文集》册一，《上圖稿本》第四二册，第二六—二八頁）
吴仕訓《三山詩》	崇禎九年（一六三六）	撰序	《復吴光卿》：『三山佳作，以拙言弁首，殊愧着穢。』（《文集》册三，《上圖稿本》第四二册，第四二五—四二七頁）
陳价夫《招隐楼稿》	崇禎九年（一六三六）	編選撰序	鈔本《招隐楼稿》卷首
樊山圖《硯譜》	崇禎九年（一六三六）	撰序	《寄李公起》：『黄州樊山圖者，曾著《硯譜》，搜輯古人評硯并石産之地、銘贊之類，計八册，命弟作序，弟已撰與之。』（《文集》册七，《上圖稿本》第四四册，第九四頁）
陳衎《大江集》	崇禎十一年（一六三八）	撰序	《大江集》卷首
趙士駿《臨雲新草》	崇禎十二年（一六三九）	撰序或題詩	《復趙西星》：『捧誦《臨雲新草》，若濯魄冰壺，清凉襲人，但以拙文弁首，得無着穢之誚乎！枯梨重榮，寔爲異端。容賦詩紀實。』（《文集》册五，《上圖稿本》第四三册，第二二一—二二二頁）

（續表）

作者書名	時　間	方　式	簡要説明
許天開《許天開詩》	崇禎十四年（一六四一）	撰序	《許天開詩序》（《文集》册二，《上圖稿本》第四二册，第二一六頁）
衷仲孺《武夷山志》	崇禎十四年（一六四一）	撰序	《武夷山志》卷首
萬印角《遊閩草》	崇禎十五年（一六四二）	撰序	《萬印角〈遊閩草〉序》（《文集》册二，《上圖稿本》第四二册，第二一〇—二一一頁）
安國賢《安蓋卿詩》	俟考	撰序	《〈安蓋卿詩〉序》（《文集》册一，《上圖稿本》第四二册，第三三—三四頁）
王則巽《王則巽詩》	俟考	撰序	《〈王則巽詩〉序》（《文集》册一，《上圖稿本》第四二册，第三五—三六頁）
林生《玉閨春咏》	俟考	撰序	《〈玉閨春咏〉序》（《文集》册一，《上圖稿本》第四二册，第四八—四九頁）
陳鳴鶴《台嶼陳氏族譜》	俟考	撰序	《〈台嶼陳氏族譜〉序》（《文集》册一，《上圖稿本》第四二册，第五〇—五二頁）
商梅《寤真記》	俟考	撰序	《〈寤真記〉序》（《文集》册一，《上圖稿本》第四二册，第一二二頁）

十、徐興公八論

徐熥、徐𤊹稱『二徐』，筆者所另撰的《徐熥年譜》（廣陵書社，二〇一四年）是本譜的姐妹篇。《徐熥年譜》卷首有《晚明詩人徐熥論——兼論荆山徐氏儒業與文學之興衰》一文，該文已經述論過荆山徐氏，故本文介紹徐𤊹家世從簡，僅對徐𤊹影響較大之點論述之。本文着重討論徐𤊹興公的家世生平、《鼇峰集》與『興公詩派』、詩歌理論與評論、纂修志書及其理論與方法、輯校刊刻舊籍等方面。

一、父親兄弟與子孫

徐𤊹（一五七〇——一六四二），字惟起，又字興公，閩縣（今福建福州）人。著述甚多，題跋豐富，題署之名也多種多樣，曾自稱竹窗病叟，又稱讀易主人、筆耕惰農，號天竺山人，又號天竺居士、鼇峰居士、筠雪道人、石農，又稱東海徐惟起或東海徐𤊹興公。東海是荆山徐氏的郡望。

徐𤊹祖先入閩之後先居連江，遷至懷安縣（明萬曆初廢）荆山（今屬福建閩侯縣），世居。十一世祖自荆山遷至閩縣（今福州市）臺江。臺江係福州閩江商貿行旅聚集地，歌樓舞館，市井之風，不利於子孫讀書，徐𤊹曾祖遂遷居城南于山（又名九仙山）鼇峰坊，世居於此。徐𤊹父徐棉（一五一三——一五九一），字子瞻，歲貢士。隆慶四年（一五七〇），授江西南安府儒學訓導。是年，徐𤊹生於南安。萬曆元年（一五七三），棉爲廣東茂名儒學教諭。萬曆四年（一五七六）擢永寧令，六年辭官歸閩，年已六十六。棉能詩及書，又喜藏異書。有《徐令集》，又有《周易通解》《養生纂要》《世説紀稱》；又有未完稿之《晋宋人物考》。

對徐㷧一生影響很大的有兩個人，一個是父親徐𤊹，一個是伯兄徐熥。謝肇淛《故永寧令徐翁詩卷跋》一文，談到徐𤊹對徐熥、徐㷧兄弟在詩書方面的影響時説：『外王父（徐熥、徐㷧姐爲肇淛父汝韶繼室）子瞻先生喜爲詩，每酒後耳熱，微吟不去口。此卷所書五十餘篇，尤平生得意之作。書法結構頗類鄭繼之吏部。書未竟，而先生没。此卷遂爲獲麟之筆矣。先生能詩而不以詩名，能書而不以書名。乃得唯和伯仲嗣振風雅，片紙隻字珍如拱璧，可謂有子哉！』[一]《徐令集》和謝肇淛見到的徐𤊹手書今均不存。徐𤊹的詩，在徐熥所編的《晋安風雅》中存十數首。徐㷧成年後，題父所藏《擬古樂府》時説，童稚時，父親每天爲他講解二三首，如『老吏斷案，令人箝口咋舌也』[二]。精到和準確的解釋給徐㷧留下不可磨滅的印象。其次，徐𤊹是《易》家，徐㷧續承家學，反復研讀《胡雙湖易翼》《京氏易學》《麻衣先生易髓》《圖南易數》等著作，並作題跋，著有《易通》；鼇峰有園號『讀易園』。徐㷧精通堪輿術，著《堪輿辨惑》，或與其精于《易》有關。徐㷧弟熛亦著《徐氏易腴》。徐㷧子徐陸，尚在少年，弟熛便教之學《易》。再次，徐𤊹藏書甚富。徐𤊹之前數世，荆山徐氏已經重視文教，但仍然以商賈爲主，讀書而有功名，學優而仕的，從徐𤊹開始。徐𤊹喜積書，徐𤊹的藏書流傳至今的，如福建省圖書館所藏《自警編》九卷，趙善璙撰，嘉靖十九年陳光哲校刊本，有『南州高士儒子之家』『應宿堂』『徐儒子』『徐𤊹之印』『子瞻』等藏印；又《蔡中郎集》，漢蔡邕撰，明嘉靖二十七年俞汝成校訂、楊賢刊本，有『徐氏藏書』『徐𤊹私印』『南州高士儒子之

[一]《小草齋文集》卷二十四，天啓刻本。

[二] 馬泰來整理《新輯紅雨樓題記 徐氏家藏書目》，上海古籍出版社，二〇一四年，第一五五頁。

家」「子瞻」等藏印。徐㭿建紅雨樓貯其書。徐熥也喜積書，建綠玉齋。至萬曆三十年（一六〇二），徐𤊹合父㭿、兄熥所藏書，已經有五萬三千多卷。

其次是徐熥。徐熥（一五六一—一五九九），字惟和，萬曆十六年（一五八八）舉人。著有《幔亭集》，選《晉安風雅》。徐熥比徐𤊹大九歲，相當於半代人的時間差距。徐熥中舉後，屢上春官，落第。其中萬曆十九年（一五九一）十一月，到京之後，即聞父訃，白馬麻衣，隨即南下奔喪。徐熥雖然祇活了三十九歲，所作詩有三四千首，收入《幔亭集》。《幔亭集》收其詩二千多首，祇是中其中的六七成。徐熥兼工諸體，以唐人爲圭臬，五律類劉長卿，七律類許渾，七絶原本王江寧。萬曆中期，閩中重振風雅，鄧原岳、徐熥當爲首創者。參與者，先後有陳椿、陳鳴鶴、陳邦注、鄧原岳、陳宏己、趙世顯、陳仲溱、馬欻、陳公選、謝肇淛、陳价夫、陳薦夫、林天迪、徐𤊹和曹學佺等。在我們看來，在重振風雅的活動中，前期起重大作用的是鄧原岳、徐熥和謝肇淛，後期則是徐𤊹和曹學佺。徐熥所起的作用，主要在兩個方面。一是組織詩社。徐熥《陳汝翔〈泡庵詩〉序》：「熥與汝翔，三山結社，久爲五字之交。」[一]徐𤊹《萍合社草序代》：「芝山故自有社，先輩鄧汝高、趙仁甫、先惟和諸公倡酬，若而人咸有定數。」[二]陳薦夫《從子仕卿傳》：「徐惟和兄弟方與余結芝山社，而仕卿以詩謁之。遂往來文酒間，自比古仲容。惟和贈詩云：「入林無小阮，終少七

[一]《幔亭集》卷十六，據美國國會圖書館藏萬曆刻本縮微膠捲。

[二]《紅雨樓集　鼇峰文集》册二，《上圖稿本》第四二册，第二一二頁。本文引《紅雨樓集　鼇峰文集》，簡稱《文集》；《上海圖書館未刊古籍稿本》，簡稱《上圖稿本》，不再標明出版社和出版時間。

賢狂。』』[一]詩社比較重要人物，鄧原岳和謝肇淛都是萬曆二十年（一五九二）進士，三年之後，曹學佺也成進士，離開閩中。一直生活在家鄉宣導風雅的，徐熥的作用最大。其次，萬曆二十五年（一五九七），徐熥編就鼓吹閩中風雅的重要詩歌總集《晋安風雅》。福州，晋代稱晋安郡，晋安風雅，就是閩中風雅。這部詩歌總集，編選自明初至萬曆間的詩人二百六十多人，詩歌千餘篇：『上而格合漢魏六朝，下而體宗貞元、大曆，調有偏長，詞必兼善者，不論窮達顯晦，皆因詩采拾，以彰吾郡文物之美。燃脂暝寫，弄墨晨書，蓋慮作者之苦心，而没世不稱，良可痛悼也。至於野狐外道，格律稍畔者，雖有梁、竇之權，不敢濫厠片語，爲雅道螢賊。』[二]在徐熥看來，這些作品都是閩中的風雅之作，可資當代詩人研讀，以發揚光大。謝肇淛《五子篇·徐孝廉惟和》：『搜討殫九流，匠心遊六藝。大雅振式微，逸響流雲際。燦若華嶽峰，芙蓉映朝霽。快意萬里遊，藝苑標赤幟。』[三]對徐熥在重振風雅過程中的『赤幟』作用作了充分肯定。

徐𤊹排行第二，季弟熛，字惟揚，邑庠生，崇禎三年（一六三〇）卒。著有《徐氏易腴》三卷。徐熛曾與王宇讀書釣龍臺。王宇，字永啓，萬曆三十八年（一六一〇）進士，而徐熛多次參加省試，最終仍然青衿一領。《荆山徐氏譜》稱徐熛『性穎悟，好讀書』，『文藝精工，與父永寧公，及𤊹亭、興公二兄齊名，當世皆以爲「三蘇繼作」』。徐熛除了制藝，不屑于古文詞，《族譜》似推譽過當。徐熛除了執教私塾，没有其他謀生手段。『而舍弟亦生三子，長者已遊黌序，次者亦習舉業，皆已舉孫。寒門祚薄，青紫之事不敢殷望，

[一]《水明樓集》卷十三，萬曆刻本。
[二]《〈晋安風雅〉序》，《晋安風雅》卷首，萬曆刻本。
[三]《小草齋集》卷六。

惟是先人積德積學，而孫枝差不零替，足慰地下耳。』[一] 到了天啓、崇禎年間，徐熥子徐莊、子延壽、孫鍾震和熛長子、二子全都習舉子之業，甚至『逐隊入棘』[二]，然而成敗在天，未遂人願。

徐𤊹長子徐陸（一五九〇—一六一六），字存羽，庠生，娶陳价夫女懷佩爲婦。萬曆三十九（一六一一），年二十二，郡邑試第一，隨後省試落第。徐𤊹自己無意科舉，不等於他對子弟的功名不在乎。萬曆四十年（一六一二）、四十三年（一六一五）徐陸連續兩次失利，似乎有點急躁，徐𤊹作了一篇《興復羅星塔議》，他説明興以來福州科舉甚盛，然而至萬曆四十三年乙卯科轉而大衰：『國朝設鄉試之科，至萬曆壬子，計爲賢書者二千三百有奇，内舉進士者六百餘人。他郡如興、如泉，最稱文獻之藪，尚不能得其半，可謂冠蓋肩摩，軒裳踵接矣。迨夫今日，家詩書而户禮樂，呫嗶之聲達于閭巷，人材秀發，文藝清奇，乃放榜之晨，十庠僅得八士，泉、漳士子，十占其七。』究其原因，是閩江口羅星塔不知廢于何年，以至『嘉靖辛酉以來科目日衰』，『羅星所係甚重』，『夫塔存而文運興，塔毁而文運歇』[三]。嘉靖十年辛卯（一五三一）至萬曆四十年壬子（一六一二），中間八十年，怎麽都没人想起羅星塔之廢？到了萬曆四十三年（一六一五）徐陸再次失利，徐𤊹遂敦促當局趕快修復，不然三年很快就會過去，不幸之事還會重演！比科舉功名更爲不幸的是，次年，即萬曆四十四年（一六一六），徐𤊹病幾殆，陸或優慮過重，竟卒，年僅二十七。

徐陸卒，對徐𤊹打擊甚大。徐陸卒時，陸子鍾震才七歲。鍾震，字器之，庠生。鍾震十六歲時進入閩

[一]《寄李芾泉明府》，《文集》册七，《上圖稿本》第四四册，第五七頁。

[二] 致某人札（缺題），《文集》册四，《上圖稿本》第四三册，第二一一頁。

[三]《文集》册十二，《上圖稿本》第四五册，第三八五頁。

庠，十八歲入棘。徐𤊹還有一個次子，小名阿室，生於萬曆二十七年（一五九九），次年卒。三子徐隆，出生當年卒。季子延壽，原名陵，字延壽，以字行，生於萬曆四十二年（一六一四），字存永；延壽比侄子鍾震還小四歲。鍾震年紀不大，却多次參加科考，有一次，主事者閱其履歷，以爲是老童生，置之三等，幸而通過遺材試，才勉强取得入棘資格；延壽也多次參試，同樣没有結果。『雖兒孫逐隊入棘，其成敗乃聽之天。』[一]崇禎十二年己卯（一六三九）七月中，此時離鄉試還有一個多月的時間，徐𤊹又想起了『風水』之事，他認爲城内的萬歲塔是福州的文筆塔，有關福州文運，『但塔樹幾于一抱，若不預爲剪伐，恐風水未必全收。況今去科場，尚有月餘，倘早議及此，今歲必有多薦賢書大魁天下者』[二]。于是，他致書鄉先賢董應舉，希望憑藉董氏的威望，儘快把塔樹伐去。董應舉不負興公和衆人的期盼，果然第二年閩郡登進士者十人，然而徐𤊹的兒孫在鄉試中已經名落孫山。崇禎十五年（一六四二）壬午科，是徐𤊹生前延壽和鍾震的最後一次應試。似乎意料到什麽，他説如果這一次没能成功，子孫下一次的鄉試他再也看不到了，不幸被他言中。

徐𤊹祖父輩以上，世代經商，日子尚可，自其父徐棉以歲貢官知縣，其兄徐熥省試中式之後，除了徐𤊹本人，季弟徐熛、季子延壽，侄徐莊、孫鍾震，都汲汲奔競于科試仕途，不願意重新回到經商的老路上，畢竟科舉功名無論在利禄還是聲譽上，對這樣一個剛剛由商轉儒的家族來説尤爲重要。徐𤊹雖然也明知弟子除了讀書，没有更多養家糊口的能力，還是不間斷地支持並且支撑著這支科考的隊伍，即便他們一而再

[一]　致某人札（缺題），《文集》册四，《上圖稿本》第四三册，第二一頁。

[二]　《與董見龍》，《文集》册四，《上圖稿本》第四三册，第一一三頁。

再而三地受到挫折，在漫長的數十年間，徐𤊹始終没有放棄對他們的期待。

回到祖上經商的老路，徐氏既不願意，也已經不可能，科考又缺少能力或者運氣，差可安慰的是延壽和鍾震像父輩、祖輩一樣擅長詩、古文，詩文的聲名很爲徐氏家族争了一口氣。延壽單行的集子，至少有《武夷遊草》《將車草》《潮音草》《吴遊小稿》《集陶》，後選刻名爲《尺木堂集》。集有錢謙益、紀映鍾等十餘家序。鍾震則有《丹霞紀遊》《丹霞續遊》《三華遊草》《嵩山倡和》《吴越遊草》《南行詩集》，後合爲一帙，名《徐器之集》，此外還有《荔奴集》《雪樵文集》《遜業集》和史部《閩疆世紀》。早在崇禎末年，曹學佺選刻延壽、鍾震作品，名《二徐詩選》，陳衎《〈二徐詩選〉序》云：

> 徐氏自永寧公藻繪文囿，惟和、惟起兄弟遞相雄長，主盟東南一帶。存永，惟起愛子；器之，嫡孫也。兩年少俱於總丱之時，便登壇樹幟。噫，何其盛哉！自古闔門蔚美，獨稱江左謝氏，然亦族屬群從而已；又得太傅、車騎以勳爵晻映，故立名良易。未有父子、兄弟、叔侄宴處柴門，皆操觚流響，耀質敷榮，同爲群彦領袖者也。存永賦性簡通，怡情綺秀，悠然塵滓之外；器之圭方璧圓，邃茂凝潔，望之肅人心目，故其爲詩，亦各相肖。曹公能始選梓以行，較之藏稿僅什之四。蓋從吴冶索鈎，先求拂彗，亦于昆林擇玉，或遺垂光耳。[一]

陳衎序，徐棉功名衹一句『永寧公』（棉爲永寧縣知縣）一筆帶過，重點交代自棉至鍾震一門四世能詩，稱一時之盛。如果説徐氏家族有何別于其他家族之處，除了藏書，恐怕衹有文學了。

[一]《大江草堂二集》卷十二。

對舉子業的興趣，徐延壽不如其侄鍾震，入清之後也不再參加科舉考試，而文采過之。崇禎十一年（一六三八），延壽年二十五，徐𤊹往山東訪顏繼祖，携其同往，遊吴越，訪問詩朋文友，歸途過拂水訪詩老錢謙益。徐𤊹在世時，已爲延壽刻數部詩集。入清之後，兩次遊燕，交結天下名士，肅界大開。過河南中牟，訪知縣吴彦芳，吴氏爲其刻《尺木堂集》。唐王隆武二年（一六四六），清兵入福州，曹學佺自縊於西峰里第，次年，移棺西湖，徐延壽作五言長律《大宗伯曹能始先生挽章一百八十韻》傷之，錢謙益云：『《哭曹能始》長篇，述陽秋、詢琬琰，富矣哉，古良史也！』[一]『即興公先生伯仲與曹能始諸公唱和振閩南，能始殉國難，諸公咸溘然委蜕，而曹氏書倉、徐氏宛羽樓，亦爲健兒弓帳，豈不傷哉！江山故宅，求一代偉人風流吟咏之地而不可得，亦何必待後世好事者始知其悲耶！』[二]不久，耿精忠之亂起，徐氏宛羽樓亦化爲健兒弓帳，兵士牧馬之場，徐家被迫遷出鼇峰坊，繼而徐延壽客死湖湘。

延壽輩分高，徐𤊹庶子；鍾震爲延壽侄，徐𤊹嫡長孫。徐𤊹培養子孫，都往科舉方面引導，而對鍾震有更大的期望。徐𤊹爲延壽刻詩集，而爲鍾震刻的却是制義集，衹要有機會就爲他鼓吹。至清順治八年（一六五一），從明崇禎間算起，鍾震鄉試已經六次落第。鍾震對舉業的追求大大超過延壽。鍾震詩繼承家學，其《山居感懷》前後十九首、《南行九哀詩》，沉着老成，感慨淋漓，明清之際在閩中詩人中自成一家。據諸家序，延壽亦善文，可惜多已失傳。傳世的鍾震文，應酬之作居多，入清之後閩中大員的壽文、迎啓，不少出自他的手筆，若無相當的底藴，恐怕没有人會想到請他操刀。鍾震以嫡長孫的身份，掌管徐氏藏

［一］《徐存永〈尺木集〉序》，《牧齋有學集》卷十八。

［二］林向哲《〈南行詩集〉序》，徐鍾震《徐器之集·南行詩集》卷首。

書，繼承徐𤊹遺志，整理圖籍，撰寫題跋。特别是，他還撰有一部《閩疆世紀》這樣的當代史。鍾震最後身老江湖，徐氏數代風流從此消歇。

二、生平三個時期

如何介紹徐𤊹的生平，我們覺得有點困難。徐𤊹没有科考，没有功名，没有傳奇逸事，衹是一個讀書人、藏書人、寫書人，講什麽？其實，徐𤊹的一生還是有某些關鍵點，某些重要或比較重要經歷需要提出來討論的。爲了便於論述，我們把徐𤊹的一生分爲三個時期。第一個時期，從隆慶四年（一五七〇）出生，至萬曆二十七年（一五九九）；萬曆二十七年，徐熥去世。第二個時期，從萬曆二十八年（一六〇〇），至天啓六年（一六二六）；天啓六年，《鼇峰集》二十八卷刻成，友人曹學佺在廣西右參議任上罹璫難。第三個時期，從天啓七年（一六二七），至崇禎十五年（一六四二）去世；天啓七年，曹學佺被嚴譴歸家，不再出仕，徐𤊹與曹學佺共主閩中文壇。

第一個時期（一五七〇——一五九九）

徐𤊹出生于江西南安府，父徐棉時爲府訓導，當時已經五十八歲，兄熥十歲。萬曆四年（一五七六），徐棉擢永寧知縣。萬曆六年（一五七八），徐棉辭官歸家，徐𤊹時九歲。徐熥、徐𤊹兄弟都説，徐棉爲官清廉，積蓄無多，但是徐棉歸家之後，仍然有能力置些家産，家人生活，子弟讀書，也没有太大問題。徐熥中舉之後，屢上春官，不第，三十九歲病逝。弟熛始終忙於舉子業，然而亦無所成。徐𤊹就童子試，見唱名擁擠，遂棄舉業，一生讀書、積書、作文。徐𤊹的文章，我們見到最早的一篇是萬曆十三年（一五八五）作的

《石鼓文》墨本題跋，這一年徐𤊟十六歲。徐𤊟所著書，我們知道的最早一部是萬曆二十二年（一五九四）兄徐熥在金陵爲他刻的《紅雨樓稿》，這一年徐𤊟二十五歲。徐熥爲徐𤊟刻的這部文稿，徐𤊟並不滿意，徐𤊟《答王元禎》云：『不佞《紅雨樓稿》，是甲午歲先伯兄梓之白門。皆弱冠時所作，十分乳臭。門下何從得之乎？子雲悔少作，即此稿之謂也。』[一]徐𤊟頗悔其少作。這一時期，徐𤊟所著書還有《閩中海錯疏》三卷（屠本畯撰，徐𤊟補疏）、《蔡忠惠年譜》一卷、《田園雅興》一帙、《閩畫記》十卷、《荔枝通譜》八卷（蔡襄一卷，徐𤊟七卷，徐𤊟編）。徐𤊟的詩，檢《鼇峰集》，最早的是《庚寅元日，嶺南曾人倩集小齋分韻》（卷十三）、《出塞曲》《送人臨邊》（卷十）、《江行即事》（卷十三）等，作于萬曆十八年（一五九〇），徐𤊟時年二十一。《幔亭集》是徐熥卒後，徐𤊟爲之編選的，十去其四，編年可考者集中在萬曆十六年（一五八八），徐熥年二十八，這一年徐熥中舉並動身赴京考。此前唯一可考作年的是《重宿靈源洞懷珠上人》（卷五）一詩，黄任《鼓山志》此題下注『丁亥歲』[二]，即萬曆十五年，徐熥年二十七。徐𤊟一方面不滿兄徐熥爲他刻二十五歲之前所作《紅雨樓稿》，一方面在《鼇峰集》中，又收録自己較多的二十五歲之前的作品，這或許可以説明，他對自己二十五歲之前所寫的詩還是頗爲自負的。

萬曆十六年（一五八八），徐熥上春官下第，在舊居紅雨樓之南建了一座緑玉齋，徐熥作《緑玉齋記》，徐𤊟作《題緑玉齋》。徐熥《緑玉齋記》前半云：

余家九仙山之麓，寢室後有樓三楹，顔曰『紅雨』。樓之南有園半畝，園中有小阜，家大人舊結茅

[一]《文集》册六，《上圖稿本》第四三册，第三〇八頁。

[二]《鼓山志》卷十一，乾隆刻本。

於上，僅遮雨露，而苦於不便卧起，且無以置筆硯書畫之屬。歲己丑，余下第還山，乃易構小齋于山之坪。由園入齋，石磴數十級，曲折逶迤。列種筠竹，齋前隙地，護以短墻，翳以蘿蔓。墻下藝蘭數本，置石數片。齋傍灌木環匝，下置石几一，石榻二。夏月坐陰中，鳥語間關，蟬聲上下，足當詩腸鼓吹。齋止三楹，以前後爲向背，中以延客，左右二楹，差可容膝。余兄弟讀書其中。無長物，但貯所蓄書數千卷而已。山中樹木雖富，惟竹最繁，素筍彤竿，扶疏掩映。窗扉不扃，枕簟皆緑；清風時至，天籟自鳴，故名以『緑玉齋』云。[一]

緑玉齋占地衹有半畝，齋前種竹，曹學佺又稱此齋爲『竹林』；灌木匝墻，置石几、石榻。齋僅三楹，貯書數千卷而已，中可延客；左右二楹，兄弟讀書其中。窗扉不扃，枕簟皆緑，故名緑玉齋。徐氏兄弟齋樓有多處，而以此齋最爲著名。徐𤊹稱自己爲『緑玉齋主人』，他的很多作品皆寫於此，其子延壽、孫鍾震也在這裏讀書成長。徐熥、徐𤊹經常在緑玉齋值社作詩，據徐熥《寒食日，熙吉、玉生、惟秦、振狂、伯孺、少文集緑玉齋》[二]，寒食日雅集，參加者有林應獻（字熙吉）、王崑仲（字玉生）、陳仲溱（字惟秦）、陳宏己（字振狂）、陳价夫（字伯孺）、王叔魯（字少文）；徐𤊹《秋日陳汝大、鄧汝高、陳振狂、陳子卿、陳幼孺、袁無競、

[一]《幔亭集》卷十七。
[二]《幔亭集》卷五，此詩作于萬曆二十年（一五九二）。

惟和兄集緑玉齋，時子卿、幼孺、惟和下第歸自燕都，汝高將奉使入浙，余亦吴越之遊》[一]，秋日雅集，兼送鄧原岳，參加者有陳椿（字汝大）、鄧原岳（字汝高）、陳宏己、陳翰臣（字子卿）、陳薦夫（字幼孺）、袁敬烈（字無競），還有主人徐氏兄弟。這樣的例子很多。徐熥過世之後，緑玉齋的這類活動仍没有停止過，甚至徐𤊹去世之後，改朝换代，緑玉齋仍然是徐氏與詩友雅集的好場所。

萬曆二十年（一五九二），即徐棉卒後之次年，六月十三日，徐𤊹出福州洪江，北行吴中，爲父棉乞《墓誌銘》。當年九月十二日抵家，正好是三個月，歸家後作《吴游記》[二]。徐𤊹没有到過北京參加過科考，此行雖然也衹到吴中，但是，他出行的這一段路綫恰好也是多數閩中士子入京考試的最重要路綫。徐𤊹走崇安的分水關出福建，進入江西鉛山縣；由浙江過仙霞關進入浦城縣回福建。沿途有建溪、武夷、鵝湖、富春江、嚴子陵灘、杭州西湖、烏鎮及吴中諸名勝，回途在浙江還可以看到江郎山。徐𤊹此行，便道經邵武，登熙春臺、西塔寺。作爲孝子，乞銘是此行的目的；作爲一個文學家和詩人，閩、贛、浙、蘇的旅行，遊觀名勝古跡，豐富閲歷，有許多詩料可以入詩，這是非常重要的，此一。其次，在旅行的途中，結識了不少文壇朋友，詩藝的切磋交流，對提高創作水準意義也很重大。閩中偏在海隅，交通頗爲不便，急流險灘，崇

[一]《鼇峰集》卷十三，天啓刻本。此詩作于萬曆二十三年（一五九五）。陳薦夫有《秋日同汝大、振狂、子卿、汝高、惟和、惟起、無競集緑玉齋，時惟和、子卿下第歸自燕，予歸自吴興，汝高將以使事入浙，惟起將游吴越》（《水明樓集》卷五），鄧原岳有《秋日陳汝大、振狂、幼孺、子卿、無競集徐惟和、興公緑玉齋，時子卿歸自長安，幼孺歸自吴興，興公將遊秣陵，予將以使事之浙》（《西樓全集》卷六）。

[二]《文集》册九，《上圖稿本》第四四册，第三八七頁。

山峻嶺，從福州到浙、贛，通常需要半個月或更多的時間，與外界交流機會較少。此行訪問的前輩和同輩詩人文友有王穉登、張獻翼、顧大典等，不下二十人。後來，張獻翼、顧大典還爲《鼇峰集》作了序。

走出閩中，交結天下文友，是文學家擴大視野、博取衆長的好機會；省外的文人雅士來遊宦或遊歷閩地，特别是那些文名較大的文士，對閩地的文學創作和文教也可能有一定的促進作用。顧大典就曾以副使的身份提學福建，頗受福建學子的敬重。萬曆二十四年（一五九六），車子仁、屠本畯先後來任福州郡守和福建轉運使。車子仁，字大任，邵陽人，有《車參政集》；屠本畯，字田叔，鄞縣人。屠本畯與閩中士子特别是徐氏兄弟交往甚密，所著《閩中海錯疏》，徐𤊹補疏；徐𤊹《荔枝通譜》八卷，屠本畯爲之作序並爲之梓行。萬曆二十六年（一五九八），屠本畯與徐熥倡建的高賢祠落成，清郭柏蒼《柳湄詩傳》云：『萬曆二十六年，鹽運同知屠本畯與熥倡建高賢祠于福州郡治烏石山西，祀自唐至萬曆間閩中鄉先生善詩者六十餘人。』[一]徐熥有《高賢祠成答屠使君》四首，徐𤊹有《高賢祠落成，屠田叔以詩見貽，答贈一首》[二]紀其事，祠落成後的第二年，陳椿與徐熥病卒，入祀，雖然享受榮耀，畢竟已經是身後之名，令人痛悼。這一年十一月，屠本畯之官沅陵，徐𤊹自侯官芋江登舟至囦關（在今福建古田），有《囦溪十里橋與屠田叔泣別》詩：

數月愁相別，今朝別是真。從來知己淚，此際倍沾巾。味亦如中酒，腸應似茹辛。却嫌山路轉，

[一]《全閩明詩傳》卷三十二，光緒刻本。

[二]《幔亭集》卷六、《鼇峰集》卷十。

頃刻蔽車塵。[一]

徐㶿又作《送屠使君至芋原驛，是夕留飲驛亭，以梨園佐觴，使君首倡，依韻奉答》《至水口驛，屠使君以詩留別，次韻答贈》《仲冬望後，屠田叔奉命入楚，同社諸子買舟追送，余與玉生、伯孺、幼孺、惟和共載舟中，携筆硯書畫之屬相對甚適，玉生作野航恰受兩三人畫意，各以杜句爲韻，余得野字》[二]。臨岐泣別，反復贈答，又是唱戲，又是作畫，閩中的詩人們和即將離去的屠使君，深情依依，溢於言表。

第二個時期（一六〇〇—一六二六）

徐棉過世，徐氏兄弟似未分爨，徐熥應是這個家族的主心骨。徐熥過世，一家人生活的擔子突然壓在徐㶿的身上。陳鳴鶴《徐熥傳》云：『熥好客，自喜所居户外履常滿。客以急歸者，亡問知與不知，皆絶甘振之，用是家困如罄，終不以灃薊，即假貸所得，隨手輒盡如故。』[三]故人誚之，有『窮孟嘗』之稱[四]。譽之也好，誚之也好，逝者已矣，留下來的一切，就得由生者收拾。徐㶿在致友人書信中反復説到自己的苦衷：『先兄見背之後，拙于居貧，饑無粟，寒無衣。』[五]『先兄舉孝廉十有二載，粥衣結客，賣田買書，不惟不問家人産，即凉薄先業，亦且廢盡。一旦棄捐，萬事瓦解。白頭在堂，黄口在抱。死者已矣，生者能無累

[一]《鼇峰集》卷十。

[二]《鼇峰集》卷十四、《鼇峰集》卷七。

[三]《東越文苑》卷六，同治郭柏蔚增訂本。

[四]〔乾隆〕《福州府志》卷六十《文苑傳》：『家貧好客，凡遊閩者，無論尊官賤士無不得見，户外四方之履，相錯如市。或遊困不能歸者，傾囊以贈，人咸誚爲「窮孟嘗」云。』

[五]《寄王百穀》，《文集》册三，《上圖稿本》第四二册，第二九九頁。

乎？』[一]『伯兄見背，忽爾逾期，門戶零丁，八口不給。猶子戔戔，十分駑鈍，不堪鞭策。天既不假以年，而復不昌其後，天道茫昧，豈忍爲知己道哉！』[二]這三則材料説明：其一，家貧，無衣無粟。文學語言固有所誇飾，但至少可以説明徐𤊹一家有時到了難于度日的地步。其二，徐棉留下的薄産，幾乎被徐熥散盡，因此拖累生者，特别是徐𤊹。其三，徐熥子徐莊駑鈍，不堪鞭策。其實，徐莊豈止駑鈍，簡直就是惡劣和無賴。徐氏家有祠龕，萬曆三十七年（一六〇九），被徐莊拆賣：『府君歿，先兄遷置紅雨樓，新創一龕，稍敞；髹漆丹堊，稍精。以爲可妥先靈于永久，不虞其一旦遷移變置耳。歲己酉之冬，兄子不類，既蕩失恒産，復折以賣錢（以下殘缺數字），余頃自越歸，淒然傷之。』[三]繼而，徐莊又惡人先告狀。徐𤊹説道：『然所可嘆惋者，逆侄邇年尤恣睢兇暴，纍欲訟我兄弟二人。日前扶嫂氏具告提學，道批府，尚未問審。婦人生不肖子，反爲護短，玷我亡兄，此家門不幸，人倫大變，日惟仰天太息，繼之以泣而已。此亦前世冤業，始生此子，弟亦委之于數耳。』[四]此事在精神上對徐𤊹造成了很大的傷害。幸好兄弟之間情誼甚篤，徐熥去世後的數十年之間，徐𤊹對兄長仍舊一往情深，不斷有詩文懷思，也不斷搜集徐熥的遺墨佚作。

徐熥買書，是導致家庭貧困的原因之一，徐𤊹有些無奈，然而到頭來却是兄弟同嗜，『予之蓄書，拮据

[一]《寄謝在杭》，《文集》册三，《上圖稿本》第四二册，第三三八頁。
[二]《寄鄧汝高學使》，《文集》册三，《上圖稿本》第四二册，第三二八頁。
[三]《遷祠龕記》，《文集》册九，《上圖稿本》第四四册，第四〇五—四〇六頁。
[四]《寄曹能始》，《文集》册六，《上圖稿本》第四三册，第四一四頁。

勞瘁，書愈富而囊愈空，不幾於成痴成淫乎？』[一]徐𤊹不斷四處覓書，積書越來越多，精品也越來越多。他不是坐等書商上門，或者僅在本地採購而已，還外出覓書。專門爲覓書的出行，徐𤊹稱之爲『書林之役』：

> 會壬辰、乙未、辛丑三爲吴越之遊，庚子又有書林之役，乃撮其要者購之，因其未備者補之，更有罕睹難得之書，或即類以求，或因人而乞，或有朋舊見貽，或借故家鈔録，積之十年，合先君子、先伯兄所儲，可盈五萬三千餘卷，藏之小樓，堆床充棟，頗有甲乙次第。鉛槧暇日，遂仿鄭氏《藝文略》、馬氏《經籍考》之例，分經史子集四部，部分衆類，著爲《書目》七卷，以備稽覽。[二]

萬曆二十九年辛丑（一六〇一），吴越之遊，趁便買書；而二十八年庚子（一六〇〇），則是專門爲了購書前往建州（治今福建建甌）。建州，是明初臺閣體代表詩人之一楊榮的故里，楊榮有很多圖書傳給子孫後代，或散落民間。建陽縣，屬建州，宋代起就有許多公私刻書坊，同時也是朱子之葬地，不光積澱豐富，留傳舊本亦多；建陽以北，崇安、浦城，宋以來名家輩出，崇安有朱熹的紫陽書院和劉子翬的屏山書院，浦城出過楊億、真德秀。與建州毗鄰的邵武，也是詩詞之鄉，宋代出過嚴羽等『三嚴』，元代有黄鎮城。到了萬曆三十年（一六〇二），徐𤊹已經蓄書五萬多卷，這麼多的圖書，一是來源於父兄的積纍，二是徐𤊹本人的購置，三是友人相贈，四是『即類以求』，不得已而乞於他人，五是抄録。徐𤊹不僅蓄書，而且給自己的藏書編書目，也是在這一年，他編了一部《紅雨樓藏書目》。當然，藏書的目的是爲了利用。徐𤊹是一個文

[一]《〈家藏書目〉序》馬泰來整理《新輯紅雨樓題記　徐氏家藏書目》，上海古籍出版社，二〇一四年，第二〇七頁。

[二]《〈家藏書目〉序》，馬泰來整理《新輯紅雨樓題記　徐氏家藏書目》，上海古籍出版社，二〇一四年，第二〇七頁。

學家、詩人，還是一個博物家，博物家需要有更爲豐富的圖書資料。這期間，徐𤊹編著的書就有《蜂經疏》《榕陰新檢》《榕陰詩話》《竹窗雜録》《客惠紀聞》《蔡端明别記》《隱居放言》《古文短篇》，校《文心雕龍》等書，並協助吴雨編《鳥獸草木考》，協助謝肇淛修《鼓山志》《永陽縣志》，協助喻政編《茶葉全書》。徐熥的《幔亭集》也是經其手編就付梓的。

萬曆年間，明朝政府熱衷於修地方誌。興公參與了《福州府志》《福安縣志》等數部志書的修纂，這個問題我們留待第五部分再略加討論。

萬曆四十七年（一六一九），徐𤊹有一次没有成功的滇南之行。此前一年，謝肇淛河臣秩滿，擢雲南布政使司左參政兼僉事分巡金滄道。謝肇淛到達任所，邀徐𤊹入滇。徐𤊹遂於這一年十月動身前往。謝肇淛比徐𤊹年長三歲，而徐𤊹則爲其舅氏。年紀相近，又同爲詩家，謝肇淛每次回鄉省親，必與徐𤊹遊樂歡洽。萬曆三十六年（一六〇八），謝肇淛與徐𤊹組織紅雲社；萬曆三十九年（一六一一），謝肇淛組織泊臺社，亦閩中詩壇一時之盛事。謝肇淛爲人，有種種優點和長處，『但與睦族、結客、佈施三事，錙銖未能割捨』[一]。佈施和經濟利益有關，其餘二事，也不可能離開金錢和經濟。徐氏對謝肇淛來説，是外家。曹學佺的宦途似乎比謝肇淛坎坷，最後的官位也比不上謝肇淛，曹對徐𤊹關照要多於謝，甚至還爲徐𤊹建造了一座藏書樓（詳下）。萬曆四十七年（一六一九），謝肇淛招徐𤊹入滇，在幕府中做事，或許也是一種關照。《之滇别家》：『漂泊頻爲客，兹遊今始長。一枝携冶劍，萬里入蠻荒。馬足宵馳月，鷄聲曉咽霜。孤

[一]《徐𤊹傳》，〔民國〕《福建通志·文苑傳》卷六。

孫將穉子，臨别屢牽裳。』[一]萬曆四十四年（一六一六），徐𤊹長子徐陸病亡之後三四年間，徐𤊹傷痛還未治癒，却要出遠門，這時，長孫鍾震剛剛十歲，幼子延壽方才六歲，如果不是爲了生計，誰願意作此萬里之行？『渭陽情更切，豈但爲依劉。』[二]曹學佺安慰他，説此行還有一層甥舅之誼，不能僅僅看成是一種依附。殘歲，行至湖南辰陽，得謝肇淛信，説滇南、黔中疾疫盛行。徐𤊹遂折回，作《至辰陽，得謝在杭書，知黔中疾疫盛行，苗蠻阻道，因不果入滇，却寄在杭二首》，其二前半云：『遠别皆從妄想生，畏途誰道不堪行。懷鉛已失依人計，解佩應知念母情。』[三]冷静一想，對此行寄予太高的期望，不過衹是『妄想』而已，寄人籬下之舉，還是一種失策之計。依謝未果，此後數年，『生計無聊，貧日益甚。近鬻《廿一史》爲饔餐之費。書爲吾之所愛，肯割捨而换阿堵，景况不足爲問矣』[四]。甚至得靠賣書度日。讀書人賣書，無疑是在割自己身上的肉。

天啓五年（一六二五），福建巡撫南居益遷工部右侍郎，總督河道，擬在離閩之前，經建州之時爲徐𤊹刻《鼇峰集》。這一年，徐𤊹已經五十六歲，是到了應該結集的時候了。七、八月間，徐𤊹送南中丞至建州、武夷。南居益爲集作了序，見《鼇峰集》卷首。實際上，此序出自漳州龍溪（今福建龍海）張燮之手。南居益致張燮《答書》云：『興公《鼇峰集》若干卷，付來草本，多訛字，似未經較閲者。款制亦復不佳，

[一]《鼇峰集》卷十一。
[二]《徐興公入滇訪謝在杭，過石倉山房宿别》，《夜光堂近稿》，日本内閣文庫藏明刻本。
[三]《鼇峰集》卷二十一。
[四]《寄曹能始》，《文集》册八，《上圖稿本》第四四册，第二一六頁。

今付鄭別駕使散刻坊間，敢煩名筆代摛一序，以文貌質，知仁丈重興公，不難諾不肖也。其刻款、較閱，嘗托之詹先生耳。』[一]『《鼇峰集》詩，南巡撫居益爲之授梓。未幾，南公去位，以屬同知攝建安令鄭某，僅刻四卷而輟。』[二]此次所刻，衹有四册而已。事後，徐𤊹鬻田數畝，續成十册，這就是我們今天看到的天啓本《鼇峰集》，共二十八卷。

第三個時期（一六二七—一六四二）

天啓六年（一六二六）臘月，徐𤊹來到江西崇仁縣投靠知縣崔世召。世召（一五六七—一六三九），字徵仲，號霍霞，又號半嚶居士，別號西叟，寧德人。萬曆三十七年（一六〇九）舉人，參與閩中詩社活動。天啓五年（一六二五），崔世召任崇仁知縣。萬歷末年，往福安修志，徐𤊹過寧德崔氏問月樓，與之酬倡，關心謝翱《晞髮集》刻印之事。到達崇仁之後，協助崔氏纂《華蓋山志》一書，天啓七年（一六二七）付梓。歸閩後，崔世召罹璫難，後復起，官至廣東連州知州。有《問月樓集》《秋谷集》等。

《鼇峰集》所收詩詞，止于泰昌元年（一六二〇），天啓以後的詩未刻。雖然徐𤊹的稿本《紅雨樓集 鼇峰文集》十二册流傳至今，但是這部稿本十之八是書信，很難反映徐𤊹天啓、崇禎時期的創作和生活的全貌。曹學佺《石倉全集》百餘卷，今存，我們瞭解徐𤊹晚年的生活，更多的衹能依靠曹集。天啓六年（一六二六），曹學佺在廣西右參議任上，被劾私撰國史，淆亂是非，遂削籍，幾遭不測，被釋，於次年二月歸家。曹學佺比徐𤊹小四歲，萬曆二十三年（一五九五）進士，與徐氏兄弟關係甚密。曹學佺回閩之

[一]《答書》，張燮《寄南中丞》附，《群玉樓集》卷十九。

[二]陳壽祺《紅雨樓文稿跋》，《左海文集》卷七，道光刻本。

後，不再出山，潛心撰述，與徐㶿時時過從，往來甚密。早年的社友，健在者都漸進入晚境，『轉眄皆成五六旬』[一]。這一時期，徐㶿與曹學佺以其年資和詩歌的成績，主持閩中文壇是理所當然的。社集之外，曹學佺與徐㶿詩書往返不斷。崇禎八、九年（一六三五、一六三六）間，徐㶿往遊建州，歲盡歸家，無以卒歲，幸得曹氏關照：『客建將一載，荷盛情有加，肝膽相照，即至親骨肉，莫啻過也。瀕行，復承饋贐，愧謝，愧謝！廿三日抵舍，百務叢脞，空橐莫支，承曹尊老爲弟設處百金，方能卒歲。』[二]

曹學佺與徐㶿的情誼，在晚明文壇中被傳爲佳話的是曹爲徐建造了一座新藏書樓——宛羽樓。崇禎七年（一六三四），宛羽樓落成。早在萬曆三十年（一六〇二），徐㶿編《紅雨樓藏書目》，藏書已經五萬多卷，這些書相當部分是父兄所積。三十多年過去了，儘管徐㶿日子過得艱難，但是覓書從不間斷，其致友人書云：『不肖世居鼇峰之麓，積書頗多，無處堪藏，近能始捐貲爲弟構一危樓，題曰「委羽」，取「宛委羽陵」之義。』[三]到底此書樓藏書多少卷，此時，徐㶿總藏書量有多少，没有文獻依據，很難估量。但是，明嘉靖以還，閩中藏書家的藏書，無論數量還是書品的總評價，都不會有人能夠超過徐㶿。徐㶿也非常自信：『吾鄉前輩藏書富者，馬恭敏公森、陳方伯公暹。馬公季子能讀能守，陳公後昆寖微，則散如雲烟矣。又林方伯公懋和、王太史公應鐘，亦喜聚書，捐館未幾，書盡亡失。然四公之書，咸有朱黄批點句讀，余間得之，不啻拱璧也。予友鄧參知原岳、謝方伯肇淛、曹觀察學佺，皆有書嗜。鄧則裝潢齊整，觸手如新；謝

[一] 曹學佺《答徐興公》，《賜環篇》上。
[二] 《寄趙慧生》，《文集》册三，《上圖稿本》第四二册，第四二四頁。
[三] 《答陳宗元乙亥》，《文集》册三，上圖稿本，第四三册，第三七四頁。

則鋭意搜羅，不施批點；曹則丹鉛滿卷，枕藉沈酣：三君各自有癖。然多得秘本，則三君又不能窺予藩籬也。』[一]這裏講了前輩四家，同輩鄧原岳、謝肇淛、曹學佺三家，並以爲三家的秘本不可能超過自己。宛羽樓落成，徐𤊹和曹學佺都有詩紀其事，友人贈詩亦不少，曹學佺作《宛羽樓記》：

愚嘗聞會稽有宛委山，大禹以藏金匱石室之書，故于興公徐氏之新樓成而欲以『宛委』命之，又嫌其貳于越也，乃易而爲『宛羽』之名。于是，客始不得其解。興公曰：『子不觀《穆天子傳》云：「六師之人畢至曠原，三月，諸侯、王，勤七萃之士于羽琌之下者乎？天子于是載羽百車。」《注》引《山海經》：「曠原，大澤方千里，群鳥之所生及所解也。《紀年》：『穆王北征，積羽千里。』」按：《周官》十羽爲箴，百羽爲縛，十縛爲縑。此固積之之數也。羽以積而成車，書以積而成庫。且惠子善辯，學富五車，于義亦相通矣。』……予妄欲著作而藏蓄不廣，且亦多亡，每每借本于興公，興公之意，略無倦怠。即或他出，厥子若孫亦善體祖父之志。故予遇有乏，若取諸宫中而用之。夫古昔諺語，以『借書一嗤，還書一嗤』，蓋善積者，流通之之難也。抑觀諸廬山之李，蜀宋燕山之孫，曹、竇氏，其以書塾而公之人者乎，不但招徠之，而且飲食之。朝有額，山有長，作之非一人，述之非一代。彼時之盛，雖不得復見于今日，而如吾友興公徐氏之所以樂與同志者流通之之意，則于古風庶幾猶存，而足以媿夫自私不廣者矣。予既命其樓曰『宛委』，而仍爲之《記》。樓凡二成，纍若干尺，以楹計者三十，以户計者四方，而九仙臺觀，兩峰浮屠，則在目前云。[二]

[一]《筆精》卷七『藏書』條，福建人民出版社，一九九七年，第二三八頁。

[二]《西峰六四文》。

宛羽樓得名于『宛委羽陵』之義；羽積成車，積書成庫，義又通于學富五車。曹學佺歸自桂，致力於《石倉十二代詩選》的編纂，其中《明詩選》用力尤勤。爲此，曹經常借書于徐，而『興公之意略無倦怠』，即使他出，其子孫仍然熱情有加。于是，曹學佺想到一個問題，即積書與書籍的流通，曹學佺捐建此樓，亦有『與同志者流通之之意』；書籍流通，徐𤊹的藏書或許可以發揮更好的作用。據曹氏此記，宛羽樓規模並不十分宏大，但合徐氏早年所建紅雨樓、緑玉齋而觀之，二樓一齋的藏書，富甲一區，連絳雲樓主、大藏書家錢謙益也爲之欽羨不已。

宛羽樓建成之後，崇禎十年（一六三七），曹學佺組織了一個老年詩人詩社，名『三山耆社』，參加者有王伯山、陳仲溱、陳宏己、董應舉、馬欻、楊穉實、崔世召、徐𤊹和曹學佺，共九人，曹學佺最小，六十四，其次是徐𤊹六十八，年紀最大的八十四歲。然而，兩年之後崔世召卒，五年之後陳宏己、徐𤊹相繼卒。三山耆社成了明代閩中詩社的最後光芒，回光返照，陳宏己、徐𤊹卒後又過三年，明亡。明亡之後，組織者曹學佺又掙扎了兩年，最後自縊于福州西峰里寓所。隨著曹學佺的自縊，晚明閩中風雅的風流，也隨之烟消霧散。

晚年，徐𤊹最後一次遠行是到山東依附巡撫顔繼祖。繼祖，字繩其，號同蘭，漳州人，萬曆四十七年（一六一九）進士。崇禎十一年（一六三八），這一年徐𤊹已經六十九歲。出行的原因，一是避讒，曹學佺《送徐興公》二首，其一：『寇遠猶堪避，讒深不可幾。』[二]避讒的背景，不明。二是爲了生計，徐𤊹《寄王

[二]《西峰六五草》，日本内閣文庫藏明刻本。

東里》：『㶿年來貧甚，食指轉繁，家食彌艱，不得不糊口于四方。衰朽之夫，跋涉道途，殊非得已……意欲走歷下一訪之，冀得升斗之水，以甦涸鮒。』[一]又《與顔同蘭中丞》：『近與曹能始商榷再四，計當今名公長者，非翁臺莫能意表行事，竊效少陵依嚴，乃不遠數千里直抵齊東。』[二]又《寄邵肇復》：『某從別後，食貧不堪。去夏出遊吴浙，落落不稱意，妄想山東開府有舊雅，間關數千里往訪之。正值虜氛告急，灾切震鄰。開府無心留客，客亦不留，僅住三日，贈我資斧而歸。若稍稽延，必作刀下之俎。此又大幸也。』[三]崇禎中後期，明王朝已經摇摇欲墜，農民戰争愈演愈烈；清兵不斷向南推進。『世路何其黯，無風亦自波。』[四]冬，徐㶿到達山東，清軍也臨近濟南城下，徐㶿修書報顔氏，顔繼祖忙於戰事，無心會見故人，然而却不忘贈以資斧。徐㶿隨即策蹇南歸，不數日，濟南城破矣。崇禎年間，北方戰火不斷，福建相對太平，如此慘烈的戰事，徐㶿從未經歷；入吴，猶驚魂未定。顔繼祖因城破，被逮，後被朝廷所殺。

在吴越盤桓至次年春，徐㶿與子延壽訪錢謙益于拂水，搜觀所藏書，並相約讀書山中。錢謙益《尺木堂集序》：『崇禎己卯，存永侍尊甫興公徵君訪余拂水。』[五]錢謙益《列朝詩集小傳》丁集下：『崇禎己卯，（興公）偕其子訪余山中，約以暇日，互搜所藏書，討求放失，復尤遂初、葉與中兩家書目之舊。能始聞

[一]《文集》册四，《上圖稿本》第四三册，第四七頁。
[二]《文集》册五，《上圖稿本》第四三册，第二〇七—二〇八頁。
[三]《文集》册四，《上圖稿本》第四三册，第二二頁。
[四]曹學佺《送徐興公》二首其二，《西峰六五集詩》。
[五]鈔本《尺木堂集》卷首。

之，欣然願與同事。』[一]錢謙益又作《晉安徐興公過訪山中有贈》，詩云：『哀衣應杖到松蘿，清曉柴門散雀羅。古磵寒生流水静，閒庭客到落花多。偉長舊著推中論，孝穆新聲入艷歌。興公子存永能爲艷詩。聞道五車仍插架，載書何日許重過？』[二]錢謙益對徐𤊹的尊重，一是藏書，二是學問，至於詩歌，則又其次矣。

春夏之間，從吴越歸家之後，徐𤊹于當年十月入漳州吊顔繼祖，不忘舊誼也。徐𤊹本擬前往潮州，漳浦小刀會起，不果行。漳州郡伯、郡倅，多舊友，徐𤊹遂淹留漳州，至次年三月方回省城。『走齊東，遇虜警，奔回。己卯冬，又至漳南，庚辰浪遊建州。蓋緣食貧，不得不馳驅道路，然此時遊道甚艱。』[三]照理説，七十一歲的老人，應當在家中歇息，然而這一年冬天，徐𤊹又往遊建、延二州，修延平《郡志》，直至次年，即崇禎十四年（一六四一）秋天纔回到家中。其中原因，也是爲了養家糊口，不得不仰人鼻息。晚年的境況可知矣！

這裏還得補充説一説徐𤊹『緣食貧，不得不馳驅道路』，一次又一次寄食他方的問題。明代未能出仕、又没有更多謀生之道的文士，常常離家前往沾親帶故的官員衙署或富貴人家的家園討生活，沾親帶故的官員或富人也會有所饋贈，運氣好的話，獲贈可能還相當豐贍。崇禎十三年，友人陳鴻遊楚，竟然得三

[一]《列朝詩集小傳》丁集下『徐𤊹』條，上海古籍出版社，一九八三年新一版，第六三四頁。

[二]《牧齋初學集》卷十五《丙舍詩集》上，《牧齋全集》第一册，上海古籍出版社，二〇〇三年，第五二七—五二八頁。

[三]《寄裴翰卿》，《文集》册四，《上圖稿本》第四三册，第八九頁。

百餘金，令人艷羡[一]；徐㶿運氣似乎從來没這麼好過，不過，山東之行，顔繼祖贈四十金，數目也不算太少。崇禎間，社會動蕩，米價涌貴，每每感嘆『遊道』不及從前，但是饋贈點盤纏路費一般還是有的。『遊道』在明代社會中已經形成一種風氣，徐㶿也頗精於此道，不到三十歲時，已經有『寄食貴人名下』的規劃，希望遠在京城的曹學佺爲他『謀之』。[二]往後數十年間，『寄食』成了他的生存方式之一。晚歲，『衰老日甚』，自己不太走得動了，『兒孫株守一經，不能振拔，不得不寄食他邦』[三]，兒孫也加入到『寄食』的行列。因此，我們不能不想到，他的子侄孫輩，哪怕有一兩人回到祖上經商的舊業，家境也許能有某些改觀。或許，經過了父徐棉由上一輩的經商轉而爲儒，特别是徐熥中舉、兄弟都負有詩名之後，這個家已經背上沉重的儒業包袱，經商的老路再也回不去了。

徐㶿又何嘗不想停下奔忙的脚步，高卧北窗之下，稍稍享受一下人間的清静？徐㶿本來就没有功名之想，這與高卧林藪僅差一步之遥而已。徐㶿一生多次往武夷，又搜武夷詩文十餘册。天啓、崇禎間，徐㶿三次有卜居武夷之意。第一次，天啓五年（一六二五），徐㶿送南居益中丞出閩，至武夷有卜居意。漳州張燮、張于壘父子有詩促成之，張燮詩：『有巖容獻墨，架壑定維船。取食隨鷗後，停驂倩鶴先。但携宗

[一]《寄高君鼎》：『叔度已從齊東歸，解裝三百餘金，楚人報德之厚亦斯世所無也。』（《文集》册五，《上圖稿本》第四三册，第一九二頁）

[二]《與曹能始》：『弟年來羈累太深，擬今秋或明年，將懷短劍作燕市遊，寄食貴人名下，以五字而餬八口，又恐世無知音，終然落魄，足下爲我謀之何如？』（《文集》册三，《上圖稿本》第四二册，第二九三頁）

[三]《寄鄭心一》，《文集》册五，《上圖稿本》第四三册，第二七五頁。

測障，已了尚平緣。興即持竿去，慵乃枕石眠。』[一]崇禎八年（一六三五），自春徂冬，徐㶿均在建州。秋，至武夷訪託名吕志純學道者，又訪周隱者，有卜隱武夷之意，所作詩很多，隱意頗决。《七至武夷同壽兒宿萬年宫》：『我欲買山成小隱，春風長看碧桃開。』《過寶舟净室》：『相約携將瓢與笠，結茅分地住雲松。』《常庵訪周隱者》：『不難渡澗尋仙侣，信可移家長子孫。此地與君堪共隱，荷鋤相約事田園。』《訪建陽沈弁丘令公》：『我欲武夷尋隱處，一廛能許受爲氓。』《卜隱武夷，陳昌基以詩見促，次答》：『帶索行歌學啓期，峰巒六六盡相知。浮生但恐無常速，卜隱應慚有願遲。』[二]他甚至對朋友説，明年你再來找我，我已經隱居在武夷了：『明年訪我當何處，九曲烟霞已卜居。』[三]第三次，崇禎十四年（一六四一），徐㶿《與黄石公》：『㶿曾纂修武夷志乘，蒐輯藝文頗多，惟山水未遍經歷。日下將趨山中蒐訪遺事，了此一段因緣，更欲買一丘而栖遁，苦乏録事贈草堂之資。』[四]《寄覺浪禪師》：『日下尚欲於武夷置一區以終老……六月十六。』[五]《寄楊亦劉》：『弟羈栖旅舍，進退維谷。今將謀爲武夷之隱，不知可遂斯願否。』[六]然而，隱居山林，至少要有兩個前提，一是買山之資，這個條件徐㶿不具備。崇禎年間，徐㶿的生活日見拮据；

[一]《徐興公將卜居武夷，以詩决之》，《群玉樓集》卷二十三；張于壘《徐興公將卜居武夷，以詩决之》，見郭柏蒼《全閩明詩傳》卷四十一。
[二] 鈔本《鼇峰集》。
[三]《送彭宗之歸楚》，鈔本《鼇峰集》。
[四]《文集》册五，《上圖稿本》第四三册，第二二七—二二八頁。
[五]《文集》册五，《上圖稿本》第四三册，第二七七頁。
[六]《文集》册五，《上圖稿本》第四三册，第二七八頁。

《與黄石公》一書,似有請助隱資之意。第二個條件,没有家庭的牽掛。徐𤊹長孫鍾震生於萬曆三十八年(一六一〇),幼子延壽生於萬曆四十二年(一六一四),由於長子徐陸已卒,次子阿室早夭,對一孫一幼子抱有很高的期望。徐𤊹自己棄絶功名,不等於他也要求兒孫棄絶功名。在明代那個社會裏,讀書人的最佳出路就是科考和仕進。孫、兒年紀不大,但是已經有失敗的經歷,鍾震尚未取得鄉試的資格,延壽則名落孫山,年老的徐𤊹非常感嘆,説他可能看不到了。孫、兒二十多歲的時候,徐𤊹已經爲他們刻集,可謂用心良苦;到了孫、兒科場失利之後,徐𤊹不能不正視現實,除了讀經,孫兒没有其他的謀生手段。七十三歲的徐𤊹,終於在貧病和憂慮中,走完了他的讀書人、藏書人、寫書人的一生。

三、《鼇峰集》與『興公詩派』

南朝詩人江淹的集子有前集和後集,後人見到的衹有前集。《南史》説『江郎才盡』,因爲見不到江淹的後集,江郎爲何『才盡』,『才盡』又表現在什麽地方,給研究帶來許多困難。我們今天看到徐𤊹的詩,最重要的是天啓刊本《鼇峰集》二十八卷(其中第一卷賦,第二十八卷詩餘),此本所收詩止于泰昌元年(一六二〇)除夕。天啓元年(一六二一)之後的詩未刻。我們還發現傳鈔本《鼇峰集》一種,傳鈔本爲崇禎六年(一六三三)至八年(一六三五)共三年的七律;此外衹有零星的佚詩了。這樣,就給我們的研究帶來一定困難,因爲從天啓元年到崇禎十五年徐𤊹過世後的二十多年間,是詩人創作最成熟的時期,錢謙益説的後進學興公詩,甚至形成『興公詩派』,也是在這個時期,最多再往上溯個十年八年。但是,徐𤊹的時代和人生經歷畢竟不同于江淹。江淹在劉宋時已經步入官場,並且經歷了宋齊、齊梁兩次易代。每一次的易代，無論是政治生活還是社會生活，都會給江淹產生這樣或者那樣的影響。如果我們没有讀到他兩次易代的作品，就很難把握他思想的變化，很難判斷他的作品是越寫越好，還是越差，抑或没有太大變化。與江淹相比，徐𤊹没有經過改朝换代，没有經歷官場升沉，儘管晚明天啓、崇禎兩朝的朝政日壞，後金（清兵）日益南逼，李自成、張獻忠等領導的農民戰争烽火四起，但是明王朝還是明王朝，徐𤊹的作品還是明朝一介布衣的作品。我們推斷，徐𤊹天啓之後與萬曆之前的作品本質上不會有太大的變化，僅依現存的作品來評價徐𤊹，應當不至于離實際情況太遠。

徐𤊹見唱名擁擠，很早就放棄舉子業，他是晚明時期名副其實的一位布衣詩人。徐𤊹的一生，不離讀書、藏書、寫書，生活的圈子局限于文人的範圍。雖然徐𤊹有時也有寄食字衙的經歷，或是與有文采的官員倡酬，或是以修志求謀生。他甚至會非常恭順地請求官長出資爲之刻書，或是爲了得到一點生活的資費，乞憐於官門，説起來却十分辛酸。另一方面，徐𤊹離隱逸詩人，也僅僅一步之遥，他三次動了卜居武夷的念頭，假如他能募得一點隱資，假如他没有更多的兒孫牽掛，那麽晚年的徐𤊹，就是隱逸詩人徐𤊹，無論是詩歌的内容還是風格，可能都會大大不同于一般布衣時期的徐𤊹。

徐𤊹多數的時間是生活在家鄉，來往的多是詩朋文友。雅集倡酬、結友遊覽，送往迎來、祝壽弔喪，成了《鼇峰集》的重要題材。萬曆中期以後，閩中先後有芝山社、紅雲社、泊臺社、石倉社、耆社等，徐𤊹都是很重要的參與者。萬曆三十六年（一六〇八），謝肇淛與徐𤊹等組織紅雲社。這一年，荔枝大熟，宦遊在外的謝肇淛多年未在家鄉品嘗荔枝，遂和徐𤊹倡餐荔會，結紅雲社。啖食荔枝的活動，稱『餐荔會』；餐荔作詩，便成了紅雲社，或稱紅雲詩社。五月中旬之後的兩個月，紅雲社的活動二十來次，其中五月底到六月初活動密集頻繁，半個月中社集超過十次。社集的地點，或在古寺，或在山齋，風景絶佳；所啖荔枝，都是佳種名品，甚至遠從莆田日夜兼程送來；倡酬或是同題共作，或是分韻、分體，或是咏藥名、人名，竭盡文人寫作之能事。徐𤊹幾乎社社參與，有與必有詩，而且有時一寫數篇。社集作詩，爲詩而詩，有時不免有炫耀才學之嫌，但也不能一概而論，有些詩還是很可玩味：

曾向忠州畫裏描，胭脂淡掃醉容消。盈盈荷瓣風前落，片片桃花雨後嬌。白玉薄籠妖色映，茜裙輕裼暗香飄。嫣紅狼籍誰收拾，十八閩娘裂紫綃。[一]

此詩題爲《咏荔枝膜，馬季聲雕龍館分賦》，也是社集時所作。首句用白居易爲忠州刺史作《木聯荔枝圖》事，第二聯寫采荔（荔葉有如荷葉盈盈）、剥荔（荔枝殻猶如片片桃花），第三聯描寫荔膜的色與香。十八娘，荔枝佳品之一，「十八娘荔枝，色深紅而細長。時人以少女比之。俚傳閩王王氏有女第十八，好噉此品，因而得名。其家今在城東報國院。冢旁猶有此樹云」[二]。「紫綃」，是指殻内緊貼殻的内壁的白色薄膜。徐𤊹編撰過《荔枝譜》，熟悉荔枝掌故，緑玉齋前還種有荔枝樹。據其《紅雲社約》，餐荔會與會者七八人，備荔枝二千顆，平均食量，約略相當於「日啖荔枝三百顆」了，對荔枝膜描寫精細入微，耐人尋味。除了倡和的二三十首荔枝詩外，徐𤊹更早時編纂《荔枝通譜》，已經寫過《荔枝雜咏》四十首，每一首咏一種佳品。「咏荔膜」一類的詩，開拓了荔枝詩的題材；《荔枝雜咏》，則豐富了中國古代的荔枝詩。

閩中詩人雅集的名目多，節日或節氣，元日迎春，元宵觀燈，上巳拔禊，端午競渡，夏避暑，秋登高，冬

［一］《鼇峰集》卷十七。
［二］蔡襄《荔枝譜》，鄧慶宷《閩中荔支通譜》卷一。

賞梅，除夕守歲。賞花飲酒，遊覽名勝古跡，都是文士雅士少不了的活動。福州城内三山、西湖、瓊河，城外旗山、鼓山、北峰、義溪、馬江，以及福州所屬諸縣的勝跡，徐𤊹的吟屐都没有少到。集中《過古靈先生故居》《過閩王審知墓》《古靈廟》《過鄭吏部墓》《過傅汝舟墓》《涌泉廢寺》等訪古之作，或抒發歷史興亡之感，或對歷史人物表示敬仰，大多涵泳深刻可讀，其《過閩王審知墓》二首其一云：

八郡封疆一望遥，秋山松柏冷蕭蕭。宫車去國成千古，劍璽傳家歷五朝。石馬嘶風金盌出，野狐穿冢寶衣銷。斷碑猶識唐年月，春雨苔花字半凋。[一]

王審知，五代時閩王。《竹窗雜録》云：『閩王審知墓在蓮花峰下，宣德四年爲盗所發，獲金寶無算。有司仍復修治。』[二]詩中『金盌出』『寶衣銷』，説的就是王墓被盗之事。同時作《過閩王審知墓》，還有陳椿、袁敬烈和徐熥等。據徐𤊹所記，作閩王墓詩者甚衆，而以徐熥作最好，也可能是事實，也可能是自謙，至少，我們所引的這一首是作得比較好的一首。閩王墓詩傳到京城之後，有人提出不同意見，以爲閩王墓詩大可不必作，不僅打擊了徐𤊹，而且打擊了衆多的閩中詩人。徐𤊹在答葉向高的書信中説道：『《閩王墓詩》，偶爾游適，興念無情，既不關朝政，又不觸時諱，司空公以爲不必作，何耶？杜少陵千古詩聖，而白帝、蜀主，往往寫之筆端；蘇東坡一代文宗，而作《表忠觀碑》，後世傳爲盛事。夫白帝稱孤，錢鏐霸□，跡其行事，與閩王忠懿不甚相遠，蜀人可歌，越人可碑，閩人何可獨諱閩王耶？此誠不可解也。司空公一生

[一]《鼇峰集》卷十四。
[二] 徐𤊹《榕陰新檢》卷十六《詩話》引。

好持論，然不知其説可以壓服衆心否？伏乞見示。若果頂門一針，則不肖某當退避三舍矣。』[一]徐𤊹的意見是對的，蜀主、錢鏐、王審知都曾經偏霸一方，蜀人可寫白帝，越人可記錢鏐，閩人謁王墓，爲什麽就不可歌、不可入詩？

閩中詩人的活動，常常是輪番在各個詩友的園林、齋樓中進行的。徐熥、徐𤊹兄弟，家九仙山下，先後建有紅雨樓、緑玉齋、宛羽樓，鄧原岳有竹林，謝肇淛有亭芳園，曹學佺有石倉園、西峰里第，陳价夫有招隱樓，陳薦夫有水明樓，邵捷春有治園，高景有木齋，馬欻有雕龍館，等等。曹學佺捐資幫助構建的宛羽樓落成，徐𤊹作《曹能始捐貲助予構書樓，顔曰宛羽，取宛羽委陵藏書之義，落成日感而答謝》二首答謝，詩友一時贈詩甚多，徐𤊹一一答之，其《答陳克大題宛羽樓韻》二首云：

巍樓高瞰翠重重，側足登臨藉瘦筇。呼吸或能通帝座，逍遥偏可躡仙踪。多藏典籍充梁棟，不羡勳名勒鼎鐘。長日倚欄遥極目，剩看雲影變奇峰。

六鼇峰對八窗開，容得中天好月來。老卜一丘仍舊隱，吟耽五字乏新裁。瓦瓶香澹聞烹茗，鐵笛聲寒聽落梅。羡爾郎君驕駿足，愧予孫子盡駑駘。[二]

『六鼇峰』，即『鼇峰』，宛羽樓建於九仙山鼇峰。前一詩寫樓高，可以上通帝座，遠看雲影奇峰變幻，典籍充棟可娱，不羨勳名鐘鼎。後一首，此山丘已足於自隱，可以在此寫詩、烹香茗、聽鐵笛，可以享受人倫之樂。兩首詩都頗能見布衣詩人藏書之樂，表達恰如其分，没有一丁點的不自然或做作。

[一]《復葉相公》，《文集》册八，《上圖稿本》第四四册，第三〇一—三〇二頁。

[二] 鈔本《鼇峰集》。

徐𤊹很重兄弟朋友的友情。徐熥卒，當年冬天，徐𤊹于興國寺檢編《幔亭集》，撫卷淒然，作詩多首。其《興國寺檢編〈幔亭集〉，撫卷淒然，感而有作》云：

客堂寒夜檢遺篇，名在人間骨在泉。半世窮愁緣著述，千秋詞翰合流傳。夢中永絶生花筆，篋裏誰分殺竹錢。挑盡孤燈揮淚眼，一番吟咏一潸然。[一]

《幔亭集》編定之後，徐𤊹多方尋找刻金，終於得到清流友人王若的相助，刊刻《幔亭集》二十卷，或可告慰九泉之下的兄長。在此後漫長的四十多年間，徐熥之子徐莊不斷尋事，甚至挾其母告徐𤊹，而徐𤊹對兄長仍然一往情深，每每見到徐熥遺物，都不免感嘆唏嘘。徐熥號幔亭，對武夷山幔亭峰情有獨鍾，生前曾作《幔亭圖》，卒後，圖藏在緑玉齋中，徐𤊹有詩云：『巍巍幔亭峰，參差亂雲樹。無人跨鶴歸，對之長涕泗。』[二]又有《題〈幔亭圖〉》云：

一夕仙風掃幔亭，碧峰依舊插天青。語殘白鶴魂何在，叫罷金鷄夢不醒。故友共嗟桑户死，行人空吊草堂靈。生平玩物如雲散，留此遺圖益涕零。[三]

萬曆二十九年（一六〇一），徐𤊹作一組《懷友詩》，其《序》云：『余少喜吟咏，先後結社談詩，約十數子，文酒過從，匪間也。十年之間，窮達殊途，存亡異路，春雨齋居，孑然無侶，生離繫念，死别攖懷，各賦一詩，

[一]《鼇峰集》卷十四。

[二]《初夏、宋永延、陳伯孺、倪柯古過集，各賦齋中八物·幔亭圖》，《鼇峰集》卷二十二。

[三]《鼇峰集》卷十八。

以志交誼。』[一]按：所懷諸友，有陳椿（汝大）文學、陳鳴鶴（汝翔）秀才、鄧原岳（汝高）學憲、陳宏已（振狂）山人、陳仲溱（惟秦）山人、惟和（徐熥）兄孝廉、鄭（琰）瀚卿山人、謝肇淛（在杭）司理、曹學佺（能始）廷尉、如瀚上人、王繼皋（元直）太學、王叔魯（少文）秀才，計十二人。此時陳椿、徐熥已卒。鄭琰，閩縣人，有《翰卿詩選》《二陬詩稿》。鄭琰垂髫與徐𤊹交莫逆，少遊邊疆，遂浪遊南北，早在萬曆十九年（一五九一），鄭琰之燕，徐𤊹作《送鄭四之燕》《寄鄭琰》，後一詩云：

久客住邊城，時聞隴水聲。朔風沙漠道，夜月海西營。烈燧何曾滅，哀笳不斷鳴。期君破强虜，莫起故園情。[二]

萬曆二十三年（一五九五），徐𤊹與鄭琰重逢于武林，作《逢鄭翰卿話舊》《歲暮柬鄭翰卿》《聞翰卿談邊事》；又十年相逢於新安，杯酒道故，悲喜交集，鄭琰作長歌《半生行》贈徐𤊹。萬曆四十二年（一六一四），鄭琰卒於真州，徐𤊹作《鄭翰卿浪跡江湖二十五載，客死真州，弟震卿扶櫬歸閩，哭之》。鄭琰少遊邊疆，喜談邊事，故贈詩亦常有悲壯語。徐𤊹《聞翰卿談邊事》有云：『夜半聞鷄函谷路，雪中驅馬穆陵關。劍存欲飲匈奴血，金盡難凋壯士顏。』[三]

徐𤊹的另一位朋友康彦登也喜談邊事。康彦登，字元龍，侯官人，莆田籍，庠生，卒時年僅三十六。有《代弈編》《朔方遊稿》。彦登庶子，爲徐𤊹婿。彦登『西入秦，出塞至賀蘭山下，東涉雲中、雁門、上谷，所

[一]《鼇峰集》卷十。
[二]《鼇峰集》卷十。
[三]《鼇峰集》卷十三。

出入塞垣將萬里。長劍截雲，虬鬚若戟……豪於詩，其塞上諸作，皆古鐃歌鼓吹之遺聲。風高月明，據胡床，舞劍而奏之，如聽代馬之夜嘶，朔管之秋引也』[一]。徐𤊹有《送康元龍之靈武》二首：

賀蘭山下戰塵收，君去征途正值秋。落日故關秦上郡，斷烟殘壘漢靈州。羌兒射獵經河北，壯士吹笳怨隴頭。城窟莫教頻飲馬，水聲嗚咽動鄉愁。

黄河官路黑山程，羌笛横吹漢月明。漠北烽烟三里霧，隴西鼙鼓十年兵。燕鴻度塞寒無影，代馬行沙暗有聲。後夜思君勞遠夢，朔風吹過白登城。[二]

澄懷云：『二詩高亮警健，無一懈句。最近茂秦，王、李不能也。』[三]認爲此二詩接近謝榛，而李攀龍、王世貞寫不出這樣的作品。『靈武城，在府境白馬嶺北。《漢・地理志》：靈武縣，屬北地郡。』[四]徐𤊹没有到過靈武，也没有到過邊塞，寫此二詩時甚至没有到過江北。連生活在北地的李攀龍等人都作不出如此高亮警健的邊塞詩來，而徐𤊹却爲何能爲之？這裏涉及詩歌創作的複雜問題。就一般常識而言，一是徐𤊹熟悉歷代典籍記載、描述邊塞的文獻和作品，所用詞藻有如己出；二是他聽過鄭琰、康彦登等人對邊塞的描述；三是詩人具有豐富的想象能力。就第二點而言，不僅聽鄭琰、康彦登介紹邊塞，還受到他們的感動，與他們在心靈上有所交流。送别詩在傳統的詩歌中，是很常見的題材。好的送别詩，除了詩人必須有

[一] 郭柏蒼《柳湄詩傳》，《全閩明詩傳》卷三十八引陳勳語。
[二] 《明三十家詩選二集》卷七上。
[三] 《明三十家詩選二集》卷七上引。
[四] 李賢《大明一統志》，卷三十六『慶陽府』。

很好的詩歌素養和訓練，以及對被送者將往之地有較深的瞭解之外，詩人和送别者的情感、心靈交流也是一個不可少的因素。送鄭琰、康彦登詩，由於寫了邊塞，比較容易看清這一點。其實，《鼇峰集》中有一部分寫得較好的送别詩也是如此。限於篇幅，不再舉證。

徐𤊹的遊踪雖然不是特别廣，但是江浙、江西、粤東、湖廣，他也曾經遊歷過，尤其是江浙，由於書林或其他原因，前往的次數較多，時間也較長。第一次到江浙，在萬曆二十年（一五九二），時父徐㮮新卒，往吴地乞銘；最後一次，在崇禎十一、十二年間（一六三八—一六三九），前一年往山東擬依巡撫顔繼祖，遇亂南奔，在江浙逗留了較長的時間，並在虞山訪錢謙益。四五十年間，徐𤊹過往江浙的次數多，朋友也多，留下寫得不錯的作品也比較多。福建省内，除福州一郡之外，徐𤊹最熟的是建州。建州，治今建甌市。建州治下的建陽縣，是明代中國刻書的中心之一；建甌，是明初楊榮的故鄉。楊榮卒後，圖籍多散落民間。徐𤊹往建州，多是爲了購書和刻書。武夷山水，向被視爲神仙窟，徐𤊹前後到武夷至少七八次，他還撰有《武夷山志》十餘册，甚至有意卜居於此。在他所有的行旅山水詩中，描寫武夷山的作品最爲特出。

徐𤊹寫武夷山，既有古風，也有律絶。七古如《大王峰觀仙蜕》，起段云：『武夷山高高接天，武夷溪清清且鮮。三十六峰九曲水，魏王曾此朝群仙。大宴曾孫羅彩屋，奏罷人間可哀曲。』[一]大王峰在武夷山九曲溪的一曲，其後有幔亭峰，相傳秦始皇二年，始皇與武夷君、魏王子騫在此設彩屋，大宴鄉人，稱鄉人爲『曾孫』。虹橋跨天，鄉人魚貫而上，鳳管龍笙，奏《人間可哀曲》。宴罷，鄉人由虹橋而下。已而，暴風

[一]《鼇峰集》卷七。

驟至，虹橋飛斷，重山蒼翠如初。此詩結合神話傳説，寫得較有氣勢。七律如《遊武夷遇雨憩萬年宫，次在杭韻》：『溪聲雨色兩潺湲，暫駐玄都第一灣。新水漸平深澗曲，舊題猶在敗廊間。難携蠟屐窮千嶂，誰識金丹煉九還。花落花開春不管，遊人容易鬢毛斑。』[一]武夷宫也在一曲。傳説漢武帝在此設壇祭武夷君以乾魚，五代閩王審知名爲『武夷觀』，宋代改觀爲宫，稱沖祐萬年宫。從漢武至晚明，已歷千載，千餘年來，在武夷山修煉者不斷，有誰見過他們長生不老？所能見到的是一代又一代的遊人漸漸老去。下面是描寫玉女峰和金鷄洞的兩首七絶：

仙宫烟鎖鏡臺昏，瑶草青青抹黛痕。三十六峰秋雨過，半空翻倒洗頭盆。[二]

天半金鷄洞杳冥，千年咿喔不曾停。怪來衹報仙家曉，多少人間夢未醒。[三]

前一首寫玉女峰，後一首寫金鷄洞。玉女峰，在二曲水涘，有石峰婷婷玉立如少女，故名。峰頂有少許草木，遠看有如玉女臨水插花，又如黛痕一縷；峰側有石平整如鏡，曰『鏡臺』。徐𤊹之前，寫玉女峰的詩甚多，最好的莫過於朱熹的『二曲婷婷玉女峰』一首，徐熥的『五色苔花當繡襦』一首[四]，亦頗有味。三十六峰雨，『翻倒洗頭盆』，想象奇特，很有新意。金鷄洞，在四曲，何喬遠云：『鷄窠巖，一名金鷄洞，即

[一]《鼇峰集》卷十七。

[二]《武夷雜咏十首·玉女峰》，《鼇峰集》卷二十四。

[三]《武夷雜咏十首·金鷄洞》，《鼇峰集》卷二十四。

[四] 朱熹、徐熥詩並見明衷仲孺《武夷山志》卷十四。

大藏峰之半壁。上有洞穴，外隘中宏，木筏縱橫如搆。舊《記》有金鷄鳴此，因名金鷄洞。』[一]自宋代朱熹作《武夷棹歌》起，吟咏金鷄洞的詩很多，徐熥、曹學佺也都有詩。徐𤊹『怪來祇報仙家曉，多少人間夢未醒』，似比徐熥『大夢紛紛誰自覺，空勞仙洞報金鷄』[二]和曹學佺『世人那得尋常聽，一度朝昏幾百年』[三]，更加含蓄且更有深意，耐人尋味。

萬曆二十九年（一六〇一），龍溪張燮在漳州與林茂桂、戴燝等人組織霞中社，張燮有《霞中十一子詩》[四]，如果加上張燮自己及燮父廷榜，則有十三人之多。除了這十三個人的名單，還有與這個詩社關係非常密切的黃道周、王志道等。晚明漳州詩歌，盛極一時。徐𤊹和漳州的詩人往來密切，一生倡酬頗多。萬曆三十一年（一六〇三），徐𤊹與曹學佺、林古度往漳州。到江東驛，曹學佺、林古度先入漳州，徐𤊹往海澄。海澄縣有月港，是繼宋代泉州後渚港之後中國重要的港口。一九六〇年代，海澄縣并入龍溪縣，今屬龍海市。在海澄，徐𤊹寫下一首題材很新穎的《海澄書懷寄能始、茂之二十韻》：

海邑望茫茫，三隅築女墻。舊曾名月港，今已隸清漳。東接諸倭國，南連百粤疆。秋深全不雨，冬盡絶無霜。貨物通行旅，貲財聚富商。雕鏤犀角巧，磨洗象牙光。棕賣夷邦竹，檀燒異域香。燕窩如雪白，蜂蠟勝花黄。處處園栽橘，家家蔗煮糖。利源歸巨室，税務屬權璫。僻壤民情樸，遐荒令項

[一]《閩書》卷十五《方域志》『建寧府』。
[二]《幔亭集》卷十四。
[三]《掛劍篇》。
[四]《霏雲居集》卷二，萬曆刻本。

强。士惟知帖括，客鮮識詞章。里語題聯拗，鄉音度曲長。衣冠輕禮讓，巫蠱重祈禳。田婦登機急，漁翁撒網忙。溺人洪水漲，摧屋颶風狂。永日愁難遣，清宵病莫當。羈懷寫不盡，期爾早還鄉。[一]

此詩描述了明代月港優良的地理位置，東接日本，南連百國，不僅通貨物，而且通行旅，聚集許許多多的富商，以及種種的貨物。這首詩值得讀者注意的，還有以下幾點：一、權璫把持海關税收。萬曆四十五年（一六一七）張燮作《東西洋考》卷七《餉税考》主要討論的是礦税，此詩述關税雖然祇有一句話，可見宦官權勢之大。二、閩南海疆民情純樸，但是天高皇帝遠，强梁海盗亦偶有之。三、此地土風與會城不大相同，士人雖然知道舉子之業，但能詞章者少，俚曲具有當地的特色。四、士民少禮讓而多信巫蠱，民衆勤勞，然而多水灾風害。漳州及所屬海澄縣雖然與福州、延平、建州同一省，但是語言、風土、民俗和生活方式存在着不小的差異。

作爲布衣詩人，受生活圈子和閲歷的限制，徐𤊹不可能參與時政，也不十分瞭解時政，但也不是説他一點都不關心時政，萬曆四十七年（一六一九），遼東形勢吃緊，徐𤊹作《聞遼事四首》[二]以寄慨；同年，海寇袁進投戈，對東南邊海來説，也是大事，徐𤊹作《海寇袁進横行有年，開府王公諭以威德，投戈歸順，有異志者盡戮之，開府詩以志喜，恭和四章》[三]以紀其事。天啓六年（一六二六），因涉東林黨人案，緹騎捕周起元（福建龍溪人，巡撫蘇州、松江十府）、周順昌（吴縣人，曾任福州推官），二周卒後，崇禎七年（一

[一]《鼇峰集》卷十二。
[二]《鼇峰集》卷二十一。
[三]《鼇峰集》卷二十一。

六三四），福州士紳爲建二周祠於西湖旁，徐𤊹作《社集湖上吊二周祠前郡司理公順昌，吴縣人；大中丞起元，龍溪人》二首，『抗節果然蒙巨禍，報君深欲剪元兇』[一]。表達了詩人的正義之感。崇禎十一年（一六三八），徐𤊹千里迢迢往山東依附巡撫顏繼祖，至濟南城下作詩四首贈顏。濟南城破，顏因兵敗被逮入獄死。這是徐𤊹一生中離戰爭烽火最近的一次經歷。次年，徐𤊹入漳州吊顏中丞。作爲生性敏感的詩人，徐𤊹對顏氏戰前戰後的作爲、生生死死，一定有許多感想，也一定有詩紀其事，可惜晚年的詩作已經蕩然無存，不可能窺其全貌了。

歷來對徐𤊹的評價，以推崇其藏書及相關題跋爲主，詩文則附帶及之；徐熥、徐𤊹並稱，徐𤊹的評價又常常附于徐熥之後，評價反而不如徐熥那麽具體。其中，朱彝尊評徐𤊹詩，以爲『典雅清穩，屏去粗浮淺俚之習』[二]，中其肯綮。徐𤊹作詩甚多，不一定篇篇都佳，偶然也有遊戲之作，但總體看，徐𤊹的作品，精研格律，善用事典，幾近渾成圓潤。值得注意的是，徐𤊹也有不少清新之作。

《鼇峰集》二十八卷，詩二十六卷，其中七律九卷、七排一卷，共十卷。徐熥的《幔亭集》詩十四卷，其中七律祇有三卷。我們做這樣的比較，不是説徐𤊹七律在集子中所占的比重大，七律就一定寫得比徐熥好。汪端《明三十家詩選》曾經列舉明朝七律的佼佼者，二徐的名字都列於其中。我們説，徐𤊹的七律在集子中的比重大，需要指出的是，在諸詩體中，徐𤊹最看重的也是七律。從明洪、永之世的『閩中十子派』開始，閩中詩人就十分重視七律這種形式。七律一體，對作者格律的精研、用事用典，可能比其他諸體有

[一] 鈔本《鼇峰集》。

[二] 《静志居詩話》卷十八『徐𤊹』條，人民文學出版社，一九九〇年，第五四九頁。

更高的要求。才學並重的詩人通常比較喜愛此體，徐𤇍或許是其中之一。我們通讀《鼇峰集》，結論和汪端所評基本一致，認爲徐𤇍的七律成績比較突出。上文我們已經引用過一些例子，這裏我們再引證兩首與上述風格迥異的詩作：

莫笑羅敷自有夫，耳邊留得大秦珠。陵前忍對青青柏，天上驚看歷歷榆。涉洧已歡投芍藥，上山休怨采蘼蕪。鴛鴦七十方羅列，愁殺秦家樹上烏。

白頭誰道不相離，挾瑟高堂少婦悲。行樂每懷將進酒，憶歸空念遠如期。腸回弦上箜篌引，淚濕盤中錦字詩。却被城東桃李笑，春風誰折路旁枝。[一]

清初周亮工評徐𤇍詩，以爲『才情藻麗』，『其弟興公《古意新聲》十首，以宋錦裁新衣，彩色奪目，當與並驅』[二]，並全録這十首詩，以上二首，爲其四、其五，其餘各首情調和寫法類此。這十首詩，徐𤇍非常熟練、自然地把《詩經》和漢魏六朝的樂府民歌的詩題、熟語、詩意熔爲一爐，巧加變化，既保存樂府民歌的風調，用七律形式寫就，又不失高雅，故頗得周氏的讚賞。

含蓄藴藉，也是徐𤇍詩的一個特點。含蓄藴藉，是指詩意不過於直露，但又不是高深莫測。用意不直説，有點曲折，讀者能從詩中體會其中的深意或奥妙。上面引用的《武夷雜咏十首·金鷄洞》就是屬於此類，下面我們再看看徐𤇍的一首題畫詩：

[一]《古意新聲十首和俞羨長》，《鼇峰集》卷十九。

[二]《閩小紀》卷三，康熙刻本。

宋室王孫粉墨工，銀鞍金勒貌花驄。天閑十二真龍種，空自驕嘶向北風。[一]

『趙子昂畫馬，題咏亦多，而佳者少』，謝肇淛舉出若干首佳者，以爲徐𤊹此詩『雖含譏刺，而筋骨不露』[二]。趙孟頫是宋王室，宋亡後被迫出仕。此詩前兩句説趙氏善畫馬；後二句，趙孟頫爲王室，故稱『龍種』；『驕嘶向北風』，指其已仕新朝；『空自』，徒然、空自爲王室之意。詩歌講究含而不露，徐𤊹此類詩近之。

曹學佺有詩譽徐𤊹云：『應有好緣供讚嘆，更無名士不周旋。』[三]朱謀㙔序《鼇峰集》云：『興公，東南一大文人也。其所著作，纔一脱草，横行海内。』[四]徐𤊹交遊甚廣，在東南有較大影響，當是事實。錢謙益云：『興公博學工文，善草隸書，萬曆間與曹能始狎，主閩中詞盟，後進皆稱「興公詩派」。』[五]萬曆一朝跨度長達四十八年，徐𤊹與曹學佺主閩中詞壇，當不早于萬曆四十年（一六一二），即曹學佺自蜀憲歸家之時。如果從這一年算起，徐𤊹主詞壇的時間也長達三十年之久。那麽，『興公詩派』的『後進』士子都有誰呢？錢氏没有記載，目前我們也還找不到很具體的載述，根據現存作品，至少應該有徐𤊹子徐延壽、孫徐鍾震、女婿康季鷹，以及陳鴻、趙之璧、韓錫、孫昌裔、林寵、陳衎、周之夔、安國賢、陳肇曾等。陳衎《哭

[一]《題趙子昂畫馬》，《鼇峰集》卷二十五。

[二]《小草齋詩話》卷五，明天啓、崇禎刻本

[三]郭柏蒼《柳眉詩傳》引，《全閩明詩傳》卷四十。

[四]《鼇峰集》卷首。

[五]《列朝詩集小傳》丁集下『徐𤊹』條，上海古籍出版社，一九八三年新一版，第六三四頁。

徐興公》二首其一：『一代徵文獻，千秋狎主盟。』[一]《祭徐興公》云：『嗟予社末，廿載追隨。』又云：『《鼇峰》大集，獨擅風軌。先達群趨，後生仰止。鐘吕千秋，筮龜多士。』[二]陳衍説，徐𤊹是一代詞壇盟主，自己追隨二十年了；《鼇峰集》是風雅軌則，令後進者仰止。

晚明閩中詩人徐熥、徐𤊹、謝肇淛、曹學佺成績最高。汪端《明三十家詩選》正選三十家，閩詩人有五人：林鴻、柯維琪、徐熥、徐𤊹、曹學佺。而謝肇淛則列入附集。徐熥兼工諸體，而以七絶最受稱道。徐熥五言，成績雖然不是最優，但也比徐𤊹略高一籌。陳田評徐𤊹云：『興公七言，可肩隨惟和，五言近體微少變化，應推乃兄獨步。』[三]曹學佺詩秀骨清聲，霞標玉映，以温婉勝，頗得王士禎推崇。徐𤊹對自己的詩也有清醒的認識，其致友人書云：『弟於詩調稍僻澀，少欠情采，在杭已有定評。』[四]徐𤊹詩情采方面，既不如曹學佺，亦稍遜於對他提出批評的謝肇淛。

四、詩歌理論與評論

徐𤊹寫過不少題跋，還有大量的書信，詩論内容豐富。本文衹就其中最主要的詩歌風雅、以唐人爲法、詩本六經等幾個問題稍稍論述之。

[一]《大江草堂二集》卷五，弘光刻本。

[二]《大江草堂二集》卷十八，弘光刻本。

[三]《明詩紀事》庚籤卷三，上海古籍出版社，一九九三年，第二三八〇頁。

[四]《寄曹能始大參》，《文集》册六，《上圖稿本》第四三册，第三一四頁。

晚明閩中詩人致力於重振風雅，在他們看來，『正聲久不作，蛙鼓雜天籟。雅鄭縱橫陳，舉世皆聾聵。慨自大慶還，中晚漸破碎』[一]。雅道自從唐大曆、長慶之後，中、晚唐已經遭到破壞，而且每況愈下。『趙宋尊崇儒術，理學風隆，吾鄉多譚性命，稍溺比興之旨』。入明，洪、永之世林鴻、高棅等，『懸標樹幟，騷雅所宗』；正、嘉間，鄭善夫繼起，『閩中雅道，遂曰中興』[二]；萬曆之後，作者輩興，正是重振風雅的絕好時機。『風雅』，强調詩歌的正統、正道，其中包括詩歌的風教作用，以及寫作的表達性情、技巧上的重視比興，乃至格律的精研等等。

徐𤊹年輕時，追隨鄧原岳、徐熥、謝肇淛重振閩中風雅，在他的一生中，一直把風雅作爲他追求的目標：

> 洪、永之間，斂勝國之浮華，歸之故實，聲味雋以永；正、嘉之際，洗道學之習氣，本之温厚，格調雅以正；迨於今日，詩教蔚興，彬彬如也。[三]
>
> 閩自十子主風騷之後，閱二百載，獨振雅道而彌昌。即今結盟，香山九老之社；長吟短什，真與江州司馬媲美而齊芳。[四]

[一] 謝肇淛《讀閩詩三首》其二，《小草齋集》卷六。

[二] 徐熥《〈晋安風雅〉序》，《晋安風雅》卷首。

[三] 《〈泡庵詩選〉序》，《泡庵詩選》卷首。

[四] 《趙仁甫贊》，《文集》册十二，《上圖稿本》第四五册，第二九六頁。

雅頌既湮，詩腸日異，六經不作，文體寖衰……騷客至則如歸，標雅壇之赤幟。[一]

令君感時賦物，寓興贈酬，金玉鏗鍧，渾然大雅，絶無牢騷、幽鬱不平之氣，豈非涵養素定，付功名得失於意象之外者乎！[二]

以上四條材料，第一條，是爲閩詩人陳汝翔的詩集作的序，洪、永，正、嘉，兩個階段的劃分，徐𤊹與徐熥的見解相符。第二條，致另一位閩詩人趙世顯書信，徐𤊹認爲經過重振，此時閩中雅道正昌。第三則，爲友人曹學佺詩作序，認爲曹學佺興造石倉園，標雅壇之赤幟，詩人騷客賓至如歸。最後一則，稱讚盛桂海詩無牢騷、幽鬱不平之氣，足見其詩之忠厚；感時賦物，寓興贈酬，渾然大雅。

其次，是以唐人爲法的問題。洪、永之世，『閩中十子』詩派提出崇唐的復古理論，詩派的代表人物之一高棅歷十數年輯《唐詩品彙》，把唐詩的發展劃分爲初、盛、中、晚四個階段，而特别推崇盛唐。晚明閩中諸子以唐人爲法的詩論，既沿著『十子』的思路，重視盛唐，但又不完全因循守舊。徐𤊹在一些場合中，發表了對以鍾惺、譚元春爲代表的楚派的不滿，認爲楚派的最大毛病是不學唐：

當今詩文一道，大非古人遺軌，詩自鍾、譚一變，海内争效法之，遂至莫解其義，從風而靡，不能挽回。[三]

當今海内爲詩，多宗楚派，全用之乎也者入在詩内。伯敬作俑，而效法成風，祇爲識者唾棄。願

[一]《曹能始〈石倉集〉序》，《文集》册一，《上圖稿本》第四二册，第二〇—二二頁。
[二]《〈盛桂海詩〉序》，《文集》册一，《上圖稿本》第四二册，第二九—三〇頁。
[三]《寄楊參和》，《文集》册五，《上圖稿本》第四三册，第二九五頁。

兄熟覽古人，參閱王、李諸公，自然名世矣。〔一〕

但我朝之詩，超宋軼唐，二百五十年間，海内作者，不啻汗牛充棟，若非卓見定力，誰能甲乙雌黄？前輩名公，率有定評。至於今日，楚派聿興，競新鬥巧，體不必漢魏六朝，句不必高岑王孟，一篇之中，則之乎也者，字眼已居其半；牛鬼蛇神，令人見之縮項咋舌，詩道如此，世風可知。今吴人從風而靡，皆效新體，反嗤歷下、琅琊爲陳腐。總之，學識不高，便爲之蠱惑。獨敝郡人稍稍立定脚根，畢竟以唐人爲法。近亦有後進習新體者，衆擯斥之，所以去詩道不遠矣。〔二〕

楚派的影響很大。『吴人從風而靡』之説，可能有所誇大，但是移居金陵的閩中詩人林古度與鍾、譚遊，受其影響，則是不争的事實。王世貞、李攀龍，詩必盛唐，可能有些絶對，但絶不可視爲『陳腐』。閩中詩人之所以能獨立於楚派之外，不受其左右，立定脚根，『畢竟以唐人爲法』。徐𤊹品定詩人之詩，也是以唐詩作爲參照系的，近於唐詩的，就是好詩。他認爲閩中詩人邵捷春之詩，『吟草不下千首，選其粹美，皆駸駸入唐人之室』〔三〕。

再次，是詩本於六經的問題。上文我們説過，徐氏爲《易》學世家，徐𤊹亦精通《易》學；三十歲左右，他已經積書五萬卷。如果説，徐熥更多呈現的是詩人的氣質，大家更關心的是他的學人身份；那麽從論詩這個角度來審視徐𤊹，他無疑是一位兼有學人身份的詩人。在論詩時，徐𤊹提出詩本於六經的觀點：

〔一〕《寄蔡宣遠明府》，《文集》册七，《上圖稿本》第四四册，第一四三頁。

〔二〕《復彭次嘉》，《文集》册八，《上圖稿本》第四四册，第二九一—二九二頁。

〔三〕《〈劍津集〉序》，《劍津集》卷首，明刻本，日本内閣文庫藏本。

> 如弟者，未窺一斑，虛藏四部，惟是好學一念，自少至老，未嘗敢懈，雖識見頗深昔日，而精神不逮前時。愚嘗慨夫世之稱山人布衣者，皆習舉業不成，去學爲詩。其造語不過烟雲草樹、山川花鳥而已。求其出入經史，貫串百家，千無一焉。焦太史云：不持寸鐵，而欲鼓行詞場，寧不怖死。旨哉言也。頃讀仁丈《講義》，謂近時一種邪説，指好色好貨好名，爲真性，後生飲此狂酖，害入骨髓。斯論大有功於名教。愚謂爲詩而不本於六經中來，是爲無源之水。然則，積書博覽，譚身心性命之旨，足以砭今日之陋習也。[一]

如果從生活是『文學創作的源泉』這個角度來看徐𤊹的『詩本於六經』的觀點，徐𤊹的觀點顯然是站不住腳的，但是如果從源與流來看六經與後世文學的關係，説六經是『源』，後世文學是『流』，似也沒有很大的過錯。六經皆史，六經是史學的源頭；詩歌本於六經，六經是詩歌之『源』，後世的詩歌是六經之『流』。徐𤊹表達的大概就是這樣一個觀點。擴大一點講，徐𤊹不僅希望詩人要出入『經』，而且還要出入『史』，要『貫串百家』，乃至『四部』，因此講的就不單純是一個通經的問題，而是一個『學』的問題，學問的問題。總之，詩人必須『好學』、有學問；好學，有學問，作詩纔有起碼的本錢。現在一些自稱布衣的詩人，由於不學經史百家，『造語不過烟雲草樹，山川花鳥而已』，作詩沒有根柢，未免浮淺。因此，徐𤊹論詩就不能不涉及宋代嚴羽提出來的詩是否關學，即詩歌與學問有無關係的問題。嚴羽雖然沒有一概地否認學，但他認爲詩人的頓悟非常重要，又非關學。徐𤊹的觀點是，詩關學，關經史、百家。學，對詩人來講是非常重

[一]《復張維城》，《文集》册六，《上圖稿本》第四三册，第四六〇—四六一頁。

要的。恰好，在徐𤊹的身邊，謝肇淛、曹學佺都是學問家，同時又是詩寫得很好的詩人，無意中又支撐了他的觀點。但是，徐𤊹的朋友中，也有積書甚多、學問也不錯的朋友，如邵武謝兆申，他的詩就未免學究氣太濃而少詩情、詩味。在詩壇上出現不學的傾向時，徐𤊹提出『詩本於六經』，詩人必須出入經史、百家、四部，有著比較積極的意義。

徐𤊹論詩，還有一些很好的意見，如：不拾人唾餘，編詩集當去應酬、删汰失韻及淺俚的作品，題畫詩往往有深意，必須深入體會等，讀者似也應當加以留意。

五、纂修志書及其理論與方法

自從萬曆二十八年（一六〇〇），徐𤊹遠至建陽修《建陽縣志》之後，又陸續參與了多部志書的編纂。志書的編纂，通常由行政長官主其事[一]，邀請熟悉本地歷史文獻或地方掌故的文士參與，徐𤊹常常作爲一位合格的人選被相中。對徐𤊹來説，既能發揮其才學，稍稍抬高自己的社會地位，又可聊緩家境的困頓。不過，背井離鄉外出修志，似乎又有點不得已。徐𤊹往修《建陽縣志》時，作《修建志答田公雨丈見示》詩，云：『藜光獨夜吹燈火，竹榻終朝藉簡編。自笑年來才已盡，不堪重夢筆如椽。』[二]不免有江郎才盡的自我解嘲。萬曆四十八年往修《福安縣志》又云：『歲殘獨客懷歸切。』[三]歲暮淒凉，形於言表。

[一] 謝肇淛纂《永福縣志》則不在此例，然而徐𤊹也是主要參撰者之一。

[二] 《鼇峰集》卷十四

[三] 《福安志成將歸三山，陳二石以詩見贈，次韻爲别》，《鼇峰集》卷二十一。

徐㶿參與的方志修纂有：《建陽縣志》（一六〇〇）、《錢塘縣志》（一六〇六）、《永福縣志》（一六一二）、《福州府志》（一六一三）、《福安縣志》（一六二〇）、《延平郡志》（一六四一）；山志有《鼓山志》（一六〇八）、《鼓山續志》（釋元賢纂，利用徐㶿稿補）、《華蓋山志》（一六二七）、《重修玉華志》（一六三九）、《武夷山志》（一六四一）、《榕城三山志》（獨纂，時間待考）；寺廟志有：《雪峰寺志》（獨纂，一六三四）、《黄蘗寺志》（獨纂，一六三六）、《法海寺志》（獨纂，時間待考）。還可能參加省志的部分工作。作爲一介布衣，有時志書是他所纂，却不能署上他主修的名字。《華蓋山志》署江西崇仁縣令崔世召纂，但《紅雨樓集　鼇峰文集》所存《華蓋山志》八論，題目之後有一『代』字[一]，足以説明此書係天啓七年（一六二七）往依崔氏，應崔氏之請所纂。徐㶿搜集了十册武夷山資料，晚歲他多次奔走、呼籲有權力者編纂《武夷山志》，自已願意貢獻所藏。[二]他説，武夷山是閩省第一名區，向來没有一部好的山志，很説不過去。按照我個人的推論，明清之際衷仲孺所刻《武夷山志》基本素材甚至大多數文字是出自徐㶿之手。《建陽縣志》徐㶿付出的勞動最多：『舊歲建陽令君，命修邑志，雖操觚者衆，築舍道傍，而出不肖之筆居多。』[三]但書上也不可能有詳細的説明。此外，徐㶿還纂有雜志數種。

除了幾部山志、寺志是徐㶿本人獨纂之外，參與編纂的其他郡志、縣志，他都不是主纂者，因此，這些

[一]《文集》册九，《上圖稿本》第四五册，第四三五頁。

[二]《寄錢郡伯》：『近崇安友生聞某在邑，邀爲武夷之遊，且云張令公欲重修《武夷山志》，知某向曾纂修一部，蒐羅古賢詩文甚夥，較之舊志爲詳。』（《文集》册五，《上圖稿本》第四三册，第二二九—二三〇頁）

[三]《寄屠田叔》，《文集》册三，《上圖稿本》第四二册，第三三一頁。

志書的體例自然不可能出自他的手。稍稍例外的是《建陽縣志》。其題《游定夫集》云：『庚子歲，建陽令魏公命修縣志，將以游、劉、朱、蔡、熊作五世家，游氏子孫抄録祖先事實，送余采擇。』[一]就是說，《建陽縣志》有『世家』這一體列，因爲游、劉、朱、蔡、熊五大姓，由宋至明，在經學、理學、史學、文學等方面世代相傳，積纍豐厚，影響深遠，如果以單傳的形式，不足以表現家族的文化承傳，難以見其底藴。古人著書，往往無專門的體例説明，而是在書中體現出來的。徐𤊹修志，偶然在致友人書中順帶作一些説明交代。徐𤊹認爲能進入志書的人物，不能衹看其身份、頭銜，還得看他的大節、事蹟。陳誠是宋代狀元，丘墓尚存，要不要入志？徐𤊹在致總裁書中説：『陳誠之人品不足稱，豈以狀元之故而獨存耶？誠之主和議，事載《綱目》。』[二]要不要入志，他請總裁定奪；實際上，他致書的用意，是反對陳誠入志的。人品、大節，可視作修人物志、丘墓館閣志的去取體例。

徐𤊹修志，十分强調史料的真實性，强調尊重歷史事實。喻政主修《福州府志》，卷首《修志姓氏·分纂》：『布衣王毓德、徐𤊹。』參與《福州府志》的修纂，徐𤊹似乎還比較興奮，在致友人的書信中多次言及此事。萬曆三十八年（一六一〇），致書總裁林材，討論『建文』年號的問題，他認爲，在很長一段時間，『建文』年號已經革除，天下郡邑志，『皆書洪武三十一年至三十五年』，朝廷嚴禁，這是事實。但是，他又查得『萬曆二十三年詔修正史，禮科給事中楊天民、御史牛應元奏復建文年號不宜革除，奉聖旨禮部知道，而禮部隨覆奏改正』，既然朝廷已經釐正建文年號，則郡邑志者也應相應釐正，『洪武己卯、庚辰鄉會二榜，

[一] 馬泰來整理《新輯紅雨樓題記　徐氏家藏書目》，第一二九頁。

[二] 《郡志先朝丘墓議復林都諫》，《文集》册二，《上圖稿本》第四二册，第一九二頁。

寔建文之元年、二年也』[一]，不可再因循舊志。

史上同名同姓者甚多，偶然也會出現有張冠李戴的現象。徐𤊹文集中提到的就有三位陳剛中，兩位是宋朝人，一侯官人，一閩清人；另一位是元朝天台人，名孚，字剛中。《和靖先生集》附録如陳剛中一絶，『乃元天台人陳孚字剛中者所作，見孚本集，非宋葬風篁嶺之陳剛中也，當改宋爲元』[二]。友人鄧原芳參修《閩清縣志》，徐𤊹提醒他：『祥道從子陳剛中，建炎進士，《志》爲立傳，似矣。但誤作侯官人。蓋時有同姓名者，遂以閩清剛中爲侯官剛中也。剛中死浙江，葬西湖龍井鳳凰嶺，其墓尚存。』[三]

修志，必須廣搜材料，這一點，是徐𤊹十分强調的。徐𤊹藏書十分豐富，又勤於讀書，博聞强識，往往能發現舊志中的遺佚或錯訛。徐𤊹認爲閩清縣邑如斗，文獻不十分豐富，因此廣泛搜羅考訂十分重要，宋代治平進士陳祥道，舊《志》記載祥道著述或誤或漏：『陳祥道著《太常禮書》一百五十卷。元佑〔祐〕初以宣義郎仕太常博士，解《三禮》之名物，且繪爲圖像，極精博。朝廷見之，給筆札，繕寫奏之。其書見行于世。《郡志》作一百二十卷，誤。又未嘗叙及爲太常時所著。且祥道所著書甚多，又有《禮記講義》二十四卷、《周禮纂圖》二十卷、《禮例訓解》十卷、《論語解》十卷，多軼不傳。祥道，字用之，見《宋史》；《郡志》誤作「祐之」。其弟陳暘，字晋之，中紹聖制科，著《樂書》二百卷，叙雅胡音器、優伶雜劇咸備。誠齋楊萬里爲之序。』又如『白玉蟾，雖曰得道真人，而鶴林彭耜爲作《行狀》甚悉。有《閩清醉中》一律、《閩

[一]《議郡志建文年號議復林都諫》，《文集》册二，《上圖稿本》第四二册，第一八五—一八六頁。

[二]《復張維誠》，《文集》册七，《上圖稿本》第四四册，第七頁。

[三]《與鄧汝實》，《文集》册六，《上圖稿本》第四三册，第四一八—四一九頁。

清祈雨》一歌，奇峭有韻。龜毛兔角，固自難得。至若鄭瀾詩文典雅，弟曾于其孫翰卿處見之。王皋伯詩畫俊逸，弟向爲作傳，亦文苑之高流也』[一]，諸如此類，修《閩清縣志》者未必注意，也未必清楚，徐𤊹一一提醒，舊志或錯或漏，趁修新志之便，錯者改之，漏者補之。

徐𤊹還十分重視碑碣石刻文獻。《武夷山志》搜集的材料有十册之多，一部分是紙質文獻，還有一部分遍遊武夷三十六峰搜集所得。他參與謝肇淛所修《鼓山志》，也多次前往鼓山抄録碑刻；《鼓山志》成後，又隨見隨録，再次抄録了兩卷，清初釋元賢完成的《鼓山續志》就用了他的這些材料。每遊憩出行，遇墓碑、神道碑、橋碑、亭碑、碑版等，都加意摩挲辨認、觀賞，或加抄録，積纍許多文獻資料。徐𤊹詩，紀叙描寫尋碑、觀碑的多達一二十首。潘渡橋，是福州通往連江的必經之路橋，原名安利橋，邑人潘牥以舟濟渡，因名『潘渡』。宋紹興十四年始創爲橋，寶慶二年，改今名。徐𤊹《潘渡觀造橋碑》云：『驅車到江岸，停步偶瞻跂。道左立曹碑，寶慶丁亥季。惠政在利涉，鄭公首其事。水中得古讖，其文曰安利。遂以名斯橋，厥事差足異。維時東海翁，徐澄。泚筆爲之記。文追秦漢風，書有顔柳意。賢嗣紹父功，碑陰復爲志。鄭逢辰。迄今數百秋，虹梁復崩墜。江流清且深，喚渡始得至。過客日紛紛，誰人讀碑字？輿梁苦莫成，孰謂子産智？』[二]舊橋已圮，而宋代碑石尚嵌壁間，徐澄所作《記》，鄭逢辰所作《志》，數百年間，過客紛紛，有幾人讀碑《記》、碑《志》？

萬曆四十一年（一六一三），友人陳鳴鶴往寧德修志，徐𤊹致書曰：『陸放翁《城隍廟記》録去，先代

[一]《與鄧汝實》，《文集》册六，《上圖稿本》第四三册，第四一九頁。
[二]《鼇峰集》卷五。

遺文想更有存。弟前聞謝在杭説，寧德路口有古碑臥道左，皆前代文章，如此之類，亦當博訪。建善寺有建極四年吴慎辭碑，尚可查録其文否？倘有欲查事蹟，不妨見教，弟代考家藏書，不難耳。』[一]這段百餘字的書信，説了四件事：首先，陸游有寧德主薄任上所作《城隍廟記》[二]，不能漏掉，抄録附上；其次，古碑臥道，前輩文獻，亟待博訪；其三，南詔建極間，建善寺吴慎辭碑當查，録入志書；其四，有關碑刻的作者事蹟，可取證於自家藏書。

志書，有國志，有省志、郡志和縣志。徐𤊹的基本觀點是，同樣一件事、一個人物，下一級之志應詳於上一級之志，即縣志詳於府志，府志詳於省志，省志詳於國志；上一級的志書未載入録的，下一級的志書，相對重要的，應當考慮載録；下一級的志書，可供更高級的志書採録。徐𤊹曾致書主持《福寧州志》纂修者張大光説，這部志書不訪詳細一點，將來供省志採録。《福州府志》也有過簡略的例子，他説：『黄師雍，《宋史》立傳最爲詳備，《郡志》第摘其概。夫一國較之一郡，郡宜詳而國宜略，況一邑之小乎？』[三]同樣一個條目，縣志當比府志更詳，才比較合理。徐𤊹還認爲，地區存在差異性，福州府文獻豐富，人物衆多，載録的條目多，各條不能不簡略；福寧州文獻較少，一個州，祇有兩個屬邑，人物也不是很多，條目不妨放寬，撰寫不妨稍細，其云：『《州志》似不可緩也……當今省會丁人物之盛，載筆不得不嚴，文章不得不短。在一州兩邑，惟恨無事可粉飾，無人可弛張，無文可紀載，若一概持之以嚴，他日附《通志》之後，譬

[一]《答陳汝翔》，《文集》册六，《上圖稿本》第四三册，第三五二頁。
[二]《答張叔弢別駕》：『放翁《城隍廟記》附上。』《文集》册六，《上圖稿本》第四三册，第三五一頁。
[三]《與鄧汝實》，《文集》册六，《上圖稿本》第四三册，第四一九頁。

若錐末之鋭矣。愚意須取人寬一分，取事濫一分，行文冗一分，以爲日後修《通志》者之裁割也。』[一]總之，不論省志、郡志還是縣志的修纂，『大都採訪欲博，撰文欲專』，手切不可雜，『雜則不能精耳』[二]。

六、舊籍整理的實踐與主張

徐𤊹的題跋序記向爲學林所重。清順治年間，林佶輯有《紅雨樓題跋》，嘉慶間鄭杰有《紅雨樓題跋初編》，晚近繆荃孫在前人的基礎上重輯，爲《紅雨樓序跋》。今人沈文倬又重新編定，成《紅雨樓序跋》一書[三]。近年，筆者又輯得序跋多篇，成《徐𤊹序跋補遺考證》一文[四]。美國普林斯頓大學馬泰來教授窮數十年工夫，完成馬泰來《新輯紅雨樓題記　徐氏家藏書目》[五]，爲徐氏題記序跋之功臣。馬泰來先生研究《紅雨樓集　鼇峰文集》稿本，指出不該把徐氏已經棄去不擬刊刻的題記序跋也收到題跋集或序跋集中，説得也對。但是，如果我們從另一個角度考慮問題，那些徐𤊹本來棄去的題記序跋，也有它的研究價值，此一；其次，徐𤊹文集多達數十卷，晚年懼怕湮没不傳，多方求助友人協助刊刻，既然自己無力付梓而由他人襄助，就不能不考慮文集的篇幅。篇幅大，刊刻費用高；篇幅太小，許多文章不能收録。因此他

[一]《答張叔弢》，《文集》册六，《上圖稿本》第四三册，第三五七—三五八頁。

[二]《答陳汝翔》，《文集》册六，《上圖稿本》第四三册，第三五一—三五二頁。

[三]福建人民出版社，一九九三年。

[四]《文獻》，二〇〇九年第三期。

[五]上海古籍出版社，二〇一四年。

對友人時而説文集有二十卷，時而説三十餘卷或五十餘卷，甚至六十卷。不同的對象説不同的話，因此我們今天看到的稿本，即便是作者標有去取的記號，也不是最後的定稿，今天我們編其題記集、序跋集與其嚴些，不如寬些，以備考訂研究。即使從嚴一點，《紅雨樓集　鼇峰文集》還有少數題記序跋的佚文，似可繼續輯入[一]。

徐𤊹藏書的最大特點，並不在於藏了多少書，有多少善本孤本，而在於藏書的利用。題記跋文，大多是爲購書藏書所作；序文，則爲刊刻舊籍新書所寫，都有着重要或比較重要的的學術意義。題記序跋的重要意義，一則是體現在版本目録學方面，這個問題已經有較多的學者論及，本文不再討論；再則，表現在整理舊籍文獻的實踐與理論方面。中國古代没有專門闡述如何整理古籍及其相關理論的著作，而題記序跋，往往爲後人提供了較多的信息和綫索，徐𤊹的題記序跋這方面的成績尤其突出。

首先，徐𤊹對校訂整理舊籍具有濃厚的興趣和極大的熱情

萬曆六年（一五七八），父親徐棉辭永寧令歸田，徐𤊹九歲，此後全家的生活來源就是那一點田産。萬曆十六年（一五八八）徐熥中舉，開始了長達十年的進京會試征程。萬曆十九年（一五九一），父徐棉卒；二十七年（一五九九）兄徐熥卒。徐熥結客散財，本來就不豐厚的家底被徐熥消耗殆盡，徐𤊹爲其編選的《幔亭集》無力授梓，多賴清流王若爲之解囊方得以竣事。徐𤊹何時開始整理舊籍還有待於考證，其《荔枝通譜》八卷，輯纂於萬曆二十五年（一五九七），首卷爲徐𤊹整理的蔡襄《荔枝譜》，二至八卷，誠如《荔

[一] 如《《問月樓集》序》（崔世召《問月樓集》卷首，明末刻本，日本宫内廳書陵部藏本）、《浦源詩跋》（《石倉十二代詩選·明詩一集》卷之十七林鴻《繕部集》卷附浦源詩）等。

枝譜〉小引》所言：『狀四郡品目之殊，陳生植制用之法，旁羅事蹟，雜采咏題。』[一]此時徐氏家道尚未中落。家道中落之後，除了刻一點子孫的小集之外，連刻自己的集子都十分困難了，遑論舊籍。徐𤊹曾整理過周樸、歐陽詹、陳陶、林寬、黄滔、韓偓、翁承贊、秦系、陳蝦、徐寅、孟貫十二家之集爲《唐十二家集》，然而『尚乏梓錢』[二]。儘管缺乏刻資，徐𤊹的態度仍然是積極的，並没有喪失信心。萬曆三十三年（一六〇五），徐𤊹往江浙，行囊中有歐陽詹《歐陽四門集》，次年，此書終於得到友人的襄助授梓於金陵。

蔡襄，莆田人，北宋名臣，有《蔡忠惠集》。徐𤊹搜其集十數年，得其鈔本，喜而不寐，稍加校定。萬曆四十二年（一六一四），郡人陳一元侍御宦遊江西，徐𤊹『堅投以公集，侍御納之皂囊中去』[三]。陳一元下車即請王孫朱欝儀、秀才李克家嚴加讎校，終於載之梨棗。這則題記『堅投』二字，表露出對刻此集的急迫和信心，不容陳一元分説和辭却，非得將蔡集授梓問世不可。過了一年，又得蔡襄的另一個本子，烏程蔡善繼任泉州知府，『以公同姓同官又同地也，於是從盧憲副求録本，屬張廣文啓睿訂正，鏤板以傳』[四]。數年間，得二方善本[五]，喜不可言。我們今天使用的蔡襄集，離不開這兩個本子。

萬曆四十六年（一六一八）或稍早，杭州張蔚然爲福安縣知縣。張蔚然是曹學佺所取士，也是徐𤊹的

[一]　鄧慶寀《閩中荔支通譜》卷二，又《續説郛》卷四十一。
[二]　《榕陰新檢》卷十六《詩話》引《竹窗雜録》。
[三]　跋《蔡忠惠年譜》，《新輯紅雨樓題記》，第八二頁。
[四]　跋《蔡忠惠年譜》，《新輯紅雨樓題記》，第八二頁。
[五]　一爲萬曆乙卯仲夏南州朱謀𡍬、李克家重校本，一爲蔡善繼刊、張啓睿校訂本。

朋友。張氏下車伊始，首徵當地文獻。『郭君時鏘乃取予所訂《晞髮集》以進，維誠先生復加考核，梓而傳之。』[一]福安，是宋遺民謝翱的故鄉。謝翱，字皋羽，號晞髮子，宋亡不仕，他寫過驚天地動鬼神的《登西臺慟哭記》，著有《晞髮集》。徐𤊹校訂《晞髮集》的時間不可考，他當然也不知道有朝一日張蔚然會出任福安知縣，《晞髮集》應該是平日裏早就校好的，祇不過也是無資授梓而已。郭鳴琳（時鏘）取而進之，恐怕也是徐𤊹主動托其呈進。這個時機把握得相當不錯。天啓五年（一六二五），邵武人何望海將邑人嚴羽和黄鎮成的詩集合刻爲《嚴黄集》，徐𤊹爲作序。嚴羽，南宋人，尚著有《滄浪詩話》；黄鎮成，元人。嚴、黄分别是宋、元著名詩人。《嚴黄集》問世之後，徐𤊹把握這一時機，致書邵武同知朱玄水，説邵武還有一位非常重要的人物李綱，不妨趁熱打鐵，把李綱的集子也刊刻出來，他願意提供謝肇淛的鈔本：『近得何金老書，並惠新梓嚴、黄二先生集，足爲樵川樵水增色……《李忠定公文集》三十卷，嚮年謝武林抄之秘閣，武林亦擬爲之梓行，而今不可作矣。老丈能謀之金陽，若一首倡，則當道有司亦必捐助刻資，果爾，弟借謝氏藏本寄上也。』[二]謀梓鄉邦文獻不遺餘力，真是到了執着甚至癡迷的地步。

其次，舊籍整理，相關文獻的搜集應當做到儘可能的完備

鄭善夫，字繼之，弘、正間與李夢陽、何景明等合稱『十子』，談藝之士稱盛明正宗，也是閩地堪與中原争旗鼓的重要詩人，隆、萬以至啓、禎，一直得到閩人的敬重。萬曆初年善夫外孫林如楚刻《鄭少谷集》於潮陽；過了三十年，鄧原岳又刻其詩，文未遑刻，原岳已化，板不幸燬於火。鄭善夫的部分手稿藏於陳椿

[一]《〈晞髮集〉序》，《新輯紅雨樓題記》，第一三六頁。
[二]《寄朱玄水》，《文集》册八，《上圖稿本》第四四册，第一九七頁。

之子陳圳家，鄭家失火，藏於陳家的鄭氏手稿爲無賴掠散，幸而之前徐𤊹已録有副本，以至不絶。崇禎初原岳子鄧慶寀過家展墓，與徐𤊹商刻《鄭少谷先生全集》，出徐熥所藏《少谷雜著》一種；徐𤊹自己搜『得《經世要談》一卷，遺詩一卷，遺文數十篇，尺牘數十幅，皆先生手録者』[一]，合而刻之。鄭善夫集前後九刻，這部《鄭少谷先生全集》最爲完備。數十年間，徐𤊹不斷地搜集、保存、整理鄭善夫詩文雜著[二]，無疑是鄭集的功臣。

袁表、馬熒選輯的《閩中十子詩》，《四庫全書》列入總集類；此書名曰總集，其實還衹是一個選本，是明初福州郡十位才子的詩選。既然是詩選，編選者就必須廣搜『十子』之集，然後再作選輯。『十子』集，徐𤊹的題跋共八篇之多，分别是：題王偁《虚舟集》（一六〇一年）、題高棅《嘯臺集》、跋浦源《浦源詩》、題王恭《草澤狂歌》（以上一六〇七年）、題林鴻《鳴盛集》（一六一二年）、又題《嘯臺集》（一六一七年）、跋周玄《宜秋集》（一六三〇年）、題浦源《浦舍人集》（一六四〇年），時間跨度長達四十年。最後一篇題記，距《閩中十子詩》問世的萬曆四年（一五七六）已經六十五年。《閩中十子詩》的問世，有很深刻的啓發與影響，徐𤊹一直想弄清楚『十子』之集的『十子』詩的原貌，因此不間斷地搜集整理『十子』詩文

[一]《鄭少谷先生全集序》，《鄭少谷先生全集》卷首。《鄭少谷先生全集》著録明邵捷春輯，未必準確。鄧慶寀與謀刻不久，卒。鄭章甫官南京户曹，捐資刻之，而雜著種種未及纂入。嗣後邵捷春補續，終成完帙。邵氏『補續』，當也是捐資刻之。輯録雜著種種，功在徐𤊹。

[二]《鄭少谷先生全集序》作於崇禎九年（一六三六），前此，徐𤊹還有兩篇鄭善夫《雜著》題記，分别作於萬曆三十五年（一六〇七）和崇禎五年（一六三二）。

集。徐𤊹的基本判斷是：《閩中十子詩》去取過嚴，遺漏甚多，與此同時，他還婉約地批評袁表、馬熒可能没有搜集或看到某些本子，故未加採擷：『昔袁舍人、馬參軍匯刻《閩中十子詩》，收廷禮所作，亦甚寥寥，此集雖瑕瑜相半，然有可採者。』因此抄録高棅詩全集的友人高景『其功德不在袁、馬二公下』[一]。

曹學佺編選的《石倉十二代詩選》一千七百餘卷，篇幅之巨，古代任何一種選本都無法與之匹比。曹氏在編輯此書的過程中，得到過徐𤊹不少幫助，還利用了徐𤊹某些整理過的詩集，這個問題我們將另文論述。趙迪，字景哲，閩縣人，活動於洪、永之世，與『十子』同一時代。《石倉十二代詩選・明詩一集》卷二十高棅《木天集》後附有趙迪《鳴秋集》，共選詩六十一題，六十四首。《〈鳴秋集〉序》云：

> 萬曆丁未，謝在杭以職方郎宅艱家居，於舊肆中購得前輩隨筆抄録詩文十餘帙，而鳴秋之詩在焉。予竊喜先生著□未嘗絶於人間也。未幾在杭筮仕南滇西粤，既卒於官，此集閟之家塾，無因披覽。今歲曹君能始編梓《十二代詩選》，由宋及元，以次及洪、永之季，乃從謝氏搜出選之，然猶未盡也。予重惜先生遺□，閲二百餘年，散落弗收，幸睹斯篇，真若拾珊瑚枝於海底，不綦難哉。舊本紙墨薄弱，前輩草書，塗鴉混亂，又多魚魯之訛，乃逐篇磨勘，命小孫鍾震手録藏之……梓而傳之，余竊有志焉。[二]

曹學佺利用謝肇淛的遺藏之本加以編梓，徐𤊹認爲謝氏藏本『塗鴉混亂，又多魚魯之訛』，曹學

[一] 題《嘯臺集》，馬泰來整理《新輯紅雨樓題記　徐氏家藏書目》，第四九頁。

[二] 馬泰來整理《新輯紅雨樓題記　徐氏家藏書目》，第一五一頁。

佺可能在校讎方面和選輯方面有『猶未盡』之處[一]，徐𤊹乃『逐篇磨勘』，命孫徐鍾震手録一過，完成了一個可以『梓而傳之』的《鳴秋集》精輯精校本。

除了《鳴秋集序》，徐𤊹還兩次爲《鳴秋集》作題跋，徐𤊹孫鍾震也兩次作題跋，鍾震一作於崇禎十二年（一六三九），一作於徐𤊹殁後二十五年的康熙六年（一六六七），後一篇跋云：

> 趙景哲先生與林膳部倡和，稱『十子』。萬曆中，馬用昭參軍鋭意風雅，選《十子詩》，見趙集不得，遂以王中美補入。殊未知乃翁恭敏公曾以《鳴秋全集》授無錫俞是堂也。是堂官憲副，選刻《盛明百家詩》，海内共推哲匠。[二]

王中美，即王褒；俞是堂，即俞憲；恭敏，即馬森，馬熒之父。這則跋語透露了一個重要的信息：馬森藏有《鳴秋集》，俞憲輯編《盛明百家詩》，馬森把《鳴秋集》借給俞氏，袁表和馬熒輯編《閩中十子詩》，計劃中的名單有趙迪而没有王褒，因爲《鳴秋集》一時找不回來，不得已，遂將趙迪更换爲王褒，以確保『十子』之數。徐鍾震生於萬曆三十八年（一六一〇），等到他成年進入藝林之時，《閩中十子詩》已經刊刻五十年以上，以王易趙，當然是父輩所言，也就是説，是徐𤊹早年瞭解到的真實『内幕』。在搜集、磨勘《鳴秋集》的過程中，徐𤊹認爲『鳴秋山人趙先生景哲與膳部倡和，得其宗流』[三]；『趙迪詩……渢渢大雅，

[一] 據徐鍾震《〈鳴秋集〉跋》，徐𤊹校本共計二百一十首，見徐鍾震《雪樵文集》。

[二] 馬泰來整理《新輯紅雨樓題記　徐氏家藏書目》，第一八〇頁。

[三] 又題《〈鳴秋集〉序》，馬泰來整理《新輯紅雨樓題記　徐氏家藏書目》，第一五一頁。

不減孟揚、安中』[一]。也就是説，趙迪屬於林鴻詩派；在詩派中，趙迪的詩不減王偁（孟揚）、王恭（安中）。如果袁表、馬熒當年搜集到趙迪《鳴秋集》，無論是《明史·文苑傳》，還是后世的中國古代文學史著作『十子』的名單，就得改寫了。由此可見，文獻的搜集未能做到儘可能的完備，不僅影響了詩文集的質量，也影響到《明史·文苑傳》的撰寫和文學史的描述。

徐𤊹整理詩文集，大體遵循收盡遺佚、能收盡收的原則。趙迪《鳴秋集》的搜集整理前後經過幾十年的時間，直至晚歲，徐𤊹又命孫鍾震持續做這項工作。此集由最早搜集到的二百多首，增加至三百七十八首，用心可謂良苦。興公的古籍整理工作，有時也應他人所邀，選刻選本。元末明初，福建羅源縣陳滄浪有《退軒集》，此集湮没無聞，徐熥編選《晋安風雅》也曾寓目，崇禎末年羅源縣知縣章簡得其遺編，囑徐𤊹選訂。『予獲卒業，富麗雄卓，中矩旋規，大都古風優于近體，拔其尤，得二百四十四首，較之全集纔十三四耳。』[二]編選的結果，至少删汰五六百首，則事出無奈。

再次，校訂整理體列必須次第精詳，讎校必須字句磨勘

舊籍如果是重刻，没有必要改變其體例，但是讎校是必須的。如果是未曾授梓，必須加以整理，講究體例，然後讎校授梓。游朴，字太初，號少潤，柘洋（今福建柘榮）人。萬曆二年（一五七四）進士，官至湖廣參政，著有《藏山集》，游朴之孫游仲卿加以整理並授梓，徐𤊹讀之，以爲『如入萬寶之山，琳球畢具』，詩作得相當不錯。可惜該集的體例不當、讎校不精，對此，他尖鋭批評道：

[一] 題《鳴秋集》，馬泰來整理《新輯紅雨樓題記　徐氏家藏書目》，第一五〇頁。

[二] 徐鍾震代作《陳滄浪先生〈退軒集〉小引》，《雪樵文集》。

編次必須次第精詳，讎校必須字句磨勘，然後傳之通國大都，庶免魯魚帝虎之誚。今觀斯集，訛誤紊亂，不一而足。如卷數之分，必須隨體而列，方爲合例。今七言律以數十首，而附五言律之末，而不另提；五言、七言絶句，又附五言排律之末，亦不另提，雖曰分體、分卷，其實因分而反紊矣。如七言排律，《讀定遠遺愛傳》，題署二首，而詩則混爲一首矣。如「文集」與「詩」，原當一式，何詩曰「藏山集」，而文則曰「文集」，而異其名……至于參知公曾序謝皋羽《晞髮集》，正秦川文獻所關，今乃遺之，不爲缺典乎？然則，所遺者似不止此矣。其中一點一畫，舛訛差錯，又難以枚舉矣。[一]

徐𤊹對《藏山集》的批評，有四個方面：一、重要的文獻缺載，如游朴爲謝翺《晞髮集》撰的序，這樣重要的文章竟然漏收，是爲『缺典』；二、『卷數之分，必須隨體而列』，各種詩體編排混亂；三、書名『藏山集』，不能詩冠以『藏山集』之名，文則衹稱『文集』，而缺『藏山』二字；四、『舛訛差錯，又難以枚舉』，讎校失之於粗。

徐𤊹看到校讎粗糙的書籍，則憂；看到校讎精審者，則喜。胡應麟《少室山房筆叢》：『刊本甚佳，初悦之喜欲狂叫』，看到漏刻、脱落轉而爲恨：『新刻漏落不少，蓋緣其舊本脱落，未嘗深考，孟浪刻之，相粘謄寫，難于刻補。又每一葉中，多有訛字，未嘗校讎，是以可恨也。』[二]萬曆四十七年（一六一九），徐𤊹遊豫章，喻季布贈宋人陳善《捫蝨新話》，『然多舛錯，尚俟請正博雅讎校，殺青行世，毋終泯泯耳』[三]。坊

[一]《寄游文學書仲卿》，《文集》册七，《上圖稿本》第四四册，第一〇—一二頁。

[二]《寄曹能始》，《文集》册六，《上圖稿本》第四三册，第四一〇—四一一頁。

[三] 題《捫蝨新話》，《新輯紅雨樓題記　徐氏家藏書目》，上海古籍出版社，二〇一四年，第一〇五頁。

間刻他的《端明别紀》《榕陰新檢》，不免疏失，也令他憂慮：『舊歲西爽堂爲弟梓行《端明别紀》《榕陰新檢》，想已竣工，但坊間摹刻錯誤不少，惟仁丈精於于讎校，敢煩留心訂正，庶不貽笑于大方也。』[一]張獻翼送徐熥一部《陸士龍文集》，後歸徐𤊹所有，『讎對無差，勝今坊間所梓者多矣』[二]；陳椿送《常建詩集》，『校讎無差，又爲社長所贈，尤當珍惜』[三]。

公正地説，凡是授梓之著作，誰不想減少一些差錯，但是不是所有的作者或坊間刻手都精於校讎。徐𤊹是當時大家公認的校讎名手。早在萬曆二十三年（一五九五），徐𤊹遊吴興，友人張睿卿復彙孫太初《太白山人詩》並重刻，『屬余較讎，刻爲最後，版亦最精』[四]。林材主持（萬曆）《福州府志》，不僅邀請擔任分纂，而且特别『屬校讎於徐興公𤊹』[五]。徐𤊹有時把參與重要典籍的校讎工作，當作一件盛事、一次盛典來看待，甚至興奮不已。龍溪張燮，輯編過《七十二家集》之後，擬繼續輯編《唐七十二家集》，『郡伯與紹和議梓《唐賢七十二家》，允爲盛典，𤊹亦預校讎。此集行，亦大愉快也』[六]。如果參與此集校讎時，徐𤊹尚在青壯年，亦不足怪，然而此時擬接受此項工作，已經七十有一，他仍然喜不自勝，尤見出一生的追求。以上數事，都是他人請參與校讎的，有時則是主動請求參與校讎，或想方設法爲他人提供校讎的便利。轉

[一]《寄吴德符》，《文集》册六，《上圖稿本》第四三册，第三八七—三八八頁
[二]題《陸士龍文集》，《新輯紅雨樓題記　徐氏家藏書目》，上海古籍出版社，二〇一四年，第一一八頁。
[三]題《常建詩集》，《新輯紅雨樓題記　徐氏家藏書目》，上海古籍出版社，二〇一四年，第一一九頁。
[四]題《太白山人集》，《新輯紅雨樓題記　徐氏家藏書目》，上海古籍出版社，二〇一四年，第一六〇頁。
[五]《〈三山志〉序》，《三山志》卷首，萬曆刻本。
[六]《寄楊南仲》，《文集》册四，《上圖稿本》第四三册，第一三三—一三五頁

運使蔣希禹作《閩遊草》，贈徐𤊹，徐𤊹讀後不覺『技癢』：『然蒙雅愛有日，不得不搜瑕求疵，用答來意。劉季緒才不逮作者，而好爲譏評，不肖之謂矣。亟宜殺青，鯫生當任讎校之責也。』[一]崇禎十五年（一六四二），即徐𤊹生命的最後一年，當他得知建陽縣令黄國琦於公務之暇隙校讎巨著《册府元龜》，分别於正月、四月兩次主動向鄧原岳之孫爾纘借家藏本，分兩次遞送校讎[二]，用心不可謂不苦，難怪徐𤊹卒后，陳衎的祭文特拈出校讎一事：『日夕讎較，羽翼聖經。』[三]

徐鍾震曾經説過：『（徐𤊹）鉛槧親自較讎，老而弗倦。』[四]劉勰的《文心雕龍》，徐𤊹的題記長長短短，有九則之多，在這則題記中，他反復提到對此書的校讎：『先人舊藏此本，已經校讎。』此則作於萬曆二十九年（一六〇一），説父親徐棉，還有自己曾經校過此舊藏本：『此書脱誤甚多，諸刻本皆傳訛就梓，無有詳爲校定者。偶得升庵校本，初謂極精。辛丑之冬，携入樵川，友人謝伯元借去讎校，多有懸解，越七年，始付還。余反覆諷誦，每一篇必誦數過，又校出脱誤若干，合升庵、伯元之校，尤爲嚴密。』此則作於萬曆三十五年（一六〇七），説邵武謝耳伯借走楊慎校本讎校，數年後書還，自己又校出若干脱誤，雖趨嚴密，仍然有不妥處。『庚戌穀日，又取儀鬱王孫本校一過。』這則説萬曆三十八年（一六一〇）校本的情況。

[一]《復蔣都運》，《文集》册六，《上圖稿本》第四三册，第四五五—四五六頁。

[二] 兩次《復黄石公》，分别見《文集》册四，《上圖稿本》第四三册，第六七—六九頁、六〇—六一頁。

[三]《祭徐興公》，《大江草堂二集》卷十八。

[四]《答借書》，《雪樵文集》。

『此本吾辛丑年較讎極詳』[一]，此條作於崇禎十二年（一六三九），回憶萬曆二十九年（一六〇一）校讎此書的情況。徐𤊹《寄曹能始》云：『《文心雕龍》，弟已用心讎校。去年見鬱儀王孫亦有校本，又有發吾覆者，弟亦抄歸。兄所校定者，可着書手抄一本寄我參酌之，以便異日梓行。』[二]徐𤊹校讎《文心雕龍》，除了參考楊慎、謝兆申、朱鬱儀王孫的校本，還與曹學佺互相交流切磋，反復酌定，老而弗倦，都是爲了他日梓行時能提供一個近乎完美的校本，用心可謂良苦。

第四，校訂整理舊籍附録的設計與學術考訂

舊籍整理校讎精細、準確，這是舊籍文獻整理最起碼的要求，也是第一步。徐𤊹認爲，如果更進一步的要求，還應當搜集與舊籍作者、著作相關的資料研究成果作爲附録。對前人的研究成果疏失之處，也應略作學術考訂；明人較少作詩人作家生平、著作考一類的專門論文，這種考訂工作的任務，往往通過書序或題跋來完成。

由於受到社會地位和經濟能力的限制，徐𤊹整理的前人詩文集著作，没有獨立署名授梓的，但是不少著作的整理都經過他的手。萬曆三十一年（一六〇三）冬，同曹學佺、林古度往漳州，路過泉州，特地探訪歐陽詹讀書室，曹學佺記其事：『癸卯冬，予再遊温陵之石室，友人徐興公偕焉。石室爲唐歐陽行周先生

[一] 以上諸條，見馬泰來整理《新輯紅雨樓題記　徐氏家藏書目》，上海古籍出版社，二〇一四年，第一六九——一七一頁。

[二] 《文集》册六，《上圖稿本》第四三册，第四一五頁。

讀書處也。』[一]大約此時，徐𤊹萌生整理《歐陽行周集》的念頭。萬曆三十四年（一六〇六），《歐陽行周集》終於在南京授梓，集有附録一卷：『附録一卷，乃不肖某採掇諸書，實有關于四門行誼之大者。』[二]次年，即萬曆三十五（一六〇七），致書在泉州任職的歐陽觀察説，此書有附録，還嫌簡略：『耳目未周，多有掛漏。往歲經遊清源石室，見咏題滿壁，匆冗未獲抄録，且老先生重爲修葺，必有祠堂記文及家傳諸作，幸乞一一録示，附梓集末，以成全書。』[三]附録還應補上石室的各家題咏、祠堂記和重修記、家傳等，這個附録方才臻於完備。

《蔡端明集》沉寂數十年，萬曆後期很短的數年間，李克家校本、張啓睿校本相繼問世，而這兩個校本的授梓都是與徐𤊹的努力分不開的。兩個校本，都是由徐𤊹提供底本（可能還有初校），都由徐𤊹提供附録《蔡端明别紀》十二卷。《别紀》包括蔡襄的世系、傳記、事跡、言論，並附蔡襄的兩部雜著《荔枝譜》和《茶録》。謝肇淛評論《别紀》云：

> 蒐剔載籍，旁及猥稗，摭其行事而論次之。取裁於蘇之《外紀》、米之《志林》，釐爲十則，而以《荔譜》《茶録》附焉。述而不作，文獻犂然具在矣。夫士顧所竪立謂何耳？苟其懿行芳躅足以流聲百代，即稗言瑣事皆附之而不朽。[四]

[一]《唐歐陽先生文集序》，《石倉文稿》卷一。

[二]《寄歐陽觀察》，《文集》册六，《上圖稿本》第四三册，第三九五頁。

[三]《寄歐陽觀察》，《文集》册六，《上圖稿本》第四三册，第三九五頁。

[四]《〈蔡端明别紀〉序》，《小草齋文集》卷六。

謝肇淛高度評價《蔡端明別紀》，以爲此書體例仿《蘇長公外紀》《米襄陽志林》，搜集史籍詩文，旁及野史小説，再加以取捨。述而不作，目的是存其文獻，供讀者閲讀研究，即使是稗言瑣事，也當可附《蔡忠惠集》以不朽。按照我們今天的説法，《蔡端明別紀》類似於研究資料彙編，好的研究資料彙編，也有其長久的生命力，這項工作不可輕視。《蔡端明別紀》編定的時間，在萬曆三十六年（一六〇八）。《別紀》已經附刻了，徐𤊹審視自己的工作，認爲還有缺陷，希望望友人參與訂正：『至于《別紀》一種，中間淆亂不少，并乞參訂改正，以成完書。』[一]過了五六年，萬曆四十一年（一六一三），徐𤊹致書莆田友人宋珏，請他代爲抄搜蔡襄祠廬其他文獻，以便增補：『足下過蔡公祠墓，或詩或文，或前輩撰述，有及蔡公者統祈廣尋之。』[二]宋珏花了數年功夫，編就《蔡端明別紀補遺》兩卷，天啓二年（一六二二），顔繼祖刻《蔡忠惠詩集》附於其後。

徐𤊹爲《蔡端明集》的刊刻奔忙，兩種本子的校刻者都没有他的名字，好歹把他的《外紀》作爲附録，他的勞動也算是得到部分的肯定。其實，於蔡襄家世、生平的資料和研究還不止這些。如果將來有機會重編一部翔實的《蔡襄全集》[三]，還應該把徐𤊹所撰著的《蔡忠惠年譜》和題《蔡氏宗譜》作爲附録載入集中；題《蔡氏宗譜》駁蔡達卿所出族譜『八訛』，有關蔡氏家世，作爲蔡集的附録也是不能不載入的。

[一]《寄鬱儀宗侯》，《文集》册六，《上圖稿本》第四三册，第四二八頁。

[二]《答宋比玉》，《文集》册六，《上圖稿本》第四三册，第三四七—三四八頁。

[三]九十年代，筆者曾主持《蔡襄全集》校注（福建人民出版社，一九九九年），此書由一個研究會籌資出版，限於經費，附録一概不收。

一部優秀的古籍整理著作的産生，必定源於整理者對整理對象的精深的學術研究，不可設想，一個對整理對象從無涉獵、没有較深的學術積纍，能整理出優秀的古籍著作；换個角度説，對整理對象的研究，是古籍整理的重要基礎。除了使用好版本、精心校讎、搜集相關資料作爲附録等環節之外，更重要的是，本身就是整理對象的研究專家。他的書序和部分題跋，就是他的研究成果。明初閩集是徐𤊹關注的一個重點。『十子』各集更是他非常用心的部分，林鴻《鳴盛集》、高棅《嘯臺集》、王偁《虚舟集》、王恭《草澤狂歌》、浦源《浦源詩》、周玄《宜秋集》，都是他用心搜集整理的舊籍，衹是限於條件未能授梓而已。『十子』之外，他還搜集了趙迪的《鳴秋集》，寫了題記，作了序，以爲趙詩不減王偁、王恭；作序，似有優先授梓之意。他抄録、考訂郭厪《鏡湖清唱》，與曹學佺共同考訂朱晟《轅門十咏》，認爲『國初吾郡詩人輩出，十子而外，復有二十餘家』[一]；『國初吾鄉作者之盛，不獨十子爲善鳴也』。[二] 明初閩郡林鴻、高棅之『宗流』確實存在，但是是不是一定要叫『十子』詩派，即便可稱『十子』，『十子』的名單是不是就是袁表、馬熒《閩中十子詩》中的那十位，在徐𤊹看來，值得討論。這就涉及文學史上的一個值得研究的、較重要的問題了。

具體到一個作家，整理者整理他的集子，一定得考訂里籍、生平。郭厪的《鏡湖清唱》，曹學佺收入《石倉十二代詩選》，用的就是的徐𤊹整理本。徐𤊹説，郭厪湮没二百餘年，『無有知者』，經其考訂：厪，字敬夫，清世隱君子。其兄名蘭，字楚芳。『其所居當在白湖、螺浦之間，與鳴秋山人（元案：即趙迪）相

[一]《〈鏡湖清唱〉跋》，《石倉十二代詩選·明詩次集》卷七郭厪《鏡湖清唱》。

[二] 曹學佺《〈轅門十咏〉小引》，《石倉十二代詩選·明詩一集》卷又八十朱晟《轅門十咏》卷首。

鄰並也。予既録其遺編，並爲考其地里，付曹君能始授之梓，敬夫之名從此弗湮沒，不亦厚幸矣乎！』[二]《石倉十二代詩選》詩人之名下，詩集之末尾，時或『引』或『跋』，除了曹學佺自己所作，衹有數則出自徐㶿之手，其他同時代人的引、跋一概不録，足見曹氏對徐㶿考訂工作的重視。

徐㶿爲古籍整理本作的序，有蔡襄《蔡忠惠集》、謝翱《晞髮集》、鄭思肖《心史》、嚴羽《嚴滄浪集》、趙迪《鳴秋集》、鄭善夫《鄭少谷先生全集》數種。每篇序文，徐㶿都作得非常認真，一絲不苟。試看《〈嚴滄浪集〉序》：『群從九人，俱能詩，時稱「九嚴」。其地曰嚴坊，滄浪之水出焉，因自號「滄浪逋客」。』考其群從、所居地，及自號『滄浪』的緣由；群從九人號『九嚴』，也是一大發明。其次，考其與戴復古的交遊及『若野鶴之在鷄群』的性格特徵。再次，嚴羽的生活年代，舊本訛作北宋英宗治平前後，徐㶿考訂其爲南宋理宗（端平前後）時人，同邑上官偉長、李友山、賴成之與之倡和。嚴羽爲理宗時人，遂成定論，後世對嚴羽生平的研究，無非在徐㶿結論的基礎上進一步細緻化而已。

談到作序，我們不能不又回到《蔡忠惠集》上來，兩種校本都没有徐㶿的序，這對徐㶿來説無關宏旨，長年搜集，幾乎無望，不期先後校梓了兩種善本，已經是一件很寬慰的事了。遺憾的是，張啓睿校本的兩篇序都很有問題。徐㶿致書張氏曰：

《宋史》蔡君謨卒于英宗治平四年，年伍十六。次歲，始爲神宗熙寧元年。蔡郡公《序》曰：『忠惠爲熙寧、慶曆間有數人物。』年月似不相符。又曰：『忠惠去今四百餘禩。』何稚孝《序》曰：『今

[二]《〈鏡湖清唱〉跋》，《石倉十二代詩選·明詩次集》卷七郭厘《鏡湖清唱》。

其文章去之且八百歲。』皆非實録也。夫忠惠卒于治平四年，去今萬曆丙辰伍百伍十年。郡公與儀部各誤二百載。不宜懸絶矛盾至是。倘晋謁郡公，譚及於此，各改爲『數百年』，便自渾融，不相牴牾。又易『熙寧』爲『天聖』，庶後之覽者，無所訾議，則不佞忝爲郡公、儀部之忠臣也。[一]

此文提到張校本的兩篇序，一爲蔡善繼序，一爲何喬遠序。善繼，字伯達，浙江烏程人。萬曆二十九年（一六〇一）進士，時爲泉州知府。喬遠（一五五八—一六三二），字稚孝，號匪莪，人稱鏡山先生，晋江（今泉州）人。萬曆十四年（一五八六）進士，此時家居。蔡善繼，泉州行政長官；何喬遠，泉州進士，詩人、史學家。本來，憑藉蔡善繼、何喬遠的地位和威望，爲蔡襄集作序，不僅無可厚非，而且可以加重蔡集的分量。問題是，蔡、何兩家對蔡襄的家世、生平、著作都没有太多瞭解，更不要説下過什麼功夫，因此推演蔡襄所處時代至明萬曆間的時間各發生二百年的誤差。這個例子告訴我們，名人作序，於其不熟悉的領域，非其所長的專業，一定得慎而又慎。還告訴我們，舊籍整理本有一篇或數篇有學術性的序是必要的，而序文最好是由與熟悉整理本、對整理本有所研究的的人來作，也許更加合適。

對整理舊籍要有濃厚的興趣和愛好，廣搜各種版本，特别注意抄稿本的使用，擇善而從，有一個良好的整理體例，校讎精審，書前有一篇或數篇學術性較强的嚴肅的序文，書末附以作者和該著作相關的研究資料，最好還要有一部（一篇）考證嚴密的年譜相配合，舊籍的整理庶幾完滿。整理舊籍的實踐和觀念大抵如此。我們今天整理舊籍，除了斷句標點這一條，其他的要求，大抵不出徐𤊹之右。

[一]《復張昆水廣文》，《文集》册七，《上圖稿本》第四四册，第三—四頁。

七、編輯審訂親友詩文集

徐𤊹編輯審訂親友詩文集多種。親者，如伯兄徐熥《幔亭集》、外甥謝肇淛《小草齋集》；友者，如翁正春《木天集》、陳公選《蕉雨亭詩集》。侯官翁正春萬曆二十年（一五九二）廷試第一，天啓間官至禮部尚書兼翰林院學士。天啓六年（一六二六），翁正春歸鄉之後，親臨徐𤊹宅第，出其《木天集》請編定。正春居住在城外洪山里，徐𤊹居城南鼇峰坊，相距二十來里地，故兩人有書郵往返。《木天集》編定後未及授梓，正春卒。年資較深、位高且文名甚盛的同郡名人，有葉向高、曹學佺、陳一元、董應舉等，都是爲翁氏作序的適合人選。然而，翁正春却對布衣徐𤊹獨有青睞。清陳壽祺感嘆道：『吾鄉尚書翁文簡公……文集五卷，嘗屬徐與公甡乙，見《紅雨樓文稿》。一代老成虛己下賢，定文之託，乃歸後進，此豈晚近士大夫所及哉！』[一]一方面，翁正春以其高位老成託以晚輩布衣；另一方面，也可見出當年徐𤊹編輯審訂詩文集有其嚴謹獨到之處，文壇傳爲美談。

徐𤊹没有專門文章論述如何編輯審訂詩文集，我們衹能從他的所編的集子和序跋、尺牘略窺一二。徐𤊹編輯審訂親友詩文集，大體遵從以下原則：

編集不存少作。萬曆二十七年（一五九九）秋八月徐熥卒，當年冬，徐𤊹開始編其集。我們現在看到的《幔亭集》，作年可考，最早的是萬曆十五年（一五八七）所作《重宿靈源洞懷珠上人丁亥歲》[二]，這一年

[一]《跋翁文簡公廷試卷》，《左海文集》卷七。

[二]《幔亭集》卷五，又黄任《鼓山志》卷十一。

徐熥已經二十七歲，所存詩鳳毛麟角。大量進入《幔亭集》的是徐熥中舉之後北上春官的作品，即萬曆十六年（一五八八）十一月之後所作，也就是説，《幔亭集》基本上不收徐熥二十六歲及之前的作品，對於一個詩人來説，二十七歲已經進入成熟的時期。謝肇淛《小草齋集》卷十二『五言律詩一』，也是徐𤊹所選，第一、二題爲《少年行四首》《塞下曲四首》，以樂府舊題作五律，第三題《賦得新柳送別》，有類試帖詩，作年無法考訂。第四至第八題分別爲《劍津別徐興公》《夜泊建溪》《宿酒館》《武林迎春》《渡江戊子冬》，作於萬曆十六年冬，謝肇淛和徐𤊹結伴北上，這幾首詩當是集中最早的作品。這一年謝肇淛二十二歲，因有關徐熥行踪，所以存録的作品更早些。上文我已説過，萬曆二十二年（一五九四），徐熥在南京爲刻《紅雨樓稿》，徐𤊹以爲十分乳臭，甚爲不滿，也是因爲少作的緣故。徐𤊹摯友曹學佺，編集也不存少作，曹學佺最早的一個集《掛劍集》，收萬曆二十四年（一五九六）下半年的作品，這一年曹學佺二十三歲。曹氏萬曆十九年（一五九一）中舉，時年十八，次年上春官落第；萬曆二十三年（一六九五）成進士，本來刊刻詩文集，可以上推到十八至二十二歲之間，由於不存少作，故其集所存，遲至成進士之次年。不存少作或少存少作，當是晚明閩中詩人編集的傳統。

删汰應酬及『太甚』之作。編選，首先是選，有選必有删汰。徐熥衹活了三十九歲，而所作詩多達五千多首，徐𤊹爲其編集，十去其六，授梓有兩千多首。在明人的别集中，比較適中。因爲經過篩選，留下的詩大多比較好。後來的選詩家，得益於這個本子，沈德潛選明詩，徐熥詩入選《明詩别裁集》，萬曆、崇禎時期的詩人，他名列第三；汪端《明三十家詩》，徐熥爲三十家正選之一。徜若一個集子過於蕪雜，恐怕會影響到選家的判斷。從這方面説，徐𤊹是徐熥之功臣。但是，徐𤊹還是認爲，這個本子還太大，還有一些應酬之作没有删盡，其致居本晙書云：『先兄生平詩草撰述頗多，蓋棺之後，某爲删潤，十去其四，而簡帙猶爲重大，即敝鄉家置一部爲難，况能傳布海内乎？承教嚴選，寔獲我心。明公若不惜針砭，爲選二册，盡去應酬，獨存近古者，則惟和白骨可肉矣。』[一]徐𤊹的意思是，《幔亭集》還可以選得再精粹些，剩下兩册，如果還是十去其六的話，存個八百首也就可以了。選詩，當不厭其精，不嫌其少。除了應酬，還把他認爲『太甚』的一類詩給删汰了。徐𤊹致鄧原岳書云：『伯兄遺稿，承教之後，搜輯諸集，删其太甚者，猶存古近體詩二千餘首，雜文二百餘篇。』[二]『太甚者』，似不太好理解，如果從字面上看，可能是指過於直露、不夠蘊籍一類的作品。如果具體到徐熥的生平創作，部分詩可能與杭州青樓女子月仙有關。謝肇淛述其事曰：『月仙者，武林名妓也，戊子冬徐惟和北上，過而眷之，越數夕，余至，妓詢徐孝廉不去口。翊歲，下第復過，竟諧繾綣……越三年上計，復過其地，詢之，則月仙死矣。』[三]《幔亭集》中《春日懷舊》、《無題和李義山》二首、《無題》十首，均爲月仙而作，或因比較含蓄，未改『太甚』，故存之。而謝肇淛《小草齋詩話》卷五所引《贈月仙》（原缺題，筆者據《詩話》載述擬）：

匆匆相見未分明，别後逢人便寄聲。萬里歸期看乳燕，一春心事付流鶯。柳枝猶記當年曲，荳蔻難消此夜情。搗盡玄霜三萬杵，夢中還見舊雲英。

或許徐𤊹認爲此詩『太甚』，寫得太過、太露，故删去。舉一返三，他可類推。

[一]《寄居田叔》，《文集》册三，《上圖稿本》第四二册，第三五〇—三五一頁。
[二]《寄鄧汝高學使》，《文集》册三，《上圖稿本》第四二册，第三二八頁。
[三]《小草齋詩話》卷五，天啓刻本。

潤飾點竄。徐𤊹致屠本畯書談編選《幔亭集》，用了『删潤』一詞。删，是删汰，已如前述；潤，即飾潤。在致林筆峰書中説：『至于《文紀》諸篇，或有關風教，或可當卧遊，真不朽之大業，藏山之偉撰也。但小子妄加點竄，難逃爲大匠斲之誚，然既承翁丈蒭蕘之採，不得不竭一誠以報盛情，當恕其愚而矜其狂。』[一]『點竄』，就是小更動或小修改，當然也不能排除有少數大動干戈的改易。或許由於翁正春位高資深，又是神宗朝廷試第一，翁氏本來又是詩文中的射雕手，徐𤊹編其集比較謹慎：『中間或有類句冗字，僭爲標出，庶幾蕘言可採，愚得足憑，統惟台翁詳審之，何如？』[二]即便『有類句冗字』，也没有直接『點竄』，祇是標出讓翁氏自己定奪。已經刊刻的序稿三帙，認爲既然已經刻於他書，不宜另作損益，以免與原書有異同之疑，『惟校魚魯，用復台命』[三]。徐𤊹從小識聲律，作詩尤好七律，對聲律特别敏感。萬曆三十一年（一六〇三），徐𤊹往漳南，感嘆南閩『里語題聯拗』[四]，他在編定親友詩集時，對聲韻的重視也是理所當然的事。

『删汰』『飾潤』，如果親友尚在世，請托選輯者進行此類工作，當然也没有什麽不好。删汰，即減少篇目、篇幅；飾潤，即加工、修飾。前者側重在選，後者側重在改。興公選翁正春詩文，將删改稿退給作者過目，編輯態度謹慎。徐𤊹編選《幔亭集》，則在徐熥卒後，篇幅減少六七成，而『飾潤』的結果不論是優是

[一]《答林筆峰》，《文集》册六，《上圖稿本》第四三册，第三四一—三四二頁。

[二]《復翁宗伯》，《文集》册八，《上圖稿本》第四四册，第二六九頁。

[三]《又［復翁宗伯公］》，《文集》册八，《上圖稿本》第四四册，第二七〇頁。

[四]《海澄書懷寄能始、茂之二十韻》，《鼇峰集》卷十二。

劣，恐怕都不可能完全符合徐熥的本意。出於篇幅的考慮，删汰不可避免；而私自改動、變動、『飾潤』原作的做法，並不符合現代古籍整理的原則。

及時授梓。文集編定之後，后續工作是授梓，徐𤊹總是鼓動作者的親友盡快完成這項工作，以免半途而廢，其致鄧慶寀書云：

今年不佞辱宗伯公篤念世誼，時時枉顧。手生平《木天》著述數十卷見委删定，欲授諸梓。方命雷生繕寫未半，則病劇矣。不佞不敢負宗伯公生前之托，想少參君必誠先志，竣厥工也。壬辰同榜四公，一旦凋謝殆盡。謝武林遺稿并雜著計五十餘帙，不佞從臾諸郎君，亦俱刻完矣。今再有宗伯集行，當與尊觀察鼎足而立。[一]

『壬辰同榜四公』，指鄧原岳、翁正春、李文奎、謝肇淛；原岳爲慶寀之父，四位都是萬曆二十年（一五九二）進士。謝肇淛卒後，其子生活很快陷入困境，徐𤊹還是促成他們把《小草齋集》《小草齋文集》刊刻出來，鄧原岳《西樓全集》早已梓成；鄧慶寀爲翁正春之婿，也有責任同翁正春子翁登彦一起刊翁氏的《木天集》。《木天》問世，則壬辰同榜三公之集便可鼎足而立。徐𤊹的眼光還是看得比較遠的。

八、興公尺牘之討論

葉向高論尺牘曰：『余生平尺牘皆焚其稿，惟前次在綸扉有關係時政者，間存之，以附于《奏草》之

[一]《寄鄧道協》，《文集》册八，《上圖稿本》第四四册，第二六〇—二六一頁。

後……檢諸尺牘，凡屬寒暄，悉投水火，所餘無幾，乃政地之艱難，疆事之大較可見。他日尚論著，亦或可考焉。』[一]葉向高是政治家，故其尺牘存其有關政局者。晚明閩人文集，保留尺牘最豐富的一是徐𤊹，一是龍溪張燮。張燮的《霏雲居集》《霏雲居續集》《群玉樓集》尺牘的篇幅約占到五分之一至四分之一多，幾乎有寫必存。他説，尺牘相當於日記，此言不虚。明人絶大多數文集的尺牘都是經過作者或編者挑選過的，徐熥的集子經由徐𤊹之手編選，或是爲了節省刊刻的成本，《幔亭集》所存大多是篇幅比較短小的『小品文』，即叙事性較弱的美文一類。徐𤊹曾與平和陳翼飛有過書信來往，今存萬曆四十一（一六一三）至四十三年（一六一五）尺牘三通；同是漳州郡人的張燮與他的來往就更多了，我們翻檢陳氏《長梧集》，陳翼飛致徐𤊹、張燮的尺牘竟然一篇未録。我們今天見到的興公尺牘多達七百多通，是未經作者挑選、删削的底稿本，雖未必篇篇都那麽精粹，大多也無關政局大事，但從中我們可以看到作者真實的家庭生活和社會活動，看到他的性情和思想，葉向高的尺牘可考時政，徐𤊹的尺牘則可考其生平著述。

（一）興公尺牘的大致狀況

《興公尺牘》，福建省圖書館、福建師範大學均藏有鈔本，《興公尺牘》僅尺牘四五十通，本文不將此集作爲研究對象。本文的研究對象是上海圖書館藏，復旦大學出版社二〇〇九年影印的《紅雨樓集　鼇峰文集》。《紅雨樓集　鼇峰文集》分裝十二册，册一爲序；册二爲啓、議、銘文、祭文，亦夾雜少數序文；册三至册八爲尺牘；册九至册十二爲疏、偈等各種雜文，少數與册一、册二重複。明清易代之後，徐氏藏書

[一]《續綸扉尺牘序》，《綸扉尺牘》卷首，《蒼霞草全集》。

逐漸散佚，其中《紅雨樓文稿》中經鄭杰、清中葉陳壽祺收藏，存八册。陳壽祺云：

《紅雨樓文稿》八册，明吾鄉徐興公著。中多手跡題上，每别識『選』『不』，蓋未定本也。君《鼇峰集》詩，南巡撫居益爲之授梓，未幾，南公去位，以屬同知攝建安令鄭某，僅刻四卷而輟。後自鬻田續成十册。其雜文三十餘卷，删爲二十卷十四册，無力殺青，常求助於故人，卒不果。其書遂佚不傳。余近始得《鼇峰集》近體詩四卷，文即此本。補綴蠹蝕，蓋已亡其半矣。[一]

晚近陳衍見到的《紅雨樓集》也是八册：

鈔本八册，約可分十餘卷，似係未定原稿。間有圈點，多勾去不存者。尺牘居十之八九，祭文居十之一，雜文居二十之一。前後無序跋、目録。尺牘中，與曹能始、謝在杭、林茂之諸人居多。《硯桂緒録》云：「徐興公未梓文八卷，藏陳恭甫先生家。其文如布帛黍粟，藹然孝子悌弟之言，於家庭間言之尤真摯。」似即八册鈔本。然八册者無詩。余曾見鈔本，不全。[二]

《紅雨樓集》，即陳壽祺《跋》文所述之《紅雨樓文稿》。陳壽祺、林昌彝、陳衍目擊，均爲八册。上海圖書館所藏《紅雨樓集　鼇峰文集》共十二册[三]，前八册『尺牘十之八九』，九至十二册無尺牘，因此，我們推

[一]《紅雨樓文稿跋》，《左海文集》卷七。按：此文説『雜文三十餘卷』，徐𤊹本人有三十餘卷、五十餘卷、六十卷數種説法。

[二]《石遺室書録》，《福建通志·藝文志》卷六十三引。

[三]陳壽祺所見徐𤊹雜文尚有十四册，上海圖書館所藏《紅雨樓集　鼇峰文集》僅剩下十二册，疑流傳過程中遺佚其中兩册。

斷，《紅雨樓集　鼇峰文集》的前八册，就是二陳所經眼之八册；而《紅雨樓集　鼇峰文集》後四册，則爲《鼇峰文集》。

由於年代久遠，原本没有頁碼，藏本又幾經易手，尺牘藏者在重裝時，編排無序，如作於徐𤊹生命最後一年的崇禎十五年（一六四二）數通，分裝在《紅雨樓集　鼇峰文集》册四和册五，而册八最後兩通《復裴翰卿》和《答曹能始》，則分别作於天啓七年（一六二七）和天啓五年（一六二五）。裝訂偶也發生錯頁的情况，如册四第三〇二頁《寄張（怙）［岵］梅》至『仰惟鴻造』四字而止，文意不完整，可能是殘篇。同册第九一頁『始終扶植』以上缺文，看似也是殘篇，經反復比對，『仰惟鴻造』下接『始終扶植』至篇末，便成完帙。因此，兩個殘篇歸并之後，衹能算是尺牘一通。經過反復核對，我們統計出《紅雨樓集　鼇峰文集》册三至册八共六册所載尺牘，計七四二通（含各自獨立的殘篇）。其中册四《留侯邑來父母上院道啓》，應歸入『啓類』，濫入此册；册五，第一六七—一六八頁《答張煋叔》（落款爲『五月廿四日』），與同册第一五八—一六〇頁《答張煋叔》（落款爲『五月廿五日』）重複。『五月廿五日』一通與『五月廿四日』一通，前半幅僅個别字有異；『五月廿五日』一通，此篇後半『日前魏倩老』至『商之倩老如何』，『五月廿四日』一通無。疑『五月廿四日』一通爲初稿。册六，第三六八—三六九頁《與施大將軍》與同册第四二一頁《復施元戎》重複，唯文字小異，題『與』作『復』，文『此中』作『此衷』。扣除這三篇，今得興公尺牘七三九通。

調查尺牘的篇數之後，緊接着的工作是考訂各篇尺牘的作年。興公尺牘衹有很少數落款有月、日，極少數有甲子。可以參證的文獻是：刊本和鈔本《鼇峰集》，然而刊本《鼇峰集》止於萬曆四十八年（一六二〇），鈔本也衹有崇禎七年至九年（一六三四—一六三六）三年的七律詩作；題記、序跋和其他雜文；文友的詩文和事跡。作年的考訂，很難做到七三九篇都絶對準確，特别是殘篇的推斷，可能會有出入，但是應該説，絶大多數考訂，都言之有據，這一點，筆者有信心。

在對七三九篇尺牘作年逐一考訂的基礎上，我們進一步統計了徐𤊹各年所作尺牘數。製表如下（由多到少排列）：

尺牘件數	年份	尺牘件數	年份	尺牘件數	年份	尺牘件數	年份	尺牘件數	年份
七五	一六四〇	二二	一六二五	一一	一六〇八	四	一六〇四	〇	一六二〇
七〇	一六三六	二一	一六一三	一〇	一六一一	三	一六〇五	〇	一六二二
六六	一六四一	二一	一六三四	八	一六〇二	三	一六一六	〇	一六二九
四三	一六三五	一七	一六二八	七	一六〇七	三	一六一九	〇	一六三〇
三八	一六二七	一五	一六一二	七	一六〇九	三	一六二三	〇	一六三一
三五	一六三九	一五	一六一四	七	一六一七	二	一六〇三	〇	一六三二
三四	一六一五	一四	一六二一	六	一五九八	一	一五九七	〇	一六三三
三〇	一六四二	一三	一六〇一	六	一六二四	一	一五九九		
二七	一六三八	一二	一五九五	五	一五九二	〇	一五九六		
二六	一六二六	一二	一六〇〇	五	一五九三	〇	一六〇六		
二四	一六三七	一二	一六一〇	五	一五九四	〇	一六一八	七三九	歷年合計

此表起始於萬曆二十年（一五九二），徐𤊹二十三歲，止於崇禎十五年（一六四二），徐𤊹七十三歲，前後計五十一年。最多的一年（一六四〇）有七十五通；萬曆二十五年（一五九七）等十個年份爲〇通。如果我們没有作這個統計，按照常理推測：作者晚年尺牘的流傳應該比早年多，作了這個統計之後，這一常理性的推測衹有部分符合事實，即晚年確實流傳比較多，崇禎七年（一六三四）至崇禎十五年（一六四二）這九年，每年都有二十通以上傳世，合計三九一通，占到全部流傳數的百分之五十三。〇通的十個年份，萬曆二十年（一五九二）至萬曆三十年（一六〇二）這十年間，只有萬曆二十四年（一五九六）一個年份是〇通，而萬曆二十三年（一五九五）和萬曆二十八年（一六〇〇），各有十二通流傳至今。〇通的年份集中在崇禎二年（一六二九）至六年（一六三三）間，連續五年。這説明：一、徐𤊹從年輕起就有意識保留自已尺牘的底稿；二、年代久遠尺牘丢失較多，也是正常的，但不是越早丢失越多；三、一六二九—一六三三，五年的尺牘應當是在流過程中整册丢失。

我們還統計了尺牘受件人的人數和每位受件者的篇數。尺牘中，受件人有時是名，有時是字號，有的受件人的字號還不止一個；受件人有時是官職，但是同一人在不同時期官職也有不同，也會隨時間的改變而改變。如邵捷春，有時稱肇復（字），有時稱見心（又字），有時稱劍津（號）；沈弅丘，即沈鼎科，弅丘爲其字，但有時又稱沈建陽，鼎科爲建陽縣知縣；施德政，字正之，有時稱其爲施元戎，有時稱施大將軍；謝國，又名弘儀、弘義，字簡之，號寤雲，有時稱其爲謝元戎，有時稱謝寤雲大將軍。經過細核，統計出七三九通尺牘，共有受件人三五二人（殘件無法判斷受件人不計；一通書信有兩位以上受件人衹計前一位），列表如下（受件人五通以上者，由多到少）：

通數	姓名字號	里籍	通數	姓名字號	里籍
一九	李埈，字公起	鄞縣	六	何望海，字金陽，又字若士	邵武
一四	屠本畯，字田叔	鄞縣	六	黄若璠，字宇珍	建安
一三	張燮，字紹和	龍溪	六	施德政，字正之，號雲石	太倉
一一	曹學佺，字能始	侯官	六	王士譽，字永叔，號馬石	桃源
一〇	王志道，字而弘，號東里	漳浦	六	吴仕訓，字光卿	潮陽
九	邵捷春，字肇復，又字見心，號劍津	閩縣	六	謝國，又名弘儀、弘義，字簡之，號痦雲	會稽
九	喻應夔，字宣仲	新建	六	章自炳，字岵梅	蘭溪
九	張大光，字叔弢	長溪	五	陳文煬，字子潛	
八	林古度，字茂之	福清	五	何喬遠，字稚孝，號匪莪	晉江
八	楊德周，字南仲	鄞縣	五	江禹疏，字中散，一字伯通	桃源
七	王穉登，字百穀	長洲	五	裴翰卿	清溪
六	陳冲虚	俟考	五	盛民衡，號桂海	曲陽
六	陳正學，字貞鉉	漳州	五	武夷山道士	
六	崔世召，字徵仲	寧德	五	許豸，字玉史，又字玉斧	侯官
六	高元濬，字君鼎	海澄	五	顏繼祖，字繩其，號同蘭	龍溪
六	何模，字平子，楷弟	晉江籍，鎮海衛人	五	楊能玄	同安

此表顯示，徐𤊹尺牘受件人五通以上，共三十二人。陳衍説，尺牘以曹學佺、謝肇淛、林古度居多。這一判斷並不准確，如果説曹學佺、林古度較多，則比較圓融，分别是十一通和八通，爲第四位和第九位。而謝肇淛則衹有四通，在三十二人之後。這樣的統計有不公平的一面，如有的人去世的年份較早，如鄧原岳

（續表）

（四通），鄧卒於萬曆三十二年（一六〇四），而曹學佺等在鄧原岳卒後仍然在世數十年；徐𤊹雖然和曹學佺交往的時間很長，但同城而居，尺牘往返未必那麼需要；還有某些年份尺牘的遺佚，也影響數字統計的精確。但是，徐𤊹與李埈、屠本畯等的書信往來比較穩定，則是可以肯定的。書信往返的對象，大致情况是：一、社友，如曹學佺、邵捷春、鄧原岳都等都同爲福州人，衹有當他們外出作官時才有書信往返。二、地方長官或將領，或在任、或離任的書信往返。三、臨近省份的文友，集中在江西、吴越，這些文友大多是徐𤊹遊歷時所結識的；四、本省的其他朋友，以建州、漳州居多。建州因徐𤊹常有購書和刻書之役，往返次數最多，纍計逗留題間最長；徐𤊹到漳州訪友的次數也多些，漳州以張燮爲中心的霞中詩社活躍一時，再加上張燮輯刻《七十二家集》，規劃輯刻《山志》《唐七十二家集》，倆人共同話題較多。這裏應當特别提到的是，與福建近臨的江西、吴越，郵路相對比較便捷，往來人員可充當郵使，這也是與這些地域文友書信往返較多的重要原因。

（二）尺牘與詩文互證及詩文之訂補

撰著《徐興公年譜長編》，尺牘、詩、題詞、序跋及其他雜文是最基本的文獻資料，尺牘與詩、題詞、序跋及其他雜文的互證，譜主的生平行踪可能更加明晰，年譜的内容可能更加豐滿。

《寄許靈長》《寄聞人半刺》《寄胡御長》是《紅雨樓集　鼇峰文集》排列在最前邊的三通尺牘，也是現存興公作年最早的尺牘：作於萬曆二十年（一五九二）。這年六月，徐𤊹往吴求王穉登、張獻翼等爲亡父作傳及銘文，往返兩過錢塘，訪新舊文友：許光祚，字靈長，錢塘（今杭州）人；胡御長，錢塘人。聞人半刺則於市中邂逅，半刺，字仲璣，姚江人，此前曾官泉州，與興公早已結識。《遊吴記》記載了他們的會面及遊遨：

（七月）廿一日，至錢塘江口……進錢塘門，卸行李旅邸。錢塘胡生御長來顧余，余且約西子湖之遊。然余既苦于舟車水陸之勞，邸中伏枕對客，幾不能支。兩高三竺，訂以異日。廿三日，胡生復來邀予□吴山。吴山，杭州鎮山也。余力疾與胡生往。從伍相□而進……復折入三茅觀，禮茅君而出，觀前復聞讀書聲。胡生導予入一室，乃許生靈長别業也。一見如平生歡，兩相賞識，顧問予遠遊狀，賦詩爲贈……（八月）十九日，入武林門。遊武林市中，邂逅聞人半刺仲璣。仲璣，姚江人，向官温陵，與余友善。茲掛冠携家隱于西湖，遂約爲西湖之遊。次日，賫酒脯，買小蓮葉，與朱山人、胡文學過昭慶寺。[一]

『賦詩爲贈』，即《過三茅觀訪許靈長秀才讀書舍》：『爲尋道院覓高踪，踏遍吴山第一峰。竹徑乍飛雲幾片，柴門長掩翠千重。』[二]徐𤊹又作《遊吴山紫陽洞同許靈長、胡御長》[三]，亦是贈詩。是歲冬，謝肇淛赴湖州司理任，徐𤊹託其充當信使，捎去致許、胡、聞人三書。《寄許靈長》云：『不肖返棹錢唐，走吴山，尋足下踪跡，乃足下在江村刈獲，遂不得一再把臂。與仲璣諸子醉西子湖頭，輒思玄度人生歡會，寧可常

[一]《吴遊記》，《文集》册九，《上圖稿本》第四四册，第三九二—三九六頁。
[二]《鼇峰集》卷十三。
[三]《鼇峰集》卷十。

乎！』[一]此則説由吴東歸過錢塘，再尋許氏踪跡，不遇，遇聞人半刺，遂一醉湖畔；偶遇聞人半刺，又見上引《吴遊記》。《寄胡御長》云：『兩過武林，談心把臂，他鄉，骨肉異姓弟兄，孔、李之誼既篤，管、鮑之契尤深。』[二]再過武林，即《吴遊記》所云與『賫酒脯，買小蓮葉』，與胡氏等過昭慶寺。《寄聞人半刺》云：『過武林者再，而足下戀戀故人，把臂驩甚。』[三]亦可與《吴遊記》相印證。許光祚於萬曆二十八年（一六〇〇）舉於鄉，萬曆四十二年（一六一四）任宣城司理，同郡鄭瀧往宣城，徐𤊹作《寄許靈長司理宣城》云：『江魚塞雁兩無情，廿載音書杳寄聲。』[四]《寄許靈長司理》則云：『憶吴山一再把臂，邈若河漢。歲月悠悠，忽淹二紀，人生歡會，寧可常哉！』[五]自萬曆二十年（一五九二）把臂，至今已歷二紀。尺牘與詩可以互證。

天啓元年（一六二一）之後，《鼇峰集》没有續刻，徐𤊹後二十三年的詩歌創作，除了三年的七律鈔本和散見在曹學佺、張燮等人的集子里極少的佚詩外，情況基本不明。但是，我們從其尺牘中，可以多多少少瞭解一些綫索，以天啓元年這一年爲例，《答屠田叔》：『小詩題扇求政。』《寄蘇石水開府》：『漫成小詩二律，題之扇頭，聊布寸衷。』《答朱康侯王孫》：『辱惠佳篇，讀之神王，勉爾效顰，題之扇頭請正。』《寄伯隄宗侯》：『以扇頭佳什，如沐清風，花晨月夕，一諷一吟，則高懷雅韻，宛在目前，益廑美人之思耳。漫

[一]《文集》册三，《上圖稿本》第四二册，第二六一頁。
[二]《文集》册三，《上圖稿本》第四二册，第二六三頁。
[三]《文集》册三，《上圖稿本》第四二册，第二六二頁。
[四]《鼇峰集》卷十九。
[五]《文集》册六，《上圖稿本》第四三册，第三七五頁。

次嚴韻，題之扇頭求政。』《寄安仁宗侯》：『展讀雄篇，朗秀類其爲人，用次嚴韻奉答……兹并《海錯疏》、曹石倉近草致上。』《寄甲源宗侯》：『向成小律，無繇寄呈，兹因友人藍任夫之便，附通記曹。』[一]據以上尺牘，我們知道徐𤊹此歲至少還作有《寄屠田叔》《寄蘇石水開府二首》《寄朱康侯王孫》《漫次伯隄宗侯韻》《漫次安仁宗侯韻》《呈甲源宗侯》（題均爲筆者所擬）等詩。

上文我們提及，萬曆二十五年（一五九七），徐𤊹與兄徐熥等社友分別作《閩王墓》詩，後來，有權要説閩王之事無作詩必要。天啓七年（一六二七），徐𤊹致書葉向高，以爲蜀人可歌漢帝，越人可歌錢王，爲什麽閩人不必作閩王詩？向高回書并作詩，徐𤊹《復葉相公》：『承示大篇，夜光奪目，謹和《王墓》二律，請正。不自知其固陋也。』[二]『《王墓》二律』，已佚，我們試代擬一個詩題：《和葉相公閩王墓二律》，庶幾近之。向高又作六首示𤊹，𤊹另一通《復葉相公》：『承《王墳》六章，結構愈密，鑪錘愈工，匠手匠心，當代鮮兩。不揣僭和如數，瓦缶不敵黃鐘，心自知矣。敬録請正。』[三]『僭和如數』，我們也代擬一個詩題：《敬和葉向公閩王墓六首》。從這兩通致葉向高的尺牘，我們知道，徐𤊹此年作有《閩王墓》詩二題八首；又知道葉向高致徐𤊹書信及詩雖然已佚，但葉氏不僅非常贊同《閩王墓》詩可作的觀點，而且親自操筆，作詩八首以支持徐𤊹。

[一] 分别見《文集》册七，《上圖稿本》第四四册，第二四—二六頁、二六—二七頁、二九—三一頁、三二—三三頁、三三頁、三三—三四頁。

[二] 《文集》册八，《上圖稿本》第四四册，第二九八頁。

[三] 《文集》册八，《上圖稿本》第四四册，第三〇〇頁。

徐𤊹佚詩的搜集[一]，可以做的工作可能比較有限了，但是七百多通的尺牘，却爲我們提供了一個纂輯徐𤊹詩佚題的可能。從興公尺牘和諸詩友的詩文集，粗略預計，可輯得上百題的佚詩之題。詩歌佚題的輯録，有助於我們對徐𤊹詩的深入探討和研究。

徐𤊹一生著述甚富，研究者訂補徐𤊹著録正在日趨完備。尺牘中還有一些綫索，值得注意。《答王元禎》：『外有《隱居放言》五卷，抄録求正。稗苑中不識可附驥尾否？中多不雅，祈大筆一爲改削，寔荷無涯之賜矣。』[二]王元禎有《烏衣佳話》寄徐𤊹，𤊹抄所著説部《隱居放言》五卷，希冀王兆雲能考慮授梓。尺牘所言徐𤊹所著《隱居放言》，未見他書著録。

徐𤊹編《三友墓詩集詞文》，見《荆山徐氏譜》，他書未著録。《三友墓詩集詞文》，究竟編於何年？徐𤊹《三友墓祭掃約言序》作於萬曆四十二年（一六一四），知是集最初編輯不晚於此年。其實，這部詩文集編輯的時間很長，係陸續刻補而成。天啓五年（一六二五），《致李公起》：『承大筆爲先人作《三友墓銘》，百年松楸，大爲生色。此情此誼，如何可諼，正謀續梓，未就。徐當寄上。』[三]此年李埈作《三友墓銘》便是一證。天啓六年（一六二六），《答徐孝則》：『又□以《三友》佳傳垂之不朽。每春秋伏臘，一拜松楸，輒□仁兄高情厚誼如山岳之重耳。謝豈言喻哉！』[四]此年徐申乾作《三友傳》又是一證。天啓七

[一] 徐𤊹佚詩輯，見陳慶元、陳煒點校《鼇峰集》，廣陵書社，二〇一二年。

[二] 《文集》册六，《上圖稿本》第四三册，第三〇八—三〇九頁。

[三] 《文集》册八，《上圖稿本》第四四册，第一八六頁。

[四] 《文集》册八，《上圖稿本》第四四册，第二〇八—二〇九頁。

年（一六二七），《復葉相公》：『曾王父掩骼一丘，荷相公大人錫之琰琬，以闡幽光，白骨可肉，黄壤猶生。不肖某行當勒石墳前，用誌不朽。弗獨二姓雲孫拜松楸讀而增感，即當年三友□且含笑于九泉矣。』[一]此年葉向高再作《三友詩》，也是一證。

（三）協編《明詩選》《明初文選》細節

徐𤊹與曹學佺關繫最爲密切，一生中交往超過五十年。曹學佺爲南廷尉時，招徐𤊹入署，住了將近一整年的時間。曹學佺遊宦西蜀、粤西，多次招其前往，由於諸事牽掛，未果。天啓七年（一六二七）曹氏從粤西遭嚴譴，歸鄉之後，與徐𤊹共主閩中文壇長達十五六年。崇禎五年（一六三二），曹學佺在古田困關建别業，此後不間斷地往返於會城與困關之間，曹學佺日常與外界的聯絡，相當一部分的日常事務，都由徐𤊹代其安排，如刻書、求字、乞序、壽慶吊問等等，減少了曹學佺的許多煩雜事務。徐、曹之間的友情，很值得討論。本節僅擬從尺牘入手，對徐𤊹如何協助曹氏編選《石倉十二代詩選》《明初文選》，鈎沉一點具體細節。

曹學佺從粤西歸來，致力於著述，完成了《大明一統名勝志》《石倉十二代詩選》和《國初文選》（《明初文選》）等巨著。徐氏藏書甚富，曹學佺詩文的選編得力於此，徐𤊹孫鍾震説：『曹能始先生選梓《儒藏》《十二代詩》，其所未見書，咸出大父藏本，而宋、元集尤爲有功。』[二]『宋、元集尤爲有功』，恐怕是就優良版本説的。徐𤊹如若外出遠遊，衹要其子孫未侍從，曹學佺都可以隨時到他家裏借書使用，除了一個

[一]《文集》册八，《上圖稿本》第四四册，第三〇一頁。

[二]《先大父行略》，《雪樵文集》。

『借』的過程，和自己的家藏書幾乎没有兩樣。我們注意到了《徐氏家藏書目》，這個書目，在明代别集方面，是分省分府編排的，曹學佺《明詩選》有數百卷也是分省分府編排的，這絶不是偶然的巧合，可能他們之間有過討論。既然書目是分省分府編排的，使用起來便相當便利，必然加快編選的速度，且減少不必要的差錯。

爲了叙述方便，我們製作了徐𤊹協助曹學佺編《明詩選》簡明表：

作者書名	時間	方式	根據
浦源《浦源詩》	萬曆三十五年（一六〇七）	選輯	徐𤊹《浦源詩跋》：『舍人所著詩多軼弗傳。𤊹輯諸家所選者爲一卷，淘沙揀金，業已見寶，自不必連篇纍牘也。』（《石倉十二代詩選·明詩一集》卷之十七林鴻《繕部集》卷附《浦源詩》）
林景清《竹窗小稿》	天啓三年（一六二三）	選録	徐𤊹《竹窗小稿跋》：『予乃選其雅馴者録爲一帙，以見先生之高標逸韻未泯于今也。』曹學佺《李梅庵陳蔗軒林竹窗詩跋》：『竹窗則有全集。興公既裒選之，予再加删潤，合爲一帙。』（《石倉十二代詩選·明詩次集》卷七十八李叔玉《梅庵集》附《竹窗小稿》）
郭廛《鏡湖清唱》	崇禎三年（一六三〇）	抄録考證	徐𤊹《鏡湖清唱跋》：『予既録其遺編，并爲考其地里，付曹君能始授之梓，敬夫之名從此弗至湮没。』（《石倉十二代詩選·明詩次集》卷七郭廛《鏡湖清唱》）
國初處士詩	時間不詳	校定	曹學佺《石倉十二代詩選·明詩一集》卷之八十《國初處士》卷端：『後學曹學佺閲、徐惟起較。』
廖世昭《越坡稿》	崇禎五年（一六三二）	選録	徐𤊹題《越坡稿》：『𤊹家藏先生手録詩一卷，字法蒼勁，恒愛寶之。近曹能始選梓《明詩》，乃録而附于陳東《槐堂集》之後。』（馬泰來整理《新輯紅雨樓題記　徐氏家藏書目》，第一六二頁）
江盈科《雪濤集》	崇禎八年（一六三五）	搜集	徐𤊹《寄江伯通》：『拜尊大人《雪濤集》。敝社兄曹能始觀察如獲至寶，業已拔其尤者，刻《明詩選》中。』（《文集》册三，《上圖稿本》第四二册，第三八四—三八六頁）

（續表）

作者書名	時間	方式	根據
佚名	崇禎九年（一六三六）	搜集	徐𤊹致某人札（缺題）：『鴻便希乞垂教。並惠舊刻一部，蓋曹能始先生方選國朝詩，嵩候大篇壓卷。』（《文集》册四，《上圖稿本》第四三册，第二頁）
楊能玄詩	崇禎九年—十二年（一六三六—一六三九）	提供	徐𤊹《答楊能玄》：『能始先生選《明集》，泛濫之極。尊兄既托叔度，又有犒資，必能爲力也。』（《文集》册四，《上圖稿本》第四三册，第二六—二七頁）《答楊能玄》：『能始先生選《明詩》，泛漫無統，又無捉刀人扶助，至今未行。尊作容致之，當效區區也。』（《文集》册四，《上圖稿本》第四三册，第一二〇—一二二頁）
蔡熙陽詩	崇禎十一年（一六三八）	搜集	徐𤊹《寄蔡熙陽元戎》：『敝友曹能始觀察，年來編輯《十二代詩選》，而本朝尤盛，老祖臺向見教諸集，業已付之授梓行世。』（《文集》册五，《上圖稿本》第四三册，第二一四—二一五頁）
冒起宗及其父詩	崇禎十一年（一六三八）	搜集	《寄冒嵩少》：『能始選梓《十二代詩》，太翁老先生及佳作俱已刊行，然淮海英靈收之未盡。』（《文集》册五，《上圖稿本》第四三册，第二〇九—二一二頁
吴夢暘詩	崇禎十二年（一六三九）	搜集	徐𤊹《寄茅孝若》：『能始鋭意選詩，而於我朝廣蒐，於朋友尤置力。吴允兆先生集，閩地絶無，既屬高誼殺青，必有副本，乞寄二部，一予能始，一予不肖。』（《文集》册四，《上圖稿本》第四三册，第三七—三九頁）
趙士駿及其父之詩	崇禎十二年—十三年（一六三九—一六四〇）	編選	徐𤊹《復趙西星》：『尊翁詩並佳什，弟歸即付曹先生，業已選梓竣事矣。』（《文集》册五，《上圖稿本》第四三册，第二二一—二二二頁）又《復趙西星》：『尊公詩章并仁兄佳作，曹能始久已選梓行世。今單印二册奉覽。』（《文集》册四，《上圖稿本》第四三册，第七四—七五頁）
陳文煬及其父詩	崇禎十三年（一六四〇）	刷印	徐𤊹《又［寄陳子潛］》：『曹尊老已選佳作入梓，計二十餘葉，今俟竣工，即同尊大人詩一并印呈。』（《文集》册四，《上圖稿本》第四三册，第一四三—一四四頁）
李埈及其父著作	崇禎十五年（一六四二）	刷印	徐𤊹《寄李公起》：『曹能始踪跡多在困溪，去會城二百里。書板蕪雜，承委□印尊公諸刻，一時莫能取出。』（《文集》册五，《上圖稿本》第四三册，第二〇三—二〇四頁）

從此表我們可以看出，徐𤊹協助曹學佺編《石倉十二代詩選》有下列幾種情形：

第一，曹學佺《明詩選》序作於崇禎三年（一六三〇），此時《明詩一集》，即洪、永之世詩已經編就。曹學佺直接利用徐𤊹早年已經搜集本或整理本，將其收入《詩選》，如浦源《浦源詩》、趙迪《鳴秋集》、林景清《竹窗小稿》、郭廑《鏡湖清唱》。以類相從的《明初處士詩》，則是兩人共同討論選輯的成果。

第二，大約在崇禎八年（一六三五），曹學佺編萬曆間詩，徐𤊹聯繫健在的作者或者作者的後人，廣泛地搜集詩集，經過初選和初編，提供給曹學佺授梓。有時是作者自己找上門送來書稿。上表中有兩通致同安楊能玄（宗玉）尺牘，前一通談到楊氏通過叔度（陳鴻）與曹學佺聯絡，還給了叔度一點酬勞；大概叔度無能爲力，楊氏又找到徐𤊹。後一通，徐𤊹説，自己一定會效力。徐𤊹的意見無疑比陳鴻更加重要，曹學佺採納的可能性更大些。

第三，選詩授梓之後，徐𤊹還協助作者刷抽印本，裝訂成單册（有類於今天的『樣書』），寄送給作者或他們的後人。這是選詩授梓的後續工作，其性質相當於今天的編務。

曹學佺選輯《明初文選》，徐𤊹曾説過他參與讎校（詳下），據此類推，《石倉十二代詩選》徐𤊹也當參與讎校。既然徐𤊹協助作者刷抽印本，也應參與《石倉十二代詩選》的授梓工作，跑書坊，結算印資。《寄李公起》：『曹能始刻詩，已分各省、各府。今冬可完，當購楮總印全集，計百餘册，則二百七十年文獻犂然具在也。』[二]此尺牘作於崇禎九年（一六三六）。徐𤊹對《石倉十二代詩選》工作進度了如指掌，何時

[二]《寄李公起》，《文集》册四，《上圖稿本》第四三册，第一六頁。

完工，分量大體多少，何時授梓、購楮總印，非局内人不可能瞭解得如此周詳。崇禎八年（一六三五）徐𤊹謀刻書，在建州住了將近一年；崇禎十年（一六三七），到建州兩個月；崇禎十四年（一六四一），又待了半年。前兩次没有明文記載刻何書，崇禎十四年這一次，爲往刻《明文十家》而行：『前帶《明文十家》，托建陽令代刻，此公收去，全無意助一臂之力，兄當作一書領回可也。建令言多虚誕，不能靠耳。』[一]建陽令，即黄國琦，字石公。黄國琦靠不住，徐𤊹致書向其索回書稿：『去歲曹能始命某携《明文》十册，煩付書林代梓，知書户輩無刻資，不肯捉刀，已情告能始先生矣。其原稿，倘有役便，祈封付下，聽其自梓爲便耳。』[二]

徐𤊹往建州，憑藉徐、曹的關繫，徐往建州爲曹刻書，既有《明文》，又有《十二代詩選》，都是無可懷疑的。在刻書的過程中，也發生過經濟糾紛。崇禎九年（一六三六），徐𤊹有致趙慧生尺牘四通，其中一通云：

若得歸結，所許前約，幸乞早完。第一年客建，祇有此事與曹公均分，而曹公亦日望不淺，如弟者，更如飢渴之待飲食耳。大美、文心二舖，時時有便鴻，幸乞相聞，以便耑人拜領也。[三]

『一年客建』，指崇禎八年（一六三五）之行；『大美、文心二舖』，當爲書坊名。其餘三通，也有兩通談到款項之事。至於糾結的緣起、過程，都不得而知。既然是與書坊有關，如果不是刻資，就是賣書之款。而且，此番糾結，是以徐、曹爲一方，書坊爲一方，徐、曹利益相關。

此小節結束之前，讓我們再看看興公尺牘對曹學佺選《明文》的記載：『曹公方今先了《詩選》，明歲

[一]《寄能始》，《文集》册五，《上圖稿本》第四三册，第二七三頁。
[二]《復黄石公》，《文集》册四，《上圖稿本》第四三册，第六八—六九頁。
[三]《寄趙慧生》，《文集》册七，《上圖稿本》第四四册，第六三—六四頁。

欲選《明文》，則當奉邀校讎，茲尚未敢定也。』[一]此篇尺牘作於崇禎九年（一六三六），『先了《明詩》』的『明詩』，當爲《明詩》前六集，上文我們説過這一年之後，《明詩》的其他部分尚未結束。《明文》的編輯，始於崇禎十年（一六三七）或稍晚，初步議定，徐𤊹參與校讎。到了崇禎十二年（一六三九），『國朝名文，洪、永之世已梓三十家』；次年，《明文十家》十册發往建陽，擬先授梓，然而未果。崇禎十七年（一六四四）終於刻成，徐𤊹已經看不到了。一九五六年鄭振鐸從琉璃廠購天一閣藏本《石倉歷代文選》[二]（又稱《石倉國初文選》），當即爲此本。

（四）家事與鄉里瑣事

興公尺牘是留底稿本，未加去取，無論大事小事，都得以存留在文字中。七百多通尺牘不能不涉及家庭及鄉里瑣事，陳壽祺以爲大多有關『倫理綱常』[三]。説『倫理綱常』，大抵不錯，但尺牘涉及範圍可能還要更廣些。

興公尺牘中談到的家庭之事，大一點有萬曆四十一年（一六一三）在祭酒嶺爲父母下葬之事。徐𤊹致陳翼飛書云：『先人棄諸孤二十有五（按：五爲三之訛）年，不肖貧不能襄葬。歲底支干大利，不得不假貸以營窀穸，入山兩月，化者既安，而生者僅存皮骨耳。』[四]此書可與《祭酒嶺造墳記》一文相印證。

[一]《答陶嗣養》，《文集》册七，《上圖稿本》第四四册，第一二七頁。
[二]鄭振鐸《西諦書跋》『石倉歷代文選二十卷』條，文物出版社，一九九八年，第二一〇頁。
[三]《紅雨樓文稿跋》，《左海文集》卷七。
[四]《答陳元朋明府》，《文集》册六，《上圖稿本》第四三册，第三六六—三六七頁。

尺牘記載了其妻的卒年，子陸的生卒年，季子延壽、孫鍾震、曾孫汝寧的生年，諸兒孫入泮、參加童試、省試的種種情況，亦有資考證。

徐𤊹姐適謝肇淛父謝汝韶爲繼室，謝肇淛雖然年長於徐𤊹，但在名分上，則爲徐𤊹之甥。謝肇淛與徐熥兄弟爲詩文同道，關繫密切。謝肇淛仕途還算順暢，官至廣西左布政使，謝肇淛卒後，徐𤊹爲撰《中奉大夫廣西左布政使武林謝公行狀》，並致曹學佺書曰：『在杭《行狀》，弟爲之，生平心地極好，儘淹博可師。但于睦族、結客、布施行好事，錙銖未能割捨，故弟備述其概，而此三件事，未敢曲筆也。』[一]此通尺牘與《行狀》，大致反映了徐𤊹對謝肇淛的基本看法和評價。

徐𤊹先後的家相，其中一位叫王有成。王有成識字、能拓碑刻，爲左右手：『弟入春數日，適小僕王有成者物故，上有七旬父母，下有一妻一媵，杳無嗣續，身後之累，難於區畫。此僕幼侍左右，一旦云亡，如失股肱，不勝傷悼。』[二]『一小力自幼侍弟筆硯者，久爲之婚聚，今春倏爾夭逝，即能搨碑之僕，弟失左右手，言之可悼耳。』[三]王有成卒於崇禎九年（一六三六）正月，徐𤊹尺牘多次言及。從中可見徐𤊹選用僕從的一引起情況。

徐熥捐棄，這一年徐莊十五歲，『猶子不免負薪之困』[四]。當年，徐𤊹對這位尚未成年的侄兒很同情，更談不上惡意。但是過了没幾年，徐莊成年後，竟拆祠龕賣錢，把徐熥的《幔亭集》版也典當給他人，甚

[一]《答曹能始》，《文集》册八，《上圖稿本》第四四册，第三〇五頁。

[二]《復楊圖南》，《文集》册七，《上圖稿本》第四四册，第六九頁。

[三]《答陶嗣養》，《文集》册七，《上圖稿本》第四四册，第六二—六三頁。

[四]《寄屠田叔》，《文集》册三，《上圖稿本》第四二册，第三二四頁

至扶其母訴訟徐𤊹和徐熛，在很長的一個時期，徐𤊹對徐莊頗爲厭惡，罵其爲『逆侄』，加以痛斥，上文已略有叙及。徐莊約生於萬曆十三年（一五八五），徐熥之長子，如果事情止於其二三十歲時賣龕、訴訟，我們對徐莊的印象肯定不佳。不過，尺牘中也多少載述徐莊四十歲之後的行跡：『弟、姪皆青衿，足以支持。』[一]『小孫、舍弟、舍姪，俱考三等』[二]，以上兩處『姪』，是否包括徐莊，還是單指徐熛之子，没有把握。『幔亭先兄所生舍姪，年踰四旬，稍能自立，已生二姪孫』[三]，徐𤊹對徐莊的印象有所改變則是事實。徐𤊹與其侄莊的交惡，徐莊告徐𤊹狀，到底什麽原因？這一方，有没有欠缺或處理不當之處？按我們推測，可能有財産經濟上的糾紛。徐棉卒後，長子徐熥掌管家政，徐熥卒時，徐莊雖然是徐棉的嫡長孫，但是衹有十五歲，這個家衹能由徐𤊹來操持。拆龕賣錢那會兒，徐莊已經二十五歲左右，也有可能以嫡長孫之名分要回財權。徐熥生前散財結客，這一點徐𤊹本來就很不滿，因此也就不大可能把家政大權交給徐莊。也可能在此前後，分割家産，由此産生糾紛。徐熥卒後，徐𤊹詩文尺牘不再提到紅雨樓活動，此樓爲徐棉所建，也可能此樓遂歸徐莊所有。緑玉齋是徐熥生前所建，此齋是兄弟的書齋，且爲以詩文會友之處，則歸徐𤊹所有，徐𤊹在緑玉齋活動有大量詩文爲證。再次，徐棉、徐熥遺留下來的大量圖書字畫，都歸了徐

［一］《答林茂之》，《文集》册七，《上圖稿本》第四四册，第五四頁。
［二］《寄喻宣仲》，《文集》册八，《上圖稿本》第四四册，第二九〇頁。
［三］《寄李芾泉明府》，《文集》册七，《上圖稿本》第四四册，第五六—五七頁。

㶿[一]，徐㶿有没有給徐莊合適的補償？清官難斷家務事，從早年痛斥徐莊，到晚年漸次的肯定，叔侄從交惡已經趨向修好，徐㶿對待徐莊的態度有了較大改變，也可能經濟方面的矛盾也有所緩和。

徐㶿與同郡朋友或也有經濟糾紛。徐㶿和周之夔有四十年的交情，崇禎五年（一六三二），之夔六弟納甫從徐㶿處借挪百金，其間衹收得崇禎六年、七年兩年之息，到了崇禎八年（一六三五）則連息也化爲子虛烏有。至崇禎十年（一六三七），按市俗利息，本利共一百六十兩。當初納甫借用，以周之夔急用爲由，云：『據納甫前柬云云，全爲兄納會當户之用，非如此説，弟寧肯輕貸于納甫耶？蓋弟素敬信於兄，貸納甫者，亦所以貸章甫也。』[二]所以，徐㶿請之夔出面了斷，或責成納甫先還數十金，以應目前倒懸。五六年間，借一百兩，本利共一百六十兩，扣除納甫還過兩年息，民間借貸利息年利在百分之二十左右，這是『世俗』的約定，徐㶿與周氏的約定或不至於這麼高。

周之夔兄弟六人，長兄已經七十有三，次兄、三兄也都過了花甲，兄弟之間鬧了矛盾，徐㶿作書致周之夔，動之以情，曉之以禮，道：『外議自縉紳士庶，無不謂兄之不能相容。』周之夔，字章甫，閩縣人。崇禎四年（一六三一）進士，爲蘇州推官，棄官歸。徐㶿説：『兄自做秀才時，謙抑温恭，事兄如父，弟愛之重

[一] 徐鍾震《答借書》：『先人生平他無嗜好……搜積遺篇不下數十萬卷。縹緗購於市肆，貧則典衣，鉛槧親自較讎，老而弗倦。某等捧兹手澤，愈益心傷，敬什襲以珍藏，毋敢隕越，恐取携之，任意以速愆……如有借觀，概不能從命。』（《雪樵文集》）徐㶿卒後藏書歸鍾震掌管，纔有權力作出如此決定。長子陸早卒，陸獨子鍾震是徐㶿長孫，故得以繼承藏書。由此看來，徐棉卒後，藏書歸長子徐熥；徐熥卒後，藏書理應歸長子徐莊，也是理所應當。

[二] 《與周章甫》，《文集》册八，《上圖稿本》第四四册，第二一七頁。

之，非一日矣。茲以小忿，遂致參商，似乎不雅。況已登第，寔足亢宗，皆祖宗數百年積德，始陶鑄出一箇進士，豈容易致身哉！』接著又引用《詩》《書》《論》《孟》等古訓點醒之：『兄滿腹文章，滿腹經綸，願兄學古人行徑，以養和平之福。』[一]或許由於畏懼周之夔的地位，『諸友叢集，未敢直言相勸』，而徐𤊹却直言奉勸，友直友諒，由此可見出性格耿直的方面。

鄧慶寀，鄧原岳之子。原岳，字汝高，萬曆二十年（一五九二）進士，官至雲南督學使。慶寀，字道協，官參軍，侯官狀元翁正春婿。正春無子，以猶子登彥爲子，登彥萬曆二十八年（一六〇〇）舉人，官至四川布政使右參政。天啓六年（一六二六），正春卒，道協所分家産較少，頗有怨言，『遂形之章奏，欲甘心少參，大類病狂喪心之語』。徐𤊹與鄧氏爲世交，故致書慶寀，先以理勸諭之，以爲『嗣子與愛婿，雖一體，而關繫重輕，頗有差等』，嗣子就是子，女婿畢竟還是女婿，以倫理綱常視之，女婿和嗣子輕重還是有差的，所以登彥分得多，也是理所當然，不可爭；慶寀誇大其辭，甚至造謡中傷，惡語相加，形之疏草，更不可取。如果出於親情，請人從中斡旋，請登彥多分點給其妹，既符合於理，又合人情。『不佞托在令先公異姓兄弟，敢抒胸臆，爲解此紛，令速毀疏草之板，言歸于好。不佞之願也。不佞與少參交不密焉，敢左右其祖？特據理而論之耳。唯足下更慮焉。』[二]徐𤊹説，如果就親疏而言，我和你父親是異姓兄弟，而登彥則很少交往，怎麽可能有所偏袒，直抒胸臆，據理而論，請你考慮。這篇尺牘的措詞，顯然比致周之夔那篇來得嚴厲。

同郡吴汝鳴之父卒，汝鳴以督糧之役未急急奔喪，亦未能辭官守制，『城中喧傳以爲笑柄』，致有『奪

[一]《與周章甫》，《文集》册七，《上圖稿本》第四四册，第一〇八頁。

[二]《答鄧道協參軍》，《文集》册七，《上圖稿本》第四四册，第一四九頁。

情做官』之議。徐埅認爲，郡幕，不過是一個散職，三年守制之後，還可以補官，况且還有陳一元、曹學佺這些有名望的鄉賢可以幫忙推薦，即便仕宦有成，『因而置田造宅，更何面目復見江東父老乎』，『恐尊公在天之靈，亦抱憤惋不平耳』。因此，奉勸汝鳴『光陰迅速，轉眄則小祥，又轉眄則大祥矣。願足下更慮焉。夫然後足下既不失爲孝子，而不佞亦不失爲諍友』[一]。亡羊補牢，回頭是岸，尚有補救機會。忠言逆耳，狂悖之處，幸以寬恕。故陳壽祺評此數書曰：『留示桑梓，不足砭薄俗而垂炯鑒耶！』[二]

[一]《答吴汝鳴》，《文集》册七，《上圖稿本》第四四册，第四三—四四頁。
[二]《紅雨樓文稿跋》，《左海文集》卷七。

參考文獻

〔明〕徐熥著，《幔亭集》十五卷，明萬曆刊本
〔明〕徐熥著，《幔亭集》十五卷，文津閣《四庫全書》本
〔明〕徐熥著，《幔亭集》十六卷至二十卷，殘鈔本
〔明〕徐熥著，陳慶元主編，《徐熥集》，揚州：廣陵書社，二〇〇五年
〔明〕徐熥著，《幔亭集》二十卷，明萬曆刊本，縮微膠捲，美國國會圖書館藏本
〔明〕徐熥輯，《晋安風雅》，明萬曆刊本
〔明〕徐𤊹著，《鼇峰集》，明天啓刊本
〔明〕徐𤊹著，《鼇峰集》，舊鈔本
〔明〕徐𤊹著，陳慶元、陳煒點校，《鼇峰集》，揚州：廣陵書社，二〇一二年
〔明〕徐𤊹著，《紅雨樓文集》，鈔本
〔明〕徐𤊹著，沈文倬校點，《紅雨樓序跋》，福州：福建人民出版社，一九九三年
〔明〕徐𤊹著，《紅雨樓集　鼇峰文集》，《上海圖書館未刊古籍稿本》，上海：復旦大學出版社，二〇〇八年
〔明〕徐𤊹著，《筆精》，福州：福建人民出版社，一九九七年
〔明〕徐𤊹著，《續筆精》，鈔本，福建師範大學圖書館藏本

〔明〕徐𤊹著，《榕陰新檢》，明萬曆刊本
〔明〕徐𤊹著，《徐氏家藏書目》，清道光七年劉氏味經書屋鈔本
〔明〕徐𤊹著，《徐氏紅雨樓書目》，上海：古典文學出版社，一九五七年
〔明〕徐𤊹著，馬泰來整理，《新輯紅雨樓題記　徐氏家藏書目》，上海：上海古籍出版社，二〇一四年
〔明〕徐𤊹編，〔明〕費道用、楊德周等補，《閩南唐雅》，文淵閣四庫全書本
〔明〕屠本畯撰，〔明〕徐𤊹補疏，《閩中海錯疏》，文淵閣四庫全書本
〔明〕徐延壽《尺木堂集》，鈔本，福建師範大學圖書館藏本
〔明〕徐鍾震著，《徐器之集》，明崇禎至清康熙遞刻、拼湊本
〔明〕徐鍾震著，《雪樵文集》，稿本
〔明〕謝汝韶撰，《天池先生存稿》，明萬曆刊本
〔明〕焦竑撰，《澹園集》，北京：中華書局，一九九九年
〔明〕李贄著《焚書　續焚書》，北京：中華書局，一九七五年
〔明〕郭造卿撰，《海嶽山房存稿》，明萬曆刊本，日本内閣文庫藏本
〔明〕王稚登撰，《南有堂詩集》，明崇禎刊本
〔明〕周仕堦著，《天寧先生詩集》，明萬曆刊本，日本淺草文庫藏本
〔明〕屠隆著，汪超宏主編《屠隆集》，杭州：浙江古籍出版社，二〇一二年

〔明〕陳第著，《一齋集》，清道光刊本
〔明〕陸君弼撰，《正始堂詩集》，明萬曆刊本
〔明〕何喬遠撰，《何氏萬曆集》，明萬曆刊本
〔明〕何喬遠著，《鏡山全集》，明崇禎刊本，日本内閣文庫藏本
〔明〕何喬遠著，陳節、張家壯點校，《鏡山全集》，福州：福建人民出版社，二〇一五年
〔明〕鄧原岳著，《西樓全集》《詩選》，明崇禎刊本
〔明〕鄧原岳編纂，《閩中正聲》，鈔本，據明萬曆刊本鈔
〔明〕蔡獻臣著，《清白堂稿》，明崇禎刊本
〔明〕蔡獻臣著，《清白堂稿》，清咸丰钞本，金门县政府影印，一九九九年
〔明〕蔡獻臣著，陳煒點校《清白堂稿》，北京：商務印書館，二〇一九年
〔明〕許獬著，《許鍾斗集》，明萬曆刊本
〔明〕許獬著，陳煒點校，《許鍾斗文集》，商務印書館，二〇一八年
〔明〕許獬著，《叢青軒集》，明崇禎刊本
〔明〕許獬著，陳煒點校，《叢青軒集》，《臺灣古籍叢編》本，福州：福建教育出版社，二〇一七年
〔明〕楊應昭著，《天遊山人集》，明末刊本，日本内閣文庫藏本
〔明〕林章《林初文詩文全集》，明天啓刊本
〔明〕謝肇淛著，《小草齋集》，明天啓刊本

〔明〕謝肇淛著，《小草齋續集》，明天啓刊本
〔明〕謝肇淛著，《小草齋文集》，明天啓刊本
〔明〕謝肇淛著，陳慶元纂，《謝肇淛集》，南京：江蘇古籍出版社，二〇〇三年
〔明〕謝肇淛著，江中柱點校，《小草齋集》，福州：福建人民出版社，二〇〇九年
〔明〕謝肇淛著，《五雜組》，上海：上海書店出版社，二〇〇九年
〔明〕謝肇淛著《小草齋詩話》，日本國天保二年（一八三一）據明林氏舊藏讀耕齋刊本摹刊本
〔明〕陳薦夫著，《水明樓集》，明萬曆刊本
〔明〕陳翼飛著，《長梧集》，明刊本，日本名古屋蓬左文庫藏本
〔明〕陳勳著，《陳元凱集》，明天啓刊本
〔明〕楊德周著，《銅馬編》，明崇禎刊本
〔明〕陳鳴鶴著，《泡庵詩選》，明萬曆刊本
〔明〕吴稼竳著，《玄蓋副草》，民國五年影印明萬曆家刻本
〔明〕謝兆申著，《謝耳伯先生初集》，明崇禎刊本
〔明〕謝兆申著，《謝耳伯先生全集》，明崇禎刊本
〔明〕吴非熊、程嘉燧著，〔明〕王士禎選，《新安二布衣詩》，清康熙刊本
〔明〕陳鴻著，《秋室編》，順治刊本
〔明〕蔡復一著，《遯庵全集》，明崇禎刊本

〔明〕蔡復一著，《遯庵蔡先生文集》，明繡佛齋鈔本
〔明〕蔡復一著，郭哲明校釋《遯庵蔡先生文集校釋》，金門縣文化局印，一九九七年
〔明〕陳益祥著，《陳履吉采芝堂文集》，明萬曆刊本
〔明〕王宇著，《亦園詩略》，明天啓刊本，日本淺草文庫藏本
〔明〕王宇著，《亦園文略》，明天啓刊本，日本淺草文庫藏本
〔明〕王宇著，《烏衣集》，明天啓刊本，日本内閣文庫藏本
〔明〕陳价夫著，《招隱樓稿》，明鈔本，上海圖書館藏本
〔明〕陳薦夫著，《水明樓集》，明萬曆刊本
〔明〕馬欻著，《下雉纂》，崇禎間徐𤊹鈔本
〔明〕周如磐著，《澹志齋集》，鈔本
〔明〕袁中道著，錢伯城點校，《珂雪齋集》，上海：上海古籍出版社，一九八九年
〔明〕鍾惺著，李先耕等標校，《隱秀軒集》，上海：上海古籍出版社，一九九二年
〔明〕譚元春著，陳杏珍標校，《譚元春集》，上海：上海古籍出版社，一九九八年
〔明〕鄭懷魁著，《葵圃存集》，明萬曆刊本，日本淺草文庫藏本
〔明〕楊一葵著，《增刻芙蓉館集》，明萬曆刊本，美國國會圖書館藏本
〔明〕蔣孟育著，《恬庵遺稿》，明崇禎刊本，日本内閣文庫藏本
〔明〕將孟育著，王振漢點校，《恬庵遺稿》，《臺灣古籍叢編》本，福州：福建教育出版社，二〇一七年

〔明〕黄承玄著，《盟鷗堂集》，明崇禎刊本
〔明〕沈有容著，《閩海贈言》，慎思堂景東京大學東洋文化研究所藏崇禎刊本，一九五六年
〔明〕沈有容著，《閩海贈言》，《臺灣文獻叢刊》本
〔明〕崔世召著，《秋谷集》，明崇禎刊本
〔明〕崔世召著，《問月樓詩集》，明崇禎刊本，日本宫内廳書陵部藏本
〔明〕崔世召著，《問月樓文》，明崇禎刊本，日本宫内廳書陵部藏本
〔明〕崔世召著，《問月樓啓》，明崇禎刊本，日本宫内廳書陵部藏本
〔明〕崔世召著，余式高等編注，《華蓋山志》，長春：長春出版社，二〇〇四年
〔明〕阮自華著，《霧靈山人詩集》，明崇禎刊本，日本内閣文庫藏本
〔明〕邵捷春著，《劍津集》，明萬曆刊本
〔明〕張燮著，《霏雲居集》，明萬曆刊本
〔明〕張燮著，《霏雲居續集》，明萬曆刊本
〔明〕張燮著，《群玉樓集》，明崇禎刊本
〔明〕張燮著，《東西洋考》，謝方點校，北京：中華書局，二〇〇〇年
〔明〕曹學佺著，《石倉全集》，明萬曆至崇禎遞刊本，日本内閣文庫藏本
〔明〕曹學佺著，《石倉詩稿》，清乾隆刊本
〔明〕曹學佺著，《曹學佺集》，方寶川編，南京：江蘇古籍出版社，二〇〇三年

〔明〕曹學佺編,《石倉十二代詩選》,明崇禎刊本,中國國家圖書館藏本

〔明〕林光宇著,《林子真詩》,周欣平、魯德修主編,《柏克萊加州大學東亞圖書館藏稿鈔校本叢刊》第十五册,上海:上海古籍出版社,二〇一三年

〔明〕顧夢游著,《顧與治詩》,清初書林毛恒所刻本

〔明〕張瑞圖著,《白毫庵集》,明崇禎刊本

〔明〕王命璿著,《静觀山房詩稿》,明崇禎刊本,日本内閣文庫藏本

〔明〕丁啓濬著,《平圃詩集》,明崇禎十四年刊本

〔明〕吴國琦著,《懷玆堂集》,明崇禎十四年刊本

〔明〕黄克纘著,《數馬集》,明崇禎刊本

〔明〕黄克纘撰,陳慶元纂,《數馬集》,明崇禎刊本,揚州:江蘇廣陵古籍刻印社影印本,一九九七年

〔明〕曾異撰,《紡授堂集》,明崇禎刊本

〔明〕姚旅著,《露書》,福州:福建人民出版社,二〇〇八年

〔明〕顔繼祖著,《雙魚集》七卷,明崇禎刊本

〔明〕周之夔著,《棄草集》,明崇禎刊本

〔明〕商梅著,《那菴詩選》,明崇禎刊本,日本内閣文庫藏本

〔明〕商梅著,陳慶元點校,《彙選那菴全集》,揚州:廣陵書社,二〇一九年

〔明〕李時成著,《白湖集》,明崇禎刊本

〔明〕鄧慶寀輯，《閩中荔支通譜》，明崇禎刊本
〔明〕黄景昉著，《甌安館詩集》，明末刊本，日本内閣文庫藏本
〔明〕黄景昉著，《鹿鳩咏》，舊鈔本
〔明〕林古度著，《林茂之詩選》，〔明〕王士禎選，清康熙刊本
〔明〕林古度著，陳慶元、陳雅男輯，《林古度佚詩》，復旦大學中國古代文學中心《中國文學研究》一〇輯，北京：中國文聯出版社，二〇〇七年
〔明〕黄道周著，《黄漳浦集》，清道光刊本
〔明〕王忠孝著，方寶川、陳旭東點校，《王忠孝公集》，福州：福建人民出版社，二〇一〇年
〔明〕林之蕃著，《明林涵齋先生藏山堂遺篇》，清光緒刊本
〔明〕許友著，《米友堂詩集》，南明刊本，日本内閣文庫藏本
〔明〕許友著，《米友堂詩集》，舊鈔本，福建省圖書館藏本
〔明〕釋性幽著，《蟄聲詩集》，南明永曆刊本，日本内閣文庫藏本
〔明〕沈德符著，《萬曆野獲編》《補遺》，清道光七年姚氏刻，同治八年補修本
〔明〕顧起元著，《客座贅語》，北京：中華書局，二〇〇七年
〔清〕薛敬孟著，《擊鐵集》，清康熙刊本
〔清〕孫學稼著，《鷗波雜草》，《清代詩文集珍本叢刊》第八五册，北京：國家圖書館出版社，二〇一七年
〔清〕錢謙益著，《牧齋初學集》，明崇禎刊本

〔清〕錢謙益著，《錢牧齋全集》，上海：上海古籍出版社，二〇〇三年
〔清〕朱彝尊著，《曝書亭集》，四部叢刊景康熙本
〔清〕周亮工著，《賴古堂集》，清康熙刊本
〔清〕周亮工著，《閩小紀》，清康熙刊本
〔清〕周亮工著，《尺牘新鈔》，上海：上海書店出版社，一九九八年
〔清〕周亮工著，《書影》，上海：上海古籍出版社，一九八一年
〔清〕丁耀亢著，李增坡主編、張清吉校點，《丁耀亢全集》，鄭州：中州古籍出版社，二〇一四年
〔清〕陳壽祺著，《左海全集》，清道光刊本
〔清〕謝章鋌著，陳慶元等輯校，《謝章鋌集》，長春：吉林文史出版社，二〇〇九年
〔清〕黄任著，陳名實、黄曦點校，《黄任集》，方志出版社，二〇一一年
〔清〕鄭杰著，《閩中録》，清光緒刊本
〔清〕林春溥著，《榕城要纂》，鈔本，福建省圖書館藏本
〔清〕林楓著，《榕城考古略》，福州：海風出版社，二〇〇一年
〔清〕謝章鋌著，《東嵐謝氏明詩略》，《賭棋山莊文又續集》卷一，光緒戊己刊本
〔清〕謝章鋌著，《課餘續録》，清光緒庚子刊本
〔清〕謝章鋌著，《圍爐瑣憶》，《賭棋山莊筆記合刻》本，光緒刊本
〔清〕謝章鋌著，劉榮平校注，《賭棋山莊詞話校注》，厦門：厦門大學出版社，二〇一三年

〔清〕郭柏蒼著,《竹間十日話》,清光緒刊本
〔民國〕郭白陽輯撰,《竹間續話》,福州:海風出版社,二〇〇一年
〔明〕袁表、馬熒纂輯,苗健青點校,《閩中十子詩》,福州:福建人民出版社,二〇〇五年
〔明〕陳肇曾編,《江田陳氏家集》,明崇禎刊本
〔明〕陳子龍等輯,《皇明詩選》,明崇禎刊本
〔清〕錢謙益編纂,《列朝詩集》,北京:中華書局,二〇〇七年
〔清〕錢謙益著,《列朝詩集小傳》,上海:上海古籍出版社,一九八三年新一版
〔清〕朱彝尊選編,《明詩綜》,北京:中華書局,二〇〇七年
〔清〕王夫之纂,陳新點校,《明詩評選》,北京:文化藝術出版社,一九九七年
〔清〕張豫章等人編纂,《御選宋金元明四朝诗》,文淵閣《四庫全書》本
〔清〕沈德潛纂,《明詩别裁集》,上海:上海古籍出版社,一九七九年
〔清〕鄭杰等輯,《全閩詩録》,福州:福建人民出版社,二〇一一年
〔清〕鄭杰原輯,郭柏蒼編纂,《全閩明詩傳》,光緒刊本
〔清〕鄭王臣輯,《莆風清籟集》,清乾隆刊本
〔清〕汪端輯,《明三十家詩選》,清同治刊本
〔清〕陳田輯撰,《明詩紀事》,上海:上海古籍出版社,一九九三年

陳世鎔纂,《福州西湖宛在堂詩龕徵録》,福州:福建人民出版社,二〇〇七年
〔清〕朱彝尊撰,《静志居詩話》,清嘉慶刊本
〔清〕杭世駿著,《榕城詩話》,清乾隆刊本
〔清〕徐祚永著,《閩遊詩話》,清乾隆刊本
〔清〕鄭方坤撰,《全閩詩話》,文淵閣《四庫全書》本
〔清〕鄭方坤編輯,陳節、劉大治點校,《全閩詩話》,福州:福建人民出版社,二〇〇六年
〔清〕莫友棠著,《屏麓草堂诗话》,清道光刊本
〔清〕梁章鉅著,《東南嶠外詩話》,清道光刊本
〔清〕林昌彝著,《射鹰楼诗话》,上海:上海古籍出版社,一九八八年
〔清〕李家瑞撰,《停雲閣詩話》,清咸豐刊本
〔民國〕陳衍著,《石遺室詩話》,北京:人民文學出版社,二〇〇四年
丁福保輯,《清詩話》,上海:上海古籍出版社,一九七八年
郭紹虞編選,富壽蓀校點,《清詩話續編》,上海:上海古籍出版社,一九八三年
吴文治主編,《明詩話全编》,南京:江蘇古籍出版社,一九九七年
周維德集校,《全明詩話》,濟南:齊魯詩社,二〇〇五年
郭紹虞、錢仲聯、王蘧常編纂,《萬首論詩絶句》,北京:人民文學出版社,一九九一年
陳祥耀著,《中國古典詩歌叢話》,臺北:華正書局有限公司,一九九一年

蔡景康著，《明代文論選》，北京：人民文學出版社，一九九三年
〔明〕李賢著，《大明一統志》，明天順刊本
〔清〕張廷玉等著，《明史》，北京：中華書局，一九七四年
〔清〕萬斯同撰，《明史》，清鈔本
〔明〕黄仲昭修纂，《八閩通志》，福州：福建人民出版社，一九九〇年
〔明〕何喬遠著，《閩書》，福州：福建人民出版社，一九九四年
〔明〕何喬遠著，《名山藏》，明崇禎刊本
〔明〕王應山纂，林大鍾、劉大治校註，《閩都記》，北京：方志出版社，二〇〇二年
錢海岳著，《南明史》，北京：中華書局，二〇一六年
〔明〕陳鳴鶴撰，《東越文苑》，清同治郭柏蔚增訂本
〔清〕潘介祉纂輯，《明詩人小傳稿》，臺北：『中央圖書館』印行，一九八六年
謝巍編撰，《中國歷代人物年譜考録》，北京：中華書局，一九九二年
〔清〕黄虞稷撰，瞿鳳起、潘景鄭整理，《千頃堂書目》，上海：上海古籍出版社，二〇〇一年
崔建英輯，賈衛民、李曉亞整理，《明別集版本志》，北京：中華書局，二〇〇六年
〔清〕龔易圖、楊希閔撰，龔綸校鈔、王國良勘訂，《烏石山房簡明書目》，新北市：臺北大學古典文獻學研究所，二〇〇七年

周祖譔主編、胡旭副主編，《歷代文苑傳箋證》，南京：鳳凰出版社，二〇一二年

徐永明、趙素文著，《明人别集經眼叙録》，杭州：浙江古籍出版社，二〇一三年

鄭寶謙主編，《福建省舊方志綜録》，福州：福建人民出版社，二〇一〇年

〔民國〕沈瑜慶、陳衍等著，《福建通志》，一九三八年刊本

〔宋〕范成大修，《吴郡志》，《宋元方志叢刊》，北京：中華書局，一九九〇年

〔宋〕梁克家修，〔淳熙〕《三山志》，《宋元方志叢刊》，北京：中華書局，一九九〇年

〔元〕脱因修，俞希魯撰，〔至順〕《鎮江志》，《宋元方志叢刊》，北京：中華書局，一九九〇年

〔明〕喻政修，林烴、謝肇淛纂，〔萬曆〕《福州府志》，萬曆刊本

〔清〕徐景熹修，魯曾煜、施廷樞等纂，〔乾隆〕《福州府志》，乾隆刊本

福州市地方志編纂委員會編，《福州市志》第八册，北京：方志出版社，二〇〇〇年

福州市地方志編纂委員會編，《福州人名志》，福州：海潮摄影藝術出版社，二〇〇七年

閩侯縣地方志編纂委員會編，《閩侯縣志》，北京：方志出版社，二〇〇一年

〔明〕唐學仁修纂，〔明〕謝肇淛、陳鳴鶴、徐𤊹纂，《永福縣志》，明萬曆刊本

〔明〕夏允彝修纂，〔崇禎〕《長樂縣志》，明崇禎刊本

〔明〕劉曰暘修，〔明〕陳薦夫、林春華纂；〔明〕王繼起續修，〔明〕丁朝立、魏煬續纂，〔萬曆〕《古田縣志》，明萬曆刊本

〔清〕饒安鼎、邵應龍修，〔清〕林昂、李修卿纂，〔乾隆〕《福清縣志》，清乾隆刊本
〔清〕朱景星等修，〔清〕鄭祖庚等纂，〔光緒〕《閩縣鄉土志》，清光緒排印本
〔清〕胡之禎等修，〔清〕鄭祖庚等纂，〔光緒〕《侯官縣鄉土志》，清光緒排印本
〔民國〕歐陽英修，〔清〕陳衍纂，〔民國〕《閩侯縣志》，民國刊本
〔清〕李拔纂修，〔乾隆〕《福寧府志》，清乾隆修光緒重刊本
〔清〕盧建其修，〔乾隆〕《寧德縣志》，清乾隆刊本
〔清〕劉家謀著，《鶴場漫志》，鈔本
〔清〕張琦主修，〔清〕鄒山等撰，《建寧府志》，清康熙刊本
〔清〕李再灝、梁輿修，〔道光〕《建陽縣志》，清道光刊本
〔明〕鄭慶雲等纂，〔嘉靖〕《延平府志》，明嘉靖刊本
〔明〕邢址陳讓纂修，〔嘉靖〕《邵武府志》，明嘉靖刊本
〔清〕王琛等修，〔光緒〕《邵武府志》，清光緒刻
〔清〕曾曰瑛修，〔乾隆〕《汀州府志》，清同治刊本
〔明〕陳桂芳纂修，〔嘉靖〕《清流縣志》，明嘉靖刊本
〔清〕李世熊纂，〔康熙〕《寧化縣志》，清康熙刊本
〔清〕汪大經等修，〔乾隆〕《興化府莆田縣志》，清乾隆刊本
〔清〕陳興祚等修，〔乾隆〕《仙遊縣志》，清乾隆刻

〔清〕黄任、郭庚武纂，〔乾隆〕《泉州府志》，清乾隆刊本

〔清〕周學曾等修纂，〔道光〕《晋江縣誌》，福州：福建人民出版社，一九九〇年

〔明〕閔夢得、袁業泗修，〔萬曆癸丑〕《漳州府志》，明萬曆刊本

〔明〕田汝成撰，《西湖遊覽志餘》，上海：上海古籍出版社，一九九八年

〔清〕翟灝等輯，《湖山便覽》，上海：上海古籍出版社，一九九八年

〔明〕徐㶿著，《雪峰志》，清乾隆刊本

〔明〕徐表然著，《武夷志略》，明萬曆刊本

〔明〕衷仲孺撰，《武夷山志》，明清之际刊本

〔清〕董天工撰，《武夷山志》，清乾隆刊本

〔清〕黄任著，《鼓山志》，清乾隆刊本

〔清〕郭柏蒼著，《烏山志》，清道光刊本

何振岱著，《西湖志》，民國五年刊本

黄啓權主編，《三坊七巷志》，福州：海潮摄影艺术出版社，二〇〇九年

謝其銓、郭斌編纂，《于山志》，北京：大衆文藝出版社，二〇〇九年

〔明〕謝肇淛等纂，《支提寺志》，清同治刊本

〔清〕崔嵸纂，《支提寺志》，據同治刊本重排綫裝本，富陽：華寶齋，二〇〇九年

卓劍舟等編著，《太姥山全志》，福州：福建人民出版社，二〇〇八年

〔明〕劉中藻撰，《洞山九潭志》，舊鈔本
〔宋〕談鑰纂，〔嘉泰〕《吴興志》，《宋元方志叢刊》，北京：中華書局，一九九〇年
包樹棠纂，《汀州藝文志》，北京：方志出版社，二〇一〇年
〔明〕鄧慶寀編纂，《閩中荔支通譜》，崇禎刊本
〔清〕徐日焜等纂，《荆山徐氏譜》，鈔本，福建師範大學圖書館藏本
〔清〕建甌楊氏纂，《東陽宗譜》，道光刊本，建甌市檔案館藏本
佚名，《福州通賢龔氏支譜》，吉林大學藏本
佚名，《三山許氏支譜》，舊鈔本
金雲銘著，《陳一齋先生年譜》，私立福建協和大學中國文化研究會印，一九四五年
〔日本〕市原亨吉撰，鄭宏譯，《徐燉年譜稿略》，原載《入矢教授小川教授退休紀念中國文學語言論集》，一九七四年；譯文見《福建圖書館學刊》，一九九一年第四期
許建崑著，《李攀龍文學研究》，臺北：文史哲出版社，一九八七年
林海權著，《李贄年譜考略》，福州：福建人民出版社，一九九二年第一版，二〇〇五年第二版
陳廣宏著，《鍾惺年譜》，上海：復旦大學出版社，一九九三年
鄭利華著，《王世貞年譜》，上海，復旦大學出版社，一九九三年

陳書录著，《明代前後七子研究》，南昌：江西人民出版社，一九九四年
廖可斌著，《明代文學復古運動研究》，上海：上海古籍出版社，一九九四年
劉德誠、周美頴主編，《福建名人詞典》，福州：福建人民出版社，一九九五年
陳慶元著，《福建文學發展史》，福州：福建教育出版社，一九九六年
左東嶺著，《李贄與晚明文學思潮》，北京：人民文學出版社，二〇一〇年
李聖華著，《晚明詩歌研究》，北京：人民文學出版社，二〇〇二年
鄭利華著，《王世貞研究》，上海：學林出版社，二〇〇二年
《福建寺院》編委會主編，《福建寺院》，厦門：鷺江出版社，二〇〇二年
曾意丹著，《福州古厝》，福州：福建人民出版社，二〇一九年
曾江著，《閩侯文物》，福州：福建美術出版社，二〇〇二年
黄仁生著，《日本現藏稀見元明文集考證與提要》，長沙：嶽麓書社，二〇〇四年
黄霖編著，《文心雕龍彙評》，上海：上海古籍出版社，二〇〇五年
蔡主賓著，《蔡獻臣年譜》，金門縣文化局印，二〇〇五年
羅宗强著，《明代後期士人心態研究》，天津：南開大學出版社，二〇〇六年
陳廣宏著，《竟陵派研究》，上海：復旦大學出版社，二〇〇六年
黄榮春著，《水潤集》，北京：方志出版社，二〇〇六年
盧美松著，《福州名園史影》，福州：福建美術出版社，二〇〇七年

沈文凡著，《排律文獻學研究（明代篇）》，長春：吉林人民出版社，二〇〇七年
王長英、黄兆鄲著，《福建藏书家传略》福州：福建教育出版，二〇〇七年
張慧劍著，《明清江蘇文人年表》，上海：上海古籍出版社，二〇〇八年
鄭麗生著，《鄭麗生文史叢稿》，福州：海風出版社，二〇〇九年
陳遵統等編纂，《福建編年史》，福州：福建人民出版社，二〇〇九年
林怡著，《榕城治學記》，長沙：嶽麓書社，二〇一〇年
何宗美著，《文人結社與明代文學的演進》，北京：人民出版社，二〇一一年
阮娟著，《三山葉氏家族及其文學研究》，上海：上海古籍出版社，二〇一一年
朱則杰著，《清詩考證》，北京：人民文學出版社，二〇一二年
王漢民輯校，《福建文人戲曲集》，福州：海峽文藝出版社，二〇一二年
李阿山編撰，《顔繼祖與漳南顔氏》，漳州市文化局印，二〇一三年
朱麗霞著，《江南·閩南·嶺南——吴興祚幕府文學年表長編》，北京：中國社會科學出版社，二〇一三年
許建崑著，《曹學佺與晚明文學史》，臺北：萬卷樓，二〇一四年
郭培貴著，《明代學校科舉與任官制度研究》，北京：中國大百科全書出版社，二〇一四年
陳慶元著，《徐熥年譜》，揚州：廣陵書社，二〇一四年
陳微著，《明代藏書家徐惟起研究》，福州，福建教育出版社，二〇一六年
陳慶元著，《晚明閩海文獻梳理》，北京：人民出版社，二〇一七年

陳慶元撰，《謝肇淛小草齋詩話及其詩論》，《中國詩學》第五輯，南京：南京大學出版社，一九九七年
陳慶元撰，《謝肇淛與小草齋集》，《謝肇淛集》卷首，南京：江蘇古籍出版社，二〇〇三年
陳慶元撰，《晚明詩家謝肇淛》，《福州大學學報》，二〇〇三年第三期
陳慶元撰，《謝肇淛著述考》，《廣西師範大學學報》，二〇〇五年第一期
陳慶元撰，《日本内閣文庫藏本曹學佺〈石倉全集〉初探》，《二〇〇四地方文獻國際學術研討會文集》，北京：北京圖書館出版社，二〇〇六年
朱偉東撰，《〈石倉十二代詩選〉全帙探考》，《文獻》，二〇〇〇年第三期
陳慶元撰，《徐𤊹著述編年考證》，《文獻》，二〇〇七年第四期
楊光輝撰，《徐熥佚文五篇》，《文獻》，二〇〇八年第二期
陳慶元撰，《謝肇淛年表》，《小草齋集》附録，福州：福建人民出版社，二〇〇九年
陳慶元撰，《徐𤊹年表》，《福州大學學報》，二〇一〇年第三期
陳慶元撰，《徐𤊹紅雨樓序跋補遺》，《文獻》，二〇〇九年第三期
陳慶元撰，《林古度年表》，《南京師範大學文學院學報》，二〇一〇年第四期
陳慶元撰，《林古度年譜簡編》，《中國文學研究》，二〇一〇年第二期
陳慶元撰，《張燮著述考》，《漳州師範學院學報》，二〇一〇年第四期
林曉玲撰，《福州通賢龔氏家族文學論略》，《福州大學學報》，二〇一二年第二期
陳慶元撰，《徐𤊹生卒時間詳考——兼論作家生卒年的考證方法》，《文學遺産》，二〇一一年第二期

陳慶元撰，《曹學佺年表》，《福州大學學報》，二〇一二年第五期
陳慶元撰，《金門蔡復一年譜初稿》，《二〇一二年金門學國際研討會論文集》，金門縣政府、成功大學人文社會科學中心出版，二〇一二年
于莉莉撰，《徐熥的武夷幔亭情結》，《文史知識》，二〇一二年第四期
陳慶元撰，《日本内閣文庫藏曹學佺石倉全集編年考證》，《文獻》，二〇一三年第二期
陳慶元撰，《張燮年表》，《南京師範大學文學院學報》，二〇一三年第一期
陳慶元撰，《何喬遠年表》，《福建文史》，二〇一三年第四期
陳慶元撰，《金門蔡復一年表稿》，復旦大學中國古代文學中心《中國文學研究》第二二輯，上海：復旦大學出版社，二〇一三年
鄭珊珊撰，《明清侯官許氏家族文學考論》，《福州大學學報》，二〇一三年第二期
陳慶元撰，《龍溪張于壘年譜》，《閩南師範大學學報》，二〇一四年第四期
趙瑩瑩撰，《晚明臺閣體的復振與終結》，《東南學術》，二〇一四年第四期
陳慶元撰，《徐熥年表》，《福州大學學報》，二〇一四年第五期
陳慶元撰，《蔡復一的本來面目——鍾惺譚元春周邊人物論之一》，《東南學術》，二〇一五年第五期
陳慶元撰，《新輯詩話摭議——以若干晚明詩話爲例》，《文獻》，二〇一五年第六期
陳慶元輯，《曹學佺石倉詩話》（上、下），《閩學研究》二〇一五年第四期，二〇一六年第一期
陳慶元撰，《曹學佺生平及其著作考述》，《福州大學學報》，二〇一六年第二期

陳慶元撰,《徐𤊹尺牘稿本考論》,《文獻》,二〇一七年第二期

陳慶元撰,《徐興公『編集』理論與實踐》(與林春香合作),《福建師範大學學報》,二〇一七年第五期

陳慶元撰,《閩人楚派商梅年表》,《古籍研究》總第六八卷,南京:鳳凰出版社,二〇一八年

陳慶元撰,《東海擒倭與董應舉〈海石銘〉——紀念東沙大捷四百周年》,《福建師範大學學報》,二〇一八年第三期

陳慶元撰,《漁滄舊社虚明月——王若與清溪漁滄社簡論》,《福州大學學報》,二〇一八年第三期

陳慶元撰,《徐𤊹修志實踐及其理論》,《閩南師範大學學報》,二〇一八年第三期

陳慶元撰,《『六先生』〈彙選商孟和那菴全集〉引發的思考》(與魏寧楠合作),《東南學術》二〇一九年第一期

陳慶元撰,《明代金門蔡獻臣文學觀略論》,《福州大學學報》,二〇一九年第二期

孫文秀撰,《曹學佺文學活動與文藝思想研究》,北京大學二〇一一年博士學位論文

王水彰撰,《明代金門籍作家述論》,福建師範大學二〇一四年博士學位論文

趙瑩瑩撰,《葉向高文學研究》,福建師範大學二〇一五年博士學位論文

王振漢撰,《蔣孟育研究》,福建師範大學二〇一五年博士學位論文

張明琛撰,《晚明閩籍作家旅遊與遊記研究》,福建師範大學二〇一六年博士學位論文

于莉莉撰,《石倉烟雨自風騷》,福建師範大學二〇一七年博士學位論文

李木隆撰,《蔡復一研究》,福建師範大學二〇一七年博士學位論文
寧國平撰,《浯江詩人金門林豪研究》,福建師範大學二〇一八年博士學位論文
魏寧楠撰,《明代福州林浦林氏家族與文學研究》,福建師範大學二〇一九年博士學位論文
王石堆,《明代浯洲蔡獻臣及其〈清白堂稿〉考論》,福建師範大學二〇一九年博士學位論文
莊唐義撰,《南明金門詩人盧若騰研究》,福建師範大學二〇一九年博士學位論文
洪雲媛撰,《黄克晦詩歌研究》,福建師範大學二〇一四年碩士學位論文
陳菁媚撰,《池顯方研究》,福建師範大學二〇一四年碩士學位論文
曾文莉撰,《崔世召研究》,福建師範大學二〇一五年碩士學位論文
王倩撰,《董應舉研究》,福建師範大學二〇一五年碩士學位論文

後記

這部書前後已經做了二十年，終於交付出版社編排了。

開始接觸荆山徐氏家族，是將近三十年前之事了。一九九二年動手撰寫《福建文學發展史》，一九九三年進入明代文學專章。整部《福建文學發展史》，明代一章着力最多，因爲少有傍依，文獻也更爲分散，或許也是這一原因，撰寫時也更加興奮。《明史·文苑傳》問題不少，例如閩中十才子名單的問題、閩中詩派表述的問題，這些是比較大的；枝節問題，如謝肇淛成進士年份有誤，曹學佺享年也有誤。《明史》之外，當代人的研究，問題似乎更多，根本的原因，是明代别集、總集大多没整理，研究者無由接觸古籍文獻，較早的研究一旦發生錯誤，後續作者，往往沿襲，一錯再錯，一代貽誤一代，徐𤊹的生卒年就是如此。

二〇〇二年，接受福建文史館編委會之邀，爲《福建叢書》編《徐熥集》，撰寫《前言》，爲徐熥作《年表》。徐熥只活了三十九歲，徐熥的生平活動及文學創作，往往與其弟徐𤊹交錯。因此，作《徐熥年表》，不能不同時作《徐𤊹年表》。而『二徐』的生平活動及文學創作，又往往與同郡謝肇淛、曹學佺等人交錯，又不能不同時關注謝、曹等。然而，徐、曹、謝的生平活動及文學創作又與同郡的其他人，如葉向高、鄧原岳、董應舉、二孺（陳价夫字伯孺，陳薦夫字幼孺）、陳鴻、林古度交錯，因此又不能不對這些人加以關注。同郡之外，還有同省文友；同省之外，又有省外文友，範圍十分廣泛。不過，最終還是應當回到閩中，回到閩中詩派，而其『原點』，則是『二徐』。

徐熥卒年三十九，假設他十八九歲從事文學活動，活躍期不過二十年；再説，徐熥的著作只有詩文集《幔亭集》和《晋安風雅》兩種。《徐熥年譜》較早完成，並且於二〇一四年出版。徐𤊹就不同了，他的壽命幾乎是徐熥的兩倍，文學和學術活動超的時間過五十年，著作數十種，涉及的面除了文學，還有方志學、目録版本學、書法繪畫，甚至自然科學的領域。本譜在撰著過程中，文獻的搜集擱淺過一陣子，《紅雨樓集　鼇峰文集》稿本殘本藏於上海市圖書館，明人稿本，十分珍貴。二〇〇九年復旦大學出版社出版了《上海圖書館未刊古籍稿本》，《紅雨樓集　鼇峰文集》也在其中，本譜的撰著才得以順利進展。

在撰著過程中，我們做了以下幾件基礎性的工作：

一、文獻的準備。文獻準備包括三個方面的工作，一是譜主的所有著作，二是譜主父兄、子孫的著作，三是譜主文友的著作。興公生前文集多達一百多卷，未刻，六十歲之後，他四處找人助刻，没有成功，幸有部分稿本（藏上海圖書館，十之八九爲尺牘）流傳至今。詩集部分，刊本《鼇峰集》下限是萬曆四十八年（一六二〇），往後二十多年詩未刻，幸有崇禎間三年左右的七律鈔本傳世。專書之類，很多未刻，我們有幸看到《續筆精》殘鈔本。興公兄徐熥《幔亭集》爲友人王若捐資分兩次刻竣，前十五卷詩詞先刻，後五卷文後刻，因此傳世有十五卷本、二十卷本兩種。在原北平圖書館甲庫公佈之前，我們見到的二十卷本爲美國國會圖書館所藏縮微膠捲。興公子延壽有《尺木堂集》，順治十六年（一六五九）中牟令吴彦芳爲之刻，我們現在看到的也只是鈔本。興公孫鍾震詩文集兩種，一是拼凑本《雪樵文集》，原北平圖書館甲庫藏本，近年公佈，此本有若干題序爲鍾震代興公作，馬泰來先生《新輯紅雨樓題記　徐氏家藏書目》未録；鍾震《徐器之集》，藏臺灣圖書館，此書集鍾震若干種詩集而成，編排混亂，疑爲收藏館重裝並別擬書名。興公詩友詩文集，謝肇淛《小草齋集》三十卷、《續集》三卷，福建師範大學圖書館、福建省圖書館所藏都不全，合兩館所藏，遂成完璧。曹學佺《石倉全集》六十一卷，藏日本内閣文庫；崔世召《問月樓集》，日本宫内廳書陵部藏本；陳价夫《招隱樓稿》，興公鈔本，藏上海圖書館。張燮《霏雲居集》《霏雲居續集》《群玉樓集》分藏中國國家圖書館、河南省圖書館、臺灣圖書館、河南唐河縣圖書館；顔繼祖《雙魚集》藏臺北傅斯年圖書館；馬欻《下雉纂》，徐𤊹鈔本，藏福建省圖書館；林古度《林茂之文集》，藏無錫市博物館，等等。傅斯年圖書館所藏善本書，既不能複印，也不能拍照，只能手抄。

二、《鼇峰集》點校整理。對譜主詩文别集及其他著作的熟悉是第一步，也是最基本的工作。熟悉詩文集和其他著作，則是對詩文集和其他著作的點校整理。徐𤊹的詩文集，生前只刻過一種，即天啓本《鼇峰集》。此集録萬曆四十八年（一六二〇）及之前所作詩。這部詩集爲我們提供了萬曆四十八年前徐𤊹活動的大致情況。我們的整理本，還收録了鈔本《鼇峰集》的作品，此集録崇禎七年至九年（一六三四—一六三六）間譜主所作七律數百首。此外還有我們搜集佚詩數十首，彌補刊本的不足。整理本出版於二〇一二年。

三、《徐𤊹尺牘》編年校證。徐𤊹《紅雨樓集　鼇峰文集》稿本，十之八九爲尺牘。這批尺牘，跨越五十個年頭，共七百四十二通，扣除後人重裝時的分拆、濫入，核計七百三十九通。因爲是稿本，没有經過修飾，原原本本，是研究的第一手資料。尤其是天啓、崇禎兩朝，徐𤊹詩基本不存，幸虧尺牘數量較多，我們才得以瞭解他五十歲之後的活動和思想。稿本在流傳過程中，雖然有散失，流傳至今的却大多保存完好，由於原稿幾經易手，裝訂混亂在所難免，甚至有一書分散在兩册者。編年校證的工作，首先是將散亂者加以規整，然後逐一對各通尺牘校勘、編年，考證受牘者姓名、里籍，弄清各通的内容。整理過的尺牘，對本譜的撰著，起了重要支撑作用。

四、考訂徐𤊹所有著述，爲其編年。撰寫《徐𤊹著述編年考證》（《文獻》二〇〇七年第四期）一文，也是本譜撰著的一項準備工作。只有對徐𤊹全部著作瞭如指掌，本譜的工作才能順利進行。

五、搜集佚詩佚文。佚詩佚文是指天啓本《鼇峰集》、崇禎間七律鈔本《鼇峰集》、《紅雨樓集　鼇峰文集》稿本、沈文倬《紅雨樓序跋》、馬泰來《新輯紅雨樓題記　徐氏家藏書目》諸書未收録的作品。佚詩已經附於點校本《鼇峰集》之後，佚文則作爲本譜的附録。佚詩佚文，不太爲研究者所知，也不太爲研究者所重，但對譜主的生平事跡的描述，則起了補充的作用。

六、先從粗綫條的《年表》作起，《徐𤊹年表》發表於二〇一〇年。繼而作《徐𤊹年譜簡編》（二〇一二年），附於《鼇峰集》之後。二〇一五年，申請教育部項目《徐興公年譜長編》，進而擴大，精細化。

七、《前言》説本譜是『綱狀』式的，或者説是『發散』式的，不是只關注譜主本人的『獨幹』式的年譜，因此在撰著這部年譜的同時，也對譜主的友人作了或詳或略的年表、年譜，積纍下來，也有十餘種。相互印證、相互發明，對譜主生平、事跡，作品的記録、判斷，相信能更爲精準。

八、年譜撰著過程，也是研究徐𤊹的過程。這期間發表的有關的論文有十餘篇。這十幾篇論文涉及徐𤊹生平思想、創作活動、學術成就等方方面面，彙集起來，稍加增删，也就是一部徐興公研究的專書。這些論文，值得一提的是《徐𤊹生卒時間詳考——兼論作家生卒年的考證方法》一文（二〇一一年）。其原因不在於發表的是《文學遺産》這樣的刊物，重要的是作家生卒年的考訂事關研究方法。這篇文章寫作的緣起，是因爲早在一九九六年，我的《福建文學發展史》已經解決了徐𤊹生卒年的問題，當時用脚注略加考證。而在此後的十五六年間，福建本地的作者涉及到徐𤊹的論著，還是沿用舊説。舊説最有代表性的有兩種，一是生於嘉靖四十二年（一五六三），卒於崇禎十二年（一六三九）；二是生於隆慶四年（一五七〇），卒於清順治二年（一六四五）。我不是説，涉及徐𤊹論著，非要用《福建文學發展史》的結論不可，而是强調作研究要讀原書，要讀與研究對象相關的著作，而不應輾轉相抄，以致一誤再誤。我的考證認定，生於隆慶四年（一五七〇）七月初二，卒於崇禎十五年（一六四二）十一月。寫此文時，原北平圖書館甲庫的圖書尚在封存中，無由見到徐𤊹孫徐鍾震的《雪樵文集》。這部文集録有《先大父行略》一文，文曰：『先大父生於隆慶庚午年七月初二日巳時，卒於崇禎壬午年十一月廿五日午時，享年七十有三。』足以證明考證是正確的，略有不足的是有卒月而無精確的卒日。因此，在撰著此譜時，我們便用了徐鍾震的《先大父行略》，而省却了之前的考證。如果説《福建文學發展史》的一條脚注不足以引起研究者的注意，那麽《文學遺産》這樣『大刊物』的文章應當引起研究者的注意了吧？如果刊物不足以引起注意，那麽重新呈現於讀者面前的《雪樵文集》該引起注意了吧？很難理解的是，二〇一九年本地出版社出版的一部書還是堅持徐𤊹生卒年爲一五六三——一六三九的説法。不知問題出在哪裏？希望我們這部《徐興公年譜長編》能引起研究者的注意。

以前發表文章，不講究注明『基金項目』。二十年前動手寫這部書，根本没有想到將來去申請一個項目。近年來，單位都很重視項目的申報。二〇一五年，本人先後報了兩個項目，教育部項目在前，因爲與公年譜動手最早，就以《徐興公年譜長編》爲題申報；下半年，又有國家社會科學基金後期資助項目的申報，因爲整理《石倉全集》，《曹學佺年譜長編》也接近完稿，所以也把這個項目報了上去。大學或研究單位很講究項目的級别，而在我的意念中，不論有無項目的『支撑』，不論是國家、教育部或省規劃辦的項目，都必須以同樣認認真真的態度去完成它，絶不能因爲這個級别高就嚴肅對待，那個項目級别低就可以馬虎從事。上世紀八九十年代，項目結項只看成果，不太講究發表多少篇論文、刊物『級别』如何。這次在教育部項目結項過程中，則有所要求，項目批下來之後至今，與興公相關的論文，發表在『核心期刊』的論文已經有四篇，其中兩篇發在國家圖書館《文獻》季刊上。本來信心滿滿，審查時由於技術上的問題，例如論文没有注明『基金項目』等，扣除三篇，因此不能『免檢』。免不免檢，無傷大雅，書稿已經完成，交付出版也可以結項。小小插曲，聊記於此。

萬事起頭難，二〇〇二年夏天特别熱，揮汗如雨，電腦操作尚不熟稔，試將譜主每年的活動都作一個文件，邊摘抄、邊判斷、邊調整，點點滴滴，日積月纍，過了若干年，將各個文件合併爲一個大文件，就成了年譜的雛形。之後，不斷增删調整，根本無法預見完成的日期，只覺得路途遥遠。二〇一五年申報教育部項目，原以爲做了十幾年的年譜，加把力，三年總可以完成了吧，結果却拖到五年。如果不是結項事逼，似乎還會延宕下去。十多年前尚在壯歲，滿頭烏髮，如今頭顱花白，瘻然老翁。好在書稿總算可以交付出版了。

近二十年的研究工作，得到内人温惠愛很大的幫助，從文件輸入，到校對書稿，甚至商榷文字，功不可没。本書列爲廣陵書社『閩海人物年譜叢書』之一種。與廣陵書社合作二十多年，始終非常愉快，社長曾學文，前後總編辦主任王志娟、方慧君，都是很好的朋友，謝謝他們對本書及其他著作的出版所付出的努力和勞動。

己亥臘月以來，對本譜作交稿之前最後的删補，除了除夕這天做點家務，没有怠過一天工。池塘生了春草，園柳變了鳴禽，沉寂的日子已經慢慢過去，漸漸恢復了往日的喧嘩，年譜的工作基本告竣。與興公相關的研究工作，如《徐興公尺牘編年箋證》《徐興公研究》《徐熥集編年校箋》的工作，正在持續進行之中。

陳慶元庚子暮春
於福州倉山華廬